战时中国农村的风习、改造与抵拒

兴隆场

Prosperity's Predicament:

Identity, Reform, and Resistance in Rural Wartime China

(1940－1941)

伊莎白（加拿大） 柯临清（美） 著
俞锡玑 顾问
贺萧（美） 韩起澜（美） 编
邵达 译

外语教学与研究出版社
北京

图书在版编目（CIP）数据

战时中国农村的风习、改造与抵拒 ：兴隆场 ：1940—1941 ／（加）伊莎白（Isabel Crook），（美）柯临清（Christina Gilmartin）著 ；（美）贺萧（Gail Hershatter），（美）韩起澜（Emily Honig）编 ；邵达译. -- 北京 ：外语教学与研究出版社，2018.11（2023.9 重印）

ISBN 978-7-5213-0485-5

Ⅰ. ①战… Ⅱ. ①伊… ②柯… ③贺… ④韩… ⑤邵… Ⅲ. ①农民－生活－调查研究－四川－1940-1941 Ⅳ. ①D422.7

中国版本图书馆 CIP 数据核字（2018）第 248939 号

出 版 人　王　芳
责任编辑　仲志兰
责任校对　赵雅茹
装帧设计　高　蕾
出版发行　外语教学与研究出版社
社　　址　北京市西三环北路 19 号（100089）
网　　址　https://www.fltrp.com
印　　刷　三河市嘉科万达彩色印刷有限公司
开　　本　650×980　1/16
印　　张　23.5
版　　次　2018 年 11 月第 1 版　2023 年 9 月第 7 次印刷
书　　号　ISBN 978-7-5213-0485-5
定　　价　58.00 元

如有图书采购需求，图书内容或印刷装订等问题，侵权、盗版书籍等线索，请拨打以下电话或关注官方服务号：
客服电话：400 898 7008
官方服务号：微信搜索并关注公众号“外研社官方服务号”
外研社购书网址：https://fltrp.tmall.com

物料号：304850001

献　给　兴　隆　场　人

璧山县 1940 年

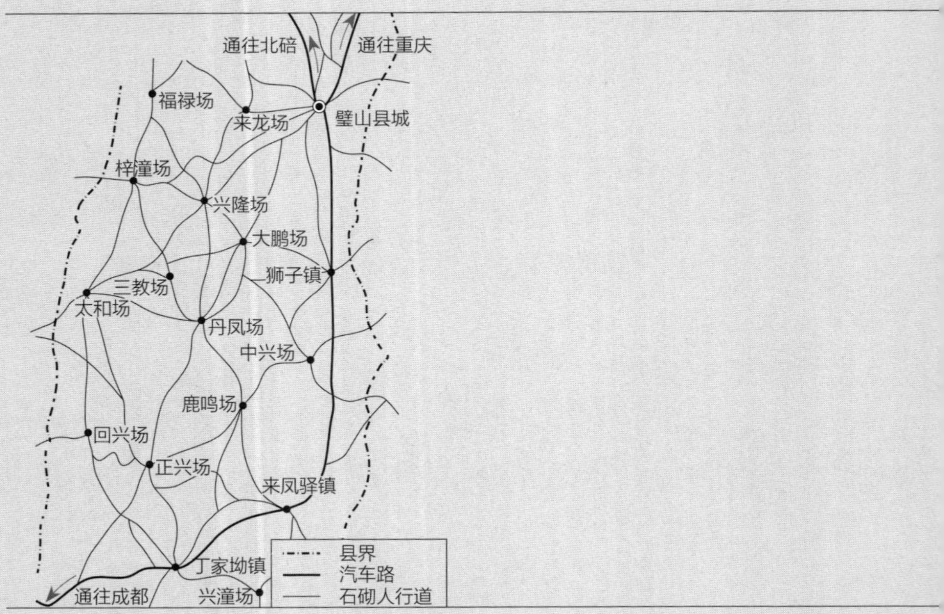

连接璧山中部定期集市的石砌路 1940 年

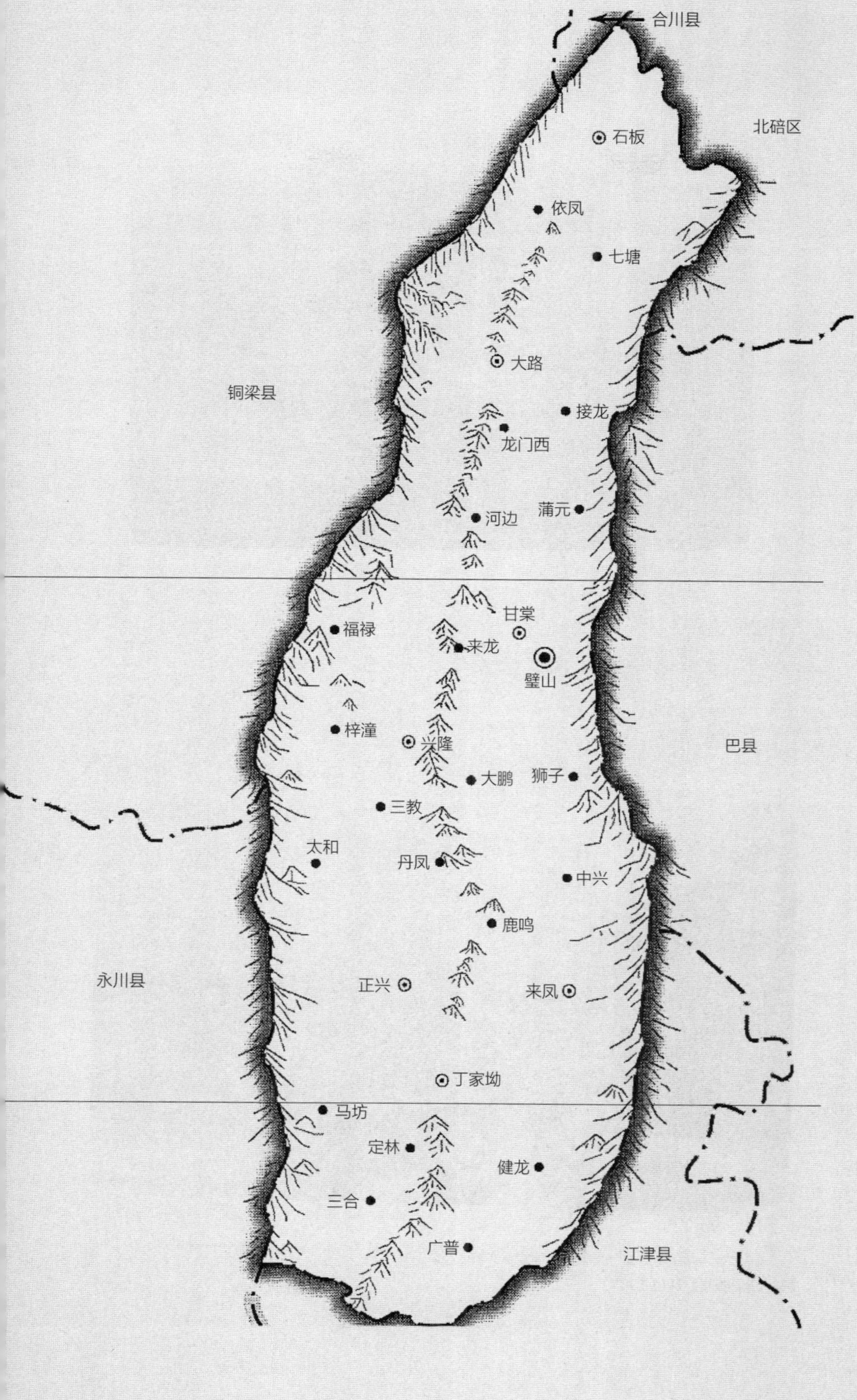
合川县
北碚区
石板
依凤
七塘
大路
铜梁县
接龙
龙门西
蒲元
河边
甘棠
福禄
来龙
璧山
梓潼
兴隆
巴县
大鹏
狮子
三教
太和
丹凤
中兴
鹿鸣
永川县
正兴
来凤
丁家坳
马坊
定林
健龙
三合
广普
江津县

兴隆场水田（1983）

杨树大道通往兴隆场镇（1983）

兴隆场街道，毛莱山在望（1983）

兴隆场镇街道中段（1983）

水牛犁地（1983）

犁地、收割同时忙（1983）

地里收割、脱粒（1983）

院里摊晾、簸稻（1983）

春节舞龙（1983）

旧式织机（1983）

父母为伊莎白田野调查送行（1938）

伊莎白（1940）

伊莎白田野调查途中

青年俞锡玑

柯临清

柯临清、俞锡玑、伊莎白

目录

下篇 ┊ 外来人

序言

伊莎白

这本书的出版之路既漫长又曲折，就像蜿蜒在七十多年前我曾待过的那个四川小镇上的青石小巷。我的研究工作就是从那里起步的。经历了世界大战、硕士求学生活、田野调查以及中国境内的革命战争和包括“文革”在内的历次政治运动，在结束了三十年的教学生涯之后，我终于有机会重新整理当年的手稿，重游旧地，并着手写作此书。

一切还得从我结束在多伦多大学的学业、获得硕士学位（人类学是我的辅修专业）、返回中国说起。那时，孙恩三邀请我加入一个由他主持、在四川兴隆场开展的乡村建设项目，该项目得到了中华全国基督教协进会（简称“协进会”）的资助。我的任务是协助调查全乡一千五百户居民的经济生活状况。在当时的乡建圈子里，逐户调查还是一个刚刚流行、相当时髦的概念，孙恩三对此充满热情。我之所以接受他的邀请：一则禁不住这个项目的诱惑；二则也是想借此机会积累更多人类学实践经验，为将来申请攻读博士学位做准备。我于 1940 年秋来到兴隆场，正式加入工作组。除我之外，工作组还包括一名护士、一名教师和一位社会学研究者，都是女性；唯一的男成员是孙恩三的秘书，他在这里已经工作了十个月。没过多久，我便和那位学习社会学的医疗社会工作者俞锡玑结为朋友。跟我一样，她也有着教会背景，在教会大学读过书，还独立从事过田野调查研究。就这样，1941 年春天我们一起开始了在兴隆场的逐户调查。

搜集来的材料既内容丰富又不无缺憾，这可以从我们所处的环境得到解释。当时条件很不利于调查活动的进行。老百姓被征粮、征兵、“估拉”壮丁吓破了胆，再加上匪患严重，到处弥漫着恐惧惊疑的气氛。山上人家住得分散，一般都养狗护院，以防盗贼、土匪或想象中的恶鬼靠近。这可害苦了我们，出门上山必得带一根打狗棍防身。好在许多乡民知道我们不是政府派来的人，而是熟识、并无威胁的年轻女子，他们都会主动把狗喊开。即使受到热情接待，我们一举一动也尽量小心谨慎，避免引起主人的不安。除了获取必要的调查信息，我们还有自己的研究兴趣，因此在交谈中不放过任何有助于了解社区生活、居民的细枝末节。到了晚上，我们整理谈话记录时，往往又会将当天的所见所闻补充进去，这份事无巨细的调查笔记于是就成为本书写作的主要素材。

我和锡玑在四处走访的同时，还肩负着帮助乡民改善生活的使命。从到来那天起，工作组所有成员就没有把自己当成置身事外的旁观者，而是积极投入到当时席卷兴隆场的改革洪流中去。虽然得到部分开明乡绅的同情，一力推动改革的外来人最终还是要与因循守旧的本地人进行面对面的交锋。对于这场内外部的较量，我们既是见证者，也是参与者。人类学家一旦走出象牙塔，受雇于政府或民间机构，那么一面完成手头任务、一面从事独立调查就是非常自然的事情。学术界流行的“参与观察法”通常指研究者对研究对象（如社区）进行近距离观察并参与其生活。我们却不住在兴隆场，除了做研究，还要听从驻扎在当地的工作组的调遣；而工作组的目标十分明确，即通过乡建实验快速改变老百姓的生活状况。这样一来，传统意义上的“参与者”兼“观察者”的双重身份就派不上用场，必须找到新的介入方式和更适合我们的角色。为了保证实验顺利开展，我们采取行动时尽可能顾及乡民感受，同时努力争取有权势者的支持，甚至一度卷入当地的权力斗争之中。事实上，我们对兴隆场各种地上地下势力的了解，相当一部分便来自于工作组跟他们打交道、从无意对峙再到最后被击败的这段经历。

当田野调查还在进行中时，我和锡玑便打算据此写成一份研究报告，看能否在《华西边疆研究学会杂志》上发表。1941 年 10 月调查结束后，我回到成都——这座城市不仅是我出生的地方，还是我父亲曾担任教务长的华西协合大学的所在地。1942 年初，锡玑也来成都与我会合。我们又花了几个月的时间筛选材料，着重提取量化信息以备申报。然而这项工作未及完成，国际形势就急转直下。随着太平洋战场上风云突变，乡建项目被迫中止，我们也只好另谋生路。锡玑又干起了医疗社会工作的老本行。这时，我的父母已经返回加拿大，未婚夫大卫· 柯鲁克（David Crook）则成为英国皇家空军的一员。于是，我也去了英国，并于 1942 年 7 月 30 日与大卫在那里结为夫妻。

在英国的头一年，我自愿进入一家兵工厂工作并参加了加拿大军队；但只要一有闲暇，仍继续研究兴隆场的那批材料。我带着研究大纲前去拜访了伦敦经济学院的雷蒙德 · 弗思（Raymond Firth）和伦敦大学的玛格丽特 · 里德（Margaret Read）。这两位人类学家都鼓励我联系正在酝酿出版“社会学与社会重建国际文丛”的基根· 保罗书局，弗思还答应为我书写一篇前言（他当时正利用假期做战时服务工作）。见过丛书主编卡尔 · 曼海姆（Karl Mannheim）之后，很快我便接到劳特利奇和基根 · 保罗出版社寄来的信函，表示同意出版兴隆场的研究报告。（在“图书馆计划”中，曼海姆罗列了待出书目，将这本尚待完成的著作暂定名为《兴隆乡：华西红色盆地中的田野调查》，著者为伊莎白和俞锡玑。待出书目还包括费孝通的《江村经济》，读者从其早期版本中仍能看到曼海姆当年亲定的目录。）

二战结束后，我拿到一笔退役军人资助金，从而得以进入伦敦经济学院，师从弗思学习人类学。不久，平静的校园生活却因为我丈夫大卫的一个决定而被打破。战前当记者的他刚从皇家空军退役，打算回中国去重操旧业。这时，我向弗思提出，与其把博士论文单独建立在兴隆场调查的基础上，不如再对另一个带有不同经济背景的地点展开比较性研究，或许能让内容更加充实。弗思最终同意了我的请求。于是，我和大卫结伴返回中国，开始对中共解放区走访调查。中共方面领导人则希望我们的调查能成为继埃德加·斯诺1938年的《红星照耀中国》之后、又一部向西方介绍中国的作品。

1947年在解放区的生活经历对我来说是一个新的起点，标志着从此以后我将以“参与者”和“观察者”的身份置身于中国共产党领导的革命事业当中，而这显然得益于弗思当年对我的指导。他认为有助于决策的应用人类学将是战后重点发展的一门学科，而且实际问题将超越人本身占到越来越重的份量。他曾写道：

“有迹象表明，人类学家将被要求承担更多解决实际问题的任务，这也是我们大家乐意见到的事情。通过进行社会背景研究，帮助找到冲突根源或计划难以实施的毛病所在，同时成功预测某项措施的社会效果等，人类学家将来一定会比今天更有作为。”[1]

一个人能否既参与到行动中去，同时又对正在发生的事情做出可靠观察呢（这里我避免使用已被用滥的“客观”、“公正”两个词）？弗思的回答是肯定的。他进而宣称，人类学家理应对他们研究的社会有所贡献。有所贡献应该能帮大家收集到可靠的材料，因为一项好的政策不会从糟糕的研究当中脱胎而出。

我和大卫返回中国没多久，便开始了对十里店土地改革长达八个月的调查研究。1947年11月我们刚抵达这所村庄，即被要求务必赶在明年二月土改工作队进驻之前先对当地环境有一个大致了解，好相互熟悉，便于后期开展土改工作。我们决定从挨户走访入手，编写一本村庄发展简史。走访时，我们并不按照严格程序向村民提问，而是采取拉家常的方式，问他们的个人生活、抗战中的遭遇以及对土改的认识。我们起初不过是想和村民交朋友，但在这个过程中搜集到的第一手资料后来证明非常有用。

与兴隆场不一样，十里店是华北一座仅有百来户人家的小村庄。

我在这两处地方的经历颇有几分相似，比如都是在战争年代而且亲眼目睹了轰轰烈烈的改革。不同之处在于，改革分别由国民党和共产党发起，两者性质自然存在天壤之别。另外，单就两座村庄而言，也有极为显著的区别。兴隆场作为场镇，人口更多、范围更大；到了集日，它就变得异常热闹，呈现出一派繁华市镇的景象。相比之下，十里店则要冷清得多，稀稀拉拉的住户都以务农为生，仅有两支重要宗族。兴隆场宗族众多，大大小小的宗祠和节日把那里的生活装点得丰富多彩；十里店的宗族象征意义大过实际作用，除了表明亲属关系和一种承诺，顶多是保证全体成员面临困境时有基本谋生手段、不致挨饿而已。在兴隆场，经济形式的多样性使得居民生活状况迥异，既有外来人、举目无亲的乡民，也有被踢出宗族门外的，还有不与外界联系的乡民，因此贫富分化严重；但在十里店，不要说乞丐，就连衣衫褴褛的人也难得一见。尤其需要指出的是，前后两次调查的目的截然不同。我和大卫都希望通过观察十里店的土地改革，对发生在中国大地上的革命运动——也许是二十世纪最重要的革命运动之一——展开研究，研究它的革命动力。当调查结束时，新中国即将诞生，再做任何有关国共两党乡村改革事业的比较性研究似乎就显得不合时宜了。

我和大卫从事十里店调查的同时，还应邀在一所刚刚成立、有数十名学生的外事学校教英语，帮助培养新中国的第一批外交人才。解放后，该校从河北迁往北京西北部，更名为北京外国语学院（即北京外国语大学的前身）。我成为学院英语系的一名教员（大卫是副系主任），全身心投入教学当中。教课之余还要参与修改课程，研究适合农村孩子的教学方法，并尽力与学生、同事建立平等和睦的关系。我也参加了后来的历次政治运动，其中影响最大的莫过于 1966 年夏学校开始的“文革 ”。过去的研究工作只好被无限期搁置起来，直到八十年代初我离开教学一线，才再次打开了那只盛放着兴隆场调查资料的抽屉。

退休生活为我完成兴隆场研究的夙愿提供了难得的机会。八十年代，东西方学术交流渐趋活跃，为我重新审视材料提供了有利环境。大批欧美汉学家的到来让我眼前一亮。他们中的许多人对我当年的研究非常感兴趣，并鼓励我在中断多年之后，重新拿起笔来写作。与此同时，中国国内的学术环境也逐渐好转，人类学和社会学都得以恢复。我决定继续做这项研究还有一个原因，就是想让今天的青年学生，当然也包括我从前的学生，对旧中国乡村社会有更多了解。

完成这部手稿费尽周折，而第一步便是我在锡玑的陪同下，于1981年重访兴隆场。那时，锡玑已是位于重庆北碚的教师进修学校的一名儿童心理学教授了。

接下来的十年，我忙于核对笔记、整理手稿，并时常找退休后回北京定居的锡玑互相切磋。弗思仍然一如既往地给予我指导和帮助。1992年，他曾经问我写的东西究竟属于地方史志还是人类学。他的疑问对本书的最终成形至关重要。当时我还犹豫不决，不知如何回答，但是现在已经十分清楚，即两方面的东西都要写。

1994年，我完成了一部三卷本的人类学著作（书名为《经济、政治与社会》），共二十五章，加上后记总计四十五万七千余字——其篇幅几乎是其他常见学术专著的四倍。综合许多中国问题学者和中国丛书编辑的反馈意见，他们都认为这本书具有出版价值，但是需作较大幅度的删减。考虑到任务艰巨，我于是邀请柯临清（Christina Kelley Gilmartin）——一位我既仰慕、又观点相近的历史学家——参与到新的写作计划中来。

经过长时间讨论，其间又两度访问兴隆场（分别在1997年和1999年），我们决定把研究重点从人类学转向历史学，围绕地方主义观念以及当地人对变革的态度重新组织调查材料。这样一来，我们就要围绕政府和农村重建项目力图改变兴隆场的生活方式展开叙述。

原稿中，这两个问题，尤其是我们农村重建工作组的项目着墨甚少。1999 年，我们还听说璧山档案馆将建新楼并向公众开放。档案馆翻新改造、拆掉虽然破旧但古色古香的老建筑固然令人惋惜，却大大方便了我们查阅官方文件，得以深入了解政府在战时发挥的功能。

2001 年和 2004 年我们又两次去兴隆场体验生活、收集资料，同时还创办了一个资助当地儿童上学的基金会。值得一提的是，这些孩子虽然未在书中出现，但正是从他们身上，我们看到了二十一世纪初贫困地区农家子弟为改变命运付出的种种艰辛努力，从而对更早的那个年代又有了全新的认识。

准确地说，兴隆场的故事是由三位女性作者共同讲述的。更准确地说，是我们合作的产物。回首当年，没有我和锡巩的携手合作就不会有那次成功的调查。出身上流家庭的锡巩既是一名叛逆者，又是一个实干家，挽起袖子能做任何事情。她先我到达兴隆场，短短几个月时间就对镇上的一切了如指掌。而我作为外国人——也是工作组唯一的外国成员——能够迅速融入当地生活，很大程度上也要归功于她对我的接纳。对好奇的锡巩来说，另外两位女同事多少显得有些乏味，而我的到来恰像为工作组注入一股新鲜血液，帮助她打开眼界，增长见识。所以我们很快成为无话不谈的朋友。

后来的日子里，锡巩作为一名杰出的研究者，能够从地方档案中准确挖掘出我和柯临清急需的史料。她送来的新发现每每带给我们极大快乐。锡巩是一个非常谦逊的人，起初执意不肯在书上署名，因为她始终认为自己一生所做最有价值的事情就是从事医疗社会服务。她在工作中也确实好几次挽救过别人的生命。直到最后她才改变初衷，同意署上自己的名字。

至于我和柯临清的合作，无论从个人还是专业角度来看都是一件乐事，彼此都受益匪浅。柯临清既熟悉中国历史，又擅长对庞杂的原始资料做细致分析，这种分析方法的运用恰恰是当代学术研究不可或缺的重要手段。在写作过程中，我们共同探讨，相互启发，对问题的认识随之不断深入。在我看来，这一点正是合作的精髓所在。

然而三位作者中，如今仅剩我一人健在。每念及此，不由唏嘘不已。俞锡玑于2006年病逝，享年92岁，算得上高寿。其时，我们似乎更应该歌颂她的一生，而不是悼念她的逝去。真正让我感到震惊、悲痛难掩的是2012年7月柯临清的猝然离世。作为我的挚友、同事，同时也是一位优秀的学者、教授、母亲和妻子，她本应有更长、更硕果累累的人生和学术道路要走。

一直以来，我和柯临清都对这本书的价值深信不疑，能够亲眼见证它的出版自然意义非凡。现在我谨代表柯临清和我自己，向帮助实现这一梦想的贺萧（Gail Hershatter）、韩起澜（Emily Honig）以及马克·塞尔登（Mark Selden）表达衷心的谢忱——他们三人都是著名的中国问题研究专家，长期关注此书并与我和柯临清保持着密切联系。我深知他们百忙之中能用如此短的时间，把书稿准确无误地编辑成册，必然为此付出巨大牺牲和努力。对此我感激不已。

我希望此书能对将来的研究者有所裨益，同时也愿意保证，中外学者一定能看到所有原始资料，包括我1994年完成的初稿。作为第一步，原始调查笔记已经以《兴隆场：抗战时期四川农民生活调查（1940—1942）》为书名，于今年1月在北京翻译出版。

北京
2013年2月

1　雷蒙德·弗思．第八章 社会人类学前瞻．人类杂志．1944（44）：21.

鸣谢

伊莎白

我在这里愿意向本书调查和写作阶段提供过帮助的人们表达真挚的谢意。由于本书作者之一柯临清已经过早离开了我们，下面的名单难免挂一漏万，那就请未被提及姓名的人们原谅我随年事渐高而日益减退的记忆力吧。

回顾我这漫长的一生，我至诚感激我的姑妈霍克斯沃思。她慷慨地送了我 500 美金，我才能在加拿大结束学业后返回中国，开展最初的人类学工作。

首先，我要感谢中华全国基督教协进会，没有他们当年资助的乡建合作实验项目，这本书也就无从谈起。说到协进会，当然离不开项目负责人孙恩三，是他把我招入工作组，才有了后来的故事。蒋旨昂和晏阳初都是当时赫赫有名的乡建工作专家，时刻关注着兴隆场的合作实验，给了我们很多启发。我和柯临清日后读到了蒋旨昂研究乡村社区的著作，从中获益匪浅。晏阳初则在我们最需要的时候，从歇马场的乡村建设学院派来技术人员，指导成立合作社。还有厨娘彭巫氏（彭嫂）和一个我记不起名字的年轻农民，每天都向我们绘影绘声讲述一番兴隆场镇上发生的事情，为本书提供了极为生动的写作素材。

序言中提到多位协助我们进行研究的专家学者，并对他们表达了谢意，但显然漏掉了雷苏珊（Susan Rigdon），我愿在此补记两笔。雷苏珊是伊利诺伊大学的人类学教授。当我和柯临清着手准备资料时，她不但参与其中，还跟我们共同分享她对一些问题的独到看法和见解。

在璧山，我们受到了丁洪县长和孙宏英（音译）的热情接待，而璧山县档案局和县志办公室工作人员（包括档案局长杨昌钱以及县志办公室副主任张永信、罗俊）多年来的无私帮助尤其令人铭感。县志编审黄世铨、周青在查阅资料的同时，还主动把我们介绍给当地村民认识。大兴乡长龙江厚给了我们极大的支持。他和原大兴中心小学校长巫智敏亲自从当地挑选出十名学习优秀的孩子，作为我们创立的基金会的资助对象。巫智敏还是有名的“活字典”，这些年一直和我们保持通信，答疑解惑。孙宗禄曾在上世纪四十年代担任乡长，四十年来见证了兴隆场的发展和变迁过程，并把这一切向我们娓娓道来。曹洪英 1940 年上过教会办的主日学校，算得上一位故人，与她重逢唤起许多我对往日的回忆。王安玉是当地妇联的一名干部，我们访问兴隆场时就应邀住在她的家里。

北京的年轻学者丁小雷陪伴我们多次重游旧地并将所需档案译成英文。云南省社科院的杜娟赴兴隆场实地调查后，把当地历史和现状整理成详尽的书面报告寄给我们。中国人民大学的曹新宇向我们解答了有关碑刻和地方宗教的问题，郑继伟（音译）又寄来一份十分有用的参考书目。北京外国语大学的学生蒲瑶承担起相当困难的档案翻译任务，黄薇则是一位出色的助手。另外，何秀文负责修正和加工书中所用地图，可以说完全达到了我们预期的效果。我特别想要感谢的是长期以来替我们翻译无数信件、文件的杨玲娟，还有帮柯临清查阅参考文献的司马克（Zachary Scarlett），以及在不同场合向我或柯临清提出宝贵建议和意见的蒂丽亚（Delia Davin）、杨海伦（Helen Young）、朱爱岚（Ellen Judd）、沈艾娣（Henrietta Harrison）、白思南（Sabina Brady）、贾楠（Nancy Jervis）等人。商惠民（Sandra Sachs）一直是我们的一位诤友、挚友，不但从旁鼓励，还参与探讨，并协助将书稿编辑成册。

少年时代，是慈爱的父母帮我树立起了自信心，后来他们又坚定不移地支持我自己的人生规划——即使有的在他们看来不切实际，比如当一名人类学家。我的家人们始终给予我无尽的爱和支持。丈夫大卫病故于2000年，近年来三个儿子柯鲁（Carl Crook）、柯马凯（Michael Crook）和柯洪刚（Paul Crook）主动做起大部分家务，从而使我的写作计划得以顺利完成。柯鲁和柯马凯还分别在查阅档案和编制中英词汇对照表方面做了大量工作。

最后，我想向柯临清的家人——她的丈夫季栋梁（Peter Gilmartin）、儿子柯远（Benjamin Gilmartin）、女儿柯棓（Beth Gilmartin）——表达无限感激之情。当时我已退休，但柯临清做出与我合写此书的决定并非易事。因为她的日程表早已排满，由此造成的不便其家人均表示了充分理解。现在这本书已经面世，看到这一结果，我希望也相信，他们一定会感到满意的。

引言

贺萧　韩起澜[1]

《战时中国农村的风习、改造与抵拒——兴隆场（1940—1941）》背后的传奇故事

摆在读者面前的这本书可以说是历史上两次非凡合作的结晶，而这中间整整相隔了七十年之久。1940 年，出生于四川成都传教士家庭的伊莎白从加拿大多伦多大学毕业后，来到兴隆场这座毫不起眼的小山村开展人类学调查。该项目得到了中华全国基督教协进会（简称“协进会”）的资助。当时，中国的抗日战争已进入第十个年头。过去几年里整个华东丧失殆尽，国民政府被迫迁都重庆，开始全力建设大后方，在政治、经济、教育等领域积极推行各项改革。伊莎白的合作者是一位名叫俞锡玑的年轻中国姑娘，战前她在上海沪江大学以及北平协和医学院接受过社会学与社会服务训练。现在两人一起在兴隆场挨家挨户进行走访，了解乡民的家庭生活、谋生手段、宗教信仰等方方面面的情况。与此同时，她们还配合协进会的乡村建设实验，努力促进当地的教育普及，创办医疗诊所，并组织成立了数个合作社，其中最重要的一个就是旨在抑制盐价、让老百姓买到便宜盐的食盐供应合作社。在实际工作中，她们逐步弄清了这里的权力结构、人际关系、市场经营方式及半地下组织袍哥的性质。如同书中描写的那样，国民政府的改革措施遭到地方保守势力的强烈抵制。这也直接导致协进会的许多改良计划无法实施，最终工作

组不得不撤离了兴隆场。不久，日军偷袭珍珠港，太平洋战争爆发。伊莎白与英国记者大卫·柯鲁克结婚，重返伦敦，然后一直从事战时服务工作。

二战结束后，柯鲁克夫妇返回中国，奔赴华北解放区的一个小村庄体验生活，深入采访，并以此为素材，写成一部反映中共土改运动的两卷本著作。后来的岁月里，他们同在今称北京外国语大学的外语学校任教直至退休，其间经历了"文革"的动乱，也亲眼目睹了中国社会随后发生的一系列变革。就这样，当初在兴隆场写下的调查手记一直静静躺在一个铁皮盒里。八十年代伊莎白退休后，才有闲暇翻出它们重加梳理，以细致入微的笔触将1940至1941年间兴隆场日常生活的点点滴滴重新以长篇手稿的形式呈现在今日读者眼前。[2]

九十年代中，伊莎白接受马克·塞尔登的建议，决定将兴隆场的原始材料加工提炼成学术著作，这次她选择的合作者是来自美国东北大学的柯临清教授。柯临清是位妇女问题专家，长期关注中国革命史，曾在北京工作过数年。两人于是开始共同整理当年的调查资料[3]和伊莎白的手稿，讨论研究结果的重要程度，从中挖掘过去未发现的主题，并与研究中国乡村问题的当代学者展开学术探讨。柯临清还担负起了大量调研和写作任务，与伊莎白密切合作，既有讨论又有辩论。从1981年至2004年，她与伊莎白或同行或分头，重访兴隆场达七次之多，采访许多当事者的亲戚后人，同时也对半世纪以来这个村庄的生活变迁有了切身的观察和体味。2012年7月柯临清去世前夕仍在伏案工作，为手稿的最后修订紧张忙碌着。

由此看来，本书所说的"我们"前后并不一致：前面指的是四十年代初进行实地调查的伊莎白和俞锡玑，后面则指共同研究整理调查资料、从多角度展示当地民风民俗的伊莎白和柯临清。我们（贺萧、韩起澜）的工作则是在伊莎白及其家人的协助下，与马克·塞尔登、司马克等人一道将修订完的书稿编辑成册。

此书的多重性质，给我们提供了一个机会，使我们得以从更大范围来思考历史阐释的特征。伊莎白和俞锡玑当年走街串巷的初衷不过是要了解民间疾苦，以便确定后期实验项目来应对这些需求。然而走访过程中，她们认真倾听、仔细记录，结果竟保存下大量今天看来极具民俗学和人类学价值的调查材料。她们选择了 1940 年来研究，并非因为这一年对中国而言是极具意义的转折点；而是这一年伊莎白和俞锡玑受协进会派遣来到兴隆场，恰巧目睹了国民政府将权力触角伸向四川这样的边远省份时所遭遇的重重困难，但她们当时尚无意从历史或社会学视角观察分析中国乡村社会的政治经济生活。书中讨论的许多问题多年以后才逐渐浮出水面，这得感谢伊莎白本人接下来在共和国的工作、对民国时期乡村建设所怀有的浓厚兴趣以及她与柯临清的对话，感谢柯临清对中国革命与社会改造所进行的长期研究。由于以上原因，我们在编辑本书时始终遵循既保留历史原貌、又涵盖当下新内容的原则。《战时中国农村的风习、改造与抵拒——兴隆场（1940—1941）》是一则历史性分析报告，取材于不同寻常的田野调查手记。全书不是围绕一个单一主题展开，这种包罗万象的特殊结构以及对个体事件的强烈关注恰恰以最有震撼力的方式，将包括兴隆场在内的战时中国农村所面临的争议问题淋漓尽致表现出来。

国家大事件与乡村小生活

本书讲述的是四十年代初，当中国大部国土沦陷、抗日战争进入最困难时期，国民政府号召的抗战建国与有识之士从事的乡建实验在四川一个偏僻乡村社区激起的各种反应。

作为一项民俗人类学调查，同时也是一部微历史，本书以兴隆场为镜子，通过展现外来改革人士与本地传统势力在这座小舞台上的交锋，映照出位于共产党根据地与日军占领区以外的所谓“国统区”的中国乡村社会的全貌。战争阴云笼罩，政治错位，场镇生活的方方面面均在书中得以呈现。作者不但忠实记录下这里的家庭琐事、邻里纠纷以及吸毒、赌博、看病、敬神等民风民俗，还对国民政府与协进会等民间组织在动荡局势下推动的并不成功的改革事业作了详细描述。大多数改良计划之所以失败，地方有权势者的阻挠破坏显然起了很大的作用。这些人在兴隆场这座以集市为中心的镇子上，主要靠攫取大量田地获得手中的权力，进而欺行霸市，为害一方。纵览全书，读者可以清楚看到乡村现实与国民政府提倡的“新生活运动”之间的巨大反差。政府人员和乡建工作者不谙民情，做起事来经常不得要领。诸多问题困扰着家庭和农村，老百姓非但不能受益，反而在痛苦生活的泥潭中愈陷愈深。然而站在二十一世纪初，回看当年这场在战火纷飞中进行的乡村改革实验，虽以失败收场，它却标志着长期以来独立不羁的四川终于迈出了重新进入统一国家政治体系，并对乡村旧有生活方式实行改造的重要一步。乡绅毫无疑问是地方精英的代表，他们中的一些人积极投身到“新生活运动”中，另一些人则阳奉阴违，趁机渔利。国民党和教会机构大力促进乡村教育、加强卫生建设、改变旧式婚俗，某种程度上说，这些举措开了1949年之后中共发起的更大规模的农业社会主义改造运动的先声。与此同时，书中反映出来的当地乡民尤其精英阶层对改革采取的首鼠两端的态度也预示着不远的将来，当中共取得政权、在兴隆场这样的农村领导社会主义革命时将会遇到怎样的阻力和挑战。

全书分为上、下两部。上部“本地人”共五章，从各个角度详细记录了兴隆场的日常生活。作者笔下的场镇绝非平静如水、静待外界干预，而是从很早起便与外部世界发生了广泛联系。这里距重庆不过六十多公里，二十世纪四十年代之前曾经多次接纳外来移民，农业生产也因为美洲作物的引入而发生了很大改变，辛亥革命后逐步军事化。二十世纪初，先是西方传教士造访此地，接着各路军阀又成了常客。这段时期，整个四川都处在军阀控制之下；直至 1935 年，南京国民政府才获得插手川省内政的机会，开始引进乡建项目。前五章重点探讨兴隆场的社会人际关系与内在发展动力。第一章“场镇生活”[4]以集市为背景，在提供一幅幅世俗风景画的同时，结合中外学者如施坚雅（G. William Skinner）等人的研究成果，在横向比较的基础上，对本地市场结构、运行模式作了详尽透彻的分析。自辛亥革命以来，川省政局动荡，从一二十年代的军阀混战到 1937 年中日战争全面爆发，一直就不曾安稳过。开办集市无疑深刻影响到战乱年代兴隆场的处境、它与周边村镇的关系以及家家户户的生活方式。[5]伊莎白和柯临清回顾了劳力的长期形成过程，是劳力促成兴隆场从无到有、从小到大的数百年发展历史；并用大量笔墨描写场镇在四十年代面临重庆日益扩大的经济影响力，如何夹缝中求生存、竭力维持自身地位的艰苦过程，因而极大丰富了施坚雅当年的论述。第二章“靠山吃山：农业劳动”介绍了普通农户的日常劳作情形。随着人口增加，当地土地的使用强度越来越大，最后几乎到处不见一块闲田。即便如此，大部分乡民依然吃完上顿没下顿，时刻有断炊的危险。第三章“家门口的生财之道”说的是重压之下，饥肠辘辘的乡民如何通过市场行为来改善生计、糊口养家，以及人口压力导致的后果和政治动荡对当地生活的影响。这时，妇女在小规模市场生产中的作用便得以凸现出来。在场镇及其周边地区，贫富转换偶有发生；但对大多数农户而言，一年忙到头也不过勉强度日，经济环境之恶劣令许多家庭濒临崩溃。第四章“宗族、地主与地方政体”的主角换成了镇上的富户、地主与大族成员，这些人或可称为地方精英，其行为举止在后军阀时代发生了很大改变。兴隆场精英群体的一个显著特征是，从军阀部队退役的旧军人返乡后进入了权势地主的小圈子。他们摒弃了传统乡绅身上的斯文，无所顾忌，大肆敛财，通过操纵市场、欺压穷人迅速攀升为当地的新贵。第五章“袍哥与民间势力”关注的是神通广大的新兴袍哥组织。该组织成员结构相当复杂，三教九流无所不有，其中不乏颇具影响的精英人物。袍哥因此成为地方经济生活中不可小觑的一股力量，不但在集市上仲裁纠纷、收保护费，还私售鸦片牟取暴利。当改革威胁到他们的利益时，更会第一个跳出来表示反对，这在本书第二部分有详细描述。

下部“外来人”亦分五章，将兴隆场置于中日战争爆发后大量“下江人”涌入川省的时代背景下，从不同方面介绍发生在此地的种种变革。1937 年下半年，日军大举南下，南京政府被迫放弃长期经营的东南沿海，撤往位于长江上游的“大后方”四川。随着重庆政府的建立，默默无闻的兴隆场由于紧挨战时陪都的缘故，一下子变得热闹起来。国民政府战前对四川一直鞭长莫及，如今在大后方的“中心”重庆指挥全国抗战，便趁机加大控制力度。他们一面设法安抚地方军阀，一面采取严厉手段镇压各处土匪、取缔鸦片贸易，兴隆场自然也在被改造之列。

“逃难”的并非只有国民政府一家。抗战期间，中国难民估计有五千万之多逃至内地，大部分都“落户”在了四川。至 1941 年，重庆人口比六七年前翻了一番还要多。这些“外籍人”或下江人中有不少是推动进步改革事业的急先锋或领导者：如教育家梁漱溟，出生于四川、一直在全国各地倡导平民教育运动的晏阳初，以及在上海发起“工业合作社运动”（简称“工合运动”）的中外人士。他们带来了流行于政治、经济、教育、科学诸领域的新观念和新思想。一些曾在沿海地区从事乡村建设实验并卓有成效的宗教团体也相继迁入四川内地，继续开展这方面的工作，其中就有总部设在上海的全国基督教协进会。随同内迁的还有四所教会大学的全体师生和许多受过高等教育、帮助教会创办农业合作社的中国教徒。他们中的大多数都与政府合作，政府官员则监督农村发展计划和政府改革的实施情况。和梁漱溟、晏阳初等人一样，大部分人打算从头再来，寻找合适地点建立新的合作实验区。于是一段时间里，从成都到重庆，一度被迫中断的乡村建设运动重现生机，将远离战火的大后方变成了一个热火朝天的大实验场。

由于战时环境的特殊性，先前鲜有交接的政府、民间两股改革力量也渐渐走到一起，携手改造乡村社会，以实现增加税收、扩大生产、发动民众为抗战服务的目的。然而就拿兴隆场来说，要想在这里实行全面改革谈何容易！本书下半部所探讨的便是导致改革失败的种种原因，其中很关键一条即政府言行不一：对外大声疾呼改革，实际却征税拉夫、巧取豪夺、加大搜刮力度，惹人憎恨，结果只能是自毁长城。还有一条或许同样重要，即无论国民党还是教会组织推出的改革方案都触动了地方权势阶层的利益。即使教育、卫生方面比较温和的举措，落实起来也难免大打折扣。战时政府经常陷入顾此失彼、穷于应付的窘境，在农村也缺乏稳定的势力。第六章“战时改革家”主要讲述来自政府和民间的两套人马如何在兴隆场找到自己的位置，与当地豪强打交道，进行乡建实验尤其是教育改革的故事。行政改革如撤并乡镇、更换乡长引起了乡民的强烈不满。其他项目如识字运动则因为资金不足，难以在全乡范围内推广，不能满足实际需求。协进会配合政府在教育领域开展的实验活动也收效甚微。第七章“公共卫生”介绍了农村的医疗卫生状况、政府为改变乡民传统就医方式所作的初步努力，继而对一个成功案例——即协进会开办的诊所——加以分析。政府部门的卫生防疫工作取得了一定进展，教会诊所也在广大妇女当中建立起良好的口碑，然而绝大多数老百姓仍旧“信巫不信医”，愚昧落后的现状并未发生大的改观。第八章“新旧并存的婚俗”将乡村社会家长安排儿女婚事的老办法与政府为改变夫妻双方家庭地位而推出的新制度进行对比。政府的《亲属法》虽然允许妇女离婚——此精神在1950年颁布的《中华人民共和国婚姻法》中亦有体现——但基本上属于一纸空文，因为一旦出现纠纷，乡民宁可私下协商也不愿诉诸法律。年轻人如果受过新式教育或有一技之长，则身价自高，更容易成为异性追逐的对象。穷人们更是有着自己习惯的处理方式。比如女人在家中受虐待或对婚姻不满，往往一走了之，另觅新欢，让后者付给前夫一笔赔偿费了事。这样的例子在当地屡见不鲜，政府无权过问。第九章“予取予求”从征税、征兵两个方面剖析政府与地方之间的矛盾冲突。正是这种一切服从抗战大局、强迫地方出钱出人的做法疏远了国民党与老百姓的关系。而国民党的改革事业之所以失败，或许原因也在于此：改革在其眼里永远只是第二位的，远比不上集中人力物力、保障军队供给重要。伊莎白和俞锡玑走到哪里都大受欢迎，恐怕也是因为村民相信这两名年轻女子跟他们畏之如猛虎、避之犹恐不及的国民党国家机器没有丝毫瓜葛的缘故。第十章“交锋”记录了政府发起的禁烟、禁赌运动的流产过程。当风声渐紧时，为了逃避惩罚，控制鸦片走私或赌博活动的大商人要么指使手下马仔出面顶罪，要么以零售方式将风险转嫁给小商小贩或烟馆老板。全书最后对协进会创办的食盐供应合作社作了一番精彩的描述。该实验项目虽有政府支持，还是难逃失败的命运，从中作梗、设计破坏并促其夭亡的便是当地一位担心自己经济利益受损的有权有势的袍哥成员。

外来人与困境中的兴隆场

如果说外地人来兴隆场经商只会抢了个别商户的生意或者造成某些货物行情波动的话，那么主张改革的政府或教会人员的出现，其影响就要大得多。不但本地固有生活方式受到威胁，连大家习以为常的游戏规则也将随之发生改变。比如成立供销合作社，制定税收政策，出台有关土地租金以及鸦片、食盐贸易的法规，规范度量单位的使用——凡此种种，无一不对集市运营和土地买卖等市场行为带来极大冲击。

严格来讲，被派往乡村地区开展工作的政府和教会人员各自带有不同的使命。许多国民党人担负着打破地方保护主义、唤醒民众国家意识的艰巨任务。事实上，四十年代初的国民政府正在酝酿更换那些置抗战、建国大业于不顾的乡村干部。这些人可以说只看眼前利益，毫无大局观念，甚至公然对抗上级，对征粮征兵、支援抗战的命令置若罔闻。政府面临内忧外患，虽然言辞温和，骨子里却要与地方来一场针锋相对、此消彼长的较量。

相对而言，教会工作者更看重以集市为中心的乡村社区在传教布道、推动改革方面所发挥的积极作用。从 1908 年起，住在重庆的美国修女安妮 · 韦尔斯（Annie Wells）、奥维娅 · 普罗克特（Orvia Proctor）等人陆续来兴隆场传播福音。待伊莎白、俞锡玑应协进会之邀，在这里开始进行社会调查时，教会已将农村工作重点几乎完全转移到设法满足乡民的现实需求上来。在当时形势下，凡是受教会派遣、从事乡村建设的人士，无论中外，即使不同情国民党，大多也赞同政府提出的“抗战建国纲领”。他们习惯上以“自然村”或几个村组成的自然社区为单位，切实帮助每户家庭、每个村庄、每个社区改善境遇，促进社区发展。

国民政府实行改革通常采取由上到下的强制方式，容易引起当地人的反感，因而很难奏效。更重要的是，政府自己的想法就相当矛盾：既要强化管理，改善民生，又千方百计从面积有限的国统区掠夺大量战争资源。协进会作为教会组织，手下空有一批充满干劲和肯于献身的工作人员，但却缺乏资源，对于更大的经济、政治、安全环境无法掌控。所以只有当它与政府合作开展实验项目（如发展教育、创办诊所）时，才取得了成功。

然而，无论政府还是教会都拿地方上有势力的袍哥毫无办法。一些袍哥大爷施展手腕控制政府和协进会的计划，竭力阻止外来人担任乡长，并暗中破坏乡建实验的顺利进行。在兴隆场，一度颇有希望的食盐合作社就因为触犯了他们的利益而功亏一篑。兴隆场虽然算不上一座“孤岛”，却对外来力量的渗入十分抵触。兴隆场的困境不在于一个古老的地方不愿被强拽进现代社会，而是本身的社会经济系统就相当脆弱，现在面临疾速深度的变革要求，当地的权力结构和生财之道的微妙平衡都受到了威胁。镇上的所谓“大人物”们与其说是在保护兴隆场免受外来影响，毋宁说是在捍卫自身的权势地位，其行为不会给当地居民带来任何好处。至于普通农民，自然对前来收税拉夫、横征暴敛的政府人员充满敌意。其实，兴隆场人并不反对有益的变革，但他们有足够理由怀疑那些口口声声要砸烂旧秩序、创建新生活的来路不明的陌生人。

这一时期，国民党的某些改革举措，比如颁布亲属法、提倡婚姻改革，可以看作是日后中华人民共和国政府在这方面更为成功的尝试的前奏。本书帮助读者了解到国民政府在推动改革过程中的举步维艰和地方保守势力的百般刁难，而后者在 1949 年之后还会成为新政权决意改造的对象。重庆政府与兴隆场的这次近距离接触，某种程度上预示着将来共产党试图改造当地社会关系、降低风险、支援社会主义工业化建设时所要面临的复杂局面。本书同时指出，任何以农民名义进行的改革，有时初衷再好也是枉然，不见得就能让他们获得真真切切的实惠。

社会人类学调查

本书以战时四川农村广阔的历史舞台为背景，呈现出当地农民真实的日常生活与独特的民俗文化，对更广阔的历史因素也有所反映。伊莎白的人类学调查开始于战火纷飞的二十世纪四十年代。当时大约有六万逃难的“下江人”涌入璧山，与难民夹杂在一起的还有一支教会乡建工作组。他们受协进会和美以美会派遣，选择兴隆场作为乡建实验基地。1940 年初，五人工作组的第一批成员进驻该地，此时外来人的影响已经随处可见，打破了山村往昔的平静生活。老百姓被无休止的拉夫、征兵、征粮压得喘不过气来；而仅仅几个月后，随着国民党改革地方行政、增加税收，人民头上的负担变得更加沉重。工作组很快投入到紧张工作中去，开办幼稚园，创建诊所，并成立了一个挑花合作社。负责人孙恩三曾就读于康奈尔大学，后担任协进会干事，配合晏阳初推广平民教育运动。他认为工作组首先需要摸清本乡约一千五百户居民的经济生活状况，以便下一步筹办食盐合作社——这也是最艰巨的一项任务，同时对于已经开展的卫生、教育实验也不无帮助。他的最终目的是通过解决贫困问题，大大提升教会在乡民心目中的地位。

工作组的乡建实验从 1940 年秋开始，至 1941 年秋结束，整整持续了一年之久。这期间，伊莎白和俞锡玑结伴四处走访，尽可能与每户家庭的成员进行面对面交谈。本书写作便是建立在当年这次田野调查的基础之上。调查笔记的内容异常丰富，既有对全村范围内当地人的采访记录，也有作者跟赶场村民、乡公所干部、教区监牧以及帮工作组干家务的几位当地妇女的攀谈，还包括工作组其他成员在镇上的见闻。其中有两位是从晏阳初的乡村建设学院临时借调来的合作社专家，他们在这边总共待了半年左右时间。完整的英文手稿将来会在网上发布（网址为 http://www.isabelcrook.com），读者从中可以看到乡村生活的方方面面，诸如那段日子里小镇每天发生的故事，以及老百姓为生计而奔波的种种艰难困苦。

更重要的是，伊莎白等人的走访调查保留下大量有关兴隆场社会结构和现实生活的珍贵资料，为本书从人口学、经济学角度所作分析提供了可信的素材。涉及的具体内容包括：居民家庭组成，受教育程度，应服兵役男子的分布，土地拥有及租赁抵押情形，主要副业生产等等。调查还详细记录下当地人口的年龄与等级结构，显示杀婴现象普遍存在，同时社会分化相当严重。关于农场规模、自耕或租种土地数量、收入来源、副业种类的统计数字则让读者对农民疾苦有了更直观的印象，从而能够理解为什么许多家庭面临地狭人稠的生态压力，不得不向土地以外寻找出路。

尤为难能可贵的是，作者在田野调查中还收集到许多今日已不复存在的当地碑铭和文献资料，用英语记录了下来。从当地文庙发现的碑文记载了璧山各地集市的创办过程以及在过去数百年间的运行情况。一些璧山地方报纸刊载的文章也译成了英语，如 1941 年国民政府实行户口清查时的社评，也被小心收藏起来。

工作组把家安在位于镇街上的当地教堂，这让每位成员有机会更加贴近小镇生活。尤其到了集日，左近偏远地区的乡民蜂拥而至、买卖货物，浑然不觉自己已经成了伊莎白等人的观察对象。经过一段时间，工作组跟很多来赶场的人建立了联系，特别是有些中年妇女赶场后无处可去——因为按照习俗女人不宜过多抛头露面——便会来到教会院子里，坐下歇歇脚，喝杯热水，说说闲话。于是，工作组驻地几乎变成她们的专用“茶馆”。1941 年 1 月至 5 月，当伊莎白对全乡一千五百户人家逐个走访时，每每在偏远村落受到出乎意料的热情接待。聊起家常才发现，原来她与对方早就是老相识了。

对伊莎白她们而言，采用何种调查方式也颇费了一番心思。通常在切入正题、问到比较敏感的具体数字之前，都会有长时间山南海北、不带任何目的的聊天，以便建立起融洽的关系，增强彼此的信任与好感。这种方式的好处是，采访人不经意间眼界大开，了解到很多人们的惯常做法和心理状态。比如对家中一名患者表示关切令主人感动之余，他们就会主动透露对疾病的认识、得病始末、鬼神作祟以及本地郎中孰优孰劣等一系列信息。接下来受访者便畅所欲言，小到个人喜怒哀乐，大到邻里纠纷、乡民关系等生活百态，几乎无所不谈。另外像政府剿匪、地方各派系的权力斗争、袍哥的各种合法非法活动，作者也是从看似漫无边际的交谈中一点一滴逐渐获悉的。

当时在中国其他地方都未曾见过妇女从事如此大规模的社会调查，而事实上，女性身份更有利于调查工作的展开。有几次，伊莎白、俞锡玑与几位男同事一同出去走访。她们发现后者——如前乡长孙宗禄和邻乡几个帮助创办合作社的年轻人——在面对乡民时，往往采取居高临下的生硬态度，直截了当进行提问，没建立起融洽的关系，言谈举止也缺乏人情味儿。这时乡民也心生戒备，变得沉默寡言。反之，当伊莎白和俞锡玑单独到来时，气氛就会融洽许多。伊莎白回忆道，从 1908 年起，间或有西方修女来兴隆场传教，所以到了四十年代，当地居民对外国人已经见惯不怪，更不会将伊莎白这样的年轻女子视为危险人物。伊莎白回忆道，有时候“我们拉家常比问问题的时间还要长。……从某种意义上说，锡玑也是我们成功的秘密。她特别棒，又能干，还帮村民看病。”除了抽象的统计数据，伊莎白和俞锡玑以日志形式描摹出来的场镇鲜活的日常生活也是本书重要的写作素材，其中许多事情她们或目睹或听说，有的甚至亲身参与过。

工作组的艰苦跋涉、逐户调查得到了回报，那便是对一部分山区居民过去鲜为人知的生活有了比较深入的了解。这样一来，她们就比那些只待在繁华地带、足不出户的研究者更有发言权。兴隆场最穷的人家一般都住在山上的土屋里，平日不敢见人，既怕被官府抓壮丁，也怕被山下的有钱人欺负。有些山民——特别是被迫从事季节性抢劫或无以为生、家破人亡的最底层人——连伊莎白和俞锡玑也避而不见，但从调查资料中依然能看到他们的身影，其身份要么是受访者亲属，要么是佣人或帮工。

伊莎白和俞锡玑收集的资料在某些方面甚至比工作组偶然获得的国民政府1941年度户口总清查登记簿还要精确。将二者相互比对便会发现，官方文件一旦涉及居民实际情况往往破绽百出。比如大多数家庭都故意虚报男性成员的年龄，非老即少，总之不符合征兵要求。兴隆乡交上去的报表严重失实，县政府拒收。乡里只好奉命重作清查，更正明显的错误。

九十年代中，当柯临清与伊莎白开始合作时，她们重新整理1940年至1941年的调查记录，并从璧山县档案馆、重庆市档案馆、四川省档案馆以及位于南京的中国第二历史档案馆调阅相关资料，予以核实。雷苏珊也对此项目做过几年研究，在她的协助下，两位作者又广泛阅读了美国耶鲁大学神学院和哈佛大学霍顿图书馆收藏的有关教会档案。

本书至少涵盖了六个在当下中国问题研究领域引起热议的话题，首先便是中国乡村研究。1949年以前，卜凯（John Lossing Buck）、西德尼·甘博（Sidney Gamble）、费孝通、杨懋春、杨庆堃等人陆续写成一批有深远影响力的农村调查专著[6]，之后施坚雅[7]和杜赞奇（Prasenjit Duara）[8]又分别对农村市场结构、权力与文化的关系作了独到而精辟的分析。利用上述已有研究成果，本书从历史角度描述了一代代当地居民在建设场镇、完善其他机构过程中所付出的不懈努力。书中列举了影响场镇发展的各种因素（如清代移民政策），同时指出，民国时期农民境遇每况愈下的原因就在于受到政府与军阀的双重压榨。

其次是对四川的专题研究。柯白（Robert A. Kapp）、鄢华阳（Robert Entenmann）、鲁夫（Gregory A. Ruf）[9]、何稼书（Joshua H.

Howard）、李丹柯（Danke Li）等学者已先后涉足这一领域，另外麦金农（Stephen R. MacKinnon）和李友华（Diana Lary）还在其著作中概括描述了战争对四川以外中国地方的影响。[10] 从明清交替到近代的辛亥革命、军阀割据，川省一直饱受战乱之苦，日本侵华后又成为支援全国抗战的“大后方”。本书聚焦该省在经历一系列动荡之后所呈现出来的独有的地域特色与人文精神，帮助研究者认清二十世纪中国的复杂局势，从而避免以偏概全，仅凭一两个沿海城市或后方共产党根据地的例子就贸然得出整个国家面临怎样环境的结论。

第三是对国民党的重新评估。这方面的研究工作已经持续了数十年[11]。在此基础上，本书详细描述了抗战时期国民政府通过征兵、征税、军事控制以及发展福利、改善民生，力图让广大农村参与到国家、民族建设事业中来的努力。国民党为此制定了雄心勃勃的乡村计划，当代学者对其在乡村社会的实际延伸过程却关注甚少，本书恰为读者打开一扇了解这项计划的内在矛盾和种种实际困难的窗口。

第四，有关学者已注意到当时教会等民间组织开展的乡村工作是对晏阳初、梁漱溟等人推行的乡建实验研究的有力补充，海福德（Charles W. Hayford）研究晏阳初，艾恺（Guy S. Alitto）则研究梁漱溟。[12] 本书又提供了大量第一手资料，同时作者在数十年后重新以理性眼光审视当日事件，因而叙述更加客观真实。

第五，本书作者认为，上世纪四十年代国民政府与民间人士在乡村地区发起的改革，以及地方守旧势力对此做出的强烈反抗，某种程度上预示着 1949 年后中共在大力改造农村、建设国家、征集资源进程中所要经历的成败。共产党深入每个村庄发动群众，打破私有制，解散袍哥——尽管如此雷厉风行，当遇到阻力时还是不得不选择退让，比如暂缓实施新的婚姻法。本书从社会调查的角度分头叙述兴隆场的风土人情、政府改革计划及教会乡建实验，指出外来人在当地开展活动往往难有建树，也让我们认识到当地人的日常活动实为各项措施成败的关键。

最后一点，本书三位作者均为女性，自然会格外关注性别在战时四川社会政治生活中扮演的重要角色。在兴隆场，除了收获季节，女人始终是从事田间劳动的生力军。她们将手工制品拿到市场上出售，又能帮助许多家庭渡过难关。地主们成天泡在茶馆里赌钱或谈生意，家中大小事情全靠女人打理。袍哥组织里见不到女人的影子，却把镇上许多烟馆交给女人来经营。另外，不管是教会工作人员还是当地信教群众，参加教会主办的识字班和职业培训班，或者光顾诊所的也多半都是妇女。她们离家出走、另觅伴侣的打破常规的做法还为当地婚姻习俗增添了新的内容，而这一点恰恰是以往的农村问题研究者不曾提及的。

伊莎白和柯临清原计划写一篇后记，介绍解放战争以后兴隆场的发展情况，特别是居民日常生活发生的巨大变化。她们很想知道在袍哥及其地下经济消失之后——有一段时期定期集市也被关停，当地社区与市场并存的局面是否依然维持。她们想解释一下哪些过去常见的生存手段如今变得过时甚至违法了，这些变故又在多大程度上影响到今日人们的生活状态。同时，她们还想了解在合作化时代，新的人民公社管理体系以及乡村集市遭遇的“严冬”是否削弱甚至抹杀了乡民对于场镇的认同感。在随后的去集体化、商业化以至全球化浪潮冲击下，集买方、卖方与生产者于一体的场镇市场是否失去其传统优势地位更是引起普遍关注的问题。自上世纪九十年代至本世纪初，当作者数次重访兴隆场时，她们看到了重庆作为一个现代化大都市的崛起。其实这也不足为奇，早在四十年代重庆就以“陪都”之名为世人所知，现在它连同包括兴隆场在内的周边地区从四川剥离出去，成为中国最大的直辖市。当然与其他直辖市不同的是，大部分人口仍然居住在像璧山这样的城郊地带，而璧山自身发展已经不可避免要受重庆的直接影响了。

在重访过程中，伊莎白和柯临清与兴隆场居民重新建立起牢固的联系，并创办基金会资助当地儿童上学。但是，这篇酝酿中的后记最终未能写成，兴隆场在近代历史上的困境也只有留待后人去继续研究了。

---

1 本文在写作过程中参考了由伊莎白和柯临清搜集整理的原始资料、以及雷苏珊教授的研究成果。

2 署名伊莎白、俞锡玑合著的这部调查手稿的中译本已于 2012 年出版。本序言后来提到，英语原稿读者将来可上网查询，网址为 http://www.isabelcrook.com。

3 从 1942 年起，原始调查问卷一直寄存在协进会的重庆办事处。到了八十年代，当俞锡玑试图寻找这批资料时，却被告知它们很可能在三十多年前被当成废纸处理了。

4 本书作者认为场镇生活与集市息息相关，这一观点显然源自杨庆堃（《共产主义制度下的中国村落及其早期转化》，1954）、施坚雅（《中国农村的市场和社会结构》，2001）等人的早期研究。拉尔夫·萨克斯顿（Ralph A. Thaxton Jr.）在其著作中也曾有过类似表述（《大地之盐》，1996，第 12 页）。

5 在 1940 年，兴隆场与兴隆乡的范围大致重合。场镇虽不具备乡的明确边界，依然是一个相对独立的整体。事实上，人们提起兴隆场往往指的是那里的集市而非乡政府所在地。集市无疑是当地社会经济生活的中心；相比而言，乡政府不过是国家权力的象征，负责征兵、收税、拉夫等等。乡作为行政单位，其大小、地位并不稳固。当协进会的乡建工作队进驻兴隆场时，璧山县就正在对辖属各乡实行撤并。随着居民点扩大、人口增多，新的集市会陆续涌现以满足不断增长的需要。旧有集市的辐射空间因此受到挤压，比如 1915 年兴隆场就被西南方向新建的三教场夺走一块地盘。但这种变动不会像建置调整那样频繁，而且兴隆场自十九世纪初便已存在，三教场对它的影响可以说微乎其微。基于以上原因，我们使用“地方”一词统指乡与集市，而用“社区”一词特指举办集市的场镇及其生活方式。

6 卜凯《中国土地利用：中国二二省一六八地区一六七八六田场及三八二五六农家

之研究（1929—1933）》（1964），费孝通《云南三村》（1945），甘博《定县：华北农村社会》（1968），杨懋春《一个中国村庄：山东台头》（1945），杨庆堃《华北地方市场经济》（1944）。

7 就在伊莎白兴隆场调查完成第一阶段八年之后，施坚雅又赴四川实地走访，并在后来完成的《中国农村的市场和社会结构》（2001）一书中分析了场镇在空间和时间上所发挥的双重作用。从空间上看，一座中心场镇可以横向连接各地定期集市，纵向串联省、县、乡三级市场；从时间上看，大小集日的周期设定与农业生产紧密联系，使得赶场如同农历中的节气一样，对乡民时间安排也有不可忽视的影响。以上论述在本书中得到了印证，然而本书作者虽同样认为场镇与社区密不可分，却不赞同施氏最初提出的社区实为独立文化体、各有不同生活方式的观点。在伊莎白和柯临清看来，当地所有社交活动都围绕集市展开，因为对于大多数生活困窘、因而被边缘化的兴隆场人来说，集市就是他们的生活中心。买卖东西、服务交易、借贷洽谈、租售土地、调解纠纷甚至年轻人找对象等等都发生在这里。社区归属感、家庭以外的社会关系都围绕场镇生活展开；相比之下，以乡公所为代表的地方政府对乡民生活的影响则相当有限。

8 杜赞奇《文化、权力与国家：1900—1942 年的华北农村》（1988）。

9 柯白《四川军阀与国民政府：1911—1938》（1973），鄢华阳《1644—1796 年的四川人口迁移与定居》（1982），鲁夫《干部与亲族——华西地区一个社会主义村庄的建设之路：1921—1991》（1998）。

10 何稼书《战时工人：中国兵工厂的劳工（1937—1953）》（2004），李丹柯《重庆回声：战时的中国妇女》（2001），尼柯尔·巴恩斯（Nicole Barnes）《保卫国家：抗日战争时期（1937—1945）西南中国的性健康与公共卫生建设》（2012），李友华、麦金农《战争创伤：战争对近代中国的影响》（2001），麦金农《武汉惨案，1938——战争，难民与现代中国的形成》（2008），李友华《战争下的中国人：社会苦难与转型（1937—1945）》（2010）。

11 柯伟林（William C. Kirby）（1990）、朱莉娅·斯特劳斯（Julia C. Strauss）（1998）等人的论著。

12 海弗德《到群众中去：晏阳初和乡村中国》（1990），艾恺《最后的儒家——梁漱溟与中国现代化的两难》（1979）。

上篇

本地人

第一章　场镇生活

大多数日子里，兴隆场——一个仅有八十二户人家的小集镇，看上去平淡无奇、缺乏生气，似乎恰是农村单调生活的缩影。一条青石铺就的狭窄街巷曲曲弯弯穿过丘陵环抱的山村，路上偶尔冒出几个人影，愈显其空荡寂寥。即便镇上最繁华的商店——出售五花八门各种商品的鹤龄杂货铺——平常也冷冷清清，难得有顾客上门。曾于1941年造访过这里的一位加拿大姑娘写道："你简直来到了这个世上最叫人恶心的村庄。难以想象，整条街就是个猪圈和垃圾场，到处是气味难闻的臭水坑。他们至少需要一队清洁工先来做清理，才能再考虑建个教堂。"这位姑娘从璧山县城出发，步行走了两个小时。尤其令她难以接受的是，沿途所见青山绿水，"郁郁葱葱的山丘和半月形的梯田"，与兴隆场之肮脏污秽所形成的巨大反差。[1]

然而一到赶场日，情形就会截然不同。街巷变得熙熙攘攘，人声嘈杂，人们做着各种交易，原本死气沉沉的山村顿时成了一个繁忙的商业中心。日出后不久，附近村庄或单独住在山上的人们便开始纷纷涌向兴隆场，有来买的，有来卖的。集市上不但充斥着数不清的货物和农产品，各项服务也一应俱全。加入进当地这支买卖大军的还有一些外来人，包括穿梭于山谷中三四个市镇间的流动小贩，以及从四面八方赶来的专营某类商品的行商。这种定期集市，每三到四天一次，[2]秋收后迎来旺季，通常能把近四百人吸引到那条青石小街上。于是人山人海，推挤喧嚷，像一股汹汹洪流淹没掉整座集镇。洽谈生意，调解纠纷，茶馆应酬……一时间各色人等的活动在兴隆场这座舞台上上演。此刻，它倒更像是一个临时城镇甚至城市。[3]

对于不熟悉上世纪三四十年代中国农村状况的读者来说，乡下这些三五天一次，每次持续几个钟头的集市似乎和乡民的生活方式、习惯以及日常生活内容没有太大瓜葛。基于施坚雅、杨庆堃、甘博等人早年对农村定期集市的开拓性研究，本章旨在考察兴隆场当地市场社区的形成因素与运转机制；[4] 并以兴隆场为切入点，呈现四川地区所谓“场”的独特风貌。中国其他地方的农业村庄（地名往往称“庄”或“村”）也会举办小型定期集市，但作为商业村庄的“场”则与之有着显著区别。[5] 我们将要看到，兴隆场的集市活动本身具有很强的凝聚力，可以在容纳近一千五百户人家、面积二十平方公里的广阔范围内，有效强化社区结构，使得乡民在情感上结为一体。[6] 每逢赶场日，一向清寂的石街以及沿街的茶馆、饭馆就会变成公共社交场所，在浓郁的商业氛围中油然生出本地人彼此之间的亲近感和认同感。

兴隆场的早期历史

我们 1940 年接触到的兴隆场集市仅有一百来年历史，但进一步的调查显示，其真正起源还得追溯至近两百年前。创立并维持一个农村市场自然受到当地人口以及自然地理因素的影响。仔细检查兴隆场的发展史，便会看到在此过程中，居民的不间断活动同样起着十分关键的作用。固定周期性市场之操作运转无疑需要大量地方资源的投入，同时经营策略的选择也至关重要。只有方法对头，才能既笼络住买卖双方，又构筑起一定程度的诚信；由此产生的市场社区遂将零散的农村住户统统纳入一个稠密的商业网络当中。[7]

璧山定期集市数量激增发生在清朝（1644—1911），那时兴隆场便榜上有名。[8] 县城的创建则远在唐朝至德二年（公元 757 年）。[9] 这里是一个群山环绕、林间时有野鹿出没的长方形区域，[10] 因为连接重庆与川省其他地方的两条干道在此交汇而成为战略要地，抗日战争时期曾有“陪都咽喉”之称。或许是境内缺少河流的缘故，璧山人口增长极为缓慢，仅为中国最小的县之一。[11] 作为行政单位，历史上它曾多次遭遇“肢解”，被整体或部分地划入邻近更有名的巴县之内。[12] 经历十七世纪中叶的大动荡后，随着明王朝覆亡和满洲兵武力征服西南各地，清政府始重置县于此。[13]

由于朝廷采取鼓励移民政策，清初遂有大量人口从湖广（今湖北、湖南）迁来璧山——这是当时大规模移民计划的一部分，俗称“湖广填四川”。[14] 中国别处的居民相对稳定，其家谱动辄有上千年之久。与之相比，兵燹之后来到璧山的移民只能算第一代，至上世纪四十年代，不过传了十到十二代而已。县城既已人满为患，后至者开始陆续搬往城外茅莱山脚下的山谷中，将那里开发成新的定居点，也就是日后兴隆场之雏形。茅莱山朝向山谷的一侧异常陡峭，另外一侧则平缓起伏，山顶有点儿像龙抬头，上面矗立着一座古时候的土主庙。[15]

十七世纪末蜂拥而至的湖广移民重新经营起璧山荒弃的稻田，并逐步扩大种植面积。璧山的气候一年四季没有霜冻，有利于水稻生长，但多山少水的自然条件又给农业生产带来巨大挑战。受益于当时多种新大陆作物的引进，清初的外来人竟然取得了比早先原住民更大的成功。这些作物包括玉米、红薯，当然还有后来成为川菜必不可少佐料的辣椒。于是，本来不适宜栽水稻的高处山坡现在可以用来种植上述高产的舶来品，从而为人口恢复与发展奠定了基础。

大体而言，璧山境内农贸体系的建立还是较为晚近的事。仅在 1700 年至 1865 年间人口大幅反弹的刺激之下，当地定期集市的数量才从最初的七个增加到了二十五个。[16] 在此之前，十七世纪末定居在山谷里的开拓者们要想买卖货物，只有两个选择：要么翻山越岭去东北方十二公里外的县城（单程需走近两个小时），要么去南边七公里外的丹凤场。[17] 尽管丹凤场的历史能够一直追溯到宋朝（960—1279），但它显然没法跟璧山的卖方市场相提并论，因而东西卖得相对便宜一些。

清朝时，山谷中兴起的第一座定期集市是福禄场，设于乾隆五年（1740）。坐落在今日兴隆场西北约十公里处，福禄场傍河而建，河流[18] 源出璧山以西、垭口北端的大山中。四十年后，人口增长、经济活跃又让福禄场以南几公里的梓潼场重新焕发出生机。梓潼场始建于明代，因十七世纪初的战乱而日渐萧条，至乾隆四十五年（1780）终于恢复了往日场镇的繁华。[19]

此后数十年间人口持续增加，使得愈来愈多定期集市的出现成为可能。十八世纪上半叶，大约在福禄东南十公里、梓潼以东七点六公里的垭口分岔处，一座客栈拔地而起。客商可以先在这里休息打尖，然后再去翻越茅莱山。乡下地广人稀，人们之所以经常选择在道路岔口经商，是看中了那里四通八达的地理优势。上述客栈的位置恰处在通向梓潼场、丹凤场和璧山县城的要道上。选址往往又需要某些看似吉利的自然景观的支持，一棵大黄桷树正好堪当此任，而在它百米开外便是一道由山溪坠落形成的高达六十英尺的飞瀑。黄桷树不但张开巨大树伞，在炎炎夏日为来往行人提供阴凉，同时也符合所谓的风水要求。[20]

选择此地还有另外一层重要原因。修建客栈的经费主要来自孙、钟两大家族，而他们就住在不远处。通过捐献人力物力，孙姓和钟姓人从一开始就让自己处于坐享其成的有利地位。未来一个世纪里，客栈逐步演变为场镇，同样离不开他们的远大眼光与不懈努力。第一步是将客栈改造为商业中心，用来举办定期集市；先把周边乡村横向联结为一体，接下来在新兴市场与县城之间建立起纵向贸易运输体系，借助后者又跟其他城镇尤其是重庆发生了联系。

根据当地记载，这项野心勃勃的计划付诸实施是在乾隆十五年（1750）。原有客栈的旁边新添几家商铺，从而有了一个“幺店”（方言，即小型集贸中心）的模样。附近农民来到这里交易各自的农产品，但仅此而已，并不见有粮食、肉类等大宗商品的出入。[21]经过四十年经营，孙、钟两大家族的长辈们欣喜于此地表现出来的蓬勃商机，决定出资增建五所店铺，而且都是商住两用，前边卖货，后边住人——这一设计极大刺激了日后定居人口的攀升，使得“幺店”朝着场镇的方向稳步发展下去。[22]

同时，当地人也意识到进一步扩大市场范围的必要性，以便以璧山为跳板把货物销往全省各地。于是，他们集资在山上铺设步行石阶，让去往县城的道路变得更加通畅。这是乾隆五十五年（1790）的事。自从有了这些石板路，商贩们终于可以风雨无阻，穿梭往来。连绵起伏的土山上，几乎无时不见他们跋涉在一级级石磴上的忙碌身影，而沿途地名像三百梯、杨家岩、高洞子之类也极为贴切形象。由于山间地形不适宜任何轮子车的跑动，货物进出只能靠肩扛手提——或用背篓，或用滑竿，开山凿路便愈发显得功不可没。

为了增强凝聚力，早期开发者又由孙氏家族牵头出钱出地，得到附近朝元寺的资助，于乾隆三十五年（1770）共同兴建了一座小寺庙。[23]至乾隆五十六年（1791），村庙规模已显著变大，上文提到的五所店铺也相继落成（孙家赞助三所，钟家两所），一切都证明着此地的日益繁荣。村庙不但是乡民朝拜之地，某种程度上还能起到地方历史档案馆的作用。庙中保存的石碑或泥碑记录下历年来捐资人为本地发展所作的贡献。第一块石碑立于乾隆三十四年（1769），上面镌刻着孙、钟两家最初捐资修庙的事迹。后来的泥碑上则一一刻有襄助过社区“公共事业”人士的姓名。这类“公共事业”主要指十九世纪初，因各种传染病肆虐，乡民在庙里为相应神灵募款造像的举动。如一场牛瘟过后供奉牛王，眼病流行之后供奉眼光圣母等等。[24]村庙同时还扮演着第三个角色。如果集市上买卖双方因缺斤短两而起争执，村里长辈便会央求庙里和尚出面掌秤。作为回报，后者可以从每笔生意中获取百分之一的佣金。这种商、教联姻模式运作得如此成功，以致到了道光十年（1830），社区领袖终于可以拍着胸脯宣称，当年略显寒酸的“幺店”现在已经算得上是名副其实的“场”（即定期集市），并为它起了一个寓意吉祥的名字“兴隆场”。

市场意义上的兴隆场之建立取决于德高望重的长辈们能否制定出一份合理的集日日程表。[25]在四个可供选择的周期里，首先要想好如何跟左近已有集市相衔接，从而保证兴隆场最大限度融入该地区的贸易体系中。最终选定三、六、九为集日，也就是说一月之内的初三、初六、初九、十三、十六、十九以及二十三、二十六开市，恰好能和福禄场（二、五、八逢集）、梓潼场（一、四、七逢集）错开。[26]

施坚雅曾经指出，人们之所以为了协调各地集市时间而大费周章，主要出于方便村庄与城镇间货物流通之考虑。[27]单就一座集市而言，显然那里是本地农业居民从事商业活动的天下；但真正将散布在璧山城外山谷中大大小小集市串成一体的，却是那些流动商贩。与兴隆场以南、成渝要道上的丁家坳、来凤两座场镇的纵向联系，也是这些商贩建立起来的。一旦兴隆场发展为成熟集市，它就可以正式发挥商业基地的作用，把货物源源不断输往施坚雅所定义的“边缘市场区”——本书当指璧山县城，以及位于终点的“中心市场区”——四川省内而言，主要是指重庆。[28]

道光十年，兴隆场之命名标志着一个新时代的开始，然而摆在前面的道路却荆棘丛生。未来一百一十年左右的时间里，本地势家既要跟山谷中可能冒出的新市场展开竞争，又要设法应付踵清朝灭亡、军阀割据（上世纪一十年代）而至的经济衰退、政治动荡之险恶环境。总体而言，璧山定期集市的增长速度并未因大清帝国日薄西山而放缓。十九世纪末其数量已达到三十七个，及二次世界大战爆发又增至四十一个。[29] 其中有两座对兴隆场最具威胁，开始逐渐蚕食它的地盘——一个是位于东南方的大鹏场，另一个是山谷西南端的三教场。[30] 值军阀混战之际，兴隆场究竟能够承受多大竞争压力、并保持自身市场的完整性不得而知。然而在多事之秋的民国时代，四川许多农村市镇的盛衰沉浮表明，像地方社区必须牢牢抓住每一根救命稻草不放，竭力增强市场获取资源的能力，方能觅得一线生机。[31]

应当说，兴隆场社区的形成很大程度上得益于农村人口的分散。周边大约几十个小村庄——较为紧凑地聚集在一起，连一条像样的主街也没有——或者位于稻田环绕的山丘上，或者散布在山脚下，大多有着响亮动听的名字，比如双柏、水沟、船形、圣灯、拱桥、狮子之类。几乎村村都有村庙立在路边；有些情况下，修建在交叉路口上的村庙为邻近几户农家所共有。这些庙一般仅一米来高，坡顶挑檐，带小院，里面供奉土地公婆以及一大堆童子的泥像。我们统计过，兴隆场一带的村庙多达七十九座，它们在传播文化认同感方面所发挥的作用显然不容小觑。然而，为数众多的零散村落从未融合成由单一家族控制的明晰的村镇，因而都不具备与兴隆场抗衡的实力。虽然从现有历史记载尚不足以勾画出兴隆场发展成形的完整过程，但我们于1940年收集的人类学资料清楚显示，随着配套设施渐次齐全，每逢集日，小镇已经成为吸引附近乡民争相前往的地方。

1940 年的场镇

1940 年 1 月，历经两个小时的徒步跋涉，我们的乡村建设工作组第一次近距离接触到了兴隆场。由于没有车行道，步行是出入兴隆场的唯一方式。刚离开璧山时，路上偶尔能看见背背篓的行人，以及摇摇摆摆挑着扁担运货的挑夫。如果人流量渐渐变大，那就表明不远处正有一座集市开张。朝西南方向走了数公里后，原本平坦的地形变得陡峭，石板路蜿蜒在山坡上开垦出来的稻田、旱田之间。再往上走，稻田变成了未经灌溉的山地，而随处裸露的红色砂岩则呈现出一派荒凉景象，与璧山城外绿油油的田园风光形成鲜明对照。一个小时后，我们终于将茅莱山踩在脚下，从这里望下去，兴隆场尽收眼底：波光粼粼的水田、疏疏落落的村舍、人烟辐辏的场镇等绵延数公里，甚至镇上居民的房屋和瞭望塔也都清晰可见。

站在山顶远眺，1940 年的兴隆场就像一个由挤挤挨挨的灰瓦房顶胡乱堆砌而成的杂货铺，充当屏障的是一道残破土墙和一座修建于一十年代末、用于防范土匪及军阀队伍前来打劫的瞭望塔。下山进入镇中，不难发现其规模已较以往大了不少，共有七十一座房屋排列在狭仄弯曲、二百二十六米长的鹅卵石主街两旁。[32] 房子一律青瓦覆顶、板条抹泥墙。临街房夜里关门，白天撤下门板，幽深黢黑的内部光景便暴露在路人眼前。史书中提到的黄桷树依然枝繁叶茂，主街南北两端各有一棵。村庙——当时已改称文庙，大概为了响应国民政府破除迷信的号召 [33]——无疑是所有建筑物中最醒目的。按照惯例，与之相对，在主街另一端矗立着供奉关公的武庙。[34] 文、武两庙加上一些古色古香的房屋、店铺给观者留下气派、富庶的印象，但与此同时，贫穷的迹象也一目了然。镇上三分之二的住户都没有土地，靠辛苦劳作谋生，比如做手工或摆地摊的寡妇、沿街叫卖或打零工的男人等等。年轻人要么加入民团、袍哥（详见后文），要么耍钱赌博混日子。那些完全没有生活来源的最底层人只能合挤在同一屋檐下，彼此仅用草帘隔开，污秽不堪。甚至有位老妪的栖身所竟是靠庙墙搭盖的一个破草棚。

我们不久便注意到，兴隆场这座不起眼的场镇其实是为广大妇女撑起了一片天。无论贫富，她们都牢牢扎根于此，不必依靠男人就能找到各自的生存之道。[35] 街上五分之一的业主均是寡妇，大概从先夫手中继承来生意，因此成了一家之长。另外，沿街摆摊的也多为妇女，只有一对房客例外——那是两个外乡男人，因家庭破碎、穷困潦倒，来这里合租下一间屋子，每天一早门前出摊，傍晚收摊。单身住在庙墙边草棚里的是胡寡妇，其他妇女家中则多半有老弱病残需要照顾。如年轻寡妇向田氏[36]的丈夫是个佃户，死在监狱里，甩下两个年幼孩子靠她独自抚养。再如五十岁的王大娘，也是寡妇，儿子差不多双目失明，什么也干不了，只能蹲在门口帮忙叫卖碗筷叉勺等日用品。还有寡妇吴曹氏，几个十几岁的儿子年纪轻轻就染上致命的肺结核，成天病怏怏的，偶尔出门拉点煤以贴补家用。[37]总而言之，兴隆场生意兴隆很大程度上靠的是那些看似娇小、其实最能吃苦耐劳的本地妇女。

主街两侧的房屋分属不同人家，没有一户财主或家族可以对这些房子形成垄断。钟氏家族曾为创建兴隆场做出过巨大贡献，但在1940年，其名下竟无任何临街住房或店铺。孙氏家族同为奠基者，也仅拥有几处临街房产而已，他们的屋宅及祠堂倒是就在附近。孙传武有一家糕点铺（16号房），孙宗尧母亲的侄子、侄女又在街上做着另外的生意。像这种分割家族共有财产的例子并不少见。比如原本同一家族的九所房子现在就被好几户同宗瓜分，有些被出租出去，租金用于每年春天的祭祖扫墓活动。[38]沿街总共三十五家房主，唯有曹姓名下的房产最多。哥老会创办的曲艺社用的是当地最大财主曹跃显的房子，镇上两家最大茶馆则分别归曹的远房姻亲曹魏氏和曹氏祭祖会所有。自从丈夫1930年跑买卖途中被土匪杀死，曹魏氏三十五岁开始守寡，跟现年十二岁的儿子住在茶馆后面的小屋里，靠收房租足够维持娘俩的生活。祭祖会的收入主要花在清明扫墓上。显然财大气粗的曹姓并没有把房子看成是有利可图的工具，更不要说其他房主了。

兴隆场的独特之处在于弥漫全镇的浓郁的商业气氛。与大多数北方地区的定期集市不同，这里根本看不到农庄。一半以上的房屋都成了店铺，纯用来居住的仅占三分之一。镇上共有六家餐馆、三家面馆、五家茶馆、六个酒铺和两座客栈。几乎家家户户门前都摆上柜台，出售自制饮料、点心、甜食等等，顾客或站或坐在路边板凳上，边吃边聊。另外还有十一家零售店，经营药品、肉类、酒、糖、盐，以及火柴、肥皂、蜡烛、茶叶、鞭炮之类杂货。又有四家自产自销的作坊，包括两个榨油坊，一个兼做面条的面坊和一家寿材店（见图 1.1）。

上述店铺在维持兴隆场经济活力方面发挥了重要作用，尤以杨鹤龄开的杂货铺最具特色。1922 年，杨从梓潼场迁来此地，由一名寿材店的小伙计，逐渐发展成相当成功的杂货铺老板。其得意之作是一种红纸包裹、上面印有商标（即自家店铺名称）、在当地颇受欢迎的太妃糖。但凡有人需要上下打点、疏通关系，几乎都会进到他的店里，买上一盒这种带商标的糖果。杨鹤龄办成的另一桩奇事是获准兼营镇上的邮政业务，并因此得到每月十八元的酬劳。虽然除了定期来取报纸的曹跃显外，再无旁人需要这项服务，挂在店外的邮局牌子还是给他的杂货铺平添不少官方色彩。[39]

对镇上男人来说，要想消遣，首选是去村里的五座茶馆，其次是六家饭馆——这些地方成了三教九流各色人等找乐子、谈生意、交换小道消息、甚至寻衅吵嘴的最佳场所。王明轩的茶馆人气最旺。品茗间隙，顾客不但方便打听到本镇、本县或是省里发生的事情，还能玩麻将、抽大烟，真是个快乐去处。[40]盛华清的餐馆一直口碑不错，最近还要更上一层楼，原因是他娶到了久负盛名的钟家女子，钟家人向来以做得一手好饭菜著称。虽然新娘子仅会织布，她的兄弟们却个个都厨艺了得。据说婚礼过后，他们就来店里亲自掌勺，一展身手。吃喝玩乐，这些琐碎平凡的日常活动恰恰构成了小镇经济、政治生活的重要内容。

很快我们得知，王明轩和冯庆云开的茶馆暗地里都是袍哥的堂口。哥老会在当地称为袍哥，是起源于中国封建社会晚期的民间秘密

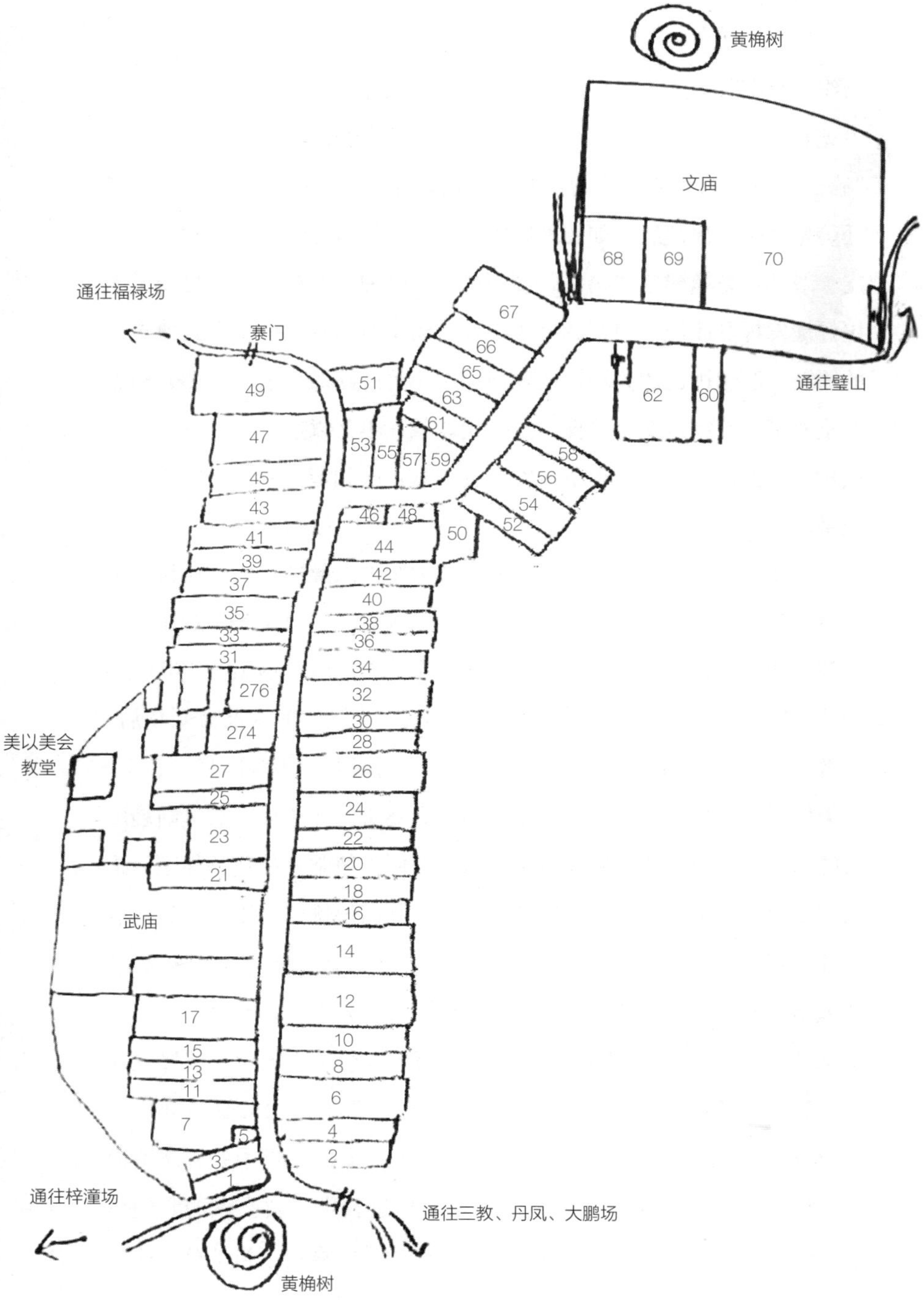

图 1.1　伊莎白手绘兴隆场平面图

组织，藉军阀混战之机逐渐在四川发展壮大起来，如今遍布城乡，势力无孔不入，本书第五章将作详细介绍。他们在地方事务中往往扮演“第二政府”的角色，并为行商坐贾提供保护——这在匪患猖獗、到处险象环生、出门经商如履薄冰的大环境下显得尤为必要。袍哥各分支一般都在茶馆建立“码头”（即堂口），既便于刺探远近消息，又能更好地发挥其职能，包括调解纠纷、洽谈生意以及招待来自其他堂口的朋友。茶馆因此成为场镇商业活动中不可或缺的元素。当然人们更看重的是，有袍哥在，可保一方平安。就在不久以前，土匪屡屡侵袭骚扰，地方政府名义上担负治安之责，真正起到保卫乡里作用的还是袍哥。

想要渗入并影响当地生活的外部势力则把兴隆场当成了跳板或桥头堡。自十九世纪末，美国美以美会中国差会（AMEM）开始在四川传教。他们很快发现，开展农村地区工作的关键就是场镇。[41]1904 年，派往兴隆场的牧师主持了第一次受洗仪式。当陆续有人愿意皈依后，传教士租下一个店铺作为教堂，随后有美国修女一年两次来到镇上，专为妇女开办主日学校。二十余年的努力终于修成正果，数量渐趋庞大的基督徒一致同意在武庙旁边建造一座西式教堂外带牧师住宅，捐献这块地的是本地一位虔诚教徒。教堂被临街一排附属于教会的商店挡住，所以走在街上并不显眼。由于美以美会不喜欢过分招摇的装饰风格，也不见一个带十字架的教堂尖顶兀立在店铺后面。我们无法确知教会在 1928 年表现出的这种低调是有意还是无意，但好处在于，兴隆场的原始面貌得以保存，丝毫未受新建欧式建筑的影响。[42]另一方面，“隐形”教堂的存在又让兴隆场在人们心目中的分量变得不一般，毕竟璧山这一带以前仅福禄场建过教堂。教会做的其他事情，比如给绅商家庭的女孩办识字班，也帮助它赢得了当地精英阶层的支持。

官府同样没有忘记将触角伸向这里。刘湘领导的省政府于 1930

年宣布兴隆场为镇级行政单位，行政范围管辖场镇区域。五年后在文庙正式设立乡公所，同时架设兴隆场至县政府的电话线以确保政令畅通，走路的话可得两个多小时。然而1938年电话线被炸断后，一直没人前去修复，这也间接表明由乡绅把持的乡政府其实并不乐意接受来自上面的指令。真正给当地带来实惠的是，随着乡公所的成立，周围越来越多乡民被吸引到场镇上来。他们不光赶场，往往在买卖货物之余还有别的事要干，比如奉命缴纳某项摊派税款，或是找乡长投诉，把邻里纠纷一五一十说给他听。

赶场

集日早晨，仅从沿街陈列的琳琅满目的各类土特产、以及短短一上午数以百计的成交量，就足以看出一座定期集市在社区经济生活中所占据的重要地位。[43] 集市规模因时而异，一般说来，农忙季节相对冷清，春节前夕最为热闹。大量外地商贩的涌入固然增添了市面上的活力，但制造繁荣的真正源泉并非买卖的那几个钟头，而是围绕集市展开的一系列范围更广的活动——正是后者让兴隆场在当地有了越来越大的名气。

兴隆场的集市从黎明一直持续到深夜。天刚亮，附近乡民就携带自家产的稻米、蔬菜、鸡蛋、家禽，沿山间土道迤逦而下，行走在郊外错落有致的稻田间。卖东西赚的钱通常仅够用来添置家中所需油盐、火柴、草鞋、铁质农具配件，以及支付当天逗留镇上的一应花消。来到狭窄的镇街上，他们与本地商户、流动小贩、屠夫、理发师等汇合在一处。商贩手里的货物种类更全，米、蛋、菜以外，还有醋、盐、火柴、草药等等。

刚开张，集市上主要进行农产品交易，因为乡民只有先换到钱，才能再去买需要的东西。身穿青布褂、头扎白头巾，这些面色黧黑的乡下男女肩背填得满满的背篓，在人流中挤来挤去。偶尔有年轻苦力拖着成筐煤块打街上蹒跚走过，多半蓬头垢脸、破衣烂衫。赶场的人因季节变换大有不同。当春末收完小麦，或秋天割完稻子后，便会迎来集市的旺季，届时镇上每五家就有一家派一个人出门赶场。到了淡季（尤其早春和盛夏），为招揽生意，则有“九小集，一大集”的安排。每逢“大集”，无论外来商贩还是顾客的人数都会数倍于平日。

兴隆场的集市乍看有些杂乱无章，但事实上，每一处空间的利用都颇有讲究，而且被卖主严格遵守。文庙对面的空旷操场是搬运煤、木炭、柴火的苦力们（人数从二十到三十不等）卸货的地方。旁边石街拐角处专供十来名妇女摆摊卖家禽、鸡蛋，相隔不远是菜摊的位置。卖肉和坛坛罐罐的小贩们则分别聚集在沿街肉铺、瓦器店附近。一路走下去，可以看到卖手工品的货郎和手艺人也各有地盘，其中包括十三位剃头匠，还有风水先生、算命先生和一个专门祛痣的人——此人天生一副好口舌，把人脸上各种带来所谓晦气的痦子说得头头是道。

集市上最被看重的大米交易都在文庙内完成，不仅因为这里提供了一个相对宽敞、僻静的场所；更重要的原因是，清道光十年开启的商、教联姻模式沿用百年不辍。买卖的具体程序如下：先由文庙的和尚拿斗给大米称重，以示公平。[44] 接下来，和尚把堆满斗中的米用手轻轻抹平，抹掉部分归卖方；再抹平一次，抹掉的归和尚，大约相当总重的百分之一。买主真正得到的是两次抹平后剩下的米。

来到集市上做买卖的大部分都是附近乡下的农民，走路要不了一个小时。与杨庆堃、费孝通所见广东、江苏三角洲地区率由行船之人代生产者贩卖货物的情形不同，[45] 兴隆场的农民无需中介，自产自销。他们在每一笔交易中都展现出高超的行商技巧，充分利用了场镇设施资源。就卖家而言，他们靠出卖产品、手艺甚至力气来换取自己需要的钱。场镇无形中被凝结成一个经济实体，同时它与周边农村的联系也得到了加强。

由于流动商贩的加入，集市上买卖双方的横向贸易又得以进一步拓展。这些小贩会充分利用交错的集日，穿梭于兴隆场与其他场镇之间（一般不超出步行一小时的距离）。跨集市交易所涉及的货物除了常见的农产品，还有家纺棉线、土布（往往用靛青染成蓝色）、食用油或照明用的灯油、煤炭、砖瓦、瓦器、石灰、木材、家具、农具、斗笠、草鞋以及棺材等丧葬用品。

兴隆场定期集市的第二个功能就是本地外地之间互通有无。虽然地处偏远，通过货物进出，兴隆场集市还能在更广范围内串接起本地农村与毗邻城镇间的纵向商业纽带。很大程度上这仍然要归功于流动商贩，视货物种类不同，货物运输线有的已延伸至山谷外面。如果货物是城镇产的，每十天就得去璧山县城补充两到三次货物。运往兴隆场的东西，尤属盐、糖为不可或缺。以食盐为例，生产虽由政府垄断，经销却归私人支配。赶场日有五个当地人和七八个外乡人专门在镇上出售这两类紧俏商品。其他外来商品有火柴、剪刀、铁锅、毛巾、长筒袜、机织棉线、花生、烟草、草药等等。

流动商贩主要负责运进货物，往外输出主要由璧山商人操办，也有几个本地富商插手其事。这些产品主要包括米、酒、生猪（屠宰在璧山完成）、猪鬃之类。米价谈判往往最为激烈，也从侧面反映出大米在市场上的重要性。战时物价上涨飞快，导致任何生意都不如投资大米更容易获利。因此地主拼命把自己的财富转换成粮食，农民则不到万不得已绝不撒手。甚至会有这样的情形发生：人们宁可让宝贵的粮食因受潮霉烂或被无所不在的老鼠白白吃掉，也不肯在涨价之前轻易抛售。一般而言，米保存得越好、时间越长，越有望卖出好价钱。若是有谁在涨价之前卖米，精明的商人马上意识到他的家里一定急等钱用，便会毫不留情地往下砍价。

集市本身绝非单纯的生意场所，还与场镇的政治、文化及社会生活紧密联系在一起。大部分买卖在上午都已完成，许多乡民（尤其妇女）纷纷回家，留在镇上的则一窝蜂拥进临街茶馆、饭馆、面馆和酒铺里，一边吃喝一边聊天叙旧或洽谈生意。赶场这出大戏的第二幕才算正式开场。人们往往选择这种时候开展各类商业活动——包括筹集贷款、商议地租、买卖土地、安排交易、撮合事情；也有的出于个人原因求医看病，占卜算卦。这也是解决邻里、亲戚间往常纠纷的合适日子。有时家庭内部矛盾也可以曝光在大庭广众下，大家详细讨论，让素不相识的路人来评判是非。对于较为严重的商业或法律问题，当事各方及调解人会聚到茶馆"讲理"；要是涉及税款不公或非法征兵，案子还会被提交到乡公所仲裁。

娱乐也是集日当天必不可少的一项内容。袍哥曲艺社成员偶尔上演川剧折子戏，能吸引不少听众。但人们更喜欢凑到麻将桌边观战。如果发现有打扮时髦的璧山女子，或是说话带下江口音、衣着不同的陌生人，或是来自重要码头的大人物在玩麻将，一张小小牌桌更会被围得水泄不通。散集之后通常有三类人还在街上溜达：手头宽裕的地主、商人，有本钱赌博的乡下后生，以及一帮长相英俊、专替袍哥做事、靠耍小聪明挣钱的年轻后生——赌桌旁永远少不了他们忙前跑后的身影。

入夜，麻将被一种玩法简单、全凭手气好坏、因而最为流行的赌博方式"牌九"取代。见暮色渐浓，袍哥第一堂口的蔡旅长就发出开牌口令。街上的小混混立刻马不停蹄跑到各个饭馆、茶馆招呼人来武庙大院，这边的和尚则忙着摆放桌椅、布置场地。于是在火把投出的摇曳火光下，牌局会一直持续到深夜，甚至通宵达旦。倘若碰上县里的某位要人莅临兴隆场，并且坐在桌边兴致勃勃不断抬高筹码，那么一晚上输赢上千块便不是什么耸人听闻的稀罕事了。赌博让漫长的集日在最后时刻变得疯狂。身陷赌局的每一个人都深知其中厉害，因为生活中见过太多有钱地主顷刻间倾家荡产的例子。

茶馆与社交

对兴隆场人而言，定期集市为这方圆二十平方公里内的人提供了一个理想的社交平台，大家能够相互认识、产生联系、增进感情。通过赶场建立起来的人际关系不一定十分牢固，但毫无疑问会拉近彼此间距离。如施坚雅所说，在集市一周一周地重复见到同样的面孔，会产生强烈的熟悉感。[46] 许多人的生活圈子借此扩展到亲戚、邻里以外。年复一年，熟人相遇，拱手寒暄，话题从国家大事到家庭琐事，就在这些闲言碎语间纽带变得愈来愈紧密。走在街上，或是无意听到几句闲聊，或是打眼觑见乡公所和茶馆内外发生的事情，都可以借机了解别人的情况。所谓"偷听"在这里不过是家常便饭，无丝毫冒犯之意。"收听"就是这儿的生活方式呀。

1940 年的兴隆场，居民中几乎很少有人识文断字，因此各类消息多半以口头形式在集市上传播，这用四川话讲叫"摆龙门阵"。[47] 茶馆里的"龙门阵"除了大量形形色色的八卦新闻，也包含诸多严肃话题，比如本省或县里的政治局势、物价涨落、官场腐败、土匪作乱、民间纠纷、百姓健康以及任何看似非同寻常的地方事件。讲述的故事必须生动鲜活，甚至带点儿戏剧性，而听众一般不少于两人。以某人得病为例，叙述者需要加入噱头，把算命先生的说法也娓娓道来。"摆龙门阵"让人们有了共同的爱好和是非判断。[48] 周边乡民因为经常出入茶馆，也逐渐获得一份归属感，视自己为兴隆场大家庭中的当然一员。

许多人都是一边赶场，一边获得了种种小道消息，像谁谁生病了、谁又贪腐了、谁家为琐事打起来了、哪儿闹土匪了、哪儿又抓壮丁了等等。商贩们见多识广，总能及时通报璧山近况以及川、黔两省的市场行情，还有就是重庆、成都的时事新闻和战事最新进展。男人们最关心物价和时政，他们的活动轨迹大致是上午做买卖，下午剃头、泡茶馆、摆龙门阵、打牌。已婚妇女——年轻未婚女子一般不允许招摇过市——的节奏较为紧凑，逛完集市，要么赶紧回家，要么找到亲朋好友打听近况，或者问问算命先生某位病人情况如何。临街诊所似乎是个神秘的地方，每当有中医坐堂诊病，路人谁想过来看看都可以。最后，每个人都像小报记者一样满载而归，那些道听途说来的看法和说法真假参半、或琐碎或重要、或振奋人心、或令人沮丧。

镇上传播的大小新闻不胫而走，周围村庄和分散的农舍很快也能听到风声，这当然归功于川流不息的流动小贩。兴隆场的集市一散，他们立刻收拾行囊，挑担上路（行程远近取决于货物种类）。下一站可能是璧山县城、山谷中的另外一座场镇、或者山上零散分布的农户——总之所到之处，兜售货物的同时，少不了跟人聊起自己在兴隆场及沿途路上的最新见闻。事实上，这些小贩很愿意给乡下人充当耳目。比方说，一位把女儿卖到别人家做童养媳的母亲，会央求他们顺道看看孩子有没有遭受虐待；一个丢了婆娘的汉子也会找他们打探下落，要么想法将女人弄回来，要么向收留她的不拘什么人家索要赔偿。

集市上的消息被流动商贩传向四面八方，是否走样且不去说，即便在兴隆场它们还要经过数道手续的加工方能定型。作为一种“传统的社交风俗”，乡民借饮茗来打发时光，而茶馆也因此成为本地新闻的主要生产地。[49] 茶客们把听来的故事改头换面，往往根据士绅阶层的口味决定细节的取舍，或夸大其词，或略而不谈。最终形成的版本好像得到了大家的一致认同，虽然总有个别人私下窃议，指出真实事件与口头传说的出入之处。

坊间传闻究竟如何添油加醋、炮制出炉，可以拿在茶馆广为流传、当时引起轰动的劫狱事件来作说明。据说，1941 年 4 月 14 日，来自兴隆场及邻近大鹏场、三教场的三十来名土匪结伙袭击了璧山县的临时监狱。原先的监狱在上一年 7 月毁于日军炮火，囚犯有的被炸死，有的趁乱逃脱，剩下的或侥幸获释、或被转到城外这家由一座祠堂改建的临时监狱中。从茶馆流出的故事说袭击发生时，大约二十名守卫死的死，跑的跑。土匪凿墙而入，用事先带来的工具从容打开被关押同伙身上的镣铐，全部逃之夭夭。

最早版本强调土匪在成功解救三十个同伙后，队伍得到壮大，接下来还准备血洗兴隆场，报复一向热衷剿匪的乡政府，同时抢劫乡建工作组里的那些下江人（在当地人看来，下江人几乎就是有钱人的代名词）。然而被救同伙的身体状况实在糟糕，甚至连路也走不动，反倒成为累赘，让看似完美的攻击计划最终泡了汤。

几天后，茶馆里又开始盛传另一种说法。4 月 18 日夜，也就是劫狱发生后的第四天，土匪决定洗劫兴隆场。当晚十点他们从三教场出发，去兴隆场途中遇到一队县里的保安团。按照惯例，团丁走夜路时往往故意大声喧哗，暴露位置，以免跟任何危险分子不期而遇。但这回不走运，藏在野地里的土匪立刻抓住机会展开伏击，枪战中一名团丁受了重伤。新版本声称兴隆场得救的原因就在于土匪跟保安团的这次狭路相逢，因为枪声一响，再去偷袭自然变得毫无意义了。

仔细检视以上叙述，不难发现其中人为雕琢的痕迹。首先，土匪并未劫狱，而是日机轰炸后，守卫惊慌四窜，无人看守的犯人趁机打开牢门自己跑掉了。县里派保安团搜捕，但一无所获。通过夸大土匪本领，把他们说成是一伙组织严密、作战凶猛、而且杀人不眨眼的魔王，茶馆版本的故事就以一种巧妙方式彰显出保安团临危不惧的勇敢精神，从而掩饰了政府在对治匪患问题上的无能。一个明显事实是，那些越狱囚犯肯定个个都病恹恹的，没人帮助根本跑不了多远多快，却无一人落网，对此我们没有听到任何猜测或解释。至于乡民团为什么不去协助县保安团一起搜索，同样没人提及。类似的刻意疏漏只能说明一件事，即普通民众惧怕越狱者跟本地权势阶层有这样那样的联系，凡涉及敏感话题宁可装聋作哑、轻轻带过。即便破绽百出，当这则故事从一个茶馆传到另一个茶馆，人们还是津津乐道，表现出浓厚的兴味。

“摆龙门阵”的背后其实折射出更深层次的社会意义，使故事能一再传播。茶馆内外，大家坐在一起高谈阔论，重温往事，或痛彻心腑，或壮怀激烈。引人入胜的讲述让所有茶客意识到，作为兴隆场人，他们有着共同的经历，一种抱团心理油然产生。[50]我们注意到军阀混战时期的骚乱留给当地人的记忆最为刻骨铭心，尤其三十年代初谷玉山加害平民的暴行，让他们至今谈起来心有余悸。作为刘湘麾下二十一军军中的一名下级军官，谷带领一团人马（约四百人）来到福禄场剿匪，并代理乡长一职。他在那里待了八个月，所做头一件事就是毫不留情地除掉前任乡长戴胜显。戴是梓潼乡人，据说在任时每当土匪绑票，都会出面充当中间人，安排赎金，从中赚到不少油水。利用戴去给亲戚祝寿的机会，谷玉山指使自己儿子埋伏在路上，将他射杀。此举算是杀鸡儆猴，随后谷便以剿匪为名，在辖区内肆无忌惮展开了清洗行动。凡可疑对象统统抓去砍头，闹得人心惶惶，以致许多人害怕被仇家借机攀诬报复，不得不离家外逃。

谷玉山滥杀无辜的行为最终被他的母亲制止。听说这边发生的事情后，老太太专程从仁寿（位于成都附近）赶来，并当街下跪，央求儿子饶过一名正打算处决的犯人。从此谷玉山才稍稍放宽了高压恐怖政策。讽刺的是，导致谷垮台的原因竟跟他真正消灭一个为害一方、声名狼藉的土匪头目有关。上司刘湘那时刚巧收编了这股土匪，谷不知内情出兵镇压，本想建功立业，结果却以“滥杀”罪名遭到解职。

据说后来有人见他在成渝公路上干起了拉人力车的营生。

兴隆场的四家茶馆不光是本地人谈天说地、炮制新闻的重要“车间”，让人们形成共有历史的共同记忆，还帮助集市变得更受欢迎。正是在这里，不同身份、地位的人共聚一屋，或洽谈生意，或调解纠纷。在此基础上，大家公认的种种不成文法才得以执行。

来镇上赶场并频繁出入茶馆的当地显要尤其引人瞩目。这些所谓“名流”包括各处的富裕地主、乡政府官员以及茶馆老板。在历史悠久的兴隆场，大地主和普通百姓之间早已不再隔膜。每位地主的脾气秉性、社会关系尽人皆知，其私生活也毫无秘密可言。人们见惯了他在茶馆聊天、充当和事佬、赌博时输钱、或跟老婆拌嘴，普通人感觉到与他也有一种连接。

乡民一旦发生纠纷，通常选择集日去茶馆“讲理”，但这并非唯一途径。另外还有一些行之有效的办法，比如当街大吵大闹解决个人问题，尤其是家庭矛盾或对付镇上“名人”亦用此伎俩。关键是要造大声势，让对方当众出丑。当众吵架，弱势一方便能为自己辩护。地位高的人多看重脸面，这一点恰成其软肋。弱势一方每每摆出鱼死网破的架势，对他们来说，围观者越多形势越有利。围观的人或听听而已，或出面说和，建议双方无论对错各让一步，免得颜面尽失无法收场。总之，相比公正，息事宁人方为目的。

下面就来看一个争猫的例子。猫在本地十分珍贵，一则因为鼠害严重，二则因为流行瘟病让猫的数量急剧下降，只有那些抵抗力强的才存活下来。杨孟阔家的猫未染上瘟病，却在产下两只猫崽后，莫名其妙不见了。他四处寻找，很快将目标锁定在杨德胜家。杨德胜有权有势，杨孟阔自忖不是对手，便特意选定一个集日，装成偶遇的样子把他当街拦住，嚷嚷着要猫。两人争持不下之际，有围观者提议杨德胜先归还猫，再由杨孟阔送一只猫崽给他作为补偿，于是风波平息。

这种当众吵闹、聚拢人群的手段有时还能派上更大用场。某个集日前夕，政府突然宣布新米价，比正常市价低了不少。赶场当天，一名璧山驻军的军官来到兴隆场，安排手下四五个兵士分头把住街道南北两端，开始按官价强行收购大米。当地小贩见势不妙，纷纷溜回家把米藏起来。军官在集市上一无所获，就向众人逼问镇上谁家卖米。最后，迫于淫威，有人提到屠户王长安的名字，此人一向因悭吝而口碑不佳。军官于是径直来到王家，连唬带骗，要他拿出两斗米，王无奈答应。[51] 王长安刚打开储物间的门，军官及其随从便一头闯入，结果看到整整一石新磨的大米。[52] 他们如获至宝，声称要全部买下，当然遭到王的激烈反对。王扯着嗓子抗议道，从古到今，哪家王法也不曾禁止老百姓家里存一石米。吵声又大又激烈，前来看热闹的人越聚越多，大都替王说话。那名军官尽管狐假虎威地大声咆哮，最终也只悻悻带走两斗米了事。过后大伙得出一致结论，军官肯定是受璧山商人之托，假公济私，来兴隆场低价买米的。因为如果是出公差的话，就应该随身携带县政府发给乡长的公函，而他的这趟差事也一定会有不一样的结果。

撒泼尤其是妇女——无论其身份、地位如何——对付侮辱的一种必备方式。事实上，女子如果无端遭人中伤，必须挺身而起，用破口大骂的方式公开予以回击，否则即被视为对自己行为不检的默认。可是经这么一曝光，飞短流长的各种谣言立刻变得无人不晓。

尽管兴隆场看上去松松散散的，它的定期集市在这一带还是家喻户晓。得益于各种基础设施的齐全，集市安然无恙，并未被军阀混战时期的动荡与骚乱吞噬掉，倒是对塑造当地社区起到了至关重要的作用。来镇上赶场已经成为周边乡民一成不变的习惯。生活在这个圈子里的人们，不但彼此间联系日趋紧密，其内心深处的归属认同感也愈发强烈。随着时间流逝，小镇建设日益完善，不但成立了乡公所，各种民间组织也陆续成立，其中包括两座庙宇、数个宗亲会以及声势极盛的袍哥等。

在一片面积仅二十平方公里的狭窄山地中，近一千五百户兴隆场人能够活得游刃有余，靠的就是举办集市和集约耕作的生产方式。定期集市给缺田少地的人带来了额外收入，提供了商品销路，以免忍饥挨饿、陷入绝境。还不止于此，集市又是一个充满魔力的社交场所。在这里，人们产生冲突又解决了冲突，而社区不同势力的政治角逐也表现得最为露骨。

---

1 引自本书作者伊莎白（早年用名饶素梅）妹妹饶美德（Julia Brown）的来信（1941年2月2日，写于到访兴隆场之后）。在成都长大的饶美德对四川农村并不陌生。

2 以月为单位，璧山境内每十天有三个集市，相互间隔三或四天不等，按照固定周期运行。

3 定期集市对乡村的转化影响最初由杨庆堃在调查山东邹平集市时提出（杨庆堃《华北地方市场经济》（1944）第1页—第3页）。

4 参阅杨庆堃《共产主义制度下的中国村落及其早期转化》（1954），甘博《定县：华北农村社会》（1968），及施坚雅《中国农村的市场和社会结构》（2001）。

5 在三国时期的蜀国，“场”本义为“市”。《汉语大字典》（第一卷第472页）引用清初地理学家刘献廷《广阳杂记》（卷二）中的一段话曰，“蜀谓之场，滇谓之街，岭南谓之务，河北谓之集。”（[译者注] 此语原出自明人杨慎笔下，见四库本《丹铅总录》卷二“罴字音义”条。）施坚雅最早在四川接触到定期集市，这一事实或许促使他在研究中国农村社会时，将更多注意力放到市场的所谓“向心性”功能上，而多少忽略了其他地方的实际情形。在其著作（指《中国农村的市场和社会结构》）问世后的近半个世纪时间里，施氏提出的市场理论引发了无数讨论、争议、批评，以及改进之尝试。参见杜赞奇《文化、权力与国家》（1988，第17页），卡伦·威根（Karen Wigen）《文化、权力与地方》一文（《美国历史评论》，1999，第1184页—第1185页），与施坚雅《中华帝国晚期的城市》（1977，第721页）。虽然施氏强调市场体系的标准特性，以求创建一个适用于中国社会的标准模式，本书之写作目的却是要在兴隆场日常生活的大背景下，尽力展现其多样化的地域色彩。

6 1940 年夏，兴隆场有 9 个保，102 个甲，以及由 7744 名男女老少组成的 1497 户注册家庭。

7 这是一种独特的从历史角度考察定期集市发展过程的方法。上世纪四十年代，费孝通、杨庆堃、杨懋春研究中国乡村（分别位于云南、广东及山东）的三部经典之作所描述的都是不具备市场功能的农业村庄［见费孝通、张之毅《云南三村》（1935），杨庆堃《共产主义制度下的中国村落及其早期转化》（1954），杨懋春《一个中国村庄：山东台头》（1945）］。甘博的定县调查总结出三种类型的农业村庄，即只从事农业生产的、有定期集市的、兼有定期集市和庙会的。后两种村庄可以形成镇，村、镇之上则是县城（《定县：华北农村社会》，1968）。然而四川大部分地方的情形正好相反，乃是由专门的商业化聚居区为农业社区提供周期性商品服务。在 1940 年的璧山，除了县城、两个举办定期集市的大城镇，再有便是四十个较小的商业村庄，都有固定的赶场日子，此外并看不到像样的农业村庄。农舍大多三三两两散布在小山丘上，将山坡开垦成梯田栽种水稻。连接农舍的仅是一条羊肠小道，既没有街巷，村庄也就无从谈起。从建筑学角度看，聚居农舍与村庄两者之间有着很大差别。一般说来，山上的农家都有庭院；村镇里则是沿街排列狭长的建筑物，入夜以后，家家户户还要给临街大门上门板。

甘博、施坚雅（2001）等人的早期研究很少提到大城镇以外的乡村定期集市形成和发展过程中的历史因素。过去负责编纂县志的缙绅士大夫多半也对城外的农村社会不感兴趣。以 1865 年出版的清朝璧山县志为例，仅罗列了当时开办的二十五个定期集市，同时附有一张地图，标注其位置以及和县城的距离［同治《璧山县志》（《中国地方志集成》，1992，第 45 册第 276 页）］。我们是从阅读兴隆场寺庙中的石碑铭文逐渐了解到这座村镇历史的，寺庙可视为当地的历史档案馆。

8 《璧山县志》（1996 年，第 71 页）。

9 《璧山县志》（1996 年，第 11 页）。据历史记载，巴人最早活动于这一带山地中，与居住在富庶的成都平原上的蜀人同为四川原住民。蜀国曾是古时三国之一，素享“天府之国”美名，这里有著名的都江堰水利灌溉工程，不但农业发达，而且商贾辐辏，贸易网延伸及于缅甸、云南以及北方黄河流域［戴梅可（Michael Nylan）《成都平原的遗产》（《古代四川：失落文明的遗珍》，2001，第 311 页）］。长江三峡两岸崇山峻岭间的巴人以好战著称，他们跟湘鄂两省山区的土家人渊源颇深。下逮宋代，巴人渐被同化，但其独特文化仍余脉不绝。

［译者注］上世纪五十年代潘光旦考求土家族源，在原中央民族学院研究部编《中

国民族问题研究集刊》第四辑（1955 年 11 月）发表长文《湘西北的“土家”与古代的巴人》，首次提出“‘土家’是古代的巴人的后裔”，“巴人的历史也就是‘土家’的古代史”之观点（《潘光旦文集》，1995，第七卷第 416 页—第 417 页）。

10 ［译者注］唐李吉甫《元和郡县志》谓壁山县“四面高山，中央平田，周回约二百里，……川中有一孤山，西北二面险峻，东南面稍平，土人号为重壁山，（肃宗）至德二年置县，因山为名”（卷三十三“剑南道渝州”条）。清雍正《四川通志》又云：山在县西南十五里，一名茅莱山，上有唐刺史赵延之庙（见卷二十三《山川上》“重庆府壁山县重壁山”条）。

11 ［译者注］2014 年璧山县撤销，改重庆璧山区。

12 ［译者注］《元和郡县志》“剑南道渝州”条谓巴县“在岷江之西，汉水之南，即蜀将李严所修古巴城”。明、清为重庆府治。1994 年撤县，改重庆巴南区。

13 明末，席卷四川全省的战乱让无数人死于非命。据说壁山受兵祸蹂躏最重（鄢华阳《1644—1796 年的四川人口迁移与定居》，1982），范力沛（Lyman P. van Slyke）称当地人口从原来的五百万锐减至两百万（《扬子江》，1988，第 64 页）。屠戮之惨令后来移民心有余悸，遂将旧“壁山”县名改作今名“璧山”，含有禳灾祈福之意。

［译者注］对明代以前壁山沿革，清顾祖禹《读史方舆纪要》记曰，“本巴县地，唐至德二载析巴县及江津、万寿县地置壁山县，属渝州。宋因之，元至元二十二年（1285）省入巴县，明成化十九年（1483）复置”（卷六十九“重庆府壁山县”条）。

14 截至 1750 年，川省人口已大幅反弹，达九百万之多；再至 1850 年，其数又增三倍，为两千七百万人（范力沛《扬子江》，1988，第 64 页）。

15 当地人普遍视茅莱山顶为吉祥圣地，山上的古庙乃为土主而建。土主即土地神，大概跟巴人有关。相传该庙是璧山县中心地区最古老的建筑，始建于一千多年前的唐朝。据民间传说，两位天神——土主和二郎神（后者多为蜀人所崇拜）——都来争抢这块宝地。他们讲定，先到者获胜，结果神通广大的土主抢先一步登上山顶。二郎神不服，打算扔巨石砸烂此山。为了方便搬运，他使出手段变石为羊，连夜往山上赶。因为一旦天破晓，羊群便会恢复原形。不料就在大功告成之际，土主识破其诡计，蓦地模仿公鸡打鸣，羊群闻声变回石头。二郎神恼羞成怒，狠狠甩掉手杖，把脚下劈成一道山涧，这便是今天连接兴隆场和大鹏场的四岔垭。

上述故事某种程度上反映了汉化渐深的蜀地与兴隆场所处开发较晚、因而民族色彩更加浓厚的巴地之间的历史冲突。蜀国版图内的成都地区的确到处可见二郎神庙，类似庙宇在璧山县却只有零星几座，且规模不大。因此，发生在茅莱山上的龙争虎斗不妨可以看成是当地神对外来神的胜利。这场争斗的直接结果，据说是在茅莱山顶一下建起了四座土主庙，其影响力不但遍布整个兴隆乡，而且涵盖周围总计一万至一万两千户人家的所有场镇。关于二郎神及其在四川历史上的地位，可参看卡玛（Carmelita Hinton）所作《二郎神探源》（澳大利亚国立大学《东亚历史》杂志 2001 年 6 月第 21 期第 1 页—第 32 页）。（[译者注] 西南地区少数民族普遍崇拜土主，其原型多是古代真实人物。所谓“有功于民则祀之”（南宋王象之语），附以种种奇异事迹，遂变作守护一方、有求必应的神灵。王象之《舆地纪胜》卷一七五《重庆府》“仙释神·璧山威烈侯”条云，“正庙在璧山，行庙在重庆城西，下临岷江，往来荐牲乞灵无虚日。”引《合州志》云，“神姓赵氏，名延之，唐大历末为巴川县令。”复引旧图经，谓赵公讨平夷寇，“以功授合州刺史兼合、泸等州经略巡抚使，行部过渝之璧山，乐之，寻卒山趾。后人依山立祠，合州亦立祠。”由此知曾经的地方官赵延之藉生前之功，唐宋时俨然上升为璧山、合州两地的保护神。又据清雍正《四川通志》卷二十八，重庆府供奉赵公的祠庙有璧山庙（在府内，永川、彭水二县俱有之）、普泽庙（在璧山县南十五里）及土主庙，其中土主庙“在铜梁县南，唐土寇猖獗犯邑，知县赵延（之）集兵于六赢山灭之。后遇黄冠道人于茅莲洞，忽飞仙去，奏封土主，至今邑人祀之。”可见再到后来，赵公已在巴渝一带逐渐拥有了土主的身份。蜀地神祇二郎神则有两种原型。清赵翼《陔余丛考》卷三十五“灌口神”条引南宋曾敏行《独醒杂志》曰，“灌口二郎神乃祠李冰父子也。冰秦时守其地，有龙为孽，冰锁之于离堆之下，故蜀人德之，每岁用羊至四万余”（原文见《独醒杂志》卷五）。复引《元史》本纪曰，“元至顺元年，封李冰为圣德广裕英惠王，其子二郎神为英烈昭惠灵显仁祐王”（原文见《元史·文宗纪三》）。此其一。明富春堂刊本《新刻出像增补搜神记》卷三“灌口二郎神”条又称二郎神“姓赵名昱，从道士李珏隐青城山。隋炀帝知其贤，起为嘉州太守。郡左有冷、源二河，内有老蛟为害。”赵昱斩蛟治水，蜀人感其德，立庙于灌江口奉祀。此其二。日人中村裕一认为赵昱说大概发端于唐柳宗元《龙城录》的“赵昱斩蛟”故事，他之所以与二郎神结合并成为一位道教神，是因为“赵昱的政绩同李冰父子的政绩类似，都是治水，治水的地点也同在蜀地。同时也应考虑到，赵昱是个与道教圣地之一青城山有关系的人物。当二郎神从蜀地的一个地方神变成受全国崇拜的神时，将神的原身替换为与道教关系很深的赵昱，是出于道教的宣传目的”（《道教和岁时节日》，1992），福井康顺等监修《道教》第二卷第 325 页）。不管哪一种原型，二郎神的治水性质未变。成都平原的精耕农业自古建立在灌溉基础上；巴渝则多山，既无大型水利工程可修，不得不采取较为粗放的耕作方式。二郎神在两地民间的一冷一热，除了本书提到的历史人文因素，或许还与地理条件的差异有关。）

当地人有着农历正月十五上茅莱山土主庙舞龙的习俗。每到这一天，人们不分男女老幼，纷纷带上供品去庙中烧香磕头，向土主及其陪祀神祈求平安，祈愿接下来的一年里风调雨顺、六畜兴旺。早上八点，数以千计的朝拜者就已经熙熙攘攘涌动在进山的各条路上，多数人随身携带盛满香烛纸钱的藤筐。妇女在途中往往逢庙必拜，烧香磕头。可一旦来到土主庙，藤筐便由各家男人接管，开始正式祭神。

既然土主手中掌握着四乡八镇所有人的命运，当日前来祭拜的乡民大概有四万之多。唯有住在山里面最穷的农户才有可能缺席这种活动，但其中一些人即使两手空空、拿不出香烛之类供品也要想方设法朝觐一趟。因为据说土主神力无边，只要心意尽到同样能够驱邪逐魔、祈福禳灾。跟由男性主导的家族祭祖活动不同，祭土主是一家老小所有人的事。土主是农民的神祇，所以无论男女都可以参与。更多土主详情，可参阅张泽洪《中国西南少数民族的土主信仰》（2006）一文。

［译者注］明成化时，刑部左侍郎何乔新奉旨赴播州查案，奏云，“有本处军民，照依年例，迎赛壁山土主，装扮义夫节妇过街，人马喧闹，男女混杂”（《椒邱文集》卷三十二《奏议集略》）。明代播州宣慰司属四川行省，治所即今贵州遵义市。从这段文字不难看出，巴渝壁山神的影响范围已扩至邻接川省之黔北地区，同时“人马喧闹，男女混杂”等语亦是对伊莎白在兴隆场所作观察的印证。

16 清同治四年（1865）的壁山定期集市数量，见 1992 年重修之《壁山县志》（《中国地方志集成》第 45 册第 276 页）。

17 壁山最古老的集市就设在丹凤镇，始建于宋朝，当时叫普泽场（《壁山县志》，1996，第 72 页）。

18 ［译者注］此处指梅江河。

19 流经梓潼场、福禄场的同一条河流（［译者注］此处指梅江河。）为两处地方提供了巨大商机。同时，大山中蕴藏的石灰和煤炭资源也是刺激经济发展的重要因素，当地人多进山开采。据县志记载，明朝开始在梓潼乡设市通商，这也是山谷中最早出现的定期集市。梓潼场估计毁于明清之际的战火，因此 1940 年我们调查发现的石碑铭文将其始建年代定在了 1780 年。梓潼场仅为璧山境内七座明朝集市之一，它们对宋朝开办于此的四座集市（来凤、丹凤、蒲元镇、八塘）起到了重要的补充作用。宋明时期壁山定期集市的历史，可参看 1996 年《壁山县志》第 59 页—第 78 页，其中第 71 页—第 72 页尤详。

20 王斯福（Stephan Feuchtwang）《福建美法村的城镇化进程》一文让我们注意到，在一个地方的重建、改建过程中，树木可以起到十分重要的作用。

21 施坚雅在他提出的金字塔式层级架构中，对于这些小型集贸中心如何共同组成一个标准市场有详细阐释（《中国农村的市场和社会结构》，2001，第 4 页—第 5 页）。

22 兴隆场演变为村落的过程，与施坚雅发现的村落系由单独家庭或家族创建之典型模式有所不同（《中国农村的市场和社会结构》，2001，第 43 页）。

23 修庙捐资情况记录在乾隆三十四年（1769）竖立的一座功德碑上。

24 清道光元年（1821）四月二十四日，牛王像在庙中建成，暗示着刚刚过去的一场大范围牛瘟。当灾害发生时，大家齐心协力、积极应对，疫情最终得以控制。四年后（1825），又有一座眼光圣母像塑造完毕。此前一年，许多患上顽固眼疾的乡民纷纷祈求圣母。病愈后，那些相信圣母显灵的人们便许愿供奉，历时一年造成此像。降及 1940 至 1941 年，当地居民仍饱受沙眼以及缺乏维生素 A 之苦，由此导致的失明现象屡见不鲜。

25 斯潘塞（J. E. Spencer）《四川的乡村集市》（1940）（《经济地理》杂志第 16 卷第 52 页），转引自施坚雅《中国农村的市场和社会结构》（2001）第 111 页。

26 根据县志以及我们的实地调查，1940 年流行于璧山的赶场周期仅有一、四、七，二、五、八，三、六、九以及四、七、十四种（《璧山县志》，1996，第 245 页）。这比施坚雅别处见到的情形单调许多，大概说明直至清朝中叶，璧山的市场体系仍处在相对稚嫩的起步阶段。施坚雅记录下的中国其他地方赶集周期包括一、五、八，二、六、九，三、七、十，一、四、八，二、五、九，三、六、十等多种模式（《中国农村的市场和社会结构》，2001，第 16 页）。

27 施坚雅《中国农村的市场和社会结构》（2001）第 25 页。

28 四川农村地区出产的两种商品——猪鬃和桐油——甚至可以远销海外。

29 《璧山县志》（1996）第 61 页。璧山以北的合川县（今重庆合川区）1939 年则有六十四个定期集市。

30 如前所述，兴隆场最早诞生在道路岔口处，为来往于兴隆、太和，或梓潼、丹凤间的行人提供饮食便利。由于工作组从未踏足大鹏场，我们对其历史一无所知，因而无法确定始建年代，但至少到县志问世的 1862 年它已存在（[译者注]作者笔误，璧山县志付梓是同治四年即 1865 年的事。）。据住在大鹏镇街上的刘宪兰讲，当地老人都认为大鹏场的出现时间要晚于兴隆场。不过这种说法未必可靠，或许跟后来发生的建置变革，即两地名为合并、实分主次有关。一般说来，璧山东部经济要比西部发达，而大鹏场位于县城和茅莱山东麓的丹凤乡之间，这一天然地理优势完全有可能让它在更早时候就以场镇姿态矗立在了通往狮子乡的岔道上（参考 2006 年本书作者对刘宪兰的采访）。

31 斯潘塞《四川的乡村集市》(1940)(《经济地理》杂志第 16 卷第 48 页—第 58 页)。

32《璧山县志》(1996) 第 362 页。

33 张倩雯 (Rebecca Nedostup)《迷信政体》(2009) 第 15 页。

34 武庙由当地居民捐出十五石地，于十九世纪初共同修建而成。

35 这一时期的乡村研究似乎大都忽略了妇女在当地经济生活中所扮演的角色，以致令读者产生错觉，以为普通家庭均由男性占主导地位，女人因而无所事事，仅是一股无足轻重的社区力量。

36 按照中国传统习俗，已婚或者守寡的女人通称为某某氏，夫姓居前，本姓居后。

37 [译者注] 书中当事人姓名，除个别情形均为音译，不再单独注明。

38 镇上八十二户人家，大约三分之一为商人、业主。其中比较成功的人士往往在乡下另安一个家，由小老婆经管。

39 作为代理人，杨鹤龄每月都能领取到一定数量的邮票。或许是为了让他对帮助推动本地邮政服务有更大热情，政府特许杨将销售邮票的收入据为己有。

40 据我们 1940 年春的统计，镇上至少有四十处供人吸食大烟的地方。

41 “我们把传教站设在县城，牧师则派往各个场镇”(1929 年 5 月《华西教会新闻》第 1 页)。“每逢集日，我们待在镇上散发宣传手册，举办宗教活动，并花大量时间跟乡下人交谈”（1937 年 2 月《华西教会新闻》第 13 页）。

42 1941 年末，伊莎白曾在成都聆听一位瑞典学者的讲演，说到基督教堂与中国村镇的建筑风格迥异，二者无法糅合。

43 因为当时通货膨胀的缘故，很难估计一天下来，集市的成交额到底有多少。

44 ［译者注］如前所述，文庙由村庙演变而来。据伊莎白介绍，上世纪四十年代，庙祝仍持和尚身份。

45 费孝通《江村经济》（1946）及杨庆堃《共产主义制度下的中国村落及其早期转化》（1954）。在广东、江苏两地的沿江集市上，作为代理人的船家，其经济利益与乡民紧密相连，因此会不遗余力把船上货物卖出好价钱。

46 施坚雅《中国农村的市场和社会结构》（2001）第 37 页—第 42 页。

47 “摆龙门阵”一词或源于四川方言，或跟成都城中遍布大街小巷的茶馆有关。仅从字面意思来看，它明显带有小说《三国演义》的痕迹。参阅上传于 2007 年和 2010 年的两篇同名网络文章《摆龙门阵是什么意思》。

48 聊天有助于保持社区凝聚力，关于这一点，可参阅纳德尔—克莱因（Jane Nadel-Klein）《再造边缘：英国民族学的地方性、传统与表现》（《美国民族学家》，2009，第 18 卷第 3 期，第 507 页尤详）、格卢克曼（Max Gluckman）《流言与丑闻》（1963）、威克海姆（Chris Wickham）《中世纪农民的窃窃私语与公开反抗》（1998）诸文。

49 “传统的社交风俗”之语由邵勤发明，出现在描写江苏南通茶馆的《茶壶上的风浪：民国初期对茶馆文化的非议》（1998）一文中，见《亚洲研究学刊》第 57 卷第 4 期第 1009 页。

［译者注］美国加州大学圣地亚哥分校的周锡瑞（Joseph Esherick）并不赞同“传统的社交风俗”这一提法，因为邵勤女士在文中又说，“茶馆在南通广为流行主要是十九世纪末、二十世纪初的现象，与城市化过程和该地区的现代化有紧密的联系。”见周氏撰《把社会、经济、政治放回二十世纪中国史》一文，戚学民译，载《中国学术》2000 年第 1 期。显然中国社会茶馆文化的确切起源有待学者作进一步考证。

50 利奥·斯皮策（Leo Spitzer）《难忘的记忆》（1996）一文曾指出，回忆过去是南美安第斯山地区的欧洲避难者赖以维持集体认同感的主要方式。

51 一斗等于十升。

52 量词“石”的用途颇广。作容量单位时，等于十斗；作重量单位时，约相当十磅。此外它还常被当成“丈量”土地的面积单位来使用。上世纪四十年代的土地普查中，所谓“一石田”即指这块地按历史产量估算，能够出产一石稻谷。

第二章　靠山吃山：农业劳动

兴隆场周围数里以内，散布着大大小小的村落，百分之九十以上的人家都居住在简陋的土坯屋里。这些房子要么坐落在稻田环绕的丘顶，要么隐藏在密草丛生的山坡上。从茅莱山顶放眼望去，连绵起伏的山丘就像是漂浮在由层层水田形成的汪洋大海里的无数小岛。而这闪闪发光的梯田，一年四季不断变幻出瑰丽的色彩：春天葱绿，秋天金黄，冬天则是一派银灰。映入眼帘的，到处都是人们改天换地留下的景象。一座低浅、树木茂盛的山谷，两侧崖壁林立，在过去两三百年时间里，已经被改造成了高低错落的水田和旱田。农舍旁边的小块空地也大都种上绿油油的蔬菜，或被蓊郁的竹林和果园占满，兴隆场的景致锦上添花。

如画风景掩盖了这样一个基本事实，即绝大多数农民仍然挣扎在贫困线上，大约三分之一人不敷出，另有一半勉强糊口，“兴隆场”的名字仅仅为他们提供了一个虚无缥缈的幻想而已。许多稻农根本吃不起自己种的粮食，相反，只能靠玉米、红薯、蚕豆之类杂粮为生。表面上看，这里的贫富差距并不如想象中那般明显，不明底细的外来人可能还要受到某些“泛平等”假象的鼓舞。比方说，无论穷富，平日里大家都不摆阔，除非节日才舍得挥霍一次，因为那是公认的习俗。家境最差的人，生计时断时续，则尽量避免在公共场合露面。一言以蔽之，俭朴是兴隆场人多年养成的传统。我们（伊莎白和俞锡玑）所作调查却清楚无误显示出社会分化的苗头，总的趋势是生活水平日益下降。二十世纪四十年代初，对多数当地人而言，艰苦日子似乎正一眼望不到头。

本章主要讲述兴隆场人的日常活动与一年到头的劳作节奏，下一章则讨论他们生计窘乏时所采取的寻常或非常之谋生手段。毋庸讳言，这是一个分化明显的小社会，人们拥有地亩、劳力的数量，以及住房、衣食状况等都相去甚远。有些人耕种自己的土地，有些人则在租来的田里挣碗饭吃。在田间地头上，女人和男人只有分工不同，作用同等重要；另外，老人和小孩也要参加劳动。事实上，所有内部家庭成员的细致分工协作、加上外面一个活跃的短工市场，是改善他们生存条件的关键。问题在于，地狭人稠的现状给原本艰难的生活增添了更多不确定因素。

旧貌换新颜：从原始山林到密集耕种

兴隆场的气候属于典型亚热带类型，全年无霜冻，雨季从 4 月一直持续到 11 月，这对两季庄稼的生长极为有利。坏处是天气变化莫测，尤其关系到插秧的春雨，谁也说不准什么时候下。璧山县位于长江和嘉陵江之间低矮的分水岭上，境内仅有三条小河，水量都不大，无法用于农业灌溉。[1] 乡民只能靠山间流淌的一些小溪来浇灌庄稼。更糟的是，绵延起伏的低山丘陵让人们想找到一块巴掌大的平地都异常困难。上述环境自古严重限制了本地集约型农业的发展，情形至清朝始有所改观。[2] 难怪在不同朝代的史书中，璧山往往被描绘成一个山林茂密、虎獐出没的地方。[3]

璧山农业从粗放向集约转变的步伐迈得缓慢而又艰难。推动这一进程的关键因素包括：十六世纪以来新大陆作物（如玉米、红薯、辣椒）在本省的普及，[4] 重庆地区农业生产的商品化，人口的井喷式增长，以及新型水稻品种的引入。[5] 十八九世纪，伴随人口的快速反弹，稻米在重庆市场上突然变得供不应求，价格也一路走高。而重庆活跃的稻米市场又是下江社区需求的风向标，自十八世纪初，下江商人就视四川为廉价大米收购地。他们纷纷涌入要买断这取之不竭的供给，结果导致重庆郊县农民一窝蜂地开山造田，从事纯商业目的之水稻种植。[6] 于是在旧有稻田基础上，不断有新稻田被开发出来。[7]

最成功的拓荒者当然是那些擅长梯田垦殖的人。[8] 红壤盆地里的粘土是加固梯田的绝佳材料，勤加打理，不必另砌石墙。灌溉问题则通过冬季在梯田里蓄水来解决。[9] 随着稻田面积持续增加，逐渐形成三种不同类型的水田，即沟田、旁田和山田。沟田往往修在为数不多的天然河道旁，既容易浇地，又方便蓄水，具备很强的抗旱性。但如果碰上多雨年份，极易被淹；再有就是播撒的肥料经常被水流冲到下游别人家的田里。沿沟田开垦的旁田则没有上述弊端，故而最受当地人青睐。山田的地势较高，引水首先就很困难，有时费九牛二虎之力蓄满水，没过多久又一点点全渗漏掉了。这时唯有望天收，要是天上多下点雨，没准会有不错的收成；可要是雨水不足，只能改种赚钱少的旱地作物。农民免不了自己承受损失，因为到了交租子的时候，地主只认大米，别的一概不收。

经过两个多世纪的不懈努力，兴隆场三分之一的山地被成功改造为梯田，总面积达到一万一千二百四十五石（约合两千亩）。[10] 种水稻无疑是最有利可图的事业，年产量接近十万蒲式耳，绝大部分都源源不断运往城镇，尤其是重庆。因此水稻种植支配着人们一年四季的全部劳作。[11] 在兴隆场，大米俨然已变成这里真正的“硬通货”，政府敛税、军队征粮、地主收租，统统离不开它。据估计，四川全省三分之二的稻米都被派作以上用途。从最初向农民购买，到储存、运输、加工、零售，整个流通过程平均要转七次手，等到最后进入市民手中，不用说，其价格已经翻了好几倍。[12]

收割完水稻后，10 月中旬至 12 月中旬这段时间，三分之一闲置的稻田里都可以种植冬季作物。其中最有经济价值的当属油菜，因为油菜籽能够榨油；冬小麦和蚕豆（又称“福豆”[13]）也能给乡民带来一些收入。其余稻田则全部用于蓄水。来年开春，阳光明媚的山谷中东一片西一片盛开着金灿灿的油菜花和紫色的蚕豆花，与山坡上的水光潋滟相映成趣，景色美不胜收。这同时也表明，由于大部分稻田冬季储水，严重限制了两季作物生长的数量。[14]

原本林木茂密的山顶附近同样进行着砍树开荒的工作。至 1940 年，兴隆场已有大约二万一千石（合三千五百亩）旱田在夏季种上了玉米和红薯。玉米基本不用人管；但红薯却不同，每到收获季节，因为红壤又粘又湿，上山挖红薯就成了最令人头疼的事情。其他夏季作物包括高粱、春小麦等。到了冬天，农民往往在这些高地旱田种蚕豆、豌豆和冬小麦。如果肥料充足，还会挑最好的旱田来种回报率更高的小麦和油菜。[15]

过度垦殖，加之土壤受到侵蚀，使得施肥作用日见突出。常见的肥料有干粪、植物腐叶、草灰之类。攒肥是一件虽然不重、但极耗时的活计。拾粪的担子通常落到老人或小孩肩上，他们带上背篓、竹叉，四处转悠，从路边捡拾水牛、牛、猪、羊、狗、鸡等家畜粪便。植物则由妇女收集，堆在一起等待慢慢腐烂。农家多半用庄稼茎杆烧火做饭，所以草灰可以从炉灶里轻松获取。养猪的有钱人还会专门在猪圈里垒一个粪坑，坑底铺三合土，上面等距离搭上木板，用篱笆隔开一角供家人使用。这样，人、畜的排泄物都积攒在坑里，定期清空、发酵。使用时再用水稀释这些已呈半凝固状的东西，装桶拎至菜园或油菜地，拿长把勺逐棵浇肥。要是谁家有多余肥料，一定能卖个好价钱。

在四十年代的兴隆场，看上去几乎每寸土地都有农用。[16] 乡民在高地农田与稻田的过渡地带种上成排树木作为分界，这样将来盖房子或打家具就有了现成的木料。漫山遍野的油桐树也是宝贝，春天收集树液，可作为清漆远销欧美。[17] 此外又有两处果园——茅莱山顶的桃园和山坡上的橘园（园中有三百多棵橘树）——镶嵌在旱地作物之间。果园已被主人租出去。果熟时节，果农打开园门，叫人随意摘取，离开时称重付款。远近商贩也蜂拥而至，这就免了果农自己采摘、装箱、运输、贩卖的麻烦。农舍周围时隐时现、郁郁葱葱的竹林更跟人们的衣食住行有着密切联系。用竹纤维作鞋底的布鞋穿在脚上既防水又硬实，新鲜竹笋则是一种人人爱吃的食物。粗长竹子能作屋椽使（许多建筑物中只有横梁才会选用木质材料），短小些的往往劈成细条，编在一起，往上糊泥巴、石灰，就成了房子的墙。找几根硬度大的竹子，还能做成肩轭和滑竿。至于其他用途，从晾晒衣服、腌菜的架竿，到含在嘴里的烟管，不一而足。劈成竹篾，能编竹篮、竹席做家用或家庭手工业项目。

即使灌木丛生或岩石裸露的陡峭山坡上的公地亦非毫无用处。坡顶往往长满松树，山坡上的零散农舍被野草没膝、四通八达的小径连接在一起。虽然到处崎岖不平，每家每户都充分利用，或放羊或见缝插针栽几株竹子、树等，所有人都来捡树枝、干草、树根和粪。山坡上，年轻人和老人四处搜寻柴火；上年纪的和孩子则在路边割猪草。家里散养的猪和鸡也不闲着，每天吃完主人投的饲料，还要跑到房前屋后觅食，自行补充营养。随着大规模开荒与劳动密集度的逐年增加，兴隆场人战天斗地，彻底改变了自己的家园。

田主与佃户：水田耕种概况

大约百分之九十的本地居民都以务农为生，但彼此间的耕作规模和生活水平却相去甚远。总人口中地主占到百分之十三（一百一十一户），[18] 另外百分之三十（五百一十户）为自耕农，剩下的七百三十七户全是佃农。[19] 其实地主也好，自耕农或佃农也罢，这类标签并非左右人们社会经济地位的关键。真正起决定作用的乃是诸多因素凑到一起形成“合力”，有些家庭就更加富裕。比方说，当一些地主和自耕农还在为不欠外债而节衣缩食、苦苦挣扎时，有些佃农已经凭借租种的田地步步高升、出人头地了。

话说回来，在兴隆场，家境好坏极大程度上仍取决于是否自己拥有稻田，仅五百一十六户人家做到了这一点。[20] 一个人只要有了水田——哪怕是通过抵押得来的一小块，小到无法作为真正农田使用，也能因此获得其他佃农望尘莫及的安全感。在战火纷飞的乱世，土地无疑是存身立命之本。相比而言，旱田的价值就小了许多。三百二十四户耕种高处旱田的人家大半仅够糊口而已；几户稍微过得好的，也是靠编织等副业作为家庭主要收入来源。[21] 那些租种稻田的佃农（共五百零九户），虽然相当一部分不必为生活发愁，其真实处境仍比田主脆弱得多。因为他们跟土地的联系全凭一纸文书来维系，尤其租期仅为一年时，这种联系更难保障。一旦契约到期，便意味着连房子带地，统统得归还主人（参见图 2.1）。

上述五百一十六户稻田田主的情况也是参差不齐（从田地的多少、好坏就能看出差距）。最底层的二百四十四户，名下土地平均不超过十石，散布在山坡上或山谷中巴掌大的空地上。[22] 其中又有二十三户少到仅有区区一石地，要想不挨饿，只能另谋生路。中间的二百六十户，所有土地从十一至六十石不等，日子相对过得去。最富有的是十二户大地主，霸占了这里最大、最好的地，数量高达六十一至三百石。他们从不下地干活，靠收租子便可衣食无忧。有几个人以前当过兵，军阀时代置办产业，虽然自己菽麦不辨，雇上管家打点农事倒还弄得井井有条。

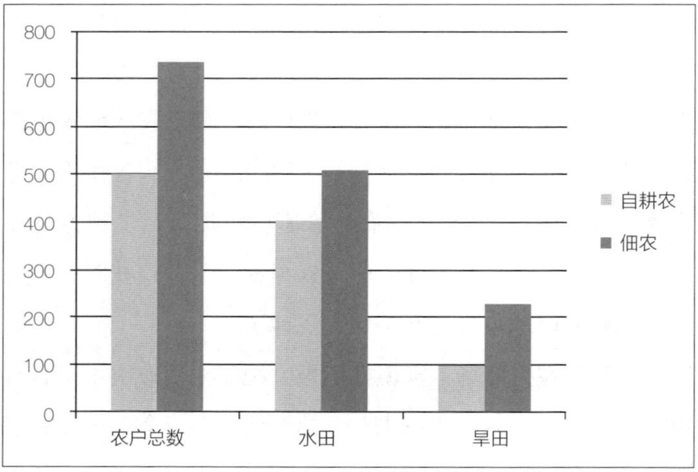

农户总数			1247
稻田耕种者		923	
自耕农	414		
佃农	509		
旱田耕种者		324	
自耕农	96		
佃农	228		
地主			111
非农业生产者			139
总户数			1497

图 2.1 田主与佃户

据签订于 1940 至 1941 年的租约推算，当时佃农通常要向地主缴纳每石地六到十元不等的保证金，以及全年稻谷收成的百分之六十到七十。待田租收讫，地主要么退还保证金，要么续约一年。佃农这一方名义上能保有收成的三分之一，但由于租子数额一成不变，其实际收入是变化不定的，丰年和荒年的出入就相当大。天气条件、种植技术都直接影响到最终的年成。好消息是，冬季在大约四分之一田地里种下的油菜、蚕豆等全归佃农所有。稻田以外，他们还会租少量旱田种红薯、玉米、豆类等作物，以便养家糊口。

兴隆场约有百分之十五的佃农，即使交完规定租子后，境况仍好于上文提到的二百四十四户底层田主。这一事实打破了人们的传统看法。[23] 生产规模显然是造成该现象的主要原因。少部分富裕起来的佃农，首先要有足够资金租下相对较多的稻田，面积介于二十一至四十石间；其次还得有一个大家庭提供劳力支持。[24] 另外也需要地主一方的配合，比如签合同时不设过多附加条款，从而留给承租人较大的独立空间。

有时候杠杆甚至会向佃户那头倾斜，使他们在签约时处于较有利的地位。这种情形多半因为田主急等钱用，要求增加保证金，而以降低年租为代价。一旦这笔钱还不上，那么合同便自动延期至明年，年复一年下来，导致田主最终把地抵押或卖给佃农了事。

能够交上如此好运的当然只有极少数人。据粗略估算，在同等生产规模下，佃农拿走三分之一水稻收成，再加上冬天种植的油菜、蚕豆以及旱田里种的杂粮，其年收入大概仅抵得上田主的一半。因此他们中的半数不过维持温饱而已，另有百分之三十七是在贫困线上挣扎，或者简直熬不下去。租种十五到二十石地的佃户，相比拥有不足十石地的底层田主，日子还算好过得多。后者交租后平均仅能收获三点五石带壳稻谷。[25]

由一千四百九十七户居民组成的兴隆场，其社会结构就像一座金字塔。位于塔底的是为数最多的贫困家庭，中间有一大批中等人家，共同撑起最上头的一小撮富人。[26] 从中可以看出极为严重的两极分化趋势（见图 2.2[27] 及表 2.1）。塔尖上不到百分之一的十二户大地主，放到别处不过小菜一碟，但在本地绝对算得上富翁了。他们不仅田产丰厚，稻田至少在六十石以上（约合十亩），而且坐享其成。也就是说，田地全交给佃户耕种，自己只管收租，据我们所知也无需再经营任何副业来贴补家用。除了长年佃户，有时也有短期雇工在他们的菜园子里忙碌。

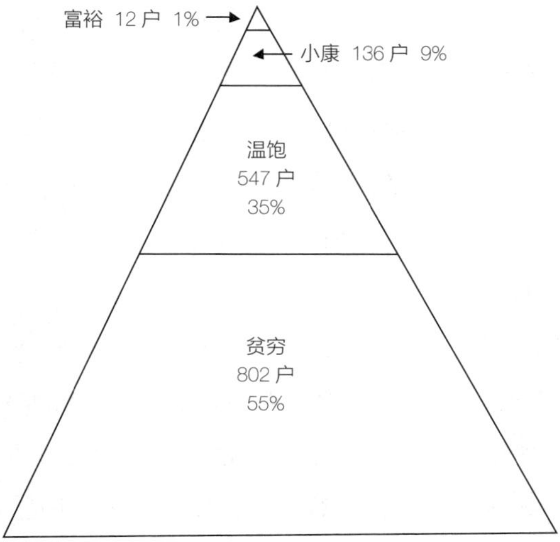

图 2.2 金字塔状社会结构图

图中显示的小康人家属第二等级，所占比例将近百分之十，人员构成相对复杂，主要有下面三类。首先是拥有六十石以下稻田的中小地主，他们仅靠田租已经不能过活，还得另辟财源，比如通过工作、当地产业、织布等家庭手工，或是给政府当差。念过书的算是地方“精英”，有的去做中医、教书先生或部门文书——要知道，上述任何一项职业都要求具备不低于六年高小程度的文化水平。有的利用镇里或县上的关系，走后门当上乡长、保长、收税员等等。还有的则在偷偷摸摸干着倒腾鸦片的勾当——当然这得有足够硬的后台才行。其次是买卖粮食、桐油、酒、棉纱棉布以及羊皮、猪鬃的商贩，偶尔也有鸦片商人。一旦赚到钱，他们也会买田置地、雇人干活，跻身地主行列；但一般说来，经商的老本行不会丢。再有就是一部分发家致富的农户，他们耕种大片稻田的同时，多半又有不错的副业收入（如养猪、纺织等），因此经常得雇人帮忙种地或织布。这三种人从经济地位上虽被归为一类，比第一等级却有更多差别。比方说，他们的政治影响力就大大不同：要让那些商人、富农去跟识文断字的地主发生权力之争，简直是天方夜谭。

占百分之三十五的温饱家庭属第三等级，主要是些中小农户，种田所得过于菲薄；为了生存，另外还得干点小本买卖或投资不多的家庭手工。有的凭手艺吃饭，干起了木匠、铁匠、泥瓦匠或裁缝；还有的上山采药、替人算命或干脆出家当道士，总之都是些低贱行当。不少人读过两到三年书，但自己往往声称，先生教的那点东西早被丢到爪哇国去了。

表 2.1　四种社会阶层分布及土地所有或租赁情形一览（1940—1941）

社会等级	田亩数	户数	百分比
第一等			
大地主	61 石以上	12	1
第二等			
中小地主与有地商人	21—60 石	90	9
富裕田主	21—60 石	18	
富裕佃户	31—60 石	28	
合计		136	
以上为上等，合计		**148**	**10**
第三等			
手工业者与中等田主	6—20 石	255	35
中等佃户	11—30 石	292	
合计		547	
第四等			
赤贫自耕农	不超过 5 石	141	55
佃农	不超过 10 石	189	
旱田耕种者		324	
无地或非农业生产者		148	
合计		802	
以上为下等，合计		**1349**	**90**
总计		**1497**	**100**

最下一等，也是数量最多的一群人，占到了调查人口的百分之五十五。他们是无地佃农，靠耕种高处的贫瘠稻田、或崎岖山坡上的小块旱田勉强维持生活。妇女除了打零工，还做些利润极小的手工活，比如制作烧香用的香烛。男人则给地主扛活，或出外当搬运工、摆摊算卦、挑担卖货（卖的都是草鞋之类便宜杂货），甚至不惜干给猪去势的下贱营生。更有甚者，铤而走险去当土匪，当然是在早春食物极度匮乏的情况下才不得已而为之。

其中最穷困潦倒的当属那些行将破裂的家庭。许多人一贫如洗，因为在乡下没法活才辗转迁至镇上。摆在他们眼前的出路只有一些违法或半违法的地下行当，如偷窃、卖淫，或在烟馆、赌场伺候客人。年纪轻的有时能托关系参加民团，或给有钱有势者充当打手。[28]

住房

山谷中的上佳平地通常都是上等人的。在这些人家宽敞整洁的院子角落，通常能看到一个小小的圆形地窖。最富有的地主还会在自家院子里修筑岗楼，岗楼下面是上锁的仓房，里面储藏大量粮食。至于屋内情形，给人印象深刻的首先是由古老黑漆家具所传递出的某种高贵典雅的气派；家具通常都是祖辈传下来的。进入客房，厅堂居中靠墙排开一条长案，正对着大门口，上面供奉祖宗牌位，并摆放一些大瓷花瓶，瓶内随便插着契据、鸡毛掸子、纸花之类。长案前是一张古色古香的方桌，木腿雕花或嵌珠母；两边各有一把雕刻精细、沉重结实的直背太师椅。两侧贴墙处也是一对类似的扶手椅，各配一张小茶桌。卧室里陈设一张大木床，四个角上都竖着雕花木柱，支起家家必备的帐幔。我们见过的最富丽堂皇的床是在一侧另搭一座木台，上面有固定的桌椅；然后垂下床帐，便形成一个完全独立的私密世界。或者说，这样一套设备无异于在泥土铺地、椽木当顶的大房子里另外营造出一个精致的“木质”小天地。除了床，卧室中还有一些又大又沉的木头箱柜，用来盛放衣服被褥及其他杂物。

挂在厨房灶台上方铁钩上的一把烧水陶壶是显示这户人家与众不同的重要象征物。一般只有上等人或有钱商人的家里才会拿没有异味的开水沏茶。虽然人人都知道饮用生水有害，但穷人因为舍不得生火的缘故，还是照喝不误。中等家庭则用做饭的大锅烧水，水中往往搀有一种怪怪的汤味。

显示上等人身份的另一特征是他们有条件在潮冷的冬天烤火取暖。木炭放在铜盆里点燃，家人和访客围坐在盆边。身体靠近火的一面很快变得暖和起来，但其他部位依然感觉到阵阵寒意，因为冷风就从敞开的门和屋顶缝隙里不时灌入。保持通风自有其好处，能让不断添加木炭所产生的有毒烟雾随风飘散。相比之下，买不起炭的穷人只好缩在屋里瑟瑟发抖。因此流行一种说法：穷富同过暑，富过暖冬穷受寒。

应当说，中等人家的住房最具代表性，多半建在山丘或低处山坡上的竹林丛中。这些房子的内部颇为凌乱。本来人已经住得够拥挤，还得给农具、收割的庄稼、副业生产的原材料，以及各种杂七杂八的东西腾地方——因为在他们眼里，任何物什将来都可能派上用场，所以决不肯轻易扔掉。结果造成的景象是：盛粮食或干豆的瓦罐摆在角落，大大小小的箱子堆在墙边，装食物的筐子吊在房梁上——以免受到成群结队老鼠的光顾。家境较好的养牛户更给自己添乱，要么搭建草棚，要么腾出一间屋专作牛舍，当然后一种情况并不多见。

居中的堂屋既可以待客，也是家人干活的地方。泥土地面有时经过夯实，门冲着院子，门上镶有两扇宽宽的门板。主要家具包括紧贴北墙的一张朴素然而厚重的方桌，和两侧墙边能坐八个人的四条凳子。桌上供奉木质祖宗牌位，是他们的荣耀。正由于这种跟祖先或者神灵的沟通，堂屋尽管陈旧简陋，却被赋予了某种神圣意味。经常能看到如下情形，一家人宁可挤在茅草苫顶的堂屋里，也不搬入旁边新盖的瓦房，到头来新屋反而成了牲口的圈棚——显然牲畜无论如何是不配登“大雅之堂”的。

毫无疑问，如果不下地干活，农家全部经济活动就是在堂屋以及相连的院落里展开的。他们在这里打谷、晒粮食、腌泡菜、养猪养鸡、打造修理农具，或进行各式各样的副业劳动。所使用的器械有：织布机，打铁的铁砧、风箱，制作面条的大锅、支架等。有些贵重设备不用时，会小心翼翼储藏在屋里或房檐下。另外他们的社会生活（包括接待到访的我们）也是以堂屋、尤其院子为舞台。但凡有人在家，无论冬夏，从早到晚都屋门大敞，以便通风采光。只有家中无人的时候，才会有铁将军把门；这种时候寥寥无几。

堂屋两侧各有一间卧室，两扇位置很高的小窗是唯一的光源。风从屋顶和墙之间的裂隙钻进来，或从客房吹来，都能让房间里的空气保持清新。木板搭在架子上便是床，床上叠放着用得相当破旧的棉被。用手织蜡染布做成的床帐挂在四根细竹竿上，白天拿铜钩收起，夜里放下，算是给住在一起的男女老幼提供一点儿私人空间。床帐的作用还不止于此，平时防老鼠，夏天防蚊子。只要有它在，“有害”的夜风也休想伤人。事实上，特别是在潮湿的夏季夜晚，睡在这样的帐子里，其闷热程度是可想而知的。屋里通常摆几只木箱、竹筐，存放衣服等个人物品。

其中一间卧室的隔壁是厨房。这里昏暗湿热，烟熏火燎。没有烟道的土灶台上有一或两个灶眼，放口大锅。做饭人蹲坐在小板凳上往灶中添柴，柴火有些是买来的，也有不花钱的稻草、干树根之类。除了朝向院子的前门，厨房后墙上有时还开一个小门，直通屋后的猪圈兼茅厕。住户似乎从不考虑滋生蚊蝇的茅厕与厨房相邻所带来的卫生问题。

兴隆场的大多数居民都生活在贫困线以下，仅靠一小块土地谋生。他们的家，要么是自建的寒伧小屋，要么是从祖传大房子里分到的一个小间，人口众多，拥挤不堪。屋内的陈设可谓既简陋又杂乱。最基本的家具包括一张架子床（床上的被褥破旧不堪，且长满虱子），一张未涂漆的低矮小桌和一两只矮凳（三条腿的木板凳或四条腿的竹凳）。白天，主人总会把桌子、板凳搬到门外，供人使用。

这些人家多半没有上面提到的祖宗牌位可供奉，取而代之的简易办法，就是在正冲门口的墙上贴一副对联。上联为司空见惯的“天地君亲师”，下联则书写对自家祖先的祭辞。

至于住在高处山坡上的最穷困农户，我们上山走访时，从未获得邀请进入其土屋内，谈话通常就在外面进行。住在更高山上的人，一望见我们的身影，以为是征兵的来了，就吓得一哄而散，不知去向。虽然未能进到上锁的土屋里一探究竟，我们听说他们穷得家徒四壁，连睡觉的地方也没有，所谓床铺就是摊在地上的一堆稻草而已。[29]

衣食

无论男女，川省汉人的典型装束是：下身蓝裤子，外罩一条青布长袍，头扎白巾。当农夫在田间劳作，或脚夫拉煤，或铁匠、石匠劳作时，为了干活方便，往往把袍子下摆撩起，掖到束在腰间的宽布带里。据说 1938 年蒋介石初来四川，看见百姓这身打扮，不由惊呼：“真乃绅士之乡也！”因为在别处，只有上流社会的精英才会长衫飘飘、风度翩翩，其他阶层的人一概只穿短衣。[30]

人们普遍相信戴头巾有预防头疼的功效，有人甚至声称晚上睡觉也不解下。头巾的颜色之所以选择白色，相传是为纪念一千七百多年前的诸葛亮。这位三国时期蜀国丞相的故事，经戏曲、评书的传播，早在当地变得家喻户晓、妇孺皆知。

在兴隆场，穷人和富人的穿戴方式没什么两样，区别主要体现在衣服的质量、件数的多少上。穷人喜欢拿结实耐用的手织布作衣料，这是因为男女往往只有身上一套袍、裤。对他们来说，最难熬的是冬天。许多人买不起夹衣，顶多加一件单衣抵御寒气。富人则较讲究，不但有过冬的夹衣，穿在外面的袍子也多用好看的机织布做成。当时璧山已流行羊毛衫，但在这里好像一时半会儿还难被接受。

穿百衲衣无疑是穷人的标志。他们自己也懒得掩饰，所以衣服上的补丁五颜六色、毫不搭配。没媳妇的男人不得不自己动手缝缀，针脚粗疏、马马虎虎就更不用提了。好在完全破衣烂衫的情况倒不多见，除非饱受虐待、离家出走的童养媳，才会沦落到那步田地。

中等人家的袍服通常请流动裁缝来做，这些师傅会在雇主家待上几天，直到干完活才走。境况稍次的，则由家中妇女（尤其上岁数的）来做这项工作。即使千缝万补的旧衣裳，穿在身上一般也是干干净净。家家户户用水都很方便，因而勤洗勤换。根据我们的经验，每次去家访，几乎很少见到谁家不在门前竹竿上晾衣服的。至于脚上穿的，男人是草鞋或黑布鞋，女人清一色都是布鞋。绝大多数孩子，无论家境贫富，五冬六夏都光脚走路。

观察兴隆场人的饮食习惯，不难发现一些规律性的东西。比如穷人一年到头都吃粗粮，但至少饿不着，虽说偶尔会有一段挺难熬的时期。富人及中等人家，加上替他们扛活的长工，平常以素食为主；每月开两次荤，到时候酒肉管饱。每逢春、秋收获季节，还会有一连数日的酒宴，供大家敞开怀吃喝。这时穷人也有份，假如他们去别人家打短工或是参与互助合作的话。再有就是一年一次春节的盛筵，但凡过得去的农户都免不了要大办一场。有钱人家甚至要请好几桌客。穿插在这些一成不变“大事件”里的，是伴随婚丧嫁娶而来的不定期宴会。于是无论主客，都有了额外打牙祭的机会。

乡下人如果粮食充裕，惯常一日三餐：清晨吃早饭，中午午饭，天擦黑时晚饭。富人每顿的主食都是米饭，穷人则要想尽各种办法防止家里的米缸见底，最常见的是往饭里添加蚕豆。随着市场上的米价一路见涨，锅中米、豆的比例也越来越小。有时为了多攒下点米，人们只好改吃面食。把面粉揉成团，贴到锅壁上，然后倒水，盖紧锅盖。这样连烤带蒸出来的馒头下面焦脆，上面软乎，坚实顶饿。玉米面也是同样做法。[31]

中等人家用少量的菜下饭。菜或者是新采摘的，或者是腌制过的。许多农民有自己的菜园子，虽然不大，却能保证一年四季都能吃上新鲜蔬菜，包括豆角、豌豆、黄瓜、西葫芦、块根植物、莴笋、卷心菜、菠菜、油菜、香葱，以及制作辛辣川菜必不可少的葱、姜、蒜、辣椒之类。蔬菜丰富的季节，主妇往往拿出吃不完的菜晾晒、腌渍，泡在卤水里做成著名的四川泡菜。凡“体面”人家必备有一个泡菜坛子，大约几十公分高，用木块封住坛口。先把新鲜或煮熟的大头菜、豆角、青椒、葱等洗净，放进盛满盐水的坛内，再投入调味的生姜、红辣椒和花椒。坛子里的菜即用即食，而且可以随时往里续添。其诱人风味既跟佐料有关，也源于不同菜类混在一起所产生的特殊效果。一只坛子的使用年限愈长，从中捞出的泡菜口感愈丰富精致。很有些妇女因善做泡菜而在当地小有名气。甚至媒人提亲时，也会格外提及一个年轻姑娘腌泡菜的手艺。只可惜这种风靡全省的美味小菜无处可买，因为各家都是自己做着吃，从不拿到市场上去。

相比泡菜，干菜则显得比较平淡。最常见的是大头菜，洗净切条，盛到院子里的簸箕上，或成串挂在屋檐下风干。每到夏秋时节，家家户户檐下悬挂的干菜几乎成了装点兴隆场的一道风景。晒成的干菜切丁后搁盐、辣椒或其他佐料炒熟，是饭桌上极受欢迎的菜肴。但因为油太贵的缘故，多数人家只吃水煮干菜。最能成为家常便饭的还是蚕豆，煮熟后连皮一起吃。要是嫌皮老，就拿水浸泡，让豆子稍稍发芽，以方便消化。（邻居经常批评我们扔蚕豆皮的做法甚是浪费。）另外用大豆加工而成的豆腐或粉条也是人们爱吃的食物。

中等人家的男人一个月能吃上两次肉，每人有半斤的量。肉是从集市上买回的鲜肉。女人很少有份吃肉，但坐月子时一般总能吃到鸡肉和鸡蛋。

富人家的食谱则要丰富得多。厨房房梁上少不了挂着成块的腊肉，虽说那通常是为招待客人或举办家宴而准备的。即使在这等人家，女人也很少有尝肉的机会。许多信佛的年老妇女许愿，每月初一、十五吃斋念佛。更有几个人为了保佑阖家平安，发誓全年不沾荤腥。

收完稻子后的几星期，是穷人家能以糙米（粗碾去壳）为主食的短暂幸福时光。随后米饭就和粗粮交替食用，直至被完全取代。粗粮包括玉米、高粱、蚕豆、豌豆。吃光这些，最后便只剩下甜薯了（或煮或烤）。他们一般不单独炒菜，而是把菜熬在粥里。毫无疑问人人都缺油，但缺盐——因为价格高得吓人——才是感受最深的痛苦。吃肉的次数极少，主要是在两个收获季节。

一般说来，春收前的二三月份，穷人都会经历或长或短的饿肚子时期，这时储备下的粗粮也渐已告罄。无论多么艰难，家中男人（包括男孩子）总能保证得到最多的一份口粮。情况再恶化下去，就要轮到童养媳遭殃了。穷人家里死人是常事，唯有这些长期处于营养不良状态的年幼女孩死掉时，大家才不会觉得惋惜。

一旦日子逐渐好转，穷人偶尔也小小挥霍一下。男人虽然买不起肉，但在集市上要一碗既便宜又可口的面条还是办得到的。赶场日，经常见有运煤工挑着沉甸甸的扁担从街上摇摇晃晃走过，扁担一头的筐子上放只空布袋，另一头吊个空油瓶。等卖掉煤，一小袋米、一小瓶油便是他要带回家的礼物。这通常是给父母祝寿，或给刚去世的老人上供用的。可见再穷的人家，也把解馋——哪怕在别人眼里根本微不足道——当成是调剂困苦生活的重要手段。

家庭结构与分工

在兴隆场干农活要有复杂的决策能力，并且把手头各种人力物力资源调配得当才行。农夫得对选种什么庄稼，如何应付复杂多变的气候条件都做到心中有数。他们操心的事情可真不少，比如农忙时安排增加人手或使用力畜（如牛、马）、去集市出售自己用不着的农产品、推销家庭手工制品等等。[32] 为了人尽其用，合理的家庭结构与分工便显得格外重要。兴隆场大约百分之七的农家选择接纳穷亲戚，一来可以壮大自家劳动力，[33] 二来也算是行善——其实既能帮人摆脱穷困，又给家庭经济注入新鲜活力，[34] 何乐而不为呢？除了亲戚，有时一些并非沾亲带故的人也被吸收进来，从而像滚雪球一样逐渐形成一大户人家。（家庭与户的分布情况，见图 2.3。）

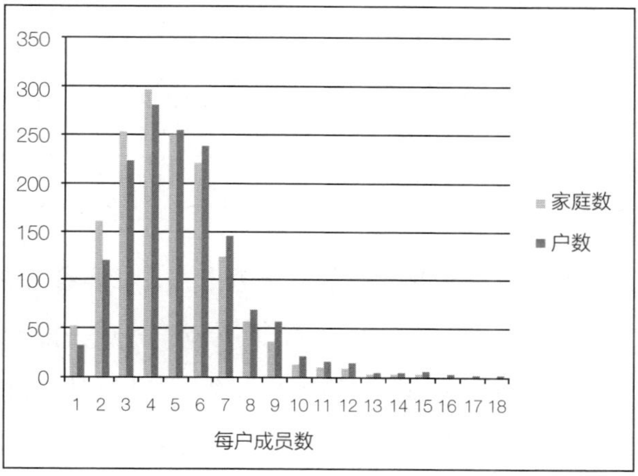

图 2.3　家庭数与户数

传统儒家家庭观念视五世同堂为体现孝道的最佳方式，但在兴隆场总共一千四百九十七户人家中，百分之九十以上都难以达到这一理想境界。原因是多方面的，像地狭人稠、短寿促命、家境贫寒，以及成员增多后随之而来的种种家务难题等。许多富裕地主喜欢组建小家庭（由一对夫妻及其未婚子女两代人组成）或中等家庭（包括年长父母或其中任何一方，众多子女中的一个——一般指长男，其配偶及未婚孩子共三代人），虽然有时他们会忍不住纳儿房妾而让情形变得稍许复杂。[35]但是对于既种地、又经营家庭手工的农民而言，大家庭无疑是最好的模式，能让所有人的作用发挥至极限。以董姓家庭为例，父亲带着大儿子在外租种四十石稻田，家中织布的事情则完全交给二儿子照管。

至于普通农户，大家庭模式虽然有利于父辈帮助下一代子女成家，却难以维持太久。绝大多数家庭还是倾向于以人丁数相对适中、成员间关系简单为宜。兴隆场几乎三分之二的农家都是四至七名成员的小家庭或中等家庭（见表 2.2）。[36]

表 2.2 兴隆场家庭规模

家庭成员数	家庭数	百分比（%）
1—3	468	31.2
4—7	892	59.7
8—16	137	9.1
合计	1497	100

家中每一个人，无论男女老幼，有力出力，都要参与农业生产。妇女显得格外忙碌，不但和男人一起出门劳动——或去排干水的稻田里锄地、拔草、修枝、采摘蚕豆等冬季作物，或去高处旱田耕作、种菜，还得担负起大部分家务活诸如碾米、捡柴火、洗衣做饭、照看小孩之类。另外养猪喂鸡也算是分内之事。卖菜、鸡和鸡蛋可以给家中

带来少量稳定的收入。她们拿这笔钱购办盐、火柴等各种日常用品；或者偶尔买点儿米、油，蒸一锅饭，炒一盘菜，改善全家以蚕豆、甜薯为主的单调伙食；或者买点儿白酒让老公高兴一下。

好在从小受到锻炼的孩子们时不常能搭一把手。十岁左右的娃娃已经懂得往家背柴火、割草喂猪。稍大的男孩可以去水边放牛，女孩则把年幼的弟弟妹妹系在背上，腾出手来帮母亲干活。肯于分担担子的还有腿脚不便或疾病缠身的老人。在这里，很少有人因患肺结核等慢性病而卧床不起：一方面由于医疗和营养条件差，病人难以活得长久；另一方面也是因为大家普遍秉持的生活信条，即活到老干到老，直至有一天累倒为止。

水稻种植

种水稻对男人提出了很高的要求，既要身强力壮，又得心灵手巧。整个种植周期从十月份割完上茬稻子后就已开始：首先是犁地蓄水或种上油菜、蚕豆、豌豆等冬季作物。等到十一二月份，旱田里或高处庄稼长熟了，他们便用牛拉着单刃铁犁在秧田里再次翻地，准备开春种稻。这是一项十分艰苦的工作，扶犁人膝盖以下甚至整条大腿需要长时间浸泡在刺骨的冷水里，这些水一滴也不能放跑，日后都得灌到其他旱田里去。明年三月底四月初，四月中旬插秧前不久，给秧田翻第三遍、也是最后一遍地。

四月初，农夫选择离家近的一块田留作苗床。他们把水和土搅拌成泥浆，排走表面的淤水，接下来便动手播种。随后几天，家里专门派一个小孩或老人站在田边负责守望，要么大喊大叫，要么挥舞绑在竹竿上的旗子驱赶空中成群飞过的麻雀。一旦浮在泥浆上的秧苗结牢根，马上灌水，且要保证水位恰到好处，仅漫过幼苗一半，绝不能全部淹没。秧苗的成长速度惊人，播种十五天后就能长到二十公分高，可以插秧了。

在这期间的两个礼拜，家中所有人都忙于抢收双季稻田里的其他庄稼，给水稻让地儿。现在农夫要做的事就是仰观天象，祈盼落雨，以便翻松土地。好不容易等来雨天，必须赶紧犁地，因为此时空荡荡的田里很难存得住水。如果是借公用的牛拉犁，在轮到自己家之前，他的心里总会七上八下，生怕刚被雨水打湿的田土变干。等来了牛，犁头一遍时，跟在后面的人或拿锄头敲、或用脚踩，把翻出来的大土块弄碎。这对人、畜来说都不轻松，一天下来往往仅能耕完半石（相当一亩）地。第二遍就容易多了，一天可耕五分之四石地。下一步，农夫需要找来家里有力气的人帮忙，把秧田的蓄水转移到稻田里。所用工具为木质唧筒，小点的用手摇曲柄能抽水至一英尺多高；大的则需两人合作，像骑自行车一样用脚踩动转轴，将水送往更高地方。灌满稻田一般得花上好几个小时。

待犁地、灌水完毕，下面就该浇肥了。肥料是油菜籽榨油后剩下的油枯（又称油饼），大概一石地用十斤。（农民虽然自种油菜，但作为报酬，油饼归油坊所有；所以农户还得另花钱购买。）先把饼敲碎，放到木桶中加水搅匀，然后挑到田里，拿长柄勺均匀播洒。经过以上十到十五天的紧张忙碌，准备工作才全部就绪。

紧接着就要插秧，同样叫人手忙脚乱，所幸只需几天功夫。农夫把苗床里的幼苗轻轻连根拔起，用草绳扎成束（大约每三十六株一捆），放进竹篓，和家人一起运往田间。令人称奇的是，他能动作熟练地从扁担中捡出数量准确的苗捆扔到每片田里去，再分成小把栽插，每株间隔二十公分左右。一连数小时，小腿泡在水中，脚陷在粘滑的泥浆里，弯腰曲背，每个人至少要插八行秧。对一位身体强壮的农夫来说，进度可以达到一天三石地。插秧结束后，半个多月来一直马不停蹄、筋疲力尽的全家人终于得到喘一口气的机会。

约莫过去三十天，就到了除草的时候。这件事可以不慌不忙地进行。为了避免伤及秧苗，农夫不使用任何工具，仅凭手指——更多人习惯用脚趾——轻轻触摸水下，然后拔掉有害的杂草。又过十五天，开始第二遍除草，同样是小心翼翼。

从插秧到八月初抽穗的四个月中，农夫需要仔细控制田间水位，始终保持在稻茎中部偏下的位置，同时又不能成为死水。这又是一桩精细活。此外他还得留意维护每块稻田周围的排水沟。眼见抽穗之后，一颗悬着的心才算踏实下来，着手慢慢放干田里的水。三四个星期后，来到九月份，稻子成熟，准备收割。如同当初抢种，现在则要抢收，因为必须赶在雨季开始前把收来的稻谷脱粒去壳、晒干入仓。于是全家再次披挂上阵，虽然紧张程度已不像先前那么叫人吃不消。

显而易见，种水稻主要靠男人，但所有家庭成员的通力合作仍然不可或缺。这一点在农忙时节显得尤为突出，直接影响到每家每户耕种规模的大小。

按理说，没力气牵牛拉犁的妇女能在插秧时发挥身手敏捷、动作灵活的优势。然而兴隆场的习俗却是，当稻田里蓄满水时，女人不得涉足其间，而她们也更愿意独自经营高处的旱田。水田中往往仅能见到男人赶牛劳作的身影。换言之，大多数季节他们都是这里的主人，独自承担犁地、插秧、除草以及修理沟渠的一系列工作。只有在放完水后，女人才能进来拔草、割稻。水稻对于这个国家的重要性不言而喻，传统男尊女卑观念恰恰体现在男人特有的稻农身份上。这种观念根深蒂固，甚至被当成天经地义。妇女尽管在种稻以外的其他领域身先士卒，为生产生活提供必要保障，却丝毫改变不了她们的地位。

水牛

对普通稻农来说，牛的使用既必不可少，又负担不起。首先犁地就离不开水牛，单靠人力难以完成，除非耕耘的稻田面积仅似巴掌般大小。然而自家拥有水牛的毕竟寥寥无几。买一头牛相当于买一石良田，更别提平常养牛的费用，包括常备的至少二十石稻草；另外每天还要割新鲜青草，农忙时再拿粮食（如谷物、蚕豆）给它加餐。鉴于此，农户多半选择合养一头牛，或向富裕的有牛户租用。无论哪一种情形，各家之间的默契十分重要。几户人共同使用，轮流喂养，可让力畜的作用得到最大限度发挥。这需要相互信赖，彼此条件又大致般配。以张、杨两户邻居为例：张家有十二石田，不缺饲料；杨家租种着二十石田，在交完数量不菲的租子后，仍能贡献出一部分稻草。因此两家的牛寄养在张家，由张的小儿子帮忙照看。双方的信任最初是建立在亲戚关系上：张的祖母即杨的丈母娘。

大部分小农其实连跟人合伙养牛也办不到，只好采取租借方式。根据事先签订的契约，租户不但在用牛期间负责日常喂养，还要给牛主做同等天数的苦力，可见人与牛是被当成等价劳力来看待的。即便有约在先，因为牛主首先要保证耕完自家地，焦急等待的租户仍免不了暗暗担心。比如 1941 年的春雨来得稍迟，耽误了正常春耕，就曾在当地农户中引发普遍恐慌。我们亲眼看见有位稻农为此着急上火，到了寝食难安的地步。他家一共种四石半稻田，其中两石是自己的，两石半是租的。为了交上租子，借到牛后，他得先耕东家的田。这便极有可能错过种稻时节，那么自己的两石田里只好改种其他作物，由此蒙受巨大损失自不待言。遇到这种极端情形，听说有人情急之下，会动员阖家老小、甚至街坊邻居一齐下地拉犁，但我们未曾见过这一场面。无论怎样，一旦天气变幻莫测，受害的总是那五百来户需要借牛犁地的小农。兴隆场共有三百五十头水牛的样子，用于耕种全乡一万一千二百四十五石稻田应该说绰绰有余。当然前提是天公作美，民间的租牛交易（总数大约在几十起上下）也不生差池。

水牛既然和种稻有着莫大关系，人们对它自然爱惜有加。这从农户对待牛以及其他动物（如猫、狗）的不同态度上就看得出来。牛除非生病或跌断腿，一般从不被屠宰，所以市场上牛肉难得一见。当地流行滥杀耕牛必遭报应的说法。有个年轻人得了一种啃咬床褥的怪病，就被解释为是他的祖先杀牛犯忌的下场。

雇工

兴隆场半数以上的农民都靠卖苦力为生。在六百五十四户小农以及种旱田的人家中，身体强壮的男子大都在农忙季节去替别人栽插水稻；其他季节则外出打工挣钱，行当五花八门，以搬运货物为主。妇女受传统观念约束，往往离不了家；另外杂七杂八的各项活计——如锄地、拔草、修枝等农活，带孩子、洗衣做饭等家务活——也令其出不得远门。因此她们主要趁农闲，一年到头做点儿按日计酬的散工而已。

雇短工的程序非常简单，一点不像农忙时找人干活那般正式。这里的人彼此都很熟识，雇主如果需要男工，他只需对集市上遇到的某位农民随便说声“明天来我家油菜地拔草”，或者“初十帮忙给蚕豆田翻土”便可以了。找女工更容易，托碰到的邻居捎个口信就能办到。

雇工天不亮起身，一直干到天黑，三顿便饭都由主人提供。工钱按时下米价结算，男女有别，男工的钱大约够买一升米，女工的只够买三分之二升。（一个男壮劳力每月的口粮为十五升米，女人为九升，上述酬金标准的依据就在于此。）过去习惯用大米结账，但是自从发生通货膨胀，1940 年便改用不断贬值的现金。等到 1941 年 4 月，随着米价越涨越高，即使男工干一天活挣到的钱也仅够买半升米了。奇怪的是，从未听到有人对此发出抱怨。男人若嫌钱少，还能做别的营生。妇女则在雇佣关系中始终处于弱势地位，因为从来不缺找活干的人，有些穷人宁肯荒着自己的地也要出去打工。

雇主以中等人家居多。为躲兵役，他们把家中的适龄男子全打发走，人手不够，便找妇女每日来做短工；偶尔也会让一个上岁数的男人住在家里当长工使唤。

农忙时男工帮人干活，不但吃的好，拿钱也多。其他季节做散工的妇女，各方面待遇都难以望其项背。她们有些来自小农家庭，有些则是寡妇，不得不独自耕种旱田、养活家人。对后者而言，最怕到了淡季无活可做。这种家庭全靠平日打工维持，一旦断掉最后的经济来源，离崩溃也就为时不远了。

尽管兴隆场的稻田面积有限，家家户户仍然在农忙时节面临严重的劳力缺乏问题。乡下活计一年四季分布不均，忙碌主要集中在春秋两季，尤其是春天。雪上加霜的是，眼下正值战时，许多男人要么逃走，要么被抓去当兵。我们的调查显示，当地应服兵役男子（十八至四十二岁）无人在家的家庭占百分之四十五，一人在家的占百分之四十三，两人以上在家的仅占百分之十二。

为应对农忙时的这种情况，每逢春耕、秋收，每个人（尤其男性）肩上的担子都陡然加重，不得不长时间泡在田里。外出打工、包括逃兵役的男人也想方设法，甚至是冒着风险赶回来。（1941 年秋，中央政府害怕收不上稻子，宣布暂停征兵，让男人回家割稻。）各家之间还交换劳力、互帮互助，或者通过雇短工来减轻负担。

农忙时节，互助合作、换工的方式在亲戚、邻居、朋友间最为流行。凡是互助户都要按照自家稻田亩数贡献人手。比方说，有五石地的家庭出一个人，有十石地的就出两个。要是凑不够人数，就得花钱雇工或临时请亲戚“救火”（后者是不要钱的）。一户把牛借给另一户耕过地的话，那么这时候对方必须送来一位壮劳力，干同样天数的活。互助户交换劳力无需支付任何工钱（雇短工顶替自然另当别论）。在实际运作中，会有数不清的小麻烦需要协商解决，目的只为一个，就是让大家感觉都不吃亏。最关键的是犁地次序问题，因为先犁地的人家较不容易受天气影响。对这道难题，别无善法，只能靠抽签看谁的运气更好。

中等或大户人家往往不参加互助，而是雇人干活，由工头一手张罗。所谓工头其实就是一名敢说敢做的农民，能够同时赢得雇主、雇工双方的信任。一般农忙开始前几星期，接到雇主通知，他便按所需人数负责联系那些能提供劳力的农民和在外打工、准备回家的壮年汉子（多半是其亲戚、邻居或朋友）；然后安排轮转，保证叫每个人都没有闲下来的功夫，在有限时间内按时交差。他自己不会因此获得额外报酬，却享有很高的声望。雇主们都希望跟他搞好关系，这样自家的农活没准儿就能给排到前头。

雇工往常干活仅有一日三餐；这时虽然工钱不变，一天却能吃上五顿饭，中午还可以打牙祭，每人半斤猪肉。其实无论大户雇佣劳力，还是小户间互助合作，每到这种时候，主人家都要摆出一副热情好客的姿态，预先蒸好满满一锅米饭，烟、酒、肉样样不缺，甚至人手一只用来下酒的咸鸡蛋。雇工、穷亲戚都一起吃喝热闹。每天做五顿饭谈何容易，于是后厨也变成“战场”，许多女人在那里忙活。前来帮忙的女亲戚往往带一坛酒、一块腊肉或一盒点心作为礼物。另有几位穷寡妇能在平时帮着间苗、锄草或收玉米、高粱。她们在插秧时节受到邀请纯属礼节。

不消说，插秧时的丰盛饭食是和劳动强度挂钩的。虽说人人累得筋疲力竭，这仍不失为一个家人团聚、同工同力、到处洋溢着欢声笑语的热闹场合。当然有时也会听到不和谐的抱怨声，主要跟主人招待不周有关。庄稼人寻常难得吃上肉，早憋着劲在插秧日子里大饱口福，因此一旦不如愿便怀恨在心。1941 年春，我们就听说某位稻农原本备下足够多的肉，却被在厨房做饭的老婆偷工减料，动了手脚——至少大家是这么传的。另一个可能招致不满的因素是主人对待亲戚的方式：请谁不请谁，视远近亲疏付或不付工钱，对方的反应都不一样。一些穷人希望攀高枝，日后也好有个帮衬（比如借钱什么的），因而格外珍惜这种机会。但是那些未能加入这场“盛宴”的人们，心里可就愤愤不平了。有个寡妇曾向我们诉苦道：“插秧时不记得我，等到收甜薯却想起喊我了。结果怎么着？别的婆娘该给多少钱就给多少钱，轮到我却一个子儿没有，白干。谁叫咱是亲戚哩！”

对卖苦力的穷人——尤其男人——来说，插秧比过年还好。事实上，春节基本无活可干，很多人因此饿肚子。插秧则不同，正是家家最需人手的时节，去别人家干活起码保证有吃有喝。显然种水稻的自然节奏已经深深融入进兴隆场人的生活当中，他们或闲或忙，或单干或合伙，或节衣缩食或开怀畅饮，无不映射出农时变化的影子。为了生存，许多家庭还必须从农业以外的渠道获得收入，这将在下一章予以讨论。

---

1 璧山县域内的三条小河分别是：由北向南贯穿县境东部的璧南河，北部流往东北方向的璧北河，以及沿西部低山南流的梅江河（距兴隆场不远）。四川省名源自四条大江，即长江及其支流岷江、沱江、嘉陵江。（[译者注] 四川因何得名，历来说法不一。顾祖禹曰，“近说以岷、泸、雒、巴为四大川，故有四川之名，于义未安”（《方舆纪要》卷六十六《四川一》“巴江”条）。与他同时代的顾炎武则曰，“唐时剑南一道，止分东、西两川而已，至宋则为益州路、梓州路、利州路、夔州路，谓之川峡四路，后遂省文名为四川”（《日知录》卷三十一“四川”条）。清雍正《四川通志》卷二《建置沿革》对北宋蜀地行政架构演变交代甚详，云，“乾

德三年（965）平（后）蜀，置西川路。开宝六年（973）分置峡西路。太平兴国六年（981）并为川峡路。咸平四年（1001）分置益、梓、利、夔四路，总曰四川路。”）省内河流众多，有包括长江另两大支流雅砻江和乌江在内的大大小小共计一千三百余条。不幸的是，璧山受自身地理环境所限，并不能分享到本省丰沛的水利灌溉资源。

2 公元七世纪时，大概只有三千来户人家生活在璧山山区。直到十九世纪初，人口始终是在相对较低的水平线上徘徊，这跟灌溉农业发达的四川盆地成都平原一带形成鲜明对照。据 1996 年版《璧山县志》，历史上留下的人口记录很不完整，尤其宋、元、明三朝，部分原因在于县境迭经变更，数据也难以保持统一。好在我们可以从别的方面推知其中情形。以场镇为例，自宋至明末，数量仅由最初五个增加到十个，颇能反映这数百年间人口增长缓慢的事实。清代则迎来大发展，一下冒出二十四个新场镇，另外旧有场镇中毁于明末战火的如梅江，也在那时得以重建（《璧山县志》，1996，第 68 页—第 77 页）。历代璧山人口数量见同书第 105 页。

3 在此谨向乔·丹尼斯（Joe Dennis）致谢，是他从哈佛大学的台湾文献数据库中帮助查询到有关璧山的历史资料。

4 何炳棣在《明初以降人口及其相关问题：1368—1953》（1959，第 183 页—第 195 页）中指出，自十六世纪起，随着美洲粮食作物的引进，中国的耕地面积得到了显著增加。劳拉·默里（Laura Murray）和李中清则认为，美洲作物传入与中国人口增长之间的关系可能不像何氏估计的那般简单。但在四川璧山，推广种植玉米、红薯等作物对稻米密集种植和人口持续增长的贡献还是显而易见的［默里《传入中国的美洲粮食作物：1650—1910 年渭河流域农民生活考察》（1985），李中清《西南中国的粮食供应与人口增长：1250—1850》（1982）］。

5 李中清《西南中国的粮食供应与人口增长：1250—1850》（1982）（《亚洲研究学刊》第 41 卷第 4 期，第 738 页）。

6 曾小萍《从巴县档案中的土地纠纷案例看明中叶四川佃农之权利》（1986）（《亚洲研究学刊》第 45 卷第 3 期第 501 页—第 504 页）。

7 与璧山相邻的巴县稻田开垦情形，见曾小萍《从巴县档案中的土地纠纷案例看明中叶四川佃农之权利》（1986）（《亚洲研究学刊》第 45 卷第 3 期第 501 页）。

8 罗威廉（William Rowe）曾在湖北麻城发现同样的情形（《红雨：一个中国县域七个世纪的暴力史》，2007，第 61 页）。

9 万志英（Richard Von Glahn）《溪洞之国：宋代四川边疆的扩张、开发与文明化》（1987，第 179 页）。

10 在整个川东地区，二十世纪三十年代中期，大约有百分之二十五至四十的土地用于水稻种植；而在西边的成都平原，这个数字却高达百分之八十［葛德石（George Cressey）《中国的农业地区》，1934，《经济地理》杂志第 10 卷第 2 期第 139 页）］。把“石”转换成“亩”时，我们视不同情况，稻田按七点五比一、其他农田（包括水浇地和旱地）按六比一的比例进行换算。前者主要依据卜凯对 1941 年四川水稻产量的估算，即一亩约产七十五蒲式耳（《中国四川省农业调查》，1943，第 48 页）；后者则依据国民政府主计处统计局提供的数字，即三十年代的平均谷物产量为一亩地五十五蒲式耳。这里需要注意新的“市石”与传统“石”的差别，“市石”作为重量单位约合六百磅，或十蒲式耳（一蒲式耳等于六十磅）。

11 1938 年，四川一度成为中国最大的水稻产地；1941 年降至第三位，仅次于湖南和广东（《战时中华志》，1943，第 567 页）。

12 卜凯《中国四川省农业调查》（1943）。

13 四川人管胡豆（即蚕豆）叫“福豆”。

14 重庆的华洋义赈会曾委派两位专家帮助兴隆场农民摆脱长期以来靠天吃饭的困境。一番考察之后，他们得出的结论却是，当地农民其实已将水利资源发挥利用到极致，鉴于兴隆场河流稀少的地理环境，不可能进一步解决这里的农业灌溉问题。

15 葛德石调查发现，当时四川百分之二十至二十五的土地都种上了冬小麦。见葛氏《中国的农业地区》（1934）一文（《经济地理》杂志，1934，第 10 卷第 2 期第 139 页）。

16 民国时期，葛德石以研究中国地理而闻名。在他看来，四川人民对坡地开发利用的程度，当日罕有其匹［《中国的农业地区》（1934），《经济地理》杂志第 10 卷第 2 期第 138 页］。

17 不知何故，璧山在当时从未成为主要的桐油生产地。有关桐油在中国外贸出口中的重要地位，可参阅严江国《中国油桐分布区》(1943，《经济地理》杂志第19卷第4期，第419页—第420页尤详)、乔伊·休姆(Joy Hume)《战争对美国桐油业的打击》(1939)及夏滴翠(Deirdre Chetham)《大水到来之前：正在消失的长江三峡》(2002，第97页—第98页)。
[译者注]此处描述不准确，桐油系由种子压榨提炼而成。清道光《忠州直隶州志》卷四《物产》云："黄桐，俗呼为桐子树，其子可榨油。"光绪《黔江县志》卷三《物产》亦云："秋末采(桐)子去壳，入榨压油。"转引自唐春生、丁双胜《清代重庆地区的桐油业》一文，载《重庆师范大学学报(哲学社会科学版)》2013年第3期。

18 [译者注]此处"百分之十三"的统计显然有误。

19 兴隆场的佃户仅占百分之三十，这个数字对四川全省来说显然偏低。事实上，1931至1941十年间，该省佃农比例高居全国之首。以1938年为例，川省半数农民都是佃户，而当时全国佃农的平均比例为百分之三十(《战时中华志》，1943，第604页)。[译者注]据正文提供的数字，兴隆场佃户比例实已达到总人口的半数。此处"百分之三十"说法或系专指租种稻田的五百户佃农，那么其他耕耘旱田的二百余户佃农则被排除在外。

20 从与伊莎白的交谈(2013年1月26日)得知，该数字包括四百一十四户种水稻的自耕农以及大多数地主。

21 所有耕种旱田的农户中，九十六户自耕农的家境普遍要比其余二百二十八户佃农宽裕。

22 在拥有稻田的总共五百一十六户人家中，这二百四十四户占百分之四十七；另外十二户大地主仅占百分之三([译者注]应为百分之二)，却有多达六十一至三百石不等的田地。他们的数据是完整的。但对中间阶层，包括中等户(有地十一至三十石)和中上等户(有地三十一至六十石)，我们获取的资料十分有限。走访中，仅从一百二十六户中等户和十四户中上等户那里打听到大致情形，剩余一百一十户(分属中等或中上等户)则根本不愿透露任何信息。([译者注]以上数据较五百一十六户的总数，缺了十户。)

23 卜凯1941年的调查显示，兴隆场所见情形适用于四川全省(《中国四川省农业调查》，1943，第1页)。需要说明的是，本地五百零九户耕种稻田的佃农中，仅有三百二十三户乐意回答我们有关家庭财产的问题。

24 理查德·贡德（Richard Gunde）据吕平登所著《四川农村经济》（1936），认为该省佃户有可能以实物方式缴纳保证金，其数额相当于年租的百分之六十到八十。由于计算方法的不同，我们无法验证贡德之说跟我们的调查结果有无出入。所幸，吕平登提到约有百分之十四的佃农不必因保证金问题而背上债务负担，这与兴隆场的情形差相仿佛（贡德《四川的地租与社会变迁：1925—1935》，1976，《近代中国》第 2 卷第 1 期第 40 页；转引自吕氏《四川农村经济》，1936，第 200 页）。

25 在 1940 年的兴隆场，一石地意味着能打一石粮食，这可以指一大块劣田，或者一小块肥田。标准早年间就已定下，即使后来情况有变，比方说，因灌溉条件改善，原来意义上的两石地实际可打三石粮，也不作相应调整。国民政府意识到这一问题有可能导致粮食税大量流失，便着手开展土地普查。遗憾的是，政府派来的人员从未找我们了解当地实情。

26 我们所说“富人”只是相对而言，是在兴隆场范围内进行比较的结果。倘若看广一点，不要说成都平原，即使璧山县城里的富户也比这里的所谓“富人”不知强多少倍。

27 该图系根据调查得来的各类数据综合绘制而成，包括土地、劳力、耕牛、家庭负担（指需要赡养的老人）及副业收入等。举例来说，一对拥有或租种稻田的年轻夫妇，如果不受家庭拖累，农闲时可以出去找活或从事副业生产，那么就会归入“温饱”一类。同样的两口子，如果只经营旱田，同时上有老下有小，或者男人不幸病倒在床，自然就归入“穷困”一类。

28 分类标准最难界定的就是第三、第四类人。我们数度修正两者间的界限，最后还是参考了 1951 年兴隆场土改运动中所使用的分类方法才确定下来。

29 难以接触到山上穷人的问题，1941 年我们曾向时任乡长孙宗禄反映过。据孙讲，他作为一乡之长，对其情况了如指掌，并且可以如实提供这些人家上一年（1940）的家庭资料。事实上，即使愿意接受采访的农民，我们也不敢保证他们讲的都是实话。尽管为打消受访者心头顾虑，调查问卷的设计已经尽力突出了“非政府”色彩。锡玑甚至担心农户有可能夸大其词，报上跟自己实际财产不符的数字。

30［译者注］二十世纪三十年代初，四川军阀杨森曾发起“短衣运动”。《论语》半月刊第十八期（1933 年 6 月 1 日）“古香斋”栏转载营山县长罗象翥“禁穿长衫令”云：“衣服蔽体已足，何必前拖后曳，消耗布匹，……顾念时艰，后患何堪设想！”又云：“着自四月十六日起，由公安局派队，随带剪刀，于城厢内外梭巡，遇有玩视禁令，仍着长服者，立即执行剪衣，勿稍瞻徇，倘敢有抗拒者，立即带县罚究，决不姑宽。”［转引自《鲁迅全集》（十六卷本）第四卷《南腔北调集》“谚语”及注释，1991，第 543 页—第 544 页；亦见《准风月谈》的《“滑稽”例解》《偶成》两文及注释］。但据本书作者在四十年代的见闻，杨森的所谓“短衣运动”显然收效不大。

31 ［译者注］北方俗称“贴饼子”。

32 内汀（Robert McC. Netting）《农村家庭与可持续集约型农业经济》（1993）第 7 页。

33 大小不等的家庭接纳穷亲戚或外来劳力的原因各种各样，然而一旦家庭规模减小到三人以下，完全出于经济方面的考虑就是不言而喻的了。因此，兴隆场的五十三个单身户，其中超过三分之一都选择让外来人和自己一起居住。经常看到一个寡妇把娘家同样守寡的母亲接来共同生活，虽然她们姓氏不一样，按照中国传统礼法观念，还不能被视作一家人。另有百分之六的家庭因缺少劳力，雇长工下地干活或在家织布。这种情形，雇主和雇工更要长年吃住在同一屋檐下。

34 本书所用“家庭”概念是指经法律认定，构成登记住户之核心的近亲成员。关于家庭（family）与户（household）在人类学意义上的差别，可参阅西尔维亚顺子（Sylvia Junko Yanagisako）《家与户：家庭单元分析》（1979）一文。顺子不同意本德（D. R. Bender）等人的主张，即所谓“家庭”以血缘关系为纽带，“户”则建立在共同居住基础上（本德《户概念的修正：尼日利亚翁多的血亲家庭、合住户及家庭功能》（1967），《尼日利亚翁多的实际家庭与合法住户》（1971））。人类学家布尔默（R. N. H. Bulmer）也曾质疑上述看法，但他对“户”的解释（《新几内亚岛西部高地区卡亚卡人的组织与社会结构》，1960）不适用于兴隆场的家庭结构。因为我们还未见过这里有哪户人家，无论从事什么行当，不是住在一起的。但另一方面，即使今天我们去做同样调查，也不会把和尚道士定义为“户”。这些人虽然符合同吃同住的标准，其活动显然跟家庭无关。

35 ［译者注］中等家庭，原文为 stem family，或译作“主干家庭”。潘光旦对此极为推崇，称之为“折中制”。相比大家庭，有其根干而无其枝叶（如妯娌关系、兄弟关系、叔侄关系）；相比小家庭，可保种族绵延不受打击。见《中国之家庭问题》（1929），《潘光旦文集》第一卷第 134 页。

36 兴隆场家庭成员数从一到十六不等，但最常见、也最具代表性的还是四口之家。

统计结果显示，平均每家五口人，这种计算方法其实掩盖掉许多数字背后的真相。比如一个十六口之家与两个八口之家在统计学上可以划等号，但二者间显然有着很大差别。所占比例较低的八口以上大家庭主要集中在我们前面提到的第一或第二阶层，因为只有他们才养活得起这样多的人丁。

第三章　家门口的生财之道

据我们估计，战争开始时兴隆场的人口密度大抵为每平方公里四百人的样子。地狭人稠使得土地压力逐年加大。[1] 每到农忙季节，我们看到，需要大量劳力。但即便风调雨顺，单靠地里庄稼仍然养活不了农忙时节的人口。农闲时，家家户户都另谋生路，想方设法多挣些钱以备不虞。

这一点在我们 1940 年所作的逐户调查中显示得非常清楚，而集市对于改善农民家庭经济的作用也就在这时凸显出来。每家的剩余劳力，无论男女老幼，都努力投入到当地市场的经济活动中，或在家制作手工品，或出门兜售服务、摆摊卖货。许多不起眼的小营生也有人干，比如清洗做刷子用的猪鬃、采摘晾晒涂在香烛上的药草等等。这些事情如此不起眼，以致我们访问一户贫困家庭时竟没有注意到他们在忙什么，到了专门做香的人家才注意到。集市既给富人创造投资机会，也为穷人提供了一重生活保障，不致因旱涝歉收而陷入灭顶之灾。换言之，多样化经济帮助少数人提升了生活档次，同时也让更多人得以支撑下去。然而四十年代初对兴隆场来说是一个异常艰难的时期，经济活动有限，迫使人们为了活命不得不千方百计寻找别的路子。要么打零工，要么分家，更有甚者铤而走险去当土匪。

农村原始工业与手工制造

本地家庭手工业的类型可谓五花八门（见表 3.1）。[2] 有个别农户借此发家，俨然已经完全脱离了农业生产；但大多数人只是靠手艺挣口饭吃，免受饥荒之苦。

表 3.1 兴隆场的家庭手工业

门类	户数
1、棉布、服饰类	481
织布	450
裁衣	23
做男用毡帽	1
编斗笠	3
编草鞋	3
染布（使用蜡染等工艺）	1
2、建材、家具、器械类	74
烧瓦	1
打铁	10
做木匠活	39
做泥瓦活	23
制造、维修织机	1
3、加工类	13
榨油	2
磨面	1
做小麦面条	3
做黄豆面条	2
酿白酒	1
蒸米糕	1

（接下表）

（续表）

门类	户数
酿米酒	3
4、杂类	16
做肥皂（杂货铺加工）	1
做蜡烛（杂货铺加工）	1
编布带	1
搓棉绳	1
编筐	2
织竹席	1
打银饰	4
剪纸钱	2
贴金箔	1
做香	2
合计	584

除了金字塔顶端的少数大地主，几乎所有家庭，无论穷富，都要经营种地以外的副业。我们统计出大大小小约六百种行当，共牵涉到一千零九十五人——其中六百多人为妇女（见表 3.2）。若把开店、跑堂、做买卖的以及脚夫之类也算在内，总数就有近一千七百人。[3] 富人家里的织布机经常轧轧响着一直开到深夜。穷人家的景象有所不同：家人往往分工明确，这边是一个腿脚不便的男人小心翼翼捻制灯心，那边则是一群妇女动作麻利地用棕榈叶编斗笠。从事副业对富人不过是增加家庭收入的手段，对穷人却是赖以为生的一根重要救命稻草。

表 3.2 经济等级与从事副业人员（含男女，均十五岁以上）

经济等级	户数（户数分类）	从事副业人员	
		男	女
第一等	12	无	无
	大地主		
第二等	136	310	168
	90 户中等人家，拥有小块土地，经营家庭手工； 28 户有手艺的富裕佃农； 18 户富裕农民	236 名作坊工人；80 名织布工；20 名纺线工；66 名个体经营者；20 名公职人员；10 位店主；10 位批发商；10 位零售商；4 名工匠；2 名教员；20 人未分类	
第三等	547	416	422
	255 户中等农民； 292 户中等佃农	320 名织布工；87 名受雇织工；87 名工匠；85 名纺线工；75 名士兵或团丁；40 名雇工（种田或搬运货物）；35 名店铺经营者；34 名职业人员；30 位零售商；15 位店主；9 名技术工人；6 名受雇织工；5 位零售商；3 位店主；3 名学徒工；1 名教员；1 名鸦片贩子；2 名半职业人员[4]	
第四等	802	367	66
	141 户小农； 189 户小佃农； 324 户旱田耕种者； 148 户非农业生产者	163 名脚夫、长工；100 名士兵或团丁；58 位商贩；43 位小手工业者；21 名雇工（吃住在主人家里，或做佣人，或干农活）；12 位零售商；11 名受雇织工；10 名织布工或纺线工；12 名不法商人；2 名半职业人员；1 人未详	
总计	1497	1093	656

如果把各种副业收入列表显示的话，我们将会看到跟第二章的金字塔状社会结构图大致相似的一幅图景。[5]塔尖上端坐着二三十个富商大贾，资金雄厚，每人不少于数千元。中等收入的人家若能买得到所需原料、设备如织布机、蒸馏器、染料、大缸大桶、榨油机、磨面机等，也会获得可观收益。至于那些家境贫寒的手艺人、小商贩、脚夫则两手空空，根本无力改善自身处境。

织布是兴隆场最重要的家庭手工，上世纪三十年代也被看成是璧山县的特色产业。[6]江南地区手工纺棉的历史可以追溯到宋朝；但在璧山，迟至清末才刚刚兴起，却很快进入千家万户，以致当地流传这样的说法，“家家织布声，户户无闲人”。[7]民国初，由于第一次世界大战爆发，西方列强自顾不暇，出口锐减。市场上土布终于不再受洋布的排挤，璧山棉纺织业因此迎来了“第二春”，在全县范围内形成一支四万人左右的“织布大军”。二十年代末至三十年代，随着日本人在上海开设大量现代化棉纺厂，那里的传统手工纺棉几乎失去生存空间，被迫转入内地的四川、云南、安徽等省份。[8]这股“撤退”浪潮倒不期然为璧山提供了第三次发展机遇。

织布大约占到兴隆场家庭手工的四分之三，近三分之一农户都有自己的织机。据我们统计，雇工总计有八百八十六人，其中五百八十七人为妇女。第二和第三等家庭中的女人——尤其年轻女子——要是擅长纺织的话，其家庭地位就会显著上升。对中等家庭来说，从事这项副业是防止家道中落的有效手段，同时也让妇女（包括老弱病残）有机会帮助养家活口。

织布基本属于家传手艺。用脚踏木质织机织出的窄幅棉布主要供给本地人，也有少量流入到璧山和重庆的市场上去。我们经常看到，百分之八十的织户家中（均为下等人家）仅有一台土织机，摆在堂屋或屋外檐下。听到木头碰撞的咔嗒声响起，便知道在织布。织工需尽力把布织得紧密，因为会直接影响到产品的质量和价格。另外百分之二十的织户来自第二等级，不但设备先进，生产规模也大得多。我们曾进入一个类似工厂车间的地方，只见那里并排摆着十台配有各种铁零件的现代化机器，机声隆隆，震耳欲聋。这座“工厂”其实是由三户富人集资共同创建的，“车间”则是租用的曾氏宗祠（该祠堂青瓦覆顶，内有十间小屋，相当宽敞）。

据我们所知，中医陶明盛家的纺织副业搞得最为红火。陶先生一共买进五台织机、三架纺车。陶家是个大家庭，种着十二石稻田，有十五口人，包括五男三女八名雇工——年龄在三四十岁，都是技术熟练的工人。绝大多数织户习惯于自力更生，仅少数几家雇一两名织工，像陶家这样全靠雇工织布的例子在当地可以说绝无仅有。

乡间纺织业的繁荣反映出战时棉布的紧俏程度。三十年代中期，本地市场上充斥着结实耐用的窄幅土布。但到了 1940 年，宽窄不同的各式棉布都已变得供不应求。当时璧山新组建了一个政府机关，大量采购机器织的宽幅布，送去被服厂做军服。紧接着又有“农村信用局”挂牌成立，专买手工织的窄幅布。尽管有来自政府方面的需求，自产自销仍是乡下织户的主要经营方式（中间或经批发商倒手）。甚至个别家庭织布仅供自用，从不拿到外头出售。

表面繁荣之下掩藏着利益的不均，真正获利的是极少数（约百分之十五）拥有一台以上机器的人家。这让那些还在脚蹬原始木织机的织户明显处于不利地位。棉纱也是影响收入的重要因素。有一组数据颇能说明问题：大约百分之九十五使用木织机的织户都得自己去璧山花高价购买棉纱，仅百分之二十的机器使用者才会有此需求。本来进一趟城就不容易，但有些妇女怕跟陌生人打交道，有的则是因为缺钱，所以每次买回的纱数量都很有限。

从闲置织机的数量最能看出上述两类织户间的反差。总共四百四十八台木织机中，闲置不用的占四分之一；该比例在一百零九架机器中仅为十分之一。造成织机闲置的原因有二，首先是织工流失。半数左右的熟练工人正当役龄，他们不是逃走就是被抓了壮丁，停转的大多数木织机（约三分之二）和少数几台机器均属这种情况。说到逃兵役，富人自有妙招：让儿子逃往外乡，以织工身份受雇于当地富家，同时受其庇护。反之亦然，本地不少富家也会收留从别处跑来的织工。

其次是资金短缺。但使用机器的织户一般不会陷入困境，他们可以向璧山负责做军服的那个新机构预借棉纱，继续工作，待交货时一并算账。然而收购窄幅布的“农村信用局”并不采取借贷棉纱的做法。被迫停工的普通机户中，约五分之一就是因没钱买原料所致。

兴隆场的大多数织工都在自己家干活，但至少有六分之一是受人雇用的——主要为逃兵役的壮年男性（如上所述），妇女仅占百分之二。另外还有二十五名学徒工（包括十九位年轻男子和六个女孩），他们寄宿在雇主家，不拿工钱，只为学到一门手艺。正式雇工和主人一家同吃同住，每月打两次牙祭。结算分定额、计件两种方式。如果肯兼做农活，全年工钱（按月或年付）可达到七百五十元至九百五十元的样子。计件标准为每十五或十六米长一幅布给三到四元钱，织成这样一幅布需要熟练工人干差不多一整个日夜。

无论定额还是计件，都是相当不错的收入，因此织工被看作本地雇工中的佼佼者。拿固定工钱的能获得一块栖身之地，吃喝不愁；按件收费的则有余暇种田、干家务，各有利弊。一般来说，长年雇人纺纱或缠纱的情形比较少见。这些都是女人活计，主家通常招呼穷亲戚前来帮忙，并视之为向对方施恩。本地共有三百一十五个专事纺纱的妇女，就我们所见，其中支付报酬的仅有十个。跟织工一样，这十名女工也吃住在雇主家，只是没有打牙祭的份儿。她们或按月领取十四元工钱（相当于一年一百七十元），或每纺一捆纱（视粗细程度，由二十至二十四股线缠成，重约八斤半）给一元钱。一天下来，平均一人能纺三捆纱，显然计件更加划算。缠纱工所得更少，每天仅六毛钱。

农村的小手工业者若想赢利，要么有足够资金购买所需设备，要么得掌握专门技术，保证自己从事的行当在市场竞争中处于不败之地。以小地主王海舟为例，他同时买下了一座磨坊和油坊。别的不说，单是修建高大车间和引进重型木质榨油机就是兴隆场多数家庭所无力承担的。王这么做并非没有风险，因为另有一个叫巫万林的地主也开着一家油坊。[9]压力之下，王亲自指挥工人干活；念过书的巫则相对轻松，把油坊租给佃农刘海山经营。刘本人会榨油，又动员家里人，并雇了两个上岁数的工人帮忙。[10]榨油的活太累，至少需两人配合完成（包括一个熟练工）；而且一天顶多干两三个小时，也就榨二百来斤油。要让油坊不停下来，就得不断更换人手。榨油机是个大圆筒，里面倒满油菜籽，由两名工人轮流拽动吊在顶棚上的木锤往下砸。反复舂砸之后，圆筒底部就会有油流出到下面的桶中。本地油菜种植数量有限，满足不了王、刘两家正常开工的原料需求。但到了夏天，油菜收割之后，榨油工作仍能通宵达旦地进行。夜深人静，从黑黢黢的街上望过去，唯有油坊大门洞开，灯火通明。橘黄色的灯光照见工人忙碌的身影，村镇上空则回响着油锤有节奏的砰砰撞击声，让人心中生出一种奇妙而神秘的感觉。

王海舟雇的两名工人以动作麻利著称，几个小时就能榨二百来斤油，大家都说他的油坊每天至少有四百元钱收入。刘海山那边则只能算过得去而已。王又在自己的磨坊内开了一个面条加工厂，雇两位师傅做挂面，设备包括一张压面团的木案和几副晾晒面条的支架。将晾干后的面条切成标准长度，每斤一捆包好，就可以拿去市场上卖了。两位师傅吃住不花钱，还能从每捆面条挣到一毛五。他们一天能做五十捆。

兴隆场最成功的商人当属贩卖猪鬃的魏书尧。魏原本来自外乡（也在璧山境内），父母算是有钱人，供他念完中学后，又送他来这里跟吴义安学徒。那时镇上只有吴在做猪鬃生意，之所以挑选这个行当，大概看中了蒸蒸日上的出口贸易。1936年中国的猪鬃出口额已超过两千五百万美元，[11]而四川一省就占有相当比重。按照惯例，魏出徒后，会经师傅安排，回家乡经商。至于吴本人的买卖，则由其子继承。然而吴的儿子志不在此，有心从政，三十年代初果然如愿谋到乡长一职。吴只好把希望转寄到徒弟身上，招他为婿，并传授家业。魏没有辜负老丈人的栽培，把生意越做越好。

并非只有地主才会靠经营副业发家，三十年代的兴隆场人就见证了一个贫苦农民通过种地、经商，逐渐出人头地的经历。董荣发最早做的是制造鞭炮的小本买卖，他也因此得了一个“董炮仗”的绰号。之后他拿挣来的钱低价租下四十石上等稻田，并用现银预付了一笔不小的押金。董家有九口人，个个都是种田的好把式。苦干一年，竟打下惊人的五十石稻谷，全部挑到集市上贩卖。家人生活则靠从旱田收获的两石杂粮来维持。1933年，董荣发决定拿出三十块银元——这在当日算是大数目——资助年满二十二周岁的儿子董泰邦贩售布匹，希望从此摆脱庄稼人的命运。

三十年代的四川动荡不安，农民要想白手起家做生意比登天还难，所需绝非一点儿启动资金那么简单。董泰邦挑着从机户手中收购的窄幅土布转遍了周围大大小小所有集市，直到攒下足够的钱，也日渐摸透经商的诀窍，才在兴隆场租了一间门市。没过多久，他意识到扩大经营规模离不开贷款，必须设法打通关节直接向重庆银行申请，因为那边的利率比本地低许多。但他名下没有店铺作抵押，每次申请一个月贷款——这是当时通行的期限——不得不预先存下一大笔钱。举例来说，如果借五百，就需存一千五，然后银行才肯发放两千的款子。更糟糕的是，不花“买路钱”，谁也不敢保证能平安往返于兴隆场和重庆之间。经过再三考虑，董泰邦最终选择加入“机仙会”（一个半地下行会组织）和当地袍哥以寻求庇护。[12]抗战爆发前，他已成为兴隆场最富有的商人之一。

董家不过是个特例。在如此艰难的年代，多数家庭一无资金，二缺人手，是不可能如法炮制走上致富道路的。因此普通农民更多出去当脚夫、跑堂，或者在家制贩便宜商品。我们看到，本地的手艺人中，二十三名砖石工（包括九个瓦匠、十四个石匠）、三十五名木匠（共有三十九名木匠）、十四名铁匠、二十三名裁缝——全都来自贫困户。穷人所从事的副业往往互有关联。比方说，杀猪的获得带猪鬃的猪皮作为部分报酬，转手卖给专门加工猪皮或清洗猪鬃的人家；后者又把处理好的东西卖给魏书尧，由他统一向重庆的一家公司发货。

上述这类副业多半收入极微，而且农闲时才有功夫打理。镇上有两户做香的人家，每家男人的工作就是去屋后竹林里砍竹子，然后削成长短一样的竹条。妇女负责把木炭灰调成糊，均匀涂抹到竹条上（这时小孩也会插手），再送去别人那里敷一层散发香味的药粉。木炭和药草集市上都有出售。[13] 这两家人一天能做大约三千根香，即便全卖掉，顶多也就挣四五元钱。

蜡烛在这里既用于照明，也是祭祀场合不可或缺的装饰物。制作过程分为两步：先做烛心，这项活几乎无需什么本钱，一般由穷人来完成。杂货铺老板收到烛心后，接着做第二步工作——裹蜡成形，虽然技术并不复杂，价格却一下翻了十倍。

我们遇见过两男一女——分别来自三户家庭——专门制作烛心。所用原料是当地生长的竹子和芦苇，做法则是把长长的苇髓缠到预先削好、合乎尺寸的细竹签上。蜡烛有三种规格：普通照明蜡烛（缠四股苇髓），小蜡烛（缠两股），庙里用的蜡烛（缠一股）。有些人家自己种芦苇，掏苇髓，也有向苇子户购买的。1941 年 4 月我们与之交谈的一个病人便用买来的苇髓做烛心，一天挣三块钱，全靠这点儿收入活命。

再有一项副业是染布。兴隆场周围丘陵环绕，染坊就位于山谷中一座敞口砂岩洞穴内，器械主要是些盆盆罐罐之类。染匠按照客人要求，把送来的土布染成深青或浅青色。染匠自己也印染青白相间的花布，拿到外面出售，作门窗帘或包袱皮使。这是一种俗称蜡染的特殊工艺：先在白布上蘸蜡绘制当地流行的图案，然后浸入缸中染色（靛蓝色），取出晾晒，待干透之后将蜡除掉即成。

拉煤是底层人干的力气活，而且投资极少。二三十个运煤工凑够钱，便去附近梓潼乡的煤矿买一车煤，连夜拉回兴隆场，第二天一早就能在集市上叫卖了。靠这种手段谋生，至少强如上山当土匪。

因为征兵的缘故，许多家庭失去了年轻体壮的男子，只好由剩下的老弱病残承担起各种零碎的手工活。全乡有九名妇女编斗笠。走访中，我们曾碰到一个寡妇和她的小姑子以及邻居合伙做这件事。先是用竹篾编成若干帽框，把防水棕榈叶铺在上下两个帽框间，用力夹紧，就做成了一顶斗笠。跟别人不同，这三名妇女的家境都还不错，编斗笠纯粹为了挣点儿外快。她们每天至多做三顶，1940 年底每顶卖五毛钱，至 1941 年春便翻了一倍。

有一个经常出现的小贩，像是近来发了点儿财的样子，主动找妇女收斗笠，甚至先付钱，后取货。据上文三个女人讲，春节前几星期，为准备过年，她们跟小贩要了二十块钱，答应过后给他做四十顶斗笠。现在斗笠涨了价，她们对此倒看得很开，说："那会儿五毛一顶，如今卖一块，可讲好的事咋能变卦？没得说，少挣一半罢了。"

本节介绍的各类小型家庭手工业，其产品主要满足本地人需求，服务范围不超过山谷中的三四个场镇，自然无法跟覆盖面积更大的市场贸易相提并论。而且所使用的技术多是代代相传，恐怕有着两千年以上的历史。这些作坊既能给主人带来微薄利润，同时又部分解决了当地的剩余劳动力问题。然而市场毕竟已经饱和，为了不打破现有平衡，据我们观察，几乎很少有作坊主愿意再招学徒，扩大生产规模。

一个有趣现象是，许多小手工业者自己并不参与销售，而是把货物交到小贩手上（如上面卖斗笠的例子），也算给后者一条生财之路。

活跃在本地的货郎有四十个左右，担子里装的多半都是便宜的家用东西，如瓦盆、盐、葫芦瓢、针线、土布、草鞋、草帽之类。他们出身贫寒，靠做小买卖保住家里仅有的一点儿田地;也有的早已失去土地，纯以走乡串户、沿街兜售为业。肩上担子的货物直接决定了他们能行多远。有些货郎只围着兴隆场附近的三四个场镇转，因为集日错开，至少保证十天有九天都在赶场。另一些人的活动路线则要长得多。另外资金投入也不尽一致，从几元到几十元不等：花几元钱只能购置竹勺、筷子、瓢、草鞋等简单物什，花五十元上下则可以添办针线、剪刀、瓦盆、烟草、火柴，让挑子里的内容变得丰富起来。至于购货渠道，有些是向本地人收购手工制品（如斗笠、筷子、竹勺、瓢）或鸡鸭等家禽，然后挑往别处贩卖。有些则跑到璧山买只有城里才有的刺绣针线和刀具，或去专门市场采购盐、糖、烟叶、花生、瓦器等。一个有经验的货郎，运气好的话，能从卖葫芦瓢起步，逐渐发展到卖针线。反之，要是走背运，也会跌回原先卖葫芦瓢的窘境。我们就认识这样一个人，因为货物被偷光，只好从头干起。

深陷危机的家庭

如上所述，一切正常的话，人们总还能找到活下去的办法。然而一旦遭遇天灾人祸，对大多数农户而言，无论穷富，一夜间就可能变得倾家荡产。比方说，农民的最大愿望是尽量扩大稻田面积，所以山坡上的梯田越修越高。可要是春耕时迟迟不下雨，田里蓄存的水又有限，那么全年种稻计划就有泡汤的危险。旱涝灾害是这里的家常便饭。[14] 1936 年川东地区的大饥荒曾经迫使成千上万农民涌入城市乞讨，兴隆场人虽然未到没饭吃的地步，却同样经历了一段极为困苦煎熬的时光。[15]相比其他地方，兴隆场的光景还算不错，在我们到来前的二十年中，只遇到过四年大范围自然灾害。但由于农民靠天吃饭，每年总有那么几户挺不住的人家。

中等和富裕家庭有时会因过度操办红白喜事而突然败落。另外像患病、被抢、赌博、抽大烟、投资失败、遭遇火灾旱灾，或者输掉一场官司，也会导致有些人破产。半数左右的家庭都在贫困线上挣扎，稍有不慎，便跌倒在上面列举的种种看似不起眼的倒霉事上，再休想爬起来。理查德·托尼（R. H. Tawney）深切感受到民国时期中国农民朝不保夕的生活。他说："就像一个人站在齐脖深的水里，任何风吹草动，哪怕一丝涟漪也能将他淹没。"[16]

所谓"跌倒"，往往意味着家庭分崩离析，妇女、老人和孩子变得无依无靠，这在我们的调查统计中仅能间接得到反映。例如，调查结果显示，共有一百六十二人投靠亲友。在一百零五个家庭中，接纳一名亲戚的（通常为小孩、寡妇或老人如岳母）有七十一家，两名的（通常为兄妹、母子或一对年老夫妇）有二十一家，三名的有十家，三名以上的有三家。住家雇工的数字也能透露些许信息。有一百三十四人寄居在九十一个雇主家中，其中五十九人是十四岁以下的孩子（五十三个男孩、六个女孩）。还有自力更生的，比如有十个不超过十四岁的男孩就靠拉煤为生。

从以上数据仅能窥见破碎家庭下场之一斑，还有些无家可归的孩子被收养。最常见的情形是，女孩成了别人家的童养媳；男孩则需要自食其力，大的出去拉煤，小的放羊、放牛、挑水，或干其他家务，以此换取饭食和头顶上一块遮风避雨的屋檐。

同样为统计数字所不能涵盖的，是妇女改嫁的事实。这里的老百姓把男人讨老婆、女人找汉子视为天经地义，因此顾不上传统儒家的种种禁忌。[17]例如兴隆场的小商人王炳林曾把女儿嫁给乡下的一个货郎。三年前货郎赴贵州做生意，一去不返，整整一年音信全无。王炳林见女儿独自拉扯几个孩子不容易，便接她回到镇上，跟隔壁曹汉州同居。曹四十五岁，是个卖米酒的小贩。街坊邻居对此并无非议，虽然丈夫失踪仅一年，距法定两年的期限尚早。1941年春，这对新婚夫妇生下一个女儿，没多久却听说货郎还活着，回不了家的原因是他在贵州时被强征入伍。这条消息其实改变不了现状。就算货郎（或改称士兵）最终回来，也得看女人的态度。若她选择跟现任丈夫，曹自然要支付一笔赔偿金，帮助对方另外成家。年轻寡妇再嫁之所以正当，显然和经济需求有关。只要没有乱交行为，新关系也维持得住，女人的名声便不会受到任何玷污。话虽这样说，对寡妇改嫁大家内心深处还是怀着不同的看法。毕竟成见太深，现实社会就这样儿，谁都没法子而已。

家庭解体后，上岁数的人境遇又另当别论。要是他们还能干点儿力气活，也许可以投奔亲戚，或者借住在雇主家——工钱当然是要打折扣的，或只是换个吃住。有一天，我们在路上遇见一位年近花甲、看上去还很健壮的老人。他说自己眼下干活没问题，却避而不谈将来的日子；提到把他变成这个世界上孤零零一人的家庭悲剧，平静的语气中也丝毫没有自怜的意味。对于像他这样的人来说，几乎看不见明天，等到没力气、干不动了，也就意味着要彻底遭人抛弃。风烛残年之际，仅仅活着而不能有所贡献在任何社会都算不上好事。在兴隆场，人们好歹还不致饿肚子。他们虚弱得不堪一击，一旦病倒在床，接下来那就只有等死的份儿了。

观察大多数小家庭，常常是由于壮年男性被病魔或一场意外夺走生命而导致家道中落。例如那些租种几石稻田的佃户，如果家中突然没有了犁地、插秧的男人，亲戚又不能施以援手，整个家庭就自动失去租种资格。当一位姓傅的佃农病故时，他家就不得不退掉田地、房屋，老婆一面自己打工，一面安排俩儿子——一个十岁，一个十二岁——到别人家看牛放羊、割草挑水，勉强解决吃住问题。后来经人撮合，傅家寡妇改嫁给村里的一个穷木匠，婚后两人仍需各自为生计奔波。直到三年后，两个儿子结束了寄宿生活，开始靠拉煤赚钱，一家人才得以团聚。

家里塌了顶梁柱后，耕种旱田的女人相对较容易对付，但其中的酸甜苦辣外人是无从体会的。曾有一对夫妇，家有寡母和三个小孩，仅靠种田以及丈夫替人宰羊的微薄收入勉强度日。因为生活太艰难，他们甚至动过把女儿送走做童养媳的念头。有一天，丈夫突然死于破伤风，刚三十出头的媳妇从此种田、打工，独自扛起养活四口人的重担。大约过了五个月，我们前去走访，见她面黄肌瘦、蓬头垢脸，正靠墙根坐着晒太阳。脚下山坡上便是她家的蚕豆田，但种的比邻居晚、施肥也不够，因此豆苗长得又矮又黄。她丝毫没有诉苦的意思，只是跟我们说自己好几天未吃东西，还得攒点儿劲预备出门做零活——有活干才能挣到钱和吃的。至于田里的野草疯长，就由它去吧。毫无疑问，这家人的情况已经恶化到极点，好在尚未崩溃（这才是最重要的）。因为地还在，家里物件也不曾变卖。我们在屋中看到了做工很好的几把凳子和一具寿棺，无论寡妇还是婆婆都坚持留下这些东西以备不测。那就是说，等孩子们长大，没准儿还不如现在哩。

以上两家颇具代表性，表明大难临头，妇女每每起到“指挥”全家渡过难关的关键作用。首先是小孩的安置：这倒不算太难，他们可以被人领养或被亲戚收容，也可以自己出去找活干。婴幼儿的成活率本来就不高，所以男娃不愁没人要。女娃同样抢手，这是因为许多穷人宁愿家中有个现成的童养媳放着，否则日后给儿子说媒娶亲不知要破费多少钱。傅家寡妇的做法——让年幼儿子暂时去别人家干活吃住——则保留了将来能够合家团圆的一线希望，儿子还是她的。老人假如还能干点儿体力活，女人安排或他们自己去远近亲戚家帮忙，挣口饭吃（也有非亲非故、纯属雇佣关系的）。一家老小全都安排妥后，终于轮到女人替自个儿考虑。她要么下地打短工，要么帮人做家务，当然从遍布各地的集市也能觅到不少机会。她也暗自祈盼儿子能长大挣钱、家人团圆的那一天早日到来。

大量家庭被厄运击垮，另有一些人却是栽倒在不慎沾染的恶习上。因为赌博和吸食鸦片成瘾，前任乡长项怀盛竟从大地主一步步堕落为穷光蛋。失去的不光是钱财，还有曾经的名望和权力。1938 年，五十岁的他不得不把家搬到山上，守着仅剩的几石旱田，全靠老婆一个人种田织布过日子。项妻是织布能手，在这一带相当有名。

彭巫氏（大伙都喊她彭嫂）一家的遭遇尤其令人唏嘘。彭、巫原是门当户对的大姓，联姻之后，实力愈发雄厚。彭家放高利贷，大儿子做布匹买卖，收入颇丰。不料厄运接踵而至。大儿子去贵州贩货时遇劫，死于非命。随即家中又丢了账本（多半被人故意盗走），致使外面的债收不回来。彭嫂两口子都抽大烟，丈夫更是出名的懒汉，小叔子、孩子们一个个也都游手好闲。1935 年丈夫病故后，彭嫂把地全部卖掉，带着六个儿子——年龄从三岁到二十二岁不等——过起了一无所有的生活。儿子大了娶不上媳妇，仍然住在家里。

她租下一间不临街的屋子，重新安家。自己有时替人做家务、缝洗衣裳，有时帮干农活，有时摆摊卖点儿小玩意。两个大孩子到外面打短工或赌博，隔三岔五也能挣些钱贴补家用。日子似乎渐归平稳，然而噩梦并未结束。战争刚开始，老大就被抓去当兵。他逃跑了，逮住后大概被揍得太惨，部队竟不再要他，转而叫老二前来顶替。这可真是雪上加霜，万般无奈之下，彭嫂决定把两个儿子送人领养：十七岁的老三送给一个杂货铺老板，十岁的老五则给了一户膝下无子的彭姓亲戚。即便如此，生活仍难以为继，她又忍痛将最疼爱的幺娃儿抱到县政府开办的育婴堂喂养（设在外乡一座旧庙里）。之所以不肯送人，是希望有朝一日还能要回娃娃。但事与愿违，没过多久孩子竟因为拉痢疾死在了那里。

现在彭嫂身边只剩下两个儿子：老四和被遣返回家的老大。老大身体恢复后，能干些零活；后来又经彭嫂娘家亲戚介绍，加入了本地民团。老四已经十八岁，天生机灵，牌桌上赢多输少，因此在袍哥圈子中成了炙手可热的人物。经受了以上接二连三的打击，渡尽劫波仅剩三口的彭嫂一家终于转危为安，而她也在镇上找到一份厨娘的工作。

有些妇女丧夫后不愿意再嫁，而是想尽各种办法自谋生路：或者打工（有时候是住家长工），或者当佣人，或者给人家纺线、洗衣服，或者摆摊儿卖些小玩意儿，或者在家庭作坊里干活。经常看到类似这样的景象：山坡上，一户人家只有两个寡妇在那里挥锄种地（在侍弄旱田方面，女人丝毫不逊色于男人）。她们若为婆媳，关系可能就会有点儿紧张，因为年长的婆婆要竭力维持长辈的尊严，而中年的儿媳则处处显示自己才是真正的一家之主。[18] 曾有住在山上的婆媳二人互不相让，直闹到分田分家、各立“门户”完事。

附近乡下的农民活不下去，就来镇上碰运气。女人可以当洗衣妇、酒馆招待，或者沿街摆摊卖自制的饮料、点心之类。男人要想寻份差事却难得多，必须找保人担保他们是所谓的“老实人”，否则只会吃闭门羹。本地乡亲尚且如此，从大老远地方如仁寿跑来的陌生人就更要四处碰壁了。[19] 这些人被称为“光棍”[20]，没地方落脚，东飘西荡，有时打打杂，再不济便做“梁上君子”，干些小偷小摸的勾当。

土匪和受害者

对无以为生的乡下男人来说，最后一条出路就是上山当土匪。至1940年，猖獗于二三十年代的匪患已被基本肃清，土匪活动也由原先有组织、大规模的武装袭击改成了零星抢劫，参与其事的都是些饿急眼的农民。早春的两三个月间，去年打下的粮食已经吃完，长在地里的庄稼还泛着绿，正是青黄不接之时，因此被称为盗匪活跃的“匪季”。这大约从春节开始算起，因为整个冬天穷人好歹还有活干，一到过年，便没有人家再肯雇工了。另外还有一种情况，年三十俗称“年关”，是还账的日子。许多人跑到外头躲债，又吃不上饭，情急之下干上一票也是常有的事儿。妇女一般不会亲自动手，但通风报信、暗中提供支持的恐怕大有人在。

由于众所周知的原因，我们很难获取到这方面信息。真正一贫如洗的农民多半住在山上的土坯小屋里。虽然占了本地人口的大概四分之一，却从来不见其人，不闻其声，仿佛根本不存在似的。男人们尤其不愿跟生人打交道，一怕被当官的抓壮丁，二怕被有钱有势的欺负。他们当中，那些为生活所迫、确实或是涉嫌干过不法之事的人，最善于隐藏自己。

相比土匪，受害人更容易找到。据我们所知，1941 年春的“匪季”发生的七八起盗抢案件中，被抢的既非大地主，也非穷百姓，而是属于第二三阶层、靠经营副业赢利的乡民。例如卖完猪回家、兜里揣着一把现钱的养猪户，或有一两架现代织机、刚购入一批棉纱或刚织完几匹棉布的纺织户——他们最有可能成为劫匪下手的目标。

有个二十五岁的小自耕农叫吴庆文，近来改做棉纱生意，跟亲戚借钱去重庆购货，然后零售给当地织工。一月末的一天深夜，刚过完春节，两名持枪土匪破门而入。当时吴从重庆新买进了一大批棉纱。凑巧的是，事发当晚，和他住同院的邻居不在家。吴庆文两口子弄不清对方枪里有没有子弹，所以不敢贸然反抗。他们自以为认出了那两个强盗都是三教场人，但苦于没有证据，最终还是决定自认倒霉，不报告官府。

三月中旬，我们走访时碰到一个三十岁上下、面色苍白的年轻人，头上缠着红布（这是当地人治疗偏头疼的常用法子），两手打着绷带，脸颊上的伤痕清晰可见。此人名叫张少华，是个织工。据他讲，这是自己几星期前被抢以来第一次下床出门走动。当时他拿卖布的钱买了几捆棉纱，一天夜里便有四五个土匪找上门来。张使劲顶着门，土匪最终砸开了门。搏斗中，他右手中指、无名指的指尖都被砍掉，左手手腕几乎齐刷刷被砍断。匪徒一共抢走三捆价值好几百元的棉纱、几匹尚未卖出的布，还有两件新衣裳。张少华告到乡公所，但一直等不来下文。因为没钱上县法院打官司，他只好撤了状子。

三月下旬的一天，我们在农民吴林宣家见他正照料头上受伤的年轻女儿。女孩前些时嫁给一名织工，小两口住在山上一间小屋里，靠种旱田、织土布为生。土匪又是趁夜黑摸来，因女孩叫喊呼救，便在她脑袋上敲了一棒子。这伙人劫去五卷土布、够织五十多尺布的棉纱，还捎带拿走两床棉被和一些小物件。父女俩对于抓获坏人、追回赃物都不抱任何幻想，他们像面对天灾一般表现出逆来顺受的无奈。唯一的愿望是，尽早筹钱买棉纱，好让家里的织机再转起来。

我们认识的本地最富有的农民是安海雄。安家总共十八口人，有四十石上好水田和十石旱田，另外还养着不少猪。1941 年 3 月 16 号那天，安氏父子在集市上卖掉几头肥猪，挣了将近两千块钱。当天晚上，突然闯入十几个土匪，开枪射杀了安的老婆，并把安本人和一对成年儿女打成重伤。一般来说，土匪都不敢动有钱有势的大地主。安海雄之所以被瞄上，是因为他还算不得权力阶层，充其量仅在中等富裕户之列，按惯例是需要向土匪交“保护费”以讨平安的。

结语

在兴隆场镇上以及周围风景如画的乡村，所谓“兴隆”只是少数人享有的特权，多数居民的生活仍然无时无刻不与贫穷为伴。由于耕地数量不足，为了生存，人们必须靠发展副业在狭小的市场上占得一席之地。仍以金字塔比喻这里的社会结构，能往上爬的不是没有；但更多人、更多时候却是朝下摔，摔到底就变得妻离子散、家破人亡。他们的命运就像露在外面的衣服袖口和裤脚，最先被岁月磨破。灾祸对所有人是平等的，无论穷富，都一样容易堕入这条万劫不复的下滑轨道。那些原本就在贫困线上挣扎的农民，灾难面前尤其显得弱不禁风，轻轻一击——比如失去一个壮劳力，整个家庭就会瞬间瓦解。抢劫是走投无路的穷人不得已临时采取的极端手段，给相对平静的乡村生活平添些许暴力色彩。

抛开个别家庭的载沉载浮不论，社区整体看似仍处于一个大致稳定的状态。只要没有大的天灾人祸发生，定期集市的繁荣以及传统人情社会的相互关照都为生活在这里的乡民提供了一定程度的安全感——但仅此而已，从这种安全感当然滋生不出能过上好日子的任何希望。即使那些遭了殃的人家，或许偶尔怨天尤人、发发牢骚，到头来必定按照死生有命、富贵在天的“祖训”看开眼前一切。受着生活重担的压迫，大多数乡民似乎对公众事务漠不关心。但这并非说，所有问题都是关起门来自己解决的。事实上，下面两章我们就将谈到，凌驾于各个家庭之上的地方权力组织（包括正式的和非正式的）往往深刻影响着人们的日常生活。

1　本地人口清朝时达到极盛，密度为每平方英里五百八十一人，与富庶的成都平原的情形差不多［葛德石《中国的农业地区》（1935），《经济地理》杂志第10卷第2期第138页；曾小萍《从巴县档案中的土地纠纷案例看明中叶四川佃农之权利》（1986），《亚洲研究学刊》第45卷第3期第501页］。

2　有证据表明，晚清及民国时期，川省红壤丘陵地区（如兴隆场等地）所见农村原始工业，其发展势头要比成都平原一带更猛。如上结论是艾约博（Jacob Eyferth）基于对夹江县手工造纸业的研究而得出的［《从四川夹江手工造纸发展看中国农村的去工业化：1935—1978》（2003），《中国季刊》第173期第72页］。

3　中国农民普遍从事副业生产的现象也曾引起黄宗智的注意（《华北的小农经济与社会变迁》，1985，第3页）。然而当我们对比研究民国时代南北方农业社会的经济状况时，就发现兴隆场人似乎对土地以外的产业更有热情。举例来说，上世纪四十年代，这里的商业活动就比山东半岛的台头村兴盛得多，手工纺织业发展也明显走在了前头（杨懋春《一个中国村庄：山东台头》，1945，第23页—第28页）。再如江苏吴江的开弦弓村，据费孝通观察，主要经营蚕丝业，另外养羊也是村民的一个经济来源（《江村经济》，1946）。这类活动显然过于单调，没法跟兴隆场形式多样的家庭副业相提并论。杨庆堃曾撰写《共产主义制度下的中国村落及其早期转化》（1954），在《生产、消费与收入》一章中列举了木工、砖瓦工等副业，但是读者从中其实看不到家庭手工业遍地开花、生机勃勃的景象（如兴隆场所见）。柯鲁克夫妇在河北武安十里店村做调查时，发现冬季农闲时当地农民主要靠“倒买倒卖”赚取收入，即男人赶着毛驴从一地买来东西，再驮往另一地以稍高价格卖掉（柯鲁克夫妇合著《十里店：中国一个村庄的群众运动》，1979）。

4　［译者注］此处所谓“职业人员”、“半职业人员”，具体含义不详；其他分类，间有雷同（如受雇织工），或本为男女之别，但据原表实难区分。

5　由于通货膨胀的缘故，土地一直是人们眼中最可靠的投资对象；一旦有了闲钱，便毫不犹豫拿去买地。然而这中间的渠道或关节却并不容易打通。也因为通货膨胀，商人有钱便置地或买货。

6　《璧山县志》（1996）第214页。

7　《璧山县志》（1996）第214页。参见马若孟（Ramon H. Myers）《近代中国的手工纺棉与棉纺织业的发展》（1965）一文。

8 推动东部沿海纺织业走向现代化的力量主要来自英、日等国（陈国平《棉纺厂——日本在华的经济桥头堡》，1937，《远东观察》第 6 卷第 23 期第 267 页）。

9 山东台头村的油坊也是由当地富裕家庭经营（杨懋春《一个中国村庄：山东台头》，1945，第 27 页）。

10 租用巫万林的油坊，刘海山未付任何定金，但需上交二十一块油饼（每块重约十斤）作为年租金。（1940 年底，一块油饼仅值十元钱。半年后的 1941 年 5 月，就涨到了七十元。）

11 英国海外贸易部《中国经济与商业状况报告》第 28 页厄尔·肖（Earl B. Shaw）的《中国的养猪业》（1938），《经济地理》杂志第 14 卷第 4 期第 395 页。

12 据 1986 年董泰邦和俞锡玑的谈话记录而成。

13 集市上卖木炭的人都来自距兴隆场二十来里地的福禄场。他们住在高山上，无田可种，靠伐木烧炭为生。

14 璧山历年遭遇的洪涝灾害在《璧山县志》（1996，第 98 页—第 99 页）中有详细记载。

15 蒂姆·赖特（Tim Wright）所撰《远方的雷声：大萧条影响下的中国西南地区经济》（2000）一文曾描述过那场饥荒。当旱灾发生时，重庆周边丘陵地区灾情要比四川中部严重得多，尽管兴隆场的日子看上去略微好过一些（《四川省志·农业志》，1996，上册第 30 页）。

16 理查德·托尼（Richard Tawney）《中国的土地和劳动》（1966）第 77 页。

17 ［译者注］未闻儒家明令禁止女子改嫁；采取顽固道德观把两性问题设为禁区，动辄口诛笔伐、哓哓不休的是南宋朱熹创立的理学或叫“新儒学”。

18 本书形容某人为“中年”、“老年”或“年轻”，既取决于当地习俗，也跟人们普遍的身体状况有关。寿命因人而异，如同结婚有早有晚。早婚女子只要有了小孩，即使实际年龄不足三十岁，在别人眼中也已经是不折不扣的中年妇女了。

19 ［译者注］巴山蜀水，风土不同，人情迥异。位于川西平原的仁寿距成都不远，那边人自然难以融入兴隆场的生活圈子里。

20 苏成捷（Matthew Harvey Sommer）《中华帝国晚期的性、法律和社会》（2000）。

第四章　宗族、地主与地方政体

有一天晚上，兴隆场的最大地主曹跃显在武庙院子里赌博，身后站着他的表弟，紧攥在手里的钱袋眼瞅着一点点瘪下去。曹每回下注都不少于五百元，但那天的运气实在太差，随着夜色渐深，已经输了四千元不止。有人见势不妙，跑去告诉他的老婆。曹妻连忙叫醒两个长工，用滑竿把她抬来武庙，这时已将近半夜。曹妻大哭大闹，扯着嗓子骂丈夫败家，要让自己跟五个女儿、还有刚出生的金贵儿子都没得饭吃。牌桌上还坐着从丹凤场来的客人，有娘们儿搅局显然令开赌场的袍哥脸上无光。堂口大爷蔡旅长（也是个大地主）亲自出面，叫曹氏夫妇定个日子去茶馆“讲理”，解决今晚的赌债纠纷。曹妻见目的达到，便一声不响地离开了。几天后，当事人重新聚在一起，由蔡旅长和袍哥首领王俊良主持，裁定曹拿出一小部分地契（曹家共有三百石田），交给赌场抵债。

曹跃显敢在武庙一掷千金，既反映出本地地主经济实力的日见增强，也表明他们的行为方式渐渐偏离了传统乡绅的规范。兴隆场从一开始便以农村场镇的面目出现，在这里，权力、财富和身份的唯一标志就是拥有土地。那些霸占了大片稻田的地主，头上顶着乡绅的光环，扮演起地方秩序维护者和规则制定者的角色。他们同时又是左右米场行情的商人，囤积居奇，牟取暴利。也有做其他生意发了大财的。另一些人则泡茶馆，抽大烟，打牌耍钱，悠闲地打发时光。无论平日干什么营生，这群人全是靠土地才有了今天的地位。[1]

在兴隆场一百一十余年的历史中，自清朝至民国，地方事务几乎全由乡绅阶层把持，但朝廷或政府都不曾正式给过他们任何官衔。[2]这种约定俗成的做法长期以来行之有效，县政府借此管理——不如说“遥控”——县城以外的广大乡村地区。只要按时交税，不闹乱子，就让乡绅管理地方事务好了。而兴隆场当地又世世代代定居着好几个大家族，没有谁能单独说了算，即使最早创立场镇的孙、钟两家也做不到一手遮天。虽然其后人通过不断投资地方建设，似乎也只是在初期一度攫取到了较多的权力。

与其他地方不同，令兴隆场的“缙绅”感到尴尬的是，该地历史上从未诞生过一位哪怕从最低一级科举考试成功突围的子弟。但这并不妨碍县衙官吏一视同仁地待之如“绅士”，而他们也俨然以“生员”自居，处处高标准严要求，举手投足不失体面，为人行事不失正派。[3]的确，在1940年，即光绪三十一年（1905）宣布废止科举数十年后，白丁、绅士间的界限依然分明，后者因为知书达礼而被普遍看成是上等人。

二十世纪上半叶，绅士地位的显赫有时让人忽略了四川农村所发生的剧烈社会变革，彻底改变了士绅阶级的本质。事实上，仁义礼智信、温良恭俭让的旧时代早已一去不复返了。随着1911年清王朝覆灭和代之而起的军阀混战，一种有着军队或政府背景的新型地主应运而生，取代昔日斯文乡绅而成了地方上真正呼风唤雨的人物。在川西灌县[4]、大邑等地，能见到不少这样的“暴发户”。其中最有名的当属刘文彩，据说成都平原八十三个村庄的田地都被他收入囊中。重庆周边比较富裕的农村，传统势力大洗牌的现象尤为突出。[5]二十年代末，通常所说的“绅士”一词已经换成了“绅粮”，大概和1929年他们替军阀征收军粮有关。[6]

1940年我们初来兴隆场时，抱着很大的好奇心，想知道连年军阀混战到底给本地乡绅的社会基础、完整性及活力造成了多大的冲击。自民国创建直至三十年代，四川全省一直饱受战火蹂躏。处在如此动荡的局势下，他们还能保持旧有势力不变，继续在地方事务中发挥主导作用吗？如果能，又是怎么做到的呢？事实证明，在这个群山环绕、堪称穷乡僻壤的小地方，确实有上文所说新型地主涌现，但变化远没有相对发达地区明显。乡绅仰仗土地、宗族这两件“法宝”，顽强维持住了往昔的荣耀，可谓架子未倒。虽然高人一等的派头已经没了底气，几个主要家族也呈现出衰败的迹象。与此同时，1935 年后随着三万中央军入川，国民政府开始把触角伸向久不受控制的西南地区。然而民众首先对政府缺乏认知，要想从上到下建立牢固的政治基础，谈何容易！

宗族和宗亲

1940 年，我们从所见所闻得出的第一个印象是，兴隆场的宗族体系[7]似乎正处在瓦解边缘，不但失去了对族人的约束，曾经无比强大的社会影响力也一点点消退下去。证据之一便是人们不再关心祠堂的修缮、维护。[8]现有祠堂跟成都平原或下游安徽的比起来，几近寒伧。我们发现，有些祠堂甚至改作他用。如前所述，曾氏一族就把宗祠租给三家拥有新式织机的机户当“车间”使。族长竟连祖先牌位也不想法保管，以至于被一个身无分文的族人偷偷拿去换大烟抽。这桩丑事在族内引起轩然大波，最终也未能找回牌位。据说是落到另一个有钱的曾姓人手中，变为私藏了。

清明祭祖时，只有两大宗族还能召集族人，举行扫墓、修坟茔、烧香烛、挂纸钱等例行活动。这原本是体现宗族活力极重要的场合：俟公事完毕，往往宰一头猪，大家坐在一起吃喝，增进感情。这种景象的减少只能说明一个问题，即宗族势力大不如前，无论经济状况还是号召力都遇到了麻烦。[9]

历史上的情形可迥然不同。本地宗族虽然未像在南方各省那样长成盘根错节的参天大树，据族谱和县志，清初“湖广填四川”时依然是举足轻重的一股力量。如第一章所述，强制移民始于十七世纪末十八世纪初。[10]那些来自湖广（湖北、湖南）以及广东、广西的人民正是依靠宗族团结在一起，开荒种田、广植水稻、劈山修路、建设家园、保卫安全，终于让一座座场镇拔地而起。在不长的一个时期内，孙、钟、黄、张、杨、巫几大家族相继迁入璧山中部这个山坳里，当时它的名字还叫福禄里。[11]他们获得大片无主土地之后，通常留两家人在当地，其他亲属又陆续迁往附近的六塘、丁家、福禄等处。原籍湖广的黄氏一家最初栖息在北边茅莱山山坡上，依圣灯寺而居，并盖了砖房。黄祖林逐步组建起一个大家庭，有五个儿子（族谱中未记录任何女儿）。其中三个后来往南搬到二十里外的丹凤去住，形成另外一支。留下来的三儿子黄文魁一支在圣灯寺繁衍，降至四十年代初，已经传了十一代，包括遍布兴隆场西北部（三保和六保）的大约四十三个家庭。黄氏发展成为中等规模的一个家族，和蔡、孙、曹姓差不多，但还无法跟王、巫、杨、张四大家族相提并论。[12]

早期宗族的重要活动不外乎营建祖坟、宗祠或家庙。有些宗祠并非独立建筑，而是和家宅连在一起。这样做或许为了省钱，同时也清楚表明该祠堂代表不了整个宗族，仅为其中一支的祭祀场所而已。[13]比如兴隆场孙姓人家的院子里就立着一座小祠堂，而宗族祠堂则位于六塘。巫氏的做法正好相反，他们在四十年代把本族宗祠从青杠迁来兴隆场。[14]由此看来，具体到每一个宗族，究竟哪里才是它的中心地盘，需要从祠堂大小、类型加以推断。这就不免让我们发生怀疑，先前所认为的 1940 年大部分宗族没有清明祭祖仪式是否正确，没准儿本地许多宗族的清明祭祖仪式其实是在别处进行的。[15]

随着大批居民点的形成，取地名成了帮助第一代移民忘却乡愁、适应新生活的好办法。康熙五十一年即 1713 年[16]，巫氏宗族的成员落脚在今璧山中兴村一带。至1721年，生齿渐繁，遂有人举家搬至今兴隆场，造屋定居，并将姓氏融入地名，称之为巫家坝。[17]

对大姓来说，还有一项重要事情就是修族谱。这类族谱无一例外都围绕父系家族的世系展开，极力描写始祖事迹，却忽略了真实性，对日后分化出去的有疑问的支系也往往避而不谈。有时甚至夸大其词，杜撰些子虚乌有的传奇，使本族历史看上去更有光彩。像孙氏族谱就硬生生把四川的孙姓跟孙中山扯上了关系。因为牵涉到移民经历，族谱的作用之一便是向成员灌输强烈的地方认同感。拿兴隆场来说，在它出现以前，这里的早期居民多半自称福禄人。[18]随后情形就发生变化，人们反而将福禄看成是外乡了。[19]

兴隆场从初具规模到逐步壮大，当地每一个家族的贡献都被详细刻写在宗祠的石碑上。受到鼓舞，他们更要加倍投入，把这里建成属于自己的经济、政治、文化和社会活动的家园。于是有些家族开始投资公共设施建设，例如专供清明会使用的房屋。到1940年，这些房产仍归孙、曹、杨、石四族所有，并给没落的他们带来好处（指收取租金）。[20]凡有过功劳的家族，即使没落，也不会被人遗忘。堪称奠基者的孙姓和钟姓不幸都走上了衰败的道路，地位却丝毫不受影响。兴隆场的孙家作为孙氏一支，大约两百年前拥有周围大部分上好水田，曾捐钱、捐地盖起文庙，这在1769年的碑文上有清楚记载。过了一百年，其后人仍有一千石（合一百五十亩）水田。再到后来，也就是祖父那一辈，已减至一百五十石。祖父死后，田产被五个儿子瓜分，彻底结束了该家族的辉煌历史。镇上三户主要的孙姓家庭在1940年各自仅剩三十多石地。虽然今非昔比，孙家由来已久的绅士风范不容置疑，孙氏族长也依旧是人人敬重的大人物。

宗族内部并非一团和气，王俊良和开茶馆的王明轩这对堂兄弟间就闹过矛盾。事情起因于迁坟。有一次，一个叫沙玉书的风水先生对王俊良说，他奶奶的坟址选得不好，应当再往上十几米，安到朝向东方、俯瞰两条山谷的山崖上去。[21] 王明轩闻听此事，既气愤又焦虑。因为自打上两辈人分了家，他这一支便开始走下坡路；王俊良那边日子本来就红火得很，现在又要迁坟，岂不好上加好，更把自己压下去？他下定决心出面阻挠，声称山上的地虽是王俊良的，祖坟却属于整个家族，不能乱动。随着冲突升级，双方都威胁要诉诸公堂，到璧山打官司。好在被朋友拦下，最终勉强达成和解。折衷办法是，由于王俊良的父亲在兄弟中排行靠前，迁坟合乎情理，但不会迁至风水先生所说“龙脉”处，而是在下方一点儿。由沙玉书指挥，迁坟在夜间进行。死者入土已是二十年前的事，大家惊奇地发现从地下挖出的尸体竟然栩栩如生，证明原先坟址并未选错。用风水学的术语来讲，就是“地气旺盛”。

民国初年造成宗族衰败的原因有好多种，比如军阀抓壮丁、土匪掳人勒赎（被劫走的往往是一家之主或刚出生的男婴）——后者对富裕家庭打击更大。镇上八大宗族的人家，兵荒马乱之际几乎无时不生活在土匪的阴影下。为抵御匪患，人们合力在场镇周围筑起了一道围墙。

盯上宗族资产这块肥肉的还有民国政府。政府曾下令强征村庙、宗祠土地，用于公立学校建设，此举让宗族势力深受打击。[22] 至二十年代末，四川军阀刘湘采取同样手段，这次兴隆场倒霉的是张氏一族。早在 1677 年，一位寡妇因家中迭遭变故，为扭转厄运，捐六石地请人在祠堂旁修庙，取名张兴寺。以此为中心，以后一百多年里，张氏族人又陆续捐献一百石地，建起一座规模很大的义庄。[23] 张兴寺周围不乏上好水田，所收田租不但可以维持寺庙，也部分解决了家族的开销问题。然而在省政府的征地政策下，张氏义庄总计一百零六石义田，其中一百石全被没收，庙里和尚被迫四散而去，仅剩的六石（即寺庙所在地）眼看也要不保。因为威胁到旁边的宗祠，1935 年，族人们忍无可忍，一纸诉状告上法院。虽然最终打赢官司，守住了那六石地，但负责管理义庄的人却几乎没有了生活来源。

民国的头三十年间，兴隆场宗族体系的基础无疑被大大削弱，然而某种程度上其经济、政治影响力犹在。受人尊敬的族长一如既往在茶馆主持“讲理”，尤其当本族之人卷入纠纷时，更是义不容辞。清明会的活动也从未停止，至少表明血缘关系仍是联结乡民的重要纽带。不特此也，清明会共同拥有本地百分之十的水田，说明一些宗族仍然有着较为坚实的经济基础。由于人们依旧恪守聚族而居的传统，内心的宗族归属感可以说日复一日、有增无减。[24] 但必须看到，许多清明会的土地徒有虚名，其实是控制在若干有钱有势的家族手里的。

地主：小池塘里的大泥鳅

要想说清楚兴隆场大大小小的地主殊非易事，而在官方统计资料中他们被笼统归入“小地主”一类。[25] 其中实力最弱的当属那些被迫出租土地的人。至于原因，要么是家中缺乏壮劳力（比如丈夫病故或去服兵役），要么是急需钱用（如筹办红白喜事，给家人治病，遭土匪抢劫，碰上天灾，或因抽大烟、赌博而债台高筑），只好同意低价把地租给别人，以换取较大数目的押金。另有些人号称地主，其实名下土地已分给成家的儿子们，自己依然保有名义上的所有权。这种做法往往出现在四世甚至五世同堂的大家庭中，目的不过为了使相互间矛盾不致激化而已。一些中等地主通过经营副业增加收入，如织布、酿酒、看风水等等；但是对占地不到五石的小地主来说（大约占百分之十），单靠收取田租显然难以维持生计。无论贫富，这些地主家庭无一例外都把土地看成命根子，因为土地不光带来经济上的安全感，还寄托着主人对生活的全部希望。

中小地主和佃户的关系相当复杂。许多情况下，双方仅按合同办事，并不掺杂额外的个人因素。但像上文提到的例子，地主因一时受困，被迫减少田租，以图拿到更多押金。如果到时还不上，那他不但无权终止契约，甚至有可能把地抵押或出卖给对方。这类情形当然极为罕见。

兴隆场的十二户大地主（虽然按省内标准来说，有点儿言过其实）所占有的土地数，从六十石（约合六十亩）到三百石不等（见表 4.1）。他们把稻田租给佃户，年终收取田租，放高利贷等，可保证自己

表 4.1　地主等级

等级	出租田地数	户数	百分比（%）
小地主（1—10 石）		44	39.64
	少于 5 石	12	
	6—10 石	32	
中等地主（11—20 石）		42	37.84
	11—15 石	17	
	16—20 石	25	
中上地主（21—60 石）		13	11.71
	21—30 石	8	
	31—40 石	3	
	41—60 石	2	
大地主（61—300 石）		12	10.81
	61—100 石	5	
	101—300 石	7	
合计		111	100.0

（注：该调查问卷包含 111 户地主，仅占兴隆场地主总数的五分之一。事实上，我们曾走访过全乡所有 516 户地主，但由于资料不全，无法在这里使用。尽管如此，我们对金字塔塔尖上的大地主的情况还是了解得比较清楚的，而且从不同渠道证实，他们共有十二户之多。）

过上不劳而食的舒服日子——四川各地的情形大抵皆然。然而真正“有闲阶级”的人数极少，仅为地主中的百分之二；若以全乡人口为基数，那就只占可怜的百分之零点八了。大地主的社会地位显然有别于中小地主或者富裕商人，不但在自家地盘上指手画脚；如果愿意的话，更可以在地方事务中发号施令，动辄搬出祖训、惯例来裁决乡民中的各类经济纠纷（如涉及土地、粮食的争讼）。尽管其田产远达不到川西富甲天下的土豪之规模，甚至也没法跟两百年前坐拥上千石土地的祖先相比，他们仍然是本地诸事说了算的响当当人物。值得注意的是，占地一百石以上的地主全部为大姓，其中隐约闪烁着宗族势力的影子。凡大户人家，一向把土地攥得很紧，决不轻易出手或转让。他们的任务主要有二：一是防止祖传田产进一步被分割；二是设法应付“后军阀时代”的乱局，毕竟军阀混战时的兵燹之祸记忆犹新。

很少有人能够跻身大地主之列。[26] 即使战乱也未能改变本地六分之一沃土良田为极少数人把控的事实。[27] 据我们所知，这一小撮“乡村贵族”无需经营任何副业，单是每年佃户交的租子就能让他们养尊处优。个别人甚至在邻乡、邻县也拥有田产。事实上，兴隆场四分之一稻田的田主都是只闻其名不见其人，据说有的住在璧山县城里。[28]

十二户大地主中的多数并非“暴发户”类型——即通过带兵打仗或混迹官场而聚敛大量财富，回乡置地——然而真正能在兴隆场一手遮天的恰为后一种人。例如蔡氏宗族的蔡云清，当初仅分到十二石地，就是靠在军阀队伍里步步高升而有了重振家业的实力。他在三十年代中期退役后，便利用同宗提供的消息，花不多的钱一举买下一百石地，摇身一变成了乡绅。田产虽非最多，较之别的地主，蔡却能够借助自己多年来在军界、政界建立的广泛人脉攫取到更多权力。其威权绝非他人可比，因而人人尊称他为“蔡旅长”。

说到蔡旅长的发迹史，就不能不提及本地乡绅的黑暗一面，即惯于在抵押买卖中上下其手，从中渔利。1935 年正值大旱之年，蔡传武因严重歉收而把二十石地抵押给宗亲蔡旅长，期限十年，一共借到一千三百三十元钱（合每石地六十六块五）。之后蔡传武继续种田，每年交二十八块钱押金以及十五石稻谷（相当于百分之七十五的收成）作为租子。至 1941 年 4 月，我们走访蔡传武时，六年时间已经过去，因为通货膨胀的缘故，他家竟攒下了足够的钞票。然而当他提出要赎回土地时，却遭到蔡旅长的断然拒绝。理由是抵押期未满，必须等到四年后再说。[29]

乡绅与其他阶层的最大区别就在于他们衣来伸手、饭来张口、无需干活的悠闲生活方式。其生活来源一是田租，二是借款利息——二者都以实物（即粮食）形式缴纳。地主不但心安理得享用佃农贡献的租子（多达全年收成的三分之二），更有甚者，还要求佃农代为保管部分原需上交的稻米，从而把发霉、鼠咬、虫蛀所造成的储藏损失也一并转嫁到对方头上。事实上，契据中往往暗含许多不成文条款。大地主的佃户还得无偿提供各式各样的服务，比如抬滑竿（地主太太最乐意坐着滑竿走亲访友或游山玩水）、帮干家务（每逢地主家大宴宾客，更少不了招呼人前来打杂）、修缮房屋、运送粮食、代买东西、看家护院等等，不一而足。最离奇的要属这种情况，即东家有人抽大烟，佃户还得冒着被抓的危险，替他跑腿去设法搞到违禁鸦片。如果说一旦签了租地合同，佃户就在各项事务、各种场合中身不由己沦为地主的仆人、喽啰、耳目、家丁，恐怕一点儿也不过分。

地主方面需要承担的最重要的义务包括向佃户提供住处，但到头来受益的还是他们自己。首先佃户在租地同时，即获得房屋使用权，无形中反倒增大了对东家的依赖程度。因为一旦停租，便意味着失去了安身之地。其次，既然住在同一个大院里，佃户围绕、保护着地主；无论早晚，地主使唤起佃户来就更加随意而且得心应手了。

地主对佃农的剥削自不待言，但一般说来，即便不情愿，他们还得遵循乡间公认的老规矩，在必要的时候施以恩惠。佃农遇有急事，理所当然该向东家借钱或粮食（利息也比外面低得多）；或者在遭受官府、驻军欺负时，找东家寻求庇护。逢年过节，地主也会按照惯例拿出少量稻米，作为“小意思”慷慨相赠。因天灾导致歉收时，减租也是情理中事，虽说不会自动发生。这时，佃户通常找另一位德高望重的地主在茶馆主持“讲理”。东家提出自己对收成的估计，准备在减租问题上大费口舌，据理力争。事实上，未经地主允许，佃农是不能开镰收割的。地主不但亲自下地验看庄稼长势，有时还会一直待在地头，监督工人收割。主持“讲理”的所谓仲裁人根据灾情，提议减免部分租税，但数目有限，对受灾佃户帮助不大。他所追求的不过是一个两造均能接受的“公道”方案，借以维护自己在众人面前的公正形象。地主一方虽不便公开拒绝“讲理”的结果，私下里却会动些手脚，别作“修正”。佃户的唯一优势来自于公众舆论。例如周银亭，通过“讲理”把地租从六石减至四石。东家在茶馆未说什么，事后却向周施压，逼他另交十分之四石。对此周银亭不置可否，一拖再拖，至于能拖多久心中其实并没有数。

无论如何，兴隆场的地主们一言一行都竭力向昔日的乡绅靠拢，虽然绅士阶层民国初年就已消失，而且也不再出现在官方文件中。需要说明的是，“乡绅”一词所代表的不光是财富或者显赫的家庭背景（比如祖上有人中过举），还有与众不同的生活方式。要想成为其中一员，首先得有田产出租给佃户，好让自己腾出手来从事较为体面的职业如行医、教书等——但不包括经商，因为一身铜臭气的商人是难以获得绅士身份的。[30] 另外识文断字也是必不可少的条件，至少得念过八年私塾或受过新式教育。他们恪守忠信、仁义、孝悌等传统美德，谨言慎行，循规蹈矩，热心公益事业（如铺路、筑桥）。同时又放不下架子，在婚丧嫁娶（详见第八章）等事情上大操大办，以显示其高人一等之处。

每逢过年，有条件的家庭都会宴请亲朋好友，财主们还要招待舞龙演员（见第五章）。新近富裕起来的人家更会大摆筵席，炫耀一番。若是客人较多，往往请专业厨子来家帮忙。标准菜单包括八道荤菜，有鸡、鱼、猪、羊、牛肉（如能买到的话）等。这些菜都是提前做好，放在锅里温着。乡绅请客更加讲究，开席之前先上开胃小吃如冷肉、腌蛋、泡菜、花生、点心等，再上炒菜，最后才是八道主菜。席间少不了拿出本地产的高度白酒助兴，所有人开怀畅饮，最后吃碗米饭散去，正可谓酒足饭饱。

在这种场合，客人通常不会受到正式邀请。他们之所以前来捧场，要么沾亲带故，要么以朋友自居，要么从前得到过主家好处前来登门致谢。客人以桌计数，八人一桌。财主家有实力一次招待三百多人，故而办一场三四十桌的筵席不在话下。事实上，来客多少标志着主人的威望高低。乡绅请客从来出手大方，至于有些在城里待过的人，则对这类毫无意义的浪费行为颇有怨言。另外，名流祝寿也是乡村生活中的一桩大事。届时数不清的人不请自至，不管寿星高兴与否。[31]

绅士既被视作地方精英，为乡人所推重，遇有旱涝，自然有义务代民祈天、降福消灾。1941 年夏，本地持续无雨，几名乡绅便穿上青布长褂，从武庙抬出龙王像沿街游行，引来众人围观。此举无疑让普通百姓更对他们刮目相看。[32]

这些为数不多的精英人物的家中往往地势平坦，戒备森严。本乡头号财主曹跃显和蔡云清家就各自竖立着一座多层塔楼。进入塔内，台阶旋绕而上，一扇扇小窗既是瞭望孔，也可作枪眼使用。如前所述，地主家基本都是独门独院，收拾得干净整洁，屋内陈设的家具也是一般人用不起的。房子多半坐落在风水极佳的坪坝上，曹跃显之所以家大业大、有钱有势，据说就是沾了风水好的光。位于谷底的曹家依茅莱山而建，地势平坦，状如小船，当地人习惯称之为“船形大院”。后面一条石径蜿蜒而上，直达半山腰的一个佃户家，恰似一根缆绳将船系泊到岸上。大伙都说曹氏三代兴旺发达，全仗这根“绳子”起到了聚财的作用。[33] 曹家不但在兴隆场拥有数目庞大的土地，相传在外乡还有一百五十石田产。

大地主曹跃显

本章开头便提到曹跃显在武庙的狂赌。这可能仅是一个孤例，但从中不难嗅出一丝正在到处弥漫的气息，即民国的最后十年间，四川的乡村精英无论其道德规范还是行为方式都呈现出每况愈下的趋势。即使受过现代教育的人，他们作为绅士该有的谈吐举止与实际的为人处世间也存在着巨大的反差。

曹跃显起步很高，早早就被送去璧山的一所新式中学读书，并娶了一名张姓女子为妻（张家是本县数一数二的大户人家）。毕业后，父亲替他在川西的一座小镇谋到一个警察职务。直至 1936 年父亲病故，曹跃显才迁回兴隆场，专力经营自己的产业。

曹三十出头，相貌英俊，待人谦恭，平日里显得有些懒散。这一切让他看上去和其他土财主迥然有别。尽管家产雄厚，曹却持身严谨，拒绝纳妾。另外，他又是镇上唯一订阅报纸、关心时事的人；同时隔三差五去成都，出入于那里的上流社会中。在兴隆场，他则通过加入仁龙社——当地袍哥的一个分支（即“码头”），稳步建立起自己的势力范围，并斥巨资——传说有两千到四千元之多——做上了当家三爷（详见第五章）。

曹虽然一心一意要出人头地，却并不热衷于兴隆场的政治活动，对自家产业也不大上心，而是把日常事务（如管理佃户）统统交给能干的老婆去办——这种情形大概始于他常往成都跑的时候。在镇上，曹是茶馆的常客，跟朋友一起抽大烟、搓麻将。每到集日晚上，就去文庙[34]赌博，经常输得一塌糊涂。别以为他不务正业，事实上，码头的业务以及各类杂事都是在这些场合与他最铁的地主朋友蔡旅长和王俊良碰头敲定的。

1941 年 5 月，曹跃显的三十一岁生日临近，事先他就向亲朋好友表示担忧，怕来人太多，少不得大办一场。生日那天，果不其然总共来了一百九十位客人，比预计的多出四十人，意味着必须另备五桌酒席。尽管曹本人厌恶铺张，别人却不敢不到场，毕竟祝寿非同小可，关乎主人的威望与权势。

兴隆场的精英人物总会千方百计扩大田产。为达此目的，当时的一些新式地主极尽钻营之能事，或者混入军队，或者担任公职，再不济也要给自己争取一个在本乡收税的差事。曹跃显同样不能免俗。他串通蔡旅长和王俊良（二人均为袍哥头领），瞄上一位人称张雷氏的中年妇女，开始打她的主意。[35]张雷氏的父亲也是地主，曾任璧山县长。丈夫大概得了癔症，成天做梦当皇上，里里外外全靠妻子打理（张家在外乡共有二百石地）。由曹、蔡、王组成的“三人帮”决定从张家少爷下手，以提亲为由，先获得监护权，再趁机掠夺张雷氏的家财。

因为同宗的缘故（曹跃显的老婆也姓张），张家少爷管曹叫舅舅，这就为三人帮的计谋得逞提供了便利。小伙子年仅十六岁，正在璧山的寄宿学校念书，可以说一表人才。一天，曹把外甥请来家里，随后安排他在公开场合跟王俊良的闺女，十八岁的王珍碧“不期而遇”。[36]见两个年轻人情投意合，王俊良马上为他们举办了一场盛大的订婚宴，并送给张家一大堆礼物。如此大费周章不过是想让生米煮成熟饭，使婚事在众目睽睽之下变得板上钉钉、不容悔改。唱完上面一出戏后，曹俨然以外甥的监护人自居，催促尽早成亲。这背后自有深意。

也就是从这时起，曹跃显撕去伪装，伙同王俊良企图霸占张家财产。打着他老婆和其他张氏族人的旗号，曹写下一份状子交到璧山法院，声称张雷氏强迫丈夫在让佃户交租粮的条子上盖戳。与此同时，蔡云清也没闲着，四处散播谣言，污蔑张雷氏早就有了相好的，她的八岁女儿根本不是张家的种。

张雷氏的反击可谓快、准、狠，大大出乎三人帮的意料。她首先争取到一些重要族人，包括张运恒一家的支持。后者坚称张雷氏是个守妇道的好女人，劝丈夫在写给佃户的条子上盖戳也无可厚非。因为佃户都自己保管租粮，只有东家需要时，才以印章为凭装车运送。

关键时刻，张雷氏的娘家人也坚定站在她的身后。当受到某些张姓亲属的蛮横驱赶时，她便带着女儿径直回了娘家。精神错乱的丈夫独自一人，全靠几个好心的佃户帮忙照料。张雷氏再次做出惊人之举，不顾非议，把丈夫接到雷家同住。对此，支持者称赞她既忠贞又善良，曹、蔡等则逢人便说这简直就是绑架。

形势对三人帮已经变得渐渐不利起来。他们希望尽快为张家公子和王珍碧完婚，藉以扭转劣势。然而王俊良却要先办儿子的婚事，等儿媳妇接管家务后，才肯把姑娘嫁出去。他的儿子十六岁，也在璧山的寄宿学校读书。先前已订婚，女方家里也愿意，于是匆匆举行了婚礼（详见第六章）。距王珍碧的订婚仪式仅过去不到两个星期。

随着新媳妇娶进门，王珍碧那头终于没有了障碍。不料恰在这个节骨眼上，张家太奶奶病故，让三人帮的如意算盘又落了空。因为接下来先得安排下葬，然后亲人还要守孝，意味着相当长的时间内都不可能张罗儿女婚事。

异常隆重的葬礼令曹跃显等再遭重创，这是因为张雷氏虽然被张家排除在外，还是毅然回来，并不失尊严地做到了一个孙媳妇该做的一切。按照中国传统，百善孝为先，有了此番表现，别人再想剥夺她的财产于情于理就都说不过去了。同时公众也大都站到了她这一边，曹、蔡、王只能干瞪眼。而璧山进行的官司又迟迟不能结案，双方争斗暂时陷入僵局。

最后回合的较量我们来不及看到便离开了兴隆场。后来听说一俟守孝期满，王俊良立刻定下嫁女的日子。万事俱备，婚礼当天一早，张雷氏突然出现在王家门口，大叫大骂，惊动了所有邻居。作为实际的当家人，她表示绝不同意这门亲事；如果坚持办，那么王氏父女休想得到片刻安宁。对峙了几个钟头之后，最终王俊良妥协，婚事就此告吹。[37]

明眼人一看便知是曹、王之流一手制造了这起轰动性事件。而曹家公然背弃本地乡绅奉行数十年的处事原则，尤其引起佃户们的不满。以过年分发粮食为例：有一年春节，曹跃显去了成都；他的老婆竟装聋作哑，绝口不提此事。恰值头年夏天大旱，佃户家中的存粮所剩无几，正急切盼着东家给点儿施舍。然而左等右等不见动静，他们一怒之下，在一名姓向的长工带领下，自行打开粮仓取粮。曹妻马上派人通知丈夫。第二天曹跃显赶回家，召集佃户开会。他首先承认按照惯例，东家在过年时理应有所表示，而且大家也没有哄抢；但话锋一转，又强调指出这样做毕竟是不对的，要求把领头闹事的人交出来。向姓长工和另外两人以为本乡民团不会拿他们怎么样，便主动自首，没承想曹叫来的却是县里的保安团。结果他们被带去县衙，判了两年徒刑。向的老婆孩子也被曹赶走，寄居在镇上一座破房子里，靠摆摊卖糖果为生。一年后，在狱中饱受折磨的丈夫患了重病，不得不提前释放，但还没有抬进家门就一命呜呼了。

一旦自身利益被侵犯，佃户性命在曹的眼里根本不值一钱。这位大地主的冷漠无情同样表现在他对待公益事业的态度上。美以美会中国差会在璧山县开办了一所淑德女子学校。因为当时所有商人都在囤积粮食，学生们没有饭吃。教会的徐牧师便找到曹跃显，希望购买一些大米，却被他一口回绝。曹的想法很简单，就是要等米价涨到最高时才出手，好大赚一笔，毫不念及他家往常跟教会的交情。

从曹跃显的例子不难看出，民国时期世风日下在四川乡绅身上体现得最为明显。曹满脑子考虑的都是如何增加财富，扩张势力，从不对社区建设表示出半点兴趣。他把闲暇时间用来交结狐朋狗友，然而种种不良嗜好也将自己的家庭置于危险之中。去茶馆抽大烟似乎是社交活动，但他却丧失理智，跑到赌桌上一掷千金，置家庭于不顾。尽管有人试图劝阻这种疯狂举动，但就整个社会而言，显然缺乏一种有效机制来促使他们善待家庭和佃户，并在社区生活中发挥正面积极的建设性作用。

保甲制

我们待在兴隆场的那段时期，正值地方政府变来变去，极不稳定，而这种状况已经持续多年了。[38] 辛亥革命后中国的省级行政单位基本解体，[39] 在像兴隆场这样的小场镇，乡绅阶层对地方事务获得了较为自主的处置权。[40] 二十年代末三十年代初，刘湘把持的军阀政权曾试图在四川境内建立类似民政管理的机构，到头来却是纸上谈兵。结果导致各地行政自行其是，政府派人征税（以征收大米为主）或偶尔派兵剿匪成了上下沟通的主要渠道。[41]

以上情形在 1935 年，随着两万国民党中央军入川剿共，而发生了变化。张国焘率领的红军 [42] 撤离遭受破坏的江西苏区 [43] 后，开始向四川一带发展，并取得一系列大大小小的军事胜利。这让四川的军阀们慌了手脚，遂力邀蒋介石主持剿共行动。蒋氏在川省有了立足点，便与刘湘达成协议，把后者推上省主席的位子（前主席刘文辉被迫去了邻省西康）。国民政府则通过设立行政督察专员制度和保甲制度对县级以下单位实施管控。[44] 以彻底肃清“共匪”为名，十八位督察专员（其中十三人由蒋介石直接委派）奔赴各地，大力推行保甲制。民众每百户编为一甲，十甲编为一保，若干保再组成联保。[45]

国民党设计的保甲制度并非什么新鲜玩意儿，历史上好几个朝代都曾使用过，[46] 因而它也被看成是自晚清至民国解决地方问题的最佳方案。[47] 早在 1932 年 8 月，豫鄂皖 [48] 三省“剿匪”总司令部颁布了《剿匪区内各县编查保甲户口条例》。国民政府军事委员会企图以此为样板，把保甲制推广至四川。贺国光奉命组建军事委员会委员长重庆行营，负责监督执行。该计划的要点是在各乡镇成立联保，作为新的地方行政单位，藉以防范“赤匪”势力渗入广大乡村地带。[49] 一言以蔽之，国民党意在将东部地区行之有效的基层社会统治经验移植入川省，同时培养一批对上唯命是从的地方干部。[50]

这样一弄，该省一百五十二个县总计有超过九十万名基层官员走马上任，地方行政组织空前膨胀。[51] 最初几年的局面相当混乱，直到 1936 年中期，省政府才通过办训练班，着手解决实际治理中遇到的经费支绌、保甲人员素质低下等严重问题。乡长（即联保主任）经县长任命，职责包括征收赋税、监督民团训练等。甄拔录用土生土长的当地人是改革的关键所在。蒋介石派来的督察专员起初担心地方权力会落入土豪劣绅之手，但不久便改变了看法。他们认为还是有大批品行端正的乡绅堪当重任，因此极力拉拢士绅中的所谓精英分子，让他们成为新体制下基层管理机构的一员。[52] 国民政府的目的不光是在一个有着对抗倾向的边远省份有效行使中央权力，另外也打出了推动民主、遏制地方主义势力的旗号。

保甲制的一大特色便是集权。联保主任指定各保保长，保长挑选得力之人去当下面的甲长，而所有干部的任命权都掌握在县长一人手中。这种机制既使得县长的权力远达偏僻乡村，又让基层官员享有前所未见的自主权，可以说一石二鸟，最大程度打击了传统地方势力。[53]

在 1935 年，重新复兴的保甲制度令兴隆场的乡绅们切切实实感受到了来自上面的威胁。豪门大族尤其担心政府将为新设立的行政单位划定边界，导致其固有势力范围遭到分割。然而据我们后来所见，本地总共九个保基本上都是按照家族聚居的自然形态来作划分，并未对传统格局造成很大破坏，相反倒是以行政区划的形式进一步巩固了各个家族的地盘。尽管在编组保甲过程中要求十户一排、十排一甲，因为村镇有大有小，人口有多有少，完全的整齐划一是不可能做到的。比如有的排仅八户人家，有的则多达十三户。就征兵而言，户数多的排相对容易办到。如果无论大小，每排均摊一个名额，户数少的自然就会啧有烦言了。

各地行政改革的进程也是一波三折，且情况迥异。以乡村建设活动家蒋旨昂 1941 年专门著书介绍的来凤驿（距兴隆场不远）为例，那里出任联保主任的是一个典型乡绅。之所以获得县政府的青睐，就因为其家境殷实，出手大方，能提前缴付上头的部分摊派，剩下的慢慢再从乡民手里搜罗。此君不但长袍马褂，装束与穿中山装的国民政府官员截然不同；私生活也肆无忌惮，正室之外还纳两房妾，安两处家。他的唯一长处在于惯会溜须拍马，每有达官贵人造访便设宴接风，盛情款待。这一招倒也能为本乡带来某些好处。[54] 跟璧山交界的歇马场[55] 的首任联保主任却是一位二十八岁的商人，过去读中学时由于家里穷，曾被迫外出打工，并因此被开除了学籍。既然受过新式教育，他脑瓜灵活、精力充沛、办事认真、而且作风硬朗。在任期间积极组建或加入一些时髦组织如自治促进会、航空救国会、第八次全县代表大会审计委员会等，可谓出尽风头。当他决定谋求连任时，不料却遭到了本地士绅的联名反对，罪状是挪用公款、任人唯亲，官司一直打到县里。无论真相如何，总之这位年轻的联保主任最终洗刷掉了所有罪名，并成功连任。毫无疑问，平时的好人缘在关键时刻帮了大忙，当然背后更离不开有县长的大力支持。[56]

从各方面来看，远离公路、交通闭塞的兴隆场都无法跟蒋旨昂曾经工作过的来凤驿和歇马场相比。三座镇子中，来凤驿的范围最大，它是以产米著称的璧山县的重要粮仓，同时布匹、鸦片和烟草贸易也十分活跃。[57]这里的乡绅靠囤积粮食大发横财，一直左右地方事务，行政改革后又想在联保等新机构中占有一席之地。同样是场镇，歇马场的大小和兴隆场差不多，却因为靠近公路而跟大都市重庆以及快速发展的北碚区有着更便捷的联系。自二十年代起，嘉陵江边的北碚已经从昔日声名狼藉的土匪窝变成了一座现代化的城镇，“简直是沙漠中的一个海市蜃楼”，堪称当时“中国最为进步的乡村”。这一切都要归功于农民出身的卢作孚，他通过创办民生实业公司，把在长江上运输货物挣来的钱用于建设北碚：改造城市排水系统，修建新式医院、宾馆、博物馆及办公建筑，并着力打造一整套完备的教育体系。[58]尽管遇到不少阻力，卢氏推行的现代城市管理办法还是得到了当地官员与进步人士的响应与支持。

兴隆场联保主任的人选揭示出家族背景、绅士身份以及受教育程度的重要性。第一位主任是二十八岁的巫焕云。他是一个猪鬃商人的养子，毕业于璧山中学，因为积极投身由国民党发起的反对迷信运动而名声大噪。有一回，他当众呵斥一个向穷人行骗的巫婆，见对方置之不理，一怒之下竟失手打死了她。迫于压力，巫焕云跑到外地躲了一阵子，但并未影响后来的任命。对其继任者我们知之不多，仅听说姓孙，来自一手缔造了兴隆场、因而备受尊敬的孙氏家族，也曾在县城念过新式中学。1939 年当选第三任乡长的是其堂弟孙宗禄，当时不到三十岁。

孙宗禄中等身材，体形偏瘦，早年就读于璧山一所知名公立中学。因此他说话办事都显出读书人特有的气质，能处变不惊，从容应付各种局面。堂弟孙宗尧也在本乡担任小学校长的要职。孙氏兄弟的声望主要由以下四方面因素造成：出身世家，思想开明，结交名流，为人正直。其中起决定作用的还是显赫的家世，所以虽然年轻，他们在镇上的影响力无人可及。的确，听县城里既富有又清高的士绅们谈论起来，兴隆场大概唯有孙家才配得上真正的名士。[59] 然而权威代表不了家境，孙家实际上已经在走下坡路，仅剩不足五十亩地，充其量只能归入小地主之列。[60]

兄弟俩去璧山求学的经历对其后来的事业成功至关重要。正是在那里，他们首次接触到西方思想，并成为由一批精英人士组成的文化圈里的常客。回到兴隆场后，他们于 1938 年建立了本地第一个国民党支部。据说招募了一百一十名成员，但大都不太积极。两人还去国民党办的一所训练营待过一阵子。[61] 孙宗禄甚至把自己所在袍哥堂口的十二名兄弟全部发展成了国民党员。

那时璧山有三大家族活跃在政坛上，相互间争风吃醋。其中的何氏集团相对开明，有一个叫何政声的，孙宗禄在璧山中学读书时他是校长，后来又成为璧山三民主义青年团的负责人。孙宗禄顺利当上联保主任，昔日恩师何先生可谓功不可没。这也从侧面反映出随着国民党对川省的渗透力度加大，至 1939 年已经能在地方选举中随心所欲施加影响了。

联保制在兴隆场的推行同样不是一帆风顺。巫焕云上任刚几个月，便被指责滥用公款，带头和他作对的是给孙氏家族当讼师的杨焕章。[62] 官司在璧山县法院打了足足一年。遗憾的是，不像数年后的歇马场有督察专员亲自过问纠纷，该案终以巫主任败诉而收场。他不但丢了官，还被勒令退还一千元钱。接下来的几年里，孙宗禄虽然没有碰上真正对手，却也小麻烦不断。可见守旧势力视新体制为洪水猛兽，听之任之的话，传统人情社会的秩序与根基势将瓦解。若是让念过中学、眼界大开的书生掌权恐怕更要不得。因为这帮毛头小伙的脑子里想什么老人们压根搞不懂，经他们一折腾，天下非要大乱不可。

联保主任办公的地方设备相当简陋，属员也没有几个，主要负责征兵、征税、治理学校及维持治安。成立联保，很重要一点是在原有茶馆“讲理”程序之外多出一条解决纠纷的途径，主任有权处理偷窃、打架、离婚等杂事。小人物像穷人、外乡人和妇女尤其受益，因为一旦来到联保处，可以就事论事，两造的身份高下不再成为决定因素。再有一个好处是完全免费，不像在茶馆里，还得由输家付茶水钱。如果联保主任接受过外面的新式教育（如兴隆场的三任主任），那么他们断案时就会结合习惯法与成文法，作出叫当事人心服口服的裁决。有意思的是，茶馆“讲理”与联保处“执法”并行不悖，甚至孙宗禄本人也时不时在茶馆里扮演调解人的角色。显然，联保制下的诉讼体系对大家习以为常的老办法非但不构成威胁，反而起到了很好的补充作用，让弱势人群投诉无门的现状得以改观。

孙宗禄遇到的第一起案子跟镇上的一名裁缝有关。裁缝儿子写信向一个只有十几岁的女孩求爱，结果情书落到姑娘父亲手里。碰巧那位父亲在县里做官，告到联保处，要求惩戒裁缝教子无方。孙主任于是罚了裁缝二十块钱。这可是一笔数目不小的罚金，够为联保处置办一整套家具的（孙氏等人用过的桌椅，我们去兴隆场时仍摆在乡公所里，一直未换）。

一般说来，县政府会尽量避免卷入地方纠纷。因为大多数案例要么牵扯到令人头疼的农村宗族或派系势力争斗，要么便是清官难断的琐碎家务事。即便冲突升级，闹到县法院，往往也会发回地方解决。在兴隆场曾发生过这么一桩案子：一位家境富裕的孙姓自耕农有三个儿子，老大和老二怀疑三弟（名叫海云）偷东西。从此家里争吵不断，再无宁日。父亲无奈之下，叫海云拿走本该属于他的一份家产，出去自立门户。不承想海云在 1939 年被抓了壮丁，老婆独自干不了农活，便把稻田租给一个佃户。直到这时，父亲才对当初分家的草率决定懊悔不迭。于是在巫焕云[63]的撺掇下，以儿媳妇不忠为由赶她出门（这是农村地区剥夺妇女财产最常用的手段）。巫焕云又通知佃户，以后直接往孙家交租。海云老婆拿不到赖以活口的租子，便上联保处讨要公道。孙宗禄跟孙家虽是同宗，却坚决站在女人一边。巫焕云跑去县里告状，而孙宗禄不甘示弱，也到法院据理力争。最终女人胜诉，孙宗禄则由于秉公办事大受称赞。他的好名声还来自于下面的事实，即在任期间从未利用职权给自家添一石地。

国民党在推动地方行政改革时，对孙氏家族另眼相看，似乎颇有先见之明。因为相比其他宗族势力，年轻的孙氏兄弟既容易赢得乡民的信任与尊敬，又忠心耿耿于国民党的“党国”理念。[64]然而当地袍哥是关系到改革成功与否的最大变数。这时哥老会已从地下转入地上，不但公开为四处跑码头的商贩提供保护，还逐渐发展成维持地方秩序的一支潜在的重要力量。以 1935 年被赶下台的巫焕云为例，他就和袍哥有着千丝万缕的联系。所以现在的问题是，孙氏兄弟主持的乡政府能否同时为宗族、地主和袍哥这三方势力所接受。袍哥将是我们在下一章要讨论的题目。

---

1 ［译者注］作者已看到当日士绅经商的趋势。自明中叶隆庆开始，万历年间世风大变，民间商业活动日益兴旺。该势头因改朝换代而暂见顿挫，然至清代晚期，又出现“绅商”或“商绅”并提的说法。麟庆自述 1823 年任徽州知府时，“劝谕商绅，疏通河道，以妨［防］壅遏”（《鸿雪因缘图记》第一集下册《昉溪迎母》，引自余英时《士与中国文化》，2003，第 492 页）。但这显然不是本书关注的题目，而且据作者观察，本地士绅经商仅为生计所迫；一旦家境充裕，他们宁可选择无所事事，小富即安是也。

2 关于晚清至民国时期乡绅阶层与中央政府的关系，可参看钱端升《中国的政府与政治：1912—1949》（1970，第 45 页尤详）与杜赞奇《文化、权力与国家：1900—1942 年的华北农村》（1988，第 1 页—第 2 页，第 159 页—第 160 页）两书。

3 据施坚雅《城市与地方体系层级》(1978)一文，偏远地区的乡绅中，能够通过科举考试的其实寥寥无几。同治二年即1862年出版的《璧山县志》([译者注]作者笔误，1862年应为同治元年。另，县志付梓在同治四年)同样显示，获得功名的读书人主要来自县城，而非兴隆场这样的小市镇。又据张仲礼所著《中国绅士：关于其在十九世纪中国社会中作用的研究》(1967，第142—第143页)，相比其他富庶省份，川省拥有"生员"头衔的士子比例要低得多。太平天国以前，该比例在浙江为百分之八，四川则是百分之五点四。

[译者注]清朝科举考试分三级举行，即府城的院试、省城的乡试、京城的会试和殿试。院试由各省学政主持，从县府选拔上来的童生院试及格后取得府州县学生资格，改称生员。生员俗称秀才，民间又有"相公"的叫法。

4 [译者注]即今都江堰市。

5 重庆一带百分之九十的地主都是从军阀、官僚摇身一变而来的，前者占了一半，后者占百分之二十六。有趣的是，军阀敛取土地的手段显然更胜一筹，平均拥有两千五百亩田；落到官僚手里的也就人均五百亩的样子。在大邑县，几乎所有地主都是暴发户。灌县新型地主为四分之三，旧式地主仅为四分之一(《四川省志·农业志》，1996，第一卷，第53页)。

6 见蒋旨昂《战时的乡村社区政治》(1941)第25页。我们初次听到"绅粮"这个词时，还以为是"绅良"，以别于民国时期政治口号中经常提到的"土豪劣绅"。

7 我们借用屈顺天(James L. Watson)在《中国亲族关系再探讨：历史研究中的人类学视角》(1982，《中国季刊》第92期第594页)中所下定义，所谓宗族指"出自有案可稽的共同祖先，借定期举行祭祀活动而凝聚起来的一个群体"。罗友枝(Evelyn Rawski)《晚清至民国杨家口的马氏地主》一文亦引用此说(《中华帝国晚期的亲族组织：1000—1940》，1986，第245页)。屈氏所撰《从人类学角度看中国宗祧群体的发展》(1986)对上世纪五十至八十年代中国社会的亲族关系有着更为详尽的阐释。

8 民国时期，璧山境内尚存十四座宗祠，其中位于正兴(两所)、定林(两所)、丁家(两所)和大路乡(三所)的祠堂内还在举办大规模祭祀活动(《璧山县志》，1996，第726页)。

9 鲁夫《干部与亲族——华西一个社会主义村庄的建设之路：1921—1991》(1988，第53页—第55页)对眉山县([译者注]今为眉山市)白马铺的研究则得出了相反的结论。据他观察，那里的祭祖活动盛行不衰，每家必派人出席清明会举办的仪式和宴会。清明那天，有些大户人家的代表甚至像赶场一样四处赴宴，直到最后一刻方能在本族的饭桌前落座。

10 有关这次清初移民的详情，可参考鄢华阳所著《1644—1796 年的四川人口迁移与定居》（1982）。

11 这几大家族的人，有些是直接迁来的，有些曾在贵州等省作过短暂驻留，还有一些则是先落脚于璧山其他地方，最后才到兴隆场一带定居。

12 我们从 2007 年与大兴完小原校长巫智敏的交谈中得知，1983 年兴隆场的居民中共有八十三个姓氏。

13 据鲁夫《干部与亲族》（1998，第 173 页），这类地方性小祠堂在川西的白马铺也较为常见。

14 据巫智敏 2007 年介绍，巫氏之所以迁祠堂，主要因为青杠紧挨成渝公路，环境过于吵闹。

15 鲁夫在《干部与亲族》（1998）书中有着同样的怀疑。虽未能证实，我们通过与巫智敏交谈（2007 年）获悉，杨氏宗族主要分布在福禄场，那么兴隆场的杨姓人便极有可能是去那边祭祖的。

16 ［译者注］作者笔误，1713 年应为康熙五十二年。

17 我们对巫氏宗族的了解主要来自巫智敏的介绍。2004 年 4 月 12 日，他在来信中讲述了家族移民的大致经过，随后寄来一部刚刚依据福建巫氏历史资料重修的巫氏族谱。2008 年 3 月 6 日，他又寄来一批涉及巫氏客家渊源以及早期发展史的材料（从中原南迁的巫氏最初在武夷山麓宁化县石壁村繁衍生息），包括 2000 年 2 月 28 日尹凌发表于《华西都市报》的《客家 < 巫氏族谱 > 蓉城见天》，及 2007 年 10 月 9 日新华网福建频道转载《三明日报》的《首届巫氏文化节在宁化举行》等文章。

18 ［译者注］大概因为兴隆场旧称福禄里，又毗邻福禄镇的缘故。

19 据埃米莉·艾亨（Emily Ahern）《透过宗谱看中国社会的宗族》（1976），台湾移民修族谱时，也是花大量笔墨叙述新家园的建设过程，而非详细记录本族世系演变。

20 那时石氏已非大姓，名下房产最终被抵押出去，抵押人大概就是自 1920 年起一直租其房子的房客。

21 用风水先生的话说，山崖象征龙头，开阔的风景则预示着王氏后人兴旺发达。

22 国民政府征用寺庙土地的命令是否影响到朝元寺我们未予调查。该寺历史相当久远，大概由最早移民的曹姓出资兴建。

［译者注］本书作者将朝元寺误听误记为曹元寺，故有如是推测。

23 据邓尔麟（Jerry Dennerline）《自宋至清无锡宗族的婚姻、收养与慈善传统》（1986），无锡义庄往往也由寡妇创办，最初目的只是为了保护自己财产不被别人侵夺。

24 可以断言，当时兴隆场的某些大家族仍然有能力捍卫自己的平安生活。上世纪三四十年代，蒋旨昂对相邻甲、乙两乡的社会学调查告诉我们，一旦自身威权受到挑战，宗族马上会召集同宗予以反击。当本族女人竟敢进入祠堂祭祖时，某宗族张贴的告示上就说，“禁止妇女参加，如仍故违，即公议处”（《战时的乡村社区政治》，1941，第 12 页）。另有一个宗族的祖坟被盗，同宗发现后，多次聚会商议对策。蒋氏对此印象颇深，认为血缘关系在乡村社区生活中实能起到非常重要的作用（同上第 43 页）。蒋氏书中未指明调查是在哪里进行，但从内容判断，所谓甲、乙二处当在北碚或者巴县境内。

25《中华民国统计提要》将“小地主”定义为拥有五十亩以下土地者（引自贡德《四川的地租与社会变迁：1925—1935》，1976，《近代中国》第 2 卷第 1 期第 494—第 495 页）。

26 兴隆场超过五分之四的地主都从祖先手中继承土地，他们自己鲜有扩张。仅五分之一，约八十四家人是通过购买或借贷方式逐步获得田产，从而在有生之年成为新兴地主的。

27 我们记录下本乡八个大地主的姓名，分别来自曹、蔡、王、张等显赫家族。他们是：曹跃显，蔡云清（蔡旅长），王俊良，王俊兆，孙文州，张继志，张继恒，张少云。

28 这类人原为本地商人或地主，发家后迁往县城，以谋求更好发展。我们（指伊莎白和俞锡玑）并未将其列为访问对象。另有一些民间组织如福建会馆也在兴隆场拥有二三十石贫瘠山田，雇人耕种，所收田租则用于资助璧山一所专为闽籍子弟开办的学校。

29 我们的实地调查仅记录下十一宗抵押买卖，这是由于一开始未能将抵押和租赁区分清楚的缘故。现在看来，佃农当中终生租种（共计三十四户）以及租种历史在十年以上者（共计三十二户），一部分甚或大多数其实是在原属自己、后因故抵押给别人的土地上劳作。

30 来凤是个例外，那里的所谓乡绅并不忌讳经商。其中一人曾投资开办酒厂，获利颇丰（蒋旨昂《战时的乡村社区政治》，1941，第26页）。

31 这些场合对客人来说同样是负担。他们需自带茶包，通常为糕点之类，大体跟所吃的饭等价。所以穷人最怕赴宴。

32 杜赞奇曾经指出，“龙王、关帝崇拜同时又十分模糊（具有歧义性），能调节不同的利益集团，这是文化网络中权威产生的关键”（《文化、权力与国家：1900—1942年的华北农村》，1988，第246页）。

[译者注] 译文引自王福明译同书（1996，第234页）。

33 我们始终弄不清楚曹跃显是否便是曹昆亭的后人。据孙宗禄讲，曹昆亭是侥幸逃过晚明劫难的少数几户本地人之一。

34 [译者注] 当为武庙。

35 本书对已婚妇女均使用类似称呼。以张雷氏为例，张为夫姓，雷为娘家姓。

36 这次“巧遇”的具体经过在本书第七章有详细描写。

37 这场争斗旷日持久，从一方面说，其本质是三个强势男人打算欺负劫掠一个弱女子，到头来获胜的却是女方。这表明女人虽然易遭受攻击，但也并非毫无还手之力。第一件武器便是通过遵守妇道获得舆论支持，从而确立自己在夫家的地位。第二件武器则是无休止的大吵大闹，虽惹人讨厌，也不高明，却每每行之有效。从另一方面说，较量又发生在张、雷两大家族之间。张氏近亲几乎都跟三人帮一个鼻孔出气，而张雷氏背后则有娘家人给她撑腰，双方可谓旗鼓相当。我们无法查阅当年璧山县法院审理案件的卷宗，其中必有相关人员的名姓记录在案。需要看到的是，一个女人嫁入夫家，绝不如想象的那般势单力孤、任人宰割。不错，她可以被侮辱或打骂，却立地生根，很难被逐出家门：因为一旦丈夫写下休书，蒙羞的不光是女人，还包括她的整个家庭甚至家族。

38 柯白《四川军阀与国民政府：1911—1938》（1973）。

39［译者注］此说存疑。

40 国民党在其势力渗入四川以前，视该省为地方主义复苏的温床（柯白《四川军阀与国民政府：1911—1938》，1973，第2页—第3页）。

41 征税、剿匪等任务均由驻军或保安团负责执行。据柯白《四川军阀与国民政府：1911—1938》（1973，第11页），民国初年，四川境内到处成立地方保安团。至三十年代初，有人估计民团成员的数量已超过五十万。他们在很大程度上控制了地方行政，同时也资助兴建许多民用设施如自来水厂、水泥厂、机器厂等（同书第39页、第58页）。另外柯白注意到，随着清帝国的灭亡和四川军阀政权的建立，各地税务所变得越来越不可靠，因此农民更愿意把税款直接交到军队或保安团手中（同书第45页）。柯氏书中还对匪患有详细介绍，至于剿匪差事则经常落到保安团的头上（同书第55页）。

［译者注］“团总”系保安团的头目，本书作者误将团总与保安团混同，译文径作更正。

42［译者注］指红四方面军。

43［译者注］应为鄂豫皖根据地。

44 柯白《四川军阀与国民政府：1911—1938》（1973）第109页—第112页。关于中央军入川协助剿共，事实上削弱了刘湘军事实力的问题，可参阅沈松侨《从自治到保甲：近代河南地方基层政治的演变，1908—1935》（1989）一文。

45［译者注］民国时期四川实行保甲制度，自1935年迄1949年，历时十四年，其间共做过五次保甲编查。以1940年在该省实施“新县制”为界限，前后保甲建制有所不同。之前采取十进制，后期则较灵活，以六至十五为编制。1940年3月，四川省政府制定的《四川省各县整编保甲清查户口实施办法》明确规定，“保甲应以十进制为原则，即十户为一甲，十甲为一保。但在户口密集的地方（如城市及场镇），得采用最高数，以十五户为一甲，十五甲为一保；在户口稀少的地方，得采用最低数，以六户为一甲，六甲为一保”（冉绵惠、李慧宇，《民国时期保甲制度研究》，2005，第 160 页）。重庆作为抗战时的行都，那里的保甲编制大体相似。本书作者亦用十进制描述保甲制，但在甲下多出“排”的单位（据原书书尾所附中英词汇对照表，“排”或为“牌”，亦未可知。详见下文），十户一排，十排一甲，故一甲多至百户，未审何据。

46 以往学术界多半认为南京国民政府把推行保甲制作为加强控制基层民众的重要手段。本书主要参考以下作者的意见：杜赞奇《文化、权力与国家：1900—1942 年的华北农村》（1988）、萧公权《中国乡村：论 19 世纪的帝国控制》（1960）、理查德·李《保甲制度》（1949）、蔡慧玉《保正、保甲书记、街庄役场——口述历史》（1993）、林振华《中国的反革命——江西苏维埃时期的国民党》（1985）。

47 国民政府实行的保甲制究竟是单纯仿效清朝模式还是做了重大修改，对此学术界说法不一；但学者们普遍认为，如同国民党的其他许多举措一样，保甲制在各地落实的过程中也面临不均衡问题。原因有二，一是资金不足，二是执行不力。莱恩·哈里斯（Lane Harris）曾经指出，作为理想化的（县以下）基层行政体制，保甲的理论意义远大过实际意义（未发表论文《国家建设与统一：国民党右派政治哲学中的保甲概念，1927—1949》）。林振华等人倾向于把保甲户口编查看作所谓的“一揽子计划”（《中国的反革命——江西苏维埃时期的国民党》，1985），而司昆仑（Kristin Stapleton）《晚清四川县级行政：冲突的农村治安模式》（1997）、沈松侨《从自治到保甲：近代河南地方基层政治的演变》（1989）则声称国民党其实是以保甲为基础，试图重新梳理国内从上到下的行政关系。
［译者注］北宋王安石变法的一项重要内容就是保甲法，“籍乡村之民，二丁取一，十家为保，保丁皆授以弓弩，教之战阵”（《宋史》本传）。王氏发明此法，更看重寓兵于农，“二丁取一，以为保甲，农民半为兵”（司马光语，见李焘《续资治通鉴长编》卷三五五），其用意倒还不在加强对地方的控制。

48 ［译者注］原文误作“鄂湘皖”。

49 冉绵惠《民国时期的四川保甲制度》（1999）。

50 同上书。

51 截至 1937 年初，四川省共有 4621 名联保主任，57556 名保长，以及 873562 名甲长（冉绵惠《民国时期的四川保甲制度》，《文史杂志》1999 年第 5 期第 74 页）。

52 柯白《四川军阀与国民政府：1911—1938》（1973，第 111 页），引自《四川省行政督察专员施政研究会记录》（1935，第 80 页）。

53 各保保长名义上负有维持治安之责，但事实上乡民多半自己持枪保家护院（黄天华《抗战时期川康两省的社情与民情》，《民国档案》2007 年第 1 期第 97 页）。（[译者注] 该条注释似与正文关系不大。）

54 蒋旨昂《战时的乡村社区政治》（1941）。蒋氏在甲、乙两乡展开调研，书中提到乙乡历史上曾为驿站．据此我们推断必指璧山县的来凤驿无疑，因为这一带再无其他地方的名字是以“驿”来结尾的。

55 同上书。我们在这里径行使用歇马场一名，是因为从书中文字判断，蒋氏所说甲乡极有可能即为北碚的歇马场，也就是当时乡村建设学院所在地。

56 同上书第 28 页。

57 同上书第 4 页。

58 海弗德《到群众中去：晏阳初和乡村中国》（1990，第 192 页）。第二句引文出自休 · 哈伯德（Hugh Hubbard）《访川日记》（1947 年 12 月 11 日—23 日）。北碚于 1936 年成为嘉陵江小三峡乡村建设实验区（《四川百科全书》，1997，第 264 页）。[译者注] 第一句引文出自包华德（Howard L. Boorman）主编《民国名人传记辞典》（*Biographical Dictionary of Republican China*）第六、七、八分册（下）“卢作孚”条第 137 页（沈自敏译，《中华民国史资料丛稿译稿》，1986）。据同书第 136 页，卢氏把原在四川合江的民生实业公司总部迁往重庆后，“1935 年在四川境内长江上航行的船只，约有半数为民生公司所有。1937 年中日战争全面爆发前夕，民生公司拥有船只四十六艘，总吨位为二万二千六百吨。1937 年 7 月战争全面爆发后，民生公司已垄断了四川航运，控制了所有外资经营的轮船。”卢氏在北碚从事的乡村建设运动卓有成效。1936 年冬（或 1937 年初），黄炎培游览该地，感叹道：“历史是活动的。有许多‘人’昨天是无名小卒，今天便是鼎鼎名流。‘地’何尝不这样呢？诸君从普通地图上找‘北碚’两字，怕找遍四川全省还找不到。可见这小小地方，还没有资格接受地图编辑专家的注意呀！可是到了现在，北碚两字名满天下，几乎说到四川，别的地名很少知道，就知道有北碚。与其说因地灵而人杰，还不如说因人杰而地灵吧。……现今鼎鼎大名、公认建设健将卢作孚先生，……把地方所有文化、教育、经济、卫生各项事业，不上几年，建设得应有尽有。有小学，有中学，有报社，有图书馆，有博物馆，有公共体育场，有平民公园，有地方医院，有民众会场，有农村银行，有科学院，名中国西部科学院，其中有地质研究所，有生物研究所，有理化研究所，有农林研究所”[《北碚之游》，卢国纪《我的父亲卢作孚》（1984，附录第384页—第385页）]。

59 1983年，璧山名流张熙儒这样形容孙氏家族，“毫无疑问，他们是兴隆场的大姓和上等人家。所有子侄都受过良好教育，文质彬彬。要说那里有影响的封建势力，恐怕非孙家莫属。”在张先生看来，其他家族显然都不过是军阀时期的暴发户而已。

60 见注25关于“小地主”的定义（贡德《四川的地租与社会变迁》，1976）。孙家的衰落主要是过去二百年间不断分家的结果。十八世纪中叶，孙氏祖先曾经拥有一千石田，所以能在1769年非常大方地献出一块修村庙的土地。但是到了十九世纪末，孙氏族长名下的田产已减至一百五十石；再到1940年，他的孙辈们每人仅有三十石田左右。

61 1983年，我们获悉孙氏兄弟当年参加的是一个军事训练营，专为湖北恩施培养特务人员。

62 杨焕章原本是大地主李菊生家的佃户，后来把地转租出去，腾出手来专替大户人家做讼师。在那个年代，懂得如何打官司是一项非常有用的技能。

63 [译者注]巫卸任后投靠蔡云清，充当讼师。详见第五章。

64 清末许多怀抱理想的地方官员身上体现出与兴隆场孙氏兄弟相似的特征，参见艾拉·拉皮德斯（Ira Lapidus）《中国与伊斯兰社会的纵横向比较》一文（《中华帝国晚期的冲突与控制》，1975，第27页）。

第五章　袍哥与民间势力

尽管四川的军阀政权一直试图将农村纳入其管辖范围，1940 年真正能在兴隆场呼风唤雨的却是称作哥老会的袍哥组织。自十九世纪末的秘密会社形式，该组织逐步发展壮大，并控制了广大地区。[1] 辛亥革命后，袍哥势力从城市转入乡村，不但底层民众受其吸引，连身处乱世的乡绅也要寻求它的庇护。事实上，利用军阀混战所造成的政治真空，哥老会在乡村牢牢站稳脚跟，并得到了地主和商人的有力支持。尤其是商人，经常买来袍哥大爷之类的唬人头衔，然后外出跑买卖就会安全许多。遍布各地的袍哥堂口十分活跃，在维持治安、调解纠纷、组织娱乐活动等方面有时甚至比官府（乡政府）、宗族或宗教势力更能发挥作用。然而，要想寻找任何有关他们活动的文字资料却相当困难。[2]

本章将对中日战争初期兴隆场的袍哥组织作一个粗线条勾勒，包括其来龙去脉、文化功能、组织结构、公开和地下的经济活动等等。首先介绍四川袍哥的起源及其在清朝末年向农村地区的渗透。该组织的行为方式、用于建立广泛社会基础的手段、以及本地袍哥首领蔡旅长的发迹史——这些将是重点讨论的内容。在兴隆场，袍哥的凝聚力来自于它向成员提供的各种保护，同时又能通过非法活动（如开设赌场、敲诈勒索、走私货物）获取经济利益。其政治影响力同样不容小觑，要么公然和乡政府唱对台戏，要么改变策略将对手玩弄于股掌之上。当局下达的行政命令也经常受到它的阻挠。因此在许多乡民眼中，袍哥比乡政府更有权威、也更值得信赖。

袍哥的源流和发展

有关袍哥起源的问题一直众说纷纭，概括各方意见，大概与清末盛极一时的盗匪和秘密组织脱不了干系。学者普遍相信袍哥由信奉白莲教的流民和活跃于川东及湘陕边界的啯噜演变而成，[3]分歧主要集中在袍哥与哥老会错综复杂的关系上。相对而言，哥老会的组织结构更加严密，入会程序也相当繁琐。但本书作者倾向于认为二者即便不能等同，至少在许多方面都是难作区分的。[4]

清王朝的灭亡为哥老会的发展创造了契机。与清末许多民间秘密组织一样，哥老会也一视同仁把不同职业、身份的下层民众聚拢在自己旗下（包括僧尼道士、江湖艺人、炼丹术士、算命先生、衙门皂隶、戏子、小店主等，三教九流无所不有），共同从事推翻清政权的活动。为了显示有别于常人，成员一律身穿长袍，“袍哥”即由此得名。[5]在清朝最后几十年间，各省官吏开始意识到秘密组织快速发展所带来的威胁。1883年，四川总督丁宝桢在给巴县衙门的饬令中就说，“川省幅员辽阔，匪类丛生，所谓啯匪、会匪、教匪、盐匪各属多有，或白昼而拦途抢掠，或黑夜而毁室行强。”[6]然而清政府自身难保，根本无暇对付层出不穷的“匪类”。至十九世纪末，据一位法国传教士所见，袍哥势力已经遍布川省“所有大中城市”。[7]1891年重庆开埠通商，随着商业活动的日趋活跃，当地哥老会更加如鱼得水。[8]清政府对此仍是一筹莫展。1909年，时任川督[9]竟无力说服新成立的谘议局[10]通过一项压制哥老会等民间组织的法案。当时哥老会成员已不再限于“下九流”，而是逐渐分布到社会各个阶层。许多有钱有势的绅商也加入袍哥，借以广通声气，同时自己头上也多出一顶保护伞。[11]

袍哥势力因辛亥革命的爆发而进一步壮大，革命后完全公开、合法化。更重要的是，它由早期的流动互助团体逐渐发展成人员众多、结构严密、并且有着稳定地盘的组织。[12]孙中山领导的同盟会曾把带有反清色彩的四川帮会作为可以争取的力量，吸收有威望的袍哥首领入会，并将大批同盟会员安插到对方阵营中。[13] 1911 年四川发生的铁路风潮最终酿成了保路同志军大起义，其中就有帮会组织的广泛参与。孙中山曾经说，正是同志军暴动为不久之后推翻清朝的武昌首义铺平了道路。[14]

在由袍哥发动的成千上万苦力、农民的围攻之下，省城成都陷落，这对辛亥革命的成功起到了关键作用。同盟会领导人尹昌衡成为新建立的四川军政府都督后，极力倚重袍哥势力，并封自己为舵把子，把他主持下的军政府称为“袍哥政权”。[15] 据说尹大都督曾身披红袍招摇过市，公开亮明他对袍哥的支持态度。这样一来，袍哥地位陡增，士绅视之为新政权的化身，争相加入以求自保。[16]

然而所谓的“袍哥政权”仅仅昙花一现，滇、黔两省拒绝承认，并发兵入川，企图驱逐袍哥势力。[17] 而尹昌衡也逐渐意识到袍哥组织过于松散，难以驾驭。各地码头即公口虽然行规森严，但各行其事，相互间缺乏配合（“码头”一词显然与袍哥等地下组织兴起于长江流域有关）。尹最后决定改弦易辙，把袍哥“请出”军政府。[18] 1912 年 2 月，成、渝两地的军政府合并，随后成立四川都督府，[19] 开始限制哥老会的活动。

袍哥虽遭受重创，但元气未伤，转入乡间继续发展。也就是在这一时期，袍哥队伍内部出现了分化，形成以下层群众为主的“浑水袍哥”和由官僚士绅控制的“清水袍哥”。浑水袍哥继承了老一套打家劫舍的土匪做法；而清水袍哥则以“乡村领袖”自居，道貌岸然，有时也能凭借权势保全地方利益。

袍哥分化还表现在“职业袍哥”与“半职业袍哥”的对立上。所谓职业袍哥，平常待在茶馆——即袍哥的办公处所——洽谈生意、招待客人或是寻欢作乐（如赌博）。他们不但负责管理本堂口，时不时地还要插手地方事务。半职业袍哥之所以加入进来，多半都是出于对自身利害得失的关切，其中包括工商教育界名流[20]以及政客、军人之类。

试想一下，如果当时的中华民国能按部就班步入正轨，那么盘踞在乡下的袍哥势力大概就会慢慢消亡。可惜新生的民国很快便在四川甚至全国范围内走向末路，接踵而至的是军阀连年混战，为袍哥的发展提供了沃壤。仅川省战火就燃烧了二十年之久，经常是五六个派系的军阀队伍互相打成一锅粥。有人统计，从1911年至1932年，该地总共爆发过四百六十七次军事冲突。[21]枪炮声此起彼伏、不绝于耳遂成为家常便饭。重庆数度易主，直到三十年代初刘湘在那里建立起一个军阀政权，局势才算稍微安定下来。战争令军火生意空前繁荣，打红了眼的军阀们先得从四川、西康、贵州、云南等地收购鸦片，再运往上海去换武器。这种双向贸易当然离不开袍哥帮忙。贩卖私盐是哥老会等秘密组织的另外一个生财之道。所有这些非法活动最终导致一张地下经济的大网在千疮百孔的中国土地上蔓延。[22]

军阀混战、土匪横行以及农村传统秩序的崩坏都让袍哥有了可乘之机。通过行侠仗义、“主持公道”，他们在乡村这片政治真空地带扮演起一方权威的角色；一面又从开办赌场、囤积货物（包括粮食、鸦片）、收取会费及保护费等赚到数不清的钱财。[23]毫无疑问，正是四川军阀的崛起为袍哥组织的极度膨胀创造了空间。像随风飘荡的种子一样，他们离开城市，终于在无人问津的广袤乡野找到生根发芽的肥沃土壤。[24]

袍哥如何进入兴隆场

在兴隆场，几乎无人知晓本地袍哥的早期历史。从保存在寺庙的石碑上很少能发现这方面的铭文记载，去璧山县城搜寻其他场镇的袍哥资料，同样是一片空白。[25] 当地人个个爱听三国故事，说起里面的英雄豪杰如数家珍；他们对军阀时代的名人战事也了如指掌，唯独对土生土长的袍哥知之甚少。有人曾向我们提到哥老会是出现于明末、旨在“反清复明”的秘密组织，但这种说法纯属谣传。[26] 显而易见的是，恰逢乱世，重江湖义气的袍哥能在兴隆场扎下根，与地方政府和乡绅无所作为、老百姓不得不结社自保有很大关系。

二十世纪一二十年代，兴隆场和四川其他地方一样，饱受军阀、土匪之苦。躲在山上的土匪尤其猖狂，动辄闯入村子大肆抢劫。有一户富人的两个儿子同时遭到绑架，倾家荡产交纳巨额赎金后，换回来的不过是两具尸体而已。[27] 还有一个叫蔡章云的富裕农民的运气似乎要好许多。1920 年前后，在送给土匪几百元赎金后，他家被掳走的十几岁的独生子竟奇迹般得以生还。这名受害人长大后学做石匠，并生了四个孩子，然而早年所受过度惊吓终于还是令他在中年时患上严重的精神疾病。可见这段痛苦经历在当地人的心头留下了难以愈合的伤疤。

兵荒马乱之际，各地乡绅或者大姓都极力欢迎清水袍哥的到来。因为他们不但能为乡民提供保护，还有办法跟打家劫舍的浑水袍哥周旋。胆大包天、为害乡里的土匪直至三十年代初才被重庆军阀刘湘镇压下去。[28] 匪患减轻并未影响到袍哥受拥戴的程度。随着三十年代中期川省军阀势力削弱以及两万中央军的进驻，大批旧军官解甲归田，摇身一变成了袍哥首领。[29] 所以尽管乡民自保的愿望已大不如前，袍哥在地方上的威望却有增无减。

旧军阀蔡云清

军人出身的袍哥首领中最引人注目的当属蔡云清。他曾在二十九军担任旅长，1935 年所属部队被刘湘击溃后，脱去军服回到了兴隆场。相比一二十年前出去当兵的那个年轻人，这时的蔡俨然已称得上是个大富翁了。蔡氏虽为当地五大家族之一，上世纪初便已衰落，蔡云清本人仅在父亲去世后继承到十二石地。蔡家很早就为他定了婚事，大概当时家境还好，所以能跟县里有名的张姓大户人家结亲。女方随身带来一份相当丰厚的嫁妆和关系网，这在蔡云清后来决定从军时派上了用场。随着军阶越升越高，他的能耐也越变越大，前前后后在兴隆场总共置买了一百多石地。犹嫌摆阔摆得不够，他又大兴土木把自家房子改建成带岗楼的深宅大院，娶了两房妾，并买来一大堆使唤丫头。[30]

蔡氏上述大张旗鼓的活动在多大程度上得到了袍哥的资助，我们不得而知。但有一点非常清楚，即当时绝大多数军阀明里暗里都跟袍哥保持着非同一般的关系。[31] 三十年代初，蔡、曹两家的儿女婚事就很能说明问题。正兴乡的曹向辉是璧山县首屈一指的袍哥首领，名下有六百石良田；他的哥哥更是财大气粗，据说有一千石地。婚礼的排场自不必说，蔡云清还派出一个步枪排和一个手枪排充当迎亲队伍。曹向辉也不含糊，大摆筵席，招待这些当兵的吃喝了三天。去两家贺喜的人络绎不绝。主人一高兴，不但邀请街坊邻居、穷亲戚和佃户赴宴，散席后还特许他们把桌上的残羹剩饭一扫而光，带回家享用。

蔡云清三十年代中期退役后成了地方名人。他对政府机构如乡公所、县衙一律敬而远之，反倒是选择袍哥据点茶馆作为“从政”的舞台，很快当上城南乡仁龙社的龙头大爷。他带领本堂兄弟来到兴隆场，公开向孙宗禄任管事的义兴社叫板。[32] 从此，蔡、孙两人成为冤家对头。

依靠过去在军旅建立的关系，蔡云清在与孙宗禄、孙宗尧兄弟的较量中占了上风。他的熟人中最重要的有两位，一是璧山总社舵把子、掌管全县五个袍哥公口的陈雪樵，一是丁家坳的袍哥首领、与刘伯承曾有金兰之交的张明安。[33] 有这些人做后台，他开始精心策划一场骗局。孙氏兄弟先是受邀参加国民党办的一所特训营，这对他们的诱惑力相当大，意味着可以跳出农村、到重庆那样的大地方去寻求发展，[34] 却不料正好落入人家调虎离山的圈套。蔡旅长趁机大权独揽，将兴隆场的袍哥组织牢牢控制在自己手中。

蔡云清中等身材，体格强壮。1940 年我们初到兴隆场时，很快意识到这个五十出头的男人才是本地真正的大佬。新任乡长孙宗禄，拥有三百石田的大地主曹跃显，巫、杨、张三大家族德高望重的族长以及形形色色的宗教领袖——他们固然有头有脸、受人尊敬，但比起蔡旅长来，实难望其项背。那时正值仁龙社日渐壮大之际，蔡氏之所以威风八面，丰厚家产倒在其次，靠的主要是他龙头大爷的头衔。

多年军旅生涯练就了蔡旅长临危不乱、行事果断的刚强性格，而这正是袍哥首领所必需的。当乡政府的某项政策损害到袍哥利益，就需要他挺身而出，带头抗命。不光手下弟兄，有时整个村子的人都能跟着他沾光。比如经常下乡扰民的二十九军士兵，要么索要滑竿，要么征用民宅，要么强占磨坊碾米。每当这种时候，自然少不了蔡旅长出面斡旋。俗话说正人先正己，作为有影响的当地名士，他得时刻注意自己的言行举止。儒家标榜的仁、义、礼、智、信样样不差，只有这样才能在袍哥内部和社会上赢得广泛赞誉。蔡氏早年读过八年私塾，这也让他有别于寻常百姓，堂而皇之跻身士绅行列。

正由于此，许多有钱有势的大地主——如茶馆常客曹跃显、王俊良——都被他拉拢进袍哥组织。这些人的加入愈发令仁龙社鸟枪换炮，今非昔比。被他招致麾下的还有一位重量级人物，即巫氏家族重要成员、前任乡长巫焕云。在好几起纠纷中，熟谙官场门道的巫焕云都替袍哥扮演讼师的角色。蔡旅长交结的另一种人是行商坐贾。皮革猪鬃商魏书尧便在蔡的游说之下，心甘情愿给仁龙社跑腿。每逢贵客登门，[35] 他都自掏腰包帮忙接待。魏书尧肯这样干，自己当然也有好处：那就是打着袍哥招牌，头上顶着“三爷”的封号，外出做生意可以畅行无阻。[36]

蔡旅长往往挑选一些机灵能干的年轻人作为亲信，专门陪客人在茶馆打麻将。他们中的许多人其实是袍哥子弟，因其父兄染上赌博、抽大烟的恶习，最后家败人亡。对此仁龙社大概自觉理亏，便对这帮“遗孤”格外照顾，同时加以利用。有时蔡旅长会介绍自己喜欢的人参加民团，这可是个美差。既不耽误社里的活动，又能吃上一份公家饭，而且在乡民眼中也算是个不大不小的人物了。这班人中混得最好的要数一对兄弟。他们的父亲生前曾是教书先生，二十年前病故后，撇下孤儿寡母艰难度日。母亲摆摊卖米酒，仅靠这点收入养不活四个孩子，只好送走其中两个。留下的两兄弟长大后都以聪明伶俐见长。老大于 1940 年被招入县保安团；老二则成为蔡旅长的红人，不但经常“奉命”打牌，还跟另外三人合伙掌管袍哥在镇上成立的曲艺社。有一段时期他甚至当上了烟馆老板。[37]

处在民国乱世，一名深孚众望的袍哥首领必须掌握高超的谈判技巧，保护堂口弟兄不挨欺负。[38] 蔡旅长恰恰满足这一条件。蔡是一个令人敬畏的家伙，一旦手下人——无论身份多么卑微——卷入纠纷，他都在第一时间出现，三言两语就能把事情搞定。从下面例子我们可以很好领教到他的本领。有一次，在梓潼山上挖煤的矿工跟一帮来自兴隆场的挑夫干起架来。起因是矿工指责挑夫磨磨蹭蹭，尽拣大块煤往筐里放。结果口角演变成群殴，几名矿工被打伤。此事惊动了矿老板，于是挑夫们被要求设饭局道歉，而且桌上得见荤腥。这对年仅十六岁的挑夫彭广惠来说绝非小事一桩。他自己一无积蓄，二无家人帮忙（父亲早亡，母亲改嫁），全靠拉煤挣的那点儿钱过日子。好在彭广惠跟许多外出打工的年轻人一样有先见之明，知道寻找靠山，几个月前就加入了仁龙社。蔡旅长得到报告，二话不说，坐上滑竿直奔梓潼。他联系到那边的袍哥大爷，两人很快便迫使矿老板收回前言，不敢再找挑夫的麻烦了。[39]

尽管蔡旅长没有公职，表面上也表现得循规蹈矩，他手中的权力可比乡长孙宗禄大得多。按说乡政府有权任命下面的保长，但实际说了算的往往还是袍哥。当蔡旅长的亲信杨德盛在一片反对声中竟能连任第一保保长时，事情便再明显不过了。第一保由于环绕场镇的缘故，其重要性非其他保能比。人人都知道杨德盛担任保长时，不但给自己捞好处，还干下不少违法勾当。杨的女婿达先生之死就是当地人时常谈论的话题。有天晚上，达先生孤身与闯人家中的十四个土匪搏斗，惨遭毒手。这件事蹊跷得很，虽然没有确凿证据，大家深信杨德盛才是幕后黑手。一个原因是时过境迁，跟达家结亲不再有利可图。三十年代初达先生的哥哥达盛显担任区长，杨德盛一门心思要攀高枝。然而达盛显在一次剿匪行动中阵亡，达家没了披官衣的人，地位从此一落千丈。另一个原因是，达先生一死，杨成了直接受益人。因为女儿带着两个年幼儿子搬回娘家居住，家产自然由他掌管。

蔡旅长和杨德盛的关系可以追溯到几十年前，二人有着相似的经历，都是在军阀队伍里一步步爬上来的。有人怀疑杀害达先生的凶手能够逍遥法外，背后必有蔡、杨搞鬼。事实上，杨的女儿铁了心要让罪犯绳之以法，为替夫报仇，不惜花费两千元巨资打官司。最终被她起诉的六个人中，有四人无罪释放——其中一人与蔡旅长交情深厚。那么蔡是否插手此事便不能不令人起疑了。至于杨德盛得以连任保长，孙宗禄从开始的竭力反对到后来的默不作声，显然是屈服于蔡的压力。

已经处处占了上风的蔡旅长犹不甘心，不断罗织罪名如贪污受贿、挪用公款之类，极力想把孙宗禄赶下台。他曾发起一场声势浩大的弹劾运动，使得兴隆场足足有十八个月不得安宁。1940 年初，受蔡旅长指使，巫焕云抓住乡里三挺机关枪下落不明这件事大做文章，将孙宗禄告上璧山法院，指控他侵吞公物。孙辩解称，当初乡政府买枪是为应付匪患；如今天下太平，机枪久不使用也生了锈，便拿出去找人擦拭修理。孙其实在撒谎，实情是他动了私心，擅自让一个同宗把枪熔化后改制成自家织布机上的零件。县长王士悌深知兴隆场山头林立，关系错综复杂，所以对此案置之不理。原告一方不肯罢休，等到十月份有位区长以专员身份下来巡视，蔡旅长旧事重提，再度发难。专员试图和稀泥，建议孙宗禄给公家赔三百元钱了事，但蔡旅长不干，非要他赔一千元不可。专员见状不妙，干脆一走了之，去别处巡视去了。有关枪的问题持续发酵，半年后还是由巫焕云出面，二进法院，重新起诉。这一回县长直接将案子发回乡里审理，此时孙宗禄已卸任（详见第六章）。新乡长是外乡人，初来乍到，尤其不愿卷入当地各派势力的纠纷中，便把事情全部推给乡公所的管事处理。这位管事不是别人，正是孙的同党。巫焕云获悉后怒不可遏，大闹乡公所，一天夜里全镇人都能听到他的叫骂声。但这也是我们所听说的机枪事件的最后一幕了。

蔡旅长在兴隆场的影响力远不像一个袍哥大爷那么简单，举手投足间透出一种领袖气度，不但受到仁龙社以外的袍哥成员的拥戴，甚至也被全体乡民视为“教父”一样的人物。当中日战机在璧山上空不期而遇、发生激战时，他的表现尤其令人佩服。日机本打算前去轰炸重庆，年轻的中国飞行员驾机拦截，但完全不是对手。眼瞅着中国飞机一架接一架跌落到田野里，村民陷入巨大恐慌之中。他们明知应该抢救伤员，却群龙无首，一筹莫展。关键时刻还是蔡旅长——而非乡长——赶到现场指挥救援，安排人把伤员抬往璧山医院（步行需两小时），并自掏腰包付滑竿费和医药费。[40]

还有一个例子。1941 年 4 月，县保安团下乡剿匪时，来自城南乡的团丁梁泰云屁股上挨了一枪。战斗结束后，梁被抬到兴隆场镇上。这时已是半夜，乡公所空无一人。蔡旅长恰巧还跟王俊良等人在 28 号房打牌，闻声出来问明情况，发现梁的伤势太重，立即叫人往璧山送。雇滑竿的十块钱以及医院两块钱的挂号费都是由他出的。蔡这么做，自然知道接下来几天众人在茶馆里都会像说起及时雨宋江一般称颂他的慷慨大方、乐善好施，而自己的大佬地位无形之中也会进一步得到巩固。

袍哥的组织结构

1940年初，袍哥在兴隆场已经发展得有模有样，经营着两座茶馆和一家曲艺社。起初我们以为，王明轩开的茶馆之所以人来人往、热闹非凡，全由于老板善做生意，又能用一副会唱歌的好嗓门招徕客人。过了一段时间，我们才发现王氏茶馆原来是仁龙社的码头，即袍哥大爷议事的场所。每逢集日，各位首领坐镇茶馆，仲裁纠纷、监督交易的同时，遇有所谓名流从外乡或县城赶来，也不忘茶酒款待，借机跟对方拉关系。

茶馆还是各路客商来到镇上的落脚点。任何陌生人只要在此亮明自己的袍哥身份，便会有位管事前来招呼，并尽力提供方便或者保护。场镇可以说是袍哥活动的主要舞台。这里共有四个分社，春节期间会举行一些特别仪式，一年还要召集两次声势浩大的盟会。[41]

袍哥早已不是早期的秘密团体，除了偶尔关起门来密商大事，一般情况下都公开活动，无所顾忌。因而大家不但可以随意谈论各堂口的字号、辈分、成员以及帮规，[42]而且相当踊跃地参加他们举办的任何公共活动。事实上，我们听说遍布全乡的六个袍哥分社几乎吸纳了兴隆场的每一个成年男人。如果有谁不肯加入，那么他在众人眼中就变得“身价不明”，毫无信誉可言。

人们选择哪个堂口，似乎主要看其阶层高低，而这是依照儒家标榜的仁、义、礼、智、信加以区分的。镇上的四个分社分属仁、义字号。仁字号辈分最高，仁龙、仁罗两分社（前者规模更大）皆向士绅敞开大门；其次是义字号，成员以富裕自耕农为主。[43]设在乡下的另外两个分社我们不太了解，据说都属于辈分较低的礼、智字号，成份也较复杂。参加礼字号的有无地农民和手工业者；智字号则更像是个商会，成员包括商人、店主等等。以上只是笼统而言，未必准确。比如仁、义字号的组成分子，据我们所知，就不会局限于某个阶层，而是三教九流、士农工商都有。当地人声称他们加入辈分高的堂口，不光要缴更多会费，关键还要品行端正。这种说法同样不可信。我们发现，除了所谓人品和经济实力，帮派力量、人际关系也是入会时需要考虑的因素。至于说仁、义字号要求全体成员必须出身清白、为人正直，更是一派胡言。大家知道的两名重要袍哥就公然以身犯禁：一个是夺占人妻的冯庆云（详见第八章），一个是跟儿媳妇上床的王明轩。

显而易见，领导袍哥堂口的都是有钱有势的士绅之流。任何人梦想出人头地，首先就得加入袍哥，并设法成为里头的上等人。袍哥大爷对待弟兄要有担当精神，遇事要么出面斡旋，要么拔刀相助。这种荫庇关系当然不是靠花钱就能买来的，需要在日常生活中一点一滴加以培养，因而含有相当多的个人成分。举例来说，某位袍哥利用吃饭机会求本堂大爷帮忙，并获得允诺；那么逢年过节，龙头大爷家中请客，欠下人情的他必须到场以示效忠。来的弟兄越多，场面越热闹，主人脸上便越有光，而双方关系也由此得到进一步升华。需要指出的是，农村的宗族或地主势力何尝不想通过施恩于人建立起有利于己的纽带；但在兴隆场，唯有组织严密、上下一心的袍哥凭借其超强的凝聚力才做到了这一点。

各堂口内部的等级十分森严。六爷是普通成员能够谋到的最高位子，大多数人都待在底层的九牌和十牌。[44]入会、提升牌位均需缴不少钱，故而能做袍哥大爷的往往是家境殷实的地主、富商以及政府官员。据说曹跃显辞去一座小镇上的警察所长职务，于 1936 年回到兴隆场后，就斥巨资当上了仁龙社的三爷。这笔钱的具体数目，有人说是两千，有人说是四千。总之三爷不是一般职位，可以直接插手堂口的内部事务。[45] 手握大权的曹跃显因此成为镇上响当当的大人物。

相比士绅，商人对入会的要求似乎更加迫切。这是因为花钱买一个虚衔，既有安全感，又能得到各种实惠。比方说，袍哥四通八达的关系网可以帮助他们走到哪里都无需缴税。加工猪鬃的魏书尧从不后悔自己当初在袍哥的投资。在他看来，选择入会乃经商必不可少的手段。利用蔡旅长熟识璧山袍哥的便利，魏书尧往重庆运货，沿途过路过桥费全免。还有董泰邦，1941 年大量贩卖机织洋布给下江人，发财后见风使舵，退出机仙会[46]，转而花大价钱当上某个堂口的三爷。至于那些经营规模较小的商人，其策略则是入会后随时打点，不放过任何一次提升牌位的机会。抗战爆发后，曾有两个本地农民看准不断扩大的棉花市场，于 1938 年各自做起布匹生意，并加入了袍哥。至 1940 年，他们的买卖越做越红火，会内地位也一路攀升。其中一人被提拔为三爷；另一个年初由九牌进入六牌，年底又打破常规，升入五牌（照规矩，会员在同一牌位内必须待满一年）。

有些商品如大米的行情略显诡异，这跟地方保护有关。中央政府制定了相对便宜的米价，虽说对本地市场影响不大，却为城里商人提供了一条生财之道。他们勾结袍哥，从各地小贩手中强行按法定价格收购大米，然后高价出售，从中渔利。另有一些不法商人倚仗袍哥，垄断各个场镇的鸦片市场，大发横财。即使经营普通货物如食盐、猪鬃等，同样离不开袍哥的支持。从袍哥一方来讲，他们并非无偿服务，而是把商人看成政治“提款机”。一旦有需要，可以不费吹灰之力筹到大笔现金。

袍哥的组成相当复杂，士绅、富商只占极小部分，基本成员都是引车卖浆者流，如破产农民、小商贩、苦力，甚至包括剃头匠、裁缝、算命先生以及除痦子的江湖郎中。农村地区戒备较严，任何来历不明的陌生人都有可能被关进乡公所审问几天。为了避免或减少此类麻烦，那些走街串巷、四处谋生的人不得不向袍哥寻求庇护。缴钱入会成为普通一员，仅能保障出门在外免遭欺负而已。跑远路的生意人只要舍得花钱，升入较高牌位就能享受更多优待：往返成都、重庆，不但土匪不敢骚扰，沿途关卡也免费放行。

缴纳会费对普通人来说是个不小的负担，考虑到这一点，人人都入会似乎大成疑问。的确，一些沾光较少的穷人在缴钱时就表现得犹犹豫豫。入会程序一般是这样的：首先得找三位袍哥做保人，酒肉款待，缴纳入会费；然后凭其引荐，参加一年两次的"开香堂"仪式，从而成为一名新会员。在1941年，做工的人家要想凑够三块钱入会费——这是头等堂口的标准——并宴请三位保人，殊非易事。如果家庭背景有问题，保人还得增加到六个。以上文提到的彭广惠为例，因其母亲跟镇上的一个木匠同居，名声不佳，他自己申请入会时就需花双倍的钱请六位保人吃饭。当然这些钱掏得值，几个月后他在梓潼拉煤遇上麻烦，就由蔡旅长出面摆平了。

像彭广惠这样的普通会员是没有资格参加堂口日常活动的，所以他们既不能聚众赌博，也出席不了"开香堂"的仪式。这些人囊中羞涩，自然不肯多花两块钱提升牌位（这是1941年的价码）。其入会目的仅仅为了应急，一旦有事能有一位大人物帮忙罩着。入会就等于上了保险，他们也会不失时机向本堂大爷表忠诚献殷勤。

正是基于这种关系，兴隆场六个堂口的龙头大爷个个颐指气使、威风八面，连堂堂乡政府也不放在眼里。另外还有许多帮规，诸如"出卖码头挖坑跳，杀害大爷拿命偿"、"莫把大爷欺，小心遭扑灰（指内部处死）"、"上不服义兄，下不助义弟，必喝洗脚水"等等，愈发使袍哥内部的尊卑秩序牢不可破，无人敢越雷池一步。[47]

如今在公开场合招摇过市的袍哥急于洗白自己的过去，为此制定了三套帮规，即十条、十款和十二诫，努力打造一副正派形象。这些戒条混合了儒家伦理（如服从长上、孝敬父母）、行为规范（如走路端正、敬让谦恭、莫把两脚搭桌上、跟人吵架割舌头）以及严格的组织纪律（如弟淫兄嫂遭惨报、行止不端咎自取）。有时还掺杂迷信成分，如严禁在茶馆打碎茶碗，这被视为他日误伤人命的凶兆。上述观念的灌输可以通过多个渠道，听曲观戏就是一种重要方式。[48]

大家普遍认为袍哥的道德说教不过是做做样子，装点门面；然而我们发现在其内部，至少某些戒律务必恪守，否则严惩不贷。义兴社的中医曾德元就是一个很好的例子。有一天他在集市上因几个小钱，跟梓潼乡来的一位袍哥发生争吵，动手撕破了对方的长袍。围观者把两人分开，并安排讲理。义兴社舵把子张雄庆负责调解，处理完纠纷后，又因曾德元行为鲁莽坏了会规，罚他赔人家衣裳。曾表面应承，事后却装聋作哑。过了一段时间，梓潼的袍哥大爷来信追问，张雄庆才知道上了当。他把曾叫来痛骂一顿，威胁要挂他的黑牌（指暂停活动，回家反省）。曾德元不接受教训，继续阳奉阴违。张在接到梓潼乡袍哥的第二封来信后，忍无可忍，宣布挂黑牌。曾毫无悔意，声称要退会。张大喝一声："那就连根拔（指开除）！"一旦黜名，意味着别的堂口也会对他大门紧闭。曾终于害了怕，只好同意挂牌，老老实实赔偿了事。

袍哥内盛行关公崇拜，凡举行仪式，必挂其圣像。三国时的蜀汉大将关羽集忠义、勇武于一身，死后逐渐被神化，演变为武神甚至财神。[49] 到了清朝，关公地位进一步得到抬升，成为武圣，与孔子并列。分祭二圣的文、武庙遍布城乡。辛亥革命以后，民间祭神之风渐衰，但袍哥仍视关公为保护神，一年两次会期都要供奉，尽管礼仪已不像从前那般严谨。

框 5.1　十条（P136）[50]

忠于国家第一条,* 第二要把爷娘孝。

第三长上须服从，尊卑有别第四条。

外堂兄弟尤和好，与邻为善第五条。

第六做事要公正，手足和睦第七条。

挑拨离间不可行，泄露帮规罪难逃。

谨遵牌序守规矩，牢牢记住红十条。

（* 向我们提供这“十条”的刘志权牧师大概有意无意把原来的“帮主”换成了当时的流行语“国家”。）

框 5.2　十款

一、尊敬大爷。

二、衣着得体。

三、走路端正。

四、莫在茶馆摔茶碗。*

五、莫把两脚搭桌上。

六、莫行欺，莫抢人。

七、自称大爷使不得。

八、敬让谦恭。

九、莫以强欺弱。

十、莫出口伤人。

（* 打破茶碗，预示着不日将有血光之灾。）

框 5.3　十二诫

一、弟淫兄嫂遭惨报。

二、出卖码头挖坑跳，杀害大爷拿命偿。

三、莫把大爷欺，小心遭扑灰。

四、勾引敌人罪难逃。

五、造谣又生事，流放三千里。

六、通风报信关三年。

七、行止不端咎自取。

八、幺满送丢信，小命保不住。

九、红面视兄犯律条。

十、上不服义兄，下不助义弟，定喝洗脚水。

十一、重色轻友又不孝，人所不齿名黜掉。

十二、跟人吵架割舌头。

例如腊月初十举行的“终年盛会”，镇上的四个堂口早早就派出各自管事在武庙门口张贴红纸告示，通知开宴时间、地点以及赴会费用（通常是两块钱）。届时，一阵鞭炮响过，各堂管事带人去向关公献祭。而龙头大爷们却摆出无所谓的样子，坐在茶馆照样吃茶聊天。

再来看武庙的祭拜仪式。管事先要烧香和纸钱，献上三盘供菜，然后率为数不多的会员跪拜关公及两侧的配祀神。礼毕，各堂人员原路返回。这时，各饭馆门前已摆好桌子。人们又把从武庙带回的供菜放到桌上，焚香烧纸，用以祭奠那些已经死去的弟兄。

上述仪式之后，宴会正式开始，大家开怀畅饮，喝的都是本地产的高度酒。席间，管事引领头天晚上秘密入会的新人（包括刚晋升牌位者）挨桌敬酒。当他大声宣读手中红纸名单上的新成员以及“恩、承、保、引”四位拜兄（均为本堂山主和大爷）的名字时，新人下跪磕头，所有人起立称谢表示还礼。接下来，管事再带新人去其他堂口行礼拜见，以求照应。

跟关公有关的另一重要活动是五月初十的“单刀会”。[51]仪式比“盛会”稍显隆重，武庙关公圣像前的供桌上罩有红布，上方悬挂一盏长明灯，但参加的人并不比上次多多少。

此类聚会无疑大大增强了袍哥对内的凝聚力和对外的影响力。除了欢宴会众、广结宾朋，袍哥还利用这种场合接纳新秀、赏功罚罪（有功者提升牌位，有过者据罪愆大小或降级、或挂牌、或黜名）。然而大部分会员都因缴不起钱而被拒之门外，以致每次设宴，四个堂口加在一起也不过只有区区百十来人到场。

自从抗战爆发以来，兴隆场的娱乐活动便少得可怜。地方政府在这方面似乎无能为力，倒是袍哥为大家提供了轻松去处。作为码头的茶馆自不必说，他们还投资成立了一家曲艺社，聘请师傅教唱川剧。曲艺社用的是曹跃显免费提供的房子。每到集日下午，学员在此排练；村民或进来打牌，或在门口驻足观看，饶有兴味地听上一曲自己喜欢的清唱。曲目以流行的三国戏为主，川人钟爱的诸葛亮自然是戏里的主角。[52]

为了给过年增添乐子，袍哥又组建了“赏月会”——一个由各堂口负责人组成的临时机构。1941年，担任赏月会会长的是仁龙社的两位管事曹跃显和王俊良，成员包括蔡旅长手下的重要军师巫焕云以及其他堂口的弟兄，其中就有义字号龙头大爷、担任保长的杨荣廷。

在兴隆场，1941年春节期间的总花销达到了两千元左右，而当时的物价是四十块钱买三十六升半米。这笔钱的去向大致如下：一千元用于制作龙灯，购买香烛纸钱（都是舞龙、祭神必需的道具）、鞭炮焰火（按照惯例，舞龙表演的最后一晚要燃放烟火）；另外一千元用于杀猪宰羊犒劳舞龙手（有时一天招待两到三顿饭）。赏月会负责募集钱款和安排做饭的人家。筹钱一般有三种途径：一是分摊，各家各户（包括店铺）缴两块钱；二是收服务费，自有大户人家愿意花钱请人舞龙；三是曲艺社捐款，来源则是年前两个月开设赌场的收入。

说到服务费，收取方式既简单又直接。腊月的最后十天，赏月会把一张海报贴到武庙墙上，邀众人买鼓。一面大鼓值六块钱，舞龙队伍会在买家门前表演十分钟；小鼓四块钱，表演五分钟。人们普遍相信，舞龙能让买到鼓的人家一年到头福星高照。

公摊的两块钱名义上为自愿交纳，其实人人有份，谁也逃不掉。去年刚刚发了大财并扩修房屋的磨坊主王海照就由于悭吝而受到众人的唾骂。当舞龙队伍来他家表演时，王太太拒不缴钱，彼此都说了些难听话，王家因此成为当地的笑柄。王太太自我辩解道："自古讲究礼尚往来，可这些人连个杂包（杂包是客人送给主人的礼物，一般能抵饭钱）也没有，那就别怪我们不接待。"此话一出，犯了众怒。因为舞龙手是为大家祈福，主人理应款待，绝不能索要杂包。然而王家不但公然破坏规矩，事后还对舞龙表演说三道四，认为不会带来任何好运。

双方第二回合的较量发生在节日的最后一天。按照惯例，这天要烧掉龙灯。舞龙手气不过，沿街而行时特意避开王家前门，从后院穿过围墙缺口出去，再折回大路。他们说村街北头也就是王家所在地有恶鬼把守，所以只能绕道。这番公开羞辱不久便有了结果。几个月后，王家的猪接连病死，在村民看来自然是遭到报应。王海照也慌了神，等到阴历八月举办北星会，慷慨解囊，认捐的钱比过年时省下的还要多。

筹款有时会变得比较容易。如果头年抢到龙珠的人家生了男孩，需拿出一百元礼金，正好够做一条龙灯——但这种情况在本地已经二十年不曾发生了。（当地人深信获得龙珠就能早生贵子，为此经常不择手段。）1941 年春节，当兴隆场的舞龙队伍从土主庙返回时，龙灯上的龙珠忽然不翼而飞，这让所有人大吃一惊。因为距离正月十九舞龙结束——也就是约定抢龙珠的日子，还有整整四天。即使到了那天，舞龙手也会小心翼翼看护龙珠不被轻易抢走。现在竟有人提前下手并得了逞，实在蹊跷得很。其实大家心知肚明，干下这事的不是别人，正是富商魏书尧的七弟。他也是位舞龙高手，偷走龙珠显然得到了其他同伴的默许。魏书尧既是仁龙社的重要成员，又大力资助春节期间的娱乐活动，同时魏家儿媳妇过门七年不能生育——凡此种种都让他们的“不法”行为有了借口，别人无话可说。

至于招待舞龙手吃饭，赏月会需要预先跟几十户人家谈妥。以一桌酒席十五元钱计算，摆三桌（这是最低数）得花四十五元。虽然破费了点，主人却能为自己赢得好名声。同样是1941年春节，共有二十二户家庭——或自愿，或被迫——承揽下管饭的差事，主要都是地主、保长、商人或者店主。有两个民团团丁也名列其中，那么他们一定是赌场得意或者刚刚捞到一笔外快，不然绝无能力承担此项费用。所有这些人都大获赞誉，并在舞龙结束后受邀出席袍哥举办的盛宴。

年节一过，赏月会就在庙墙上张贴详细的账目公示。上面写道：“自正月初六至十九，本会共收到五百六十六元现金（含补缴的六元钱），九十升米（按当前物价值四百元），两刀纸钱，数对香烛。”另外又贴出一封感谢信，列举各项活动赞助人的姓名。至此赏月会的任务完成，宣布解散，等来年春节再重新组建。

无论官方抑或民间组织的活动（例如走私），但凡涉及大的经济利益，几乎无一例外都有贪污腐败发生。赏月会诚实无欺的办事风格恰恰与此形成鲜明对照，表明只要没有风险、上级机构也不干预，那么一套相对公开透明的民主程序就能行之有效，公共服务人员亦能从中收获信任与荣誉。

地下经济

袍哥的牟利手段五花八门，合法、非法的都有，如开办赌场、走私鸦片、收保护费等等。[53] 镇上的茶馆里每天都在进行赌博，但大部分赌局设在集日的下午和晚上。职业赌徒——有的来自外乡——只玩赌注大的游戏。虽然兴隆场真正要钱的人并不多，赌博却是这里司空见惯、又无比重要的一项活动。袍哥里聪明伶俐的“幺满”平时招待客人，没事就成天泡在赌场，以赌博为业。还有些苦力、织工，忙活一个月下来，难得休息一天，想找点乐子，便去蔡云清开的“穷人”茶馆，玩几局彩头不高的牌。老实本分的农民一般不会赌牌，顶多在茶馆看会儿热闹，或者偶尔手痒，下点小注。

富人们光顾赌场多半出于无聊，但对兴隆场几位屈指可数的大人物而言，赌博则有着另外的意义。他们看似闲人，其实只是不必干活、生活随意而已，大部分时间都花在迎来送往、交际应酬上头。通过陪客人吃喝打牌，建立、巩固或调动各种关系，将来一旦有事可应付裕如。牌桌上的交际与权钱交易密不可分。比如蔡旅长，作为赌场老板，自己也常上赌桌，但从来输赢不多。然而上章提到的曹跃显却曾经输得一塌糊涂。

袍哥开赌场除了赚钱，还有一个重要目的，就是让设在偏僻场镇上的“码头”热闹起来。各色人等取道兴隆场，往来于重庆等大中城市之间，帮助各地袍哥互通声气，从而形成一张覆盖全省的大网。赌博还是某些人特有的“交友”方式，冯庆云便频繁出入璧山县城，跟各种在他看来有用的人打麻将并故意输钱。这时，牌场上输家、赢家的关系倒比官场上行贿与受贿更让人受用。

赌博有打麻将、推牌九两种玩法。麻将不受时间、地点的限制，几个人凑齐一桌，谈笑风生，不经意间就结成了日常生活中无处不在的“关系网”。牌九讲究速战速决，因而比麻将更适合赌博，往往几局下来已经让玩家或暴富、或破产了。牌九一般四个人玩，共三十二张牌，每局人手四张，由一人充当庄家。旁观者通过观察各人手里的牌决定押谁的宝。摊牌后庄家计算点数，收走桌上全部筹码，付钱给获胜一方。游戏本身毫无技巧可言，全凭手气好坏。然而若是下注的人足够多，气氛也会相当紧张，达到令人窒息的程度。每逢集日，从下午起就有人陆续到茶馆推牌九。随着夜幕降临，人越聚越多，茶馆已容纳不下。这时便见三五成群的幺满在武庙大院里忙碌，摆桌椅、点蜡烛、燃火把，然后分头去各家茶馆招呼赌客。于是赌博的主战场转移到武庙，夜半方散。整个晚上，小老幺们围绕赌桌忙前跑后，端茶递水，时不时能得到几个赏钱。

如果听说有某位高手到场，人们便蜂拥而至，把院子挤得水泄不通，而赌博也会变成通宵达旦的车轮战。丹凤场一个杂货铺老板去世后，家产被两个儿子瓜分。兄弟俩别无他长，嗜赌如命，专门在附近各场镇转悠。有一回，其中一人来到了兴隆场，立即引起轰动。当天的开赌时间提前到中午，客人很快输掉一千元，而且一直不见翻盘的苗头，这让众多赌客欣喜若狂。不料次日一早，对方开始时来运转。又经过一天鏖战，不但回本，还大赚了一笔，晚上坐着轿子扬长而去。

本地赌徒偶尔也能赢钱。有天深夜大约两点钟，外面骤起的一阵呐喊声把我们从睡梦中惊醒。远处红通通一片，还以为着了火，其实不过是武庙照明用的火把光，声音就是从那边传来的。天亮后我们得知，昨晚有个外地赌徒坐庄，一局便输光九百多元钱。他卖了一石米，仅到手五百七十元，不得已又把地卖掉才还上赌债。

赌桌上的钱源源不断流入袍哥腰包。若是打麻将，茶馆老板每轮收一角到五角不等，取决于赌注的大小；牌九则每局抽利百分之十。王明轩的茶馆作为仁龙社码头，1941 年正月平均每晚能获利五十元。单是大年初三那天，因为赌注高的缘故，就有一百多元入账。至于武庙的牌九大战，赌资出入数额更大，抽利也会翻倍。1941 年 11 月的一个晚上，据我们统计，仁龙社便坐收五百余元。

在兴隆场，蔡旅长每晚坐镇武庙，坚决杜绝赌场里的任何欺诈行为，即使不足挂齿的小偷小摸也毫不姑息。有个小名叫“孩儿”的半大小子，父亲入狱后，跟随做妓女的母亲搬离镇上，从此不知去向。有一天他突然出现在武庙，在赌桌旁晃来晃去，顺手牵羊拿走东西。等到下个集日，尝到甜头的孩儿又来到赌场，大为光火的蔡旅长二话不说，一脚把这个坏蛋踢了出去。

走私鸦片比开赌场更有油水可赚。1938 年重庆国民政府建立后，[54] 严禁民间私自运输、贩卖鸦片。商人遂转入地下，暗中交易。总体而言，禁令使川省的鸦片贸易遭受沉重打击，城市和繁华市镇受影响更大。然而像兴隆场这样的偏远地方，老百姓祖祖辈辈抽大烟的习惯不会因政府一句“违法”就轻易改变。事实上，直至 1940 年初，尚无任何迹象表明当地袍哥有所收敛，他们经营的鸦片买卖照样红火。镇上的毒品贩子主要有三位：茶馆老板王明轩，破产地主张广全，还有同样开茶馆的冯庆云。王、张均为仁龙社成员，后者是王俊良的连襟，冯来自会众最多的义兴社。任何人犯了烟瘾，都可以去茶馆美美地抽上几口。

蔡旅长本人算不得瘾君子，却时常陪客人吸烟，显然醉翁之意不在酒。他曾通过联姻，跟县里一位大鸦片商结为生意伙伴。除了这些关系，从前军队里的熟人大概也能派上用场。众所周知，四川军阀曾在二三十年代大发鸦片财，用以购买军火。[55] 刘湘手下将领蓝文彬的外甥、太和乡的陈凯迪就借助其舅舅的权势，在璧山县城明目张胆从事毒品交易，并动用军队武装押送装载货物的卡车。由于本地不种植鸦片，他们经售的毒品都需从邻省西康运来。[56]

奇怪的是，大家明知道鸦片给许多家庭带来伤害，对吸毒者抑或牟利者却从来不加责难。袍哥出于一己之私利，让鸦片进入千家万户。毒品交易对兴隆场人的影响是显而易见的。据县政府的统计资料，我们推测兴隆场有一百名左右吸毒人员，约占全镇成人人口的百分之二，成年男性人口的百分之九。[57]种地农民很少会吸鸦片，沾此嗜好的多半是码头上的苦力——这些人一旦上了岁数，全靠抽大烟提神，好有力气去干重活，可是烟瘾也越变越大。官方统计显示，成年烟民多集中在三十至四十岁这个年龄段，原因大概正在于此。[58]

做毒品生意的人成天和烟民打交道，难免不受熏染，同样容易成为受害者。交易过程中有时用鸦片代替现金，更给烟商提供了上瘾的机会。烟民数量持续上升还有一个原因，就是当地人无论贫富，惯于拿鸦片当止疼或治痢疾的药来使用。抽大烟也是无所事事的富人们（如曹跃显）借以打发日子的手段。地主或商人家中都备有现成烟具，既方便他们陪老婆、爷娘偷偷吞云吐雾（女眷和老人一般不宜在公开场合吸烟），也可以邀客人共赴仙境。主客分享同一根烟枪还被看成是彼此交情深厚的体现。

收取保护费是袍哥的第三大财源，而这种行为甚至比私售鸦片还要隐秘。即使匪患闹得正凶时，赌客揣着大把钱离开茶馆，因为有袍哥在，完全不必担心路上被劫。受保护的还有鸦片贩子和入袍商人——前者是为袍哥跑腿，后者当然是花钱买来的会中职位。应付土匪，袍哥显然比地方政府更有手腕。

毫不夸张地说，在四十年代的兴隆场，袍哥主导着当地人的全部生活。这里的风土人情、人际关系，无一不由袍哥一手摹画、创建。他们掌管市场、主持公证、调解纠纷、传播消息、提供各类游乐场所（如赌场、烟馆、曲艺社等）。除了这些世俗活动，还通过春节期间祭祀土主（即地方神），让自己在乡村事务中有了更多、更有分量的发言权。

袍哥作为民间团体，实际上就是地方的无冕之王，许多方面政府机构也望尘莫及。在它的所有功能中，维持市场秩序与社会治安无疑是民众最为迫切需要的。路无劫匪，商业繁荣，就连“孩儿”那样的偷窃都被蔡旅长严厉制止。试想一下，对老百姓而言，这是何等美妙而且求之不得的一种景象。难怪他们趋之若鹜，对袍哥的信任与好感远远大过地方政府，蔡旅长也因此成为远近备受尊敬的人物。反观乡政府，乡长手下有十来个人号称民团，然而大部分枪支都控制在乡民手中，手无寸铁的民团毫无用武之处。

读者千万不要误把袍哥当成慈善组织来看，它还有着另外凶狠险恶的一面。走私鸦片、聚众赌博自不待言；更重要的是，在其内部无时无刻不有派系纷争、甚至武装械斗发生。袍哥的组织结构既严密又松散，从某种程度上说，仅仅是以利益为诱饵，把众多帮派纠合在一起而已，相互间少不了明争暗斗。我们待在兴隆场的那段时间，曾经目睹了一场以蔡旅长、孙宗禄、冯庆云为主角的激烈权力角逐（详见第十章）。这三人分别隶属不同堂口，身份、地位各具代表性：蔡是雄心勃勃的老派乡绅，孙是受过新式教育的国民党员，冯则是不折不扣的投机分子——日后被共产党定性为“土豪劣绅”。

四十年代初，重庆国民政府在四川全省掀起声势浩大的乡村改革实验运动，大批社会活动家也踊跃参与其中（这是本书下篇将要讨论的话题），却遭到了以“封建卫道士”自居的袍哥的有力抵制。改革设计者们天真地以为，只要清除掉顽固邪恶的地方守旧势力（像冯庆云之流），派训练有素的政府人员前去担任乡长，同时争取开明士绅的全力支持，一切便可万事大吉。他们显然低估了袍哥的影响力，全然想不到，看似波澜不惊的荒僻乡野实为鱼龙混杂、清浊难分的一潭深水。如果这些人当初多一点对农村现状的了解，知道如何跟掌握实权的袍哥打交道，那么推行改革或许就会顺利许多。

1 读者欲了解哥老会的起源和早期发展，可参阅以下文献：蔡少卿《关于哥老会的源流问题》（1984），卡尔·惠特尼·雅各布森（Carl Whitney Jacobson）《秘密会社：1867—1912 年间的陕西哥老会》（1993），刘铮云《中华帝国晚期的哥老会》（1983），以及唐绍武等撰《解放前重庆的袍哥》（1986）。

2 熟悉川省情形的施坚雅等学者和许多传教士曾多次提到清末民初哥老会在四川农村的影响力。最近的研究来自司昆仑和玛丽·李·麦基萨克（Mary Lee McIsaac），但她们关注的重点都是该组织在城市的活动（麦基萨克《国民政府的局限性：战时重庆工人状况研究（1937—1945）》，1994，第 175 页—第 188 页）。司昆仑认为迄今为止“还未曾有人认真研究过哥老会在乡村地区的活动，尽管他们的触角早已伸向四面八方。”其中原因大概在于“1949 年以前四川全省充斥着各式各样的民间组织，以致难以引起研究者的注意”（《‘黑社会’时期的城市政治：上海、成都地下社会研究》，1999，《二十世纪中国》第 22 卷第 1 期第 29 页—第 30 页）。

3 司昆仑《‘黑社会’时期的城市政治：上海、成都地下社会研究》（1999，《二十世纪中国》第 22 卷第 1 期第 30 页—第 32 页）。秦宝琦、孟超所撰《哥老会起源考》（《学术月刊》2000 年第 4 期）对四川啯噜的演变历史有较为详尽的介绍。
[译者注] 啯噜出现于清朝前期，主要是由社会下层民众结成的带有“黑帮”性质的武装团伙。乾隆八年（1743）十月四川巡抚纪山奏称，“川省数年来有湖广、江西、陕西、广东等省外来无业之人，学习拳棒，并能符水架刑，勾引本省不肖奸棍，三五成群，身佩凶刀，肆行乡镇，号曰‘啯噜子’，奸淫劫掠，无所不为。”（《清高宗实录》卷二〇三）。

4 麦基萨克《国民政府的局限性：战时重庆工人状况研究（1937—1945）》（1994，第 112 页—第 113 页）。该书引用唐绍武等人的说法称袍哥与哥老会并无太大不同（《解放前重庆的袍哥》，1986），赵清则认为应对二者作区别对待（《袍哥与土匪》，1990）。熊倬云、吴绍伯的看法是，四川袍哥与哥老会的称呼大体上可以互换使用（《四川袍哥组织初探》，1989）。据出生于成都的伊莎白回忆，从小她只听说有哥老会，知道袍哥的名字还是在来到兴隆场以后。因此她推测这两个组织应当是一码事。

5 王纯五《袍哥探秘》（1993，第 23 页—第 24 页）。
[译者注]“探秘”实无此说，恰相反，原书开首即引用刘师亮《汉留史》对“袍哥”名称作出解释，“何谓袍哥？《诗经》云：‘岂曰无衣，与子同袍’，言其同一袍色之哥弟也。”或云，“异姓如同胞，见面称哥弟，取‘胞’、‘袍’谐音之义。”

6 川督丁宝桢致函巴县衙门（1883 年 1 月 26 日），引自苏粹博《重庆所见中国排外运动的多重性（1870—1900）》（《帝制晚期中国》，1997，第 18 卷第 2 期第 91 页），见四川省档案馆收藏巴县档案（卷号 3001，第四份，军事类）。

［译者注］引文出自光绪八年十二月初十四川总督《再行通饬严拿盗贼以靖地方》，含在名为《四川总督札饬认真整顿捕务实力巡缉著名盗贼一体会合兜拿务获惩办卷》的文件中。该文件旧编号：全宗号 6，目录号 6，卷号 3001，军事类；现编号：清 6—32—03001。

7 苏粹博《社会变革、排外运动与中国的革命：重庆地区（1870—1911）》（1993，第 99 页）。

8 同上书第 90 页—第 93 页。

［译者注］光绪十六年（1890）中英签订《烟台条约续增专约》，规定开重庆为通商口岸。第二年，重庆正式开埠通商。

9 ［译者注］指赵尔巽。

10 ［译者注］相当于"临时议会"。

11 王纯五《袍哥探秘》（1993，第 26 页—第 27 页）。

12 2005 年春，中国人民大学退休教授张同新在北京同本书作者交谈时，特别指出哥老会从流动团体向固定组织的转变。

13 唐绍武等所撰《解放前重庆的袍哥》（1986）。

［译者注］据王纯五《袍哥探秘》（1993，第 107 页），"当时的同盟会对哥老会组织采取的是'参加进去'和'接收过来'的办法加以利用和改造的。"

14 早在 1909 年，同盟会便与四川袍哥建立联系，宣传革命主张，共商革命大计，详见王纯五《袍哥探秘》第六章《哥老会与四川保路运动》。（［译者注］据《袍哥探秘》一书，孙中山和哥老会的最早接触是在 1899 年。1905 年同盟会成立伊始，即高度重视各地会党，将其当作可以争取和信赖的社会力量。）武昌起义后孙中山说，"若没有四川保路同志军的起义，武昌革命或者要迟一年半载的"（《袍哥探秘》，1993，第 103 页）。

15 舵把子地位在堂口大爷之上，堂口大爷只掌一个堂口。

［译者注］以上叙述与史实有较大出入。保路同志军实未能攻克成都。1911 年 10

月 10 日武昌起义爆发后，四川宣布独立，于 11 月 27 日成立大汉四川军政府，由原省谘议局议长蒲殿俊任都督。但不久成都发生兵变，导致蒲殿俊垮台，尹昌衡始被推为都督，并设大汉公作为哥老会的总公口。当时尹的身份，据王纯五《袍哥探秘》，“既是同盟会成都支部名义负责人、四川军政府大都督，同时又是哥老会大汉公的总舵把子”（第 131 页）。然而对于他是否参加过同盟会，学术界却有不同看法。西南民族大学祁和晖就声称，尹氏嫡孙尹俊龙所撰《尹昌衡生平简历》中提到的祖父留学日本期间加入同盟会之说“孤证难立”，“目前史料下，我们只能认定尹昌衡未曾加入过同盟会”（《尹昌衡政治生涯两件大事论辨》（2012，《地方文化研究辑刊》第 5 辑）。

16 范绍增《回忆我在四川袍哥中的组织活动》（1982）。范本人曾是袍哥舵把子，控制着重庆与上海间的鸦片贸易，并跟上海滩的青帮大佬杜月笙关系密切。详见范绍增口述、沈醉整理的《关于杜月笙》（1992）一文。

17 司昆仑《‘黑社会’时期的城市政治：上海、成都地下社会研究》（1996，《二十世纪中国》第 22 卷第 1 期第 38 页）。

18 据四川同盟会重要领导人熊克武回忆，在尹昌衡对袍哥感到恼火之前，成都的军政府已着手讨论是否应当改组或取缔该组织（司昆仑《‘黑社会’时期的城市政治：上海、成都地下社会研究》，《二十世纪中国》第 22 卷第 1 期第 56 页注释 60）。见《蜀党史稿》（1980，《辛亥革命史丛刊》第 2 辑第 167 页—第 182 页）

19 ［译者注］重庆蜀军政府成立于 1911 年 11 月 22 日。

20 唐绍武等撰《解放前重庆的袍哥》（1986）。

21 理查德·贡德《四川的地租与社会变迁：1925—1935》（《近代中国》1976 年第 2 卷第 1 期第 24 页），转引自有心《第四百六十七次的川战》（《东方杂志》1932 年第 29 卷第 5 号第 4 页）。

22 司昆仑《‘黑社会’时期的城市政治：上海、成都地下社会研究》（1996，《二十世纪中国》第 22 卷第 1 期第 29 页）。

23 范绍增《回忆我在四川袍哥中的组织活动》（《文史资料选辑》1982 年第 84 辑第 235 页—第 256 页）。

24 麦基萨克（《国民政府的局限性：战时重庆工人状况研究（1937—1945）》（1994，

第 177 页））指出，类似情况在重庆市区也有发生。从辛亥革命后直至二十年代，无休止的军阀混战导致重庆袍哥数量激增。她写道，“战争对四川农村地区的破坏制造出大批破产农民和失业的手工业者。这些人被迫涌入重庆等大中城市，在完全陌生甚至充满敌意的新环境下不知所措。袍哥在这时成为唯一向他们提供帮助和保护的团体。”

25 我们从璧山现有档案资料中甚至查不到袍哥组织战前在兴隆场活动的任何线索，向当地人打听袍哥早期历史，也是一问三不知。有趣的是，《璧山县志》（1996）对于解放前遍布城乡的袍哥几乎只字不提。上世纪八九十年代出版的四川历史书籍也很少触及这个话题，因此为现代名人立传时，往往略去他们早年参加袍哥的历史。一个显著例子便是《璧山县志》所载民主人士叶诚一（1896—1972）的传记（1996，第 760 页—第 761 页。）（［译者注］原书误注为 1992 年版。）

26 此说出自教区监督刘牧师之口，见 1941 年他和本书作者的谈话记录。
［译者注］哥老会源于明朝遗民组织天地会（即洪门）的说法在民间流传甚广，“虽然它并非真实的历史，但人们仍对它十分信仰”（王纯五《袍哥探秘》，1993，第 5 页）。

27 这一灭顶之灾发生在曹洪英的父母家（据 2005 年 2 月 2 日她和本书作者的谈话记录）。

28 如本书第一章所述，刘湘命部下谷玉山率军清乡剿匪。但在剿匪行动中，谷团长滥杀无辜，导致许多人死于非命。

29 在南京国民政府的压力下，四川省政府于三十年代中期开始裁减缩编数目庞大的本省地方军队（柯白《四川军阀与国民政府：1911—1938》，1973，第 107 页）。

30 我们在四十年代没有机会和蔡家的众多丫鬟交谈，直到 1983 年，才跟其中一位有了接触。她在 1950 年嫁给一个当兵的，然后搬去广东，当时回来是为探望多年不见的老父亲。从她的话中能明显感到那个年代特有的政治味道，所以谈话记录虽保存完好，本书写作时并未采纳。

31 比如四川最有权势的军阀刘湘在三十年代中就与袍哥相得甚欢［据熊倬云（1984）；见司昆仑《‘黑社会’时期的城市政治：上海、成都地下社会研究》，1996，《二十世纪中国》第 22 卷第 1 期第 43 页］。

32 ［译者注］原文误作仁龙社，据本章注 43 更正。

33 上世纪二十年代末，刘伯承在川东涪陵组织武装起义，但遭遇失败。战斗中他的一只眼睛被子弹击中，去重庆动手术，后转入璧山养伤。在此期间与当地名士张明安结为挚友（据璧山县志办公室主任黄世铨 1983 年的讲述）。

［译者注］此说不确。1915 年 12 月袁世凯在北京称帝，唐继尧、蔡锷等旋即宣布云南独立，出兵讨袁，发起护国运动。为响应云南护国军，1916 年初刘伯承在涪陵新妙场举行起义，组建川东护国军第四支队。同年 3 月攻打丰都县城时，刘右眼中弹致残。据《璧山县志》，刘、张二人相识于辛亥革命后。1916 年 5 月下旬，刘应张之邀赴璧山丁家坳与其见面，并在那里成立护国义勇军，继续进行反袁斗争［《璧山县志》（1911—1985）补遗三“刘伯承、张明安在丁家成立护国义勇军”，《璧山县志》（1986—2005）》（2001，第 950 页—第 954 页）］。

34 见 1983 年孙宗尧与伊莎白的谈话记录。

35 ［译者注］指外地来的袍哥拜码头。

36 作为袍哥主要堂口的三爷，魏书尧不但在兴隆场经商无需缴税，即使到了璧山，只要知会当地龙头大爷一声，照样分文不付。往重庆送货，知道土匪不敢招惹，他都放心大胆地走小路，绕开政府关卡，这样又省去一笔费用。

37 ［译者注］此处应指彭嫂的两个儿子，详见本书第三章“深陷危机的家庭”一节。

38 司昆仑《‘黑社会’时期的城市政治：上海、成都地下社会研究》（1996，《二十世纪中国》第 22 卷第 1 期第 41 页—第 42 页）。

39 此事是彭广惠本人于 1983 年亲口讲给我们听的。

40 ［译者注］伊莎白这里提到的是二战史上著名的璧山空战。此役爆发于 1940 年 9 月 13 日，由日本三菱重工研发的零式战机首次投入实战，大获全胜。随后数年间，该款飞机称雄太平洋战场，名噪一时。

41 袍哥一般分五个堂口，即仁、义、礼、智、信，并有班辈之分。设在兴隆场的四个袍哥分社都属于辈分最高的仁、义两字号。另有两个分社分属礼、智字号，位于乡下。辈分最低的信字号在当地并不存在。

42 袍哥的各个堂口在不同地方往往设有分社。

43 义字号有两个分社：义兴社和义和社。义兴社是兴隆场最大的袍哥组织，家住璧山的社长廖志彬挂名而已，日常事务实际由张雄庆——一个靠卖布发家的农民——负责。我们从未见过这两个人，但对 1940 年夏任乡长的三爷孙宗禄却相当熟悉。（[译者注] 正文称孙宗禄是社里的五爷即管事。）还有一个重要人物是在 14 号房开茶馆、兼卖鸦片的冯庆云。此人野心勃勃，精明强干，最擅长玩弄权术。义和社的社长有人说是六保保长杨荣廷，有人说是道士曹代辉。

44 虽然袍哥内部的组织序列是从一牌到十牌，但实际只有六个牌，其中一、三、五牌高高在上，六、九、十牌的人均为普通成员。其余四个牌缺失的原因大概要到历史传说中去寻找。袍哥不设二爷显然是避关公之讳，桃园三结义，关云长恰排第二位。另外还有一种说法，即当地人管土匪叫“棒老二”。“老二”、“二爷”同义，“二爷”因此成了一个不好的称号。四爷被禁据说是由于赵云也跟刘、关、张结成兄弟，排行第四，却始终遭排斥，不被当成一家人看待。七爷、八爷的位子空缺则是因为梁山一百单八将中，排第七和第八位的后来都背叛了聚义兄弟。

[译者注]《水浒传》中第七、第八位好汉分别是霹雳火秦明和双鞭呼延灼，二人并无背叛一说。又，此处有关袍哥组织序列的介绍与王纯五所说略有不同，参见《袍哥探秘》(1993，第 37 页—第 38 页)。

除了正式袍哥，还有一些十一二岁的半大孩子充当跑腿，美其名曰“幺满”。他们中的大部分人都公开走动，称“明幺”；也有一两个暗中传信，称“暗幺”，其身份仅有少数几位袍哥大爷知道。

45 [译者注] 三爷管钱粮、人事，又称“当家”。

46 [译者注] 指当地织工的行会组织。

47 引自袍哥的“十二诫”，由美以美会中国差会璧山教区监督刘志权向我们提供。刘牧师曾作如下评论：“清朝时十二诫被严格遵守，因而没人敢对袍哥大爷说一个不字。现在情形变了，仅个别戒规仍有约束力。”

48 例如袍哥就通过羊角哀和左伯桃的故事让成员懂得忠诚仁义的道理。据传说，战国时楚国国君崇儒重道，天下人闻风而归（[译者注] 当为春秋时，楚王指楚元王，故事见明代冯梦龙编《喻世明言》第七卷《羊角哀舍命全交》。以下叙述与冯氏原文略有出入。）。有左伯桃、羊角哀两位贤士结伴同行，投奔楚国，不料路遇风雪，饥寒交迫。伯桃说：“我将身上衣服脱与贤弟穿了，贤弟可独赍此粮，于途强挣而去。我平生多病，贤弟少壮，比我甚强；更兼胸中之学，我所不及。若见楚君，必登显宦。我死何足道哉！”角哀大哭，不肯答应。伯桃借故将他支走，衣粮留在路边，自己钻入一株枯桑的树洞中冻饿而死。角哀草草掩埋了朋友，携衣粮只身南去，果然受到重用，飞黄腾达。日后角哀辞别楚王，回到原地，重修坟茔，安葬伯桃。新坟碰巧与一位古代猛将的墓地相连（［译者注］指荆轲），被惊扰的将军勃然大怒，仗剑逼伯桃改葬他处。夜间伯桃托梦给角哀，哭着告以实情。角哀遂向土地爷告状，但将军孔武，神仙也奈何不得。角哀愤然在伯桃墓旁拔剑自刎，化为阴鬼，亲自去战将军。次日一早，当地土人看到将军墓上一片狼藉，白骨散落得到处都是。

49 有关中国民间关公信仰所起到的宗教作用，见杨庆堃《中国社会中的宗教》（1961，第 159 页—第 161 页）。

50 ［译者注］王纯五《袍哥探秘》（1993，第 59 页—第 60 页）收录有哥老会的会规即“红十条”、“黑十款”，迻抄如下，供读者参考。

红十条为：

第一要把父母孝，尊敬长上第二条。
第三莫以大欺小，手足和睦第四条。
第五乡邻要和好，敬让谦恭第六条。
第七常把忠诚抱，行仁尚义第八条。
第九上下宜分晓，谨言慎行第十条。
是非好歹分清楚，牢牢谨记红十条。

黑十款为：

出卖码头挖坑跳，红面视兄犯律条。
弟淫兄嫂遭惨报，勾引敌人罪难逃。
通风报信有关照，三刀六眼谁恕饶。
平素不听拜兄教，四十红棍皮肉焦。
言语不慎名黜掉，亏欠粮饷自承挑。

51《单刀会》本是一出著名戏曲，取材于《三国演义》故事。说的是三国时，孙吴的鲁肃为索还荆州，请关羽赴宴，暗中设下埋伏欲加害于他。关羽明知是计，依然单刀赴会，最终凭借智勇双全，挫败了鲁肃的阴谋。

［译者注］伊莎白、俞锡玑著《兴隆场》（2013，第 347 页）、王纯五《袍哥探秘》（1993，第 73 页）均称“单刀会”会期设在旧历五月十三，传说为关羽单刀赴会的日子。杂剧《单刀会》由元代戏曲家关汉卿创作，时间早于罗贯中的《三国演义》。显然民间早已流行种种关于关公的传说，并成为戏曲、小说的素材。

52 曲艺社自创办之日起就一直很兴旺，却因一场争执而突然夭折。先是教戏师傅要求涨工钱，冯庆云不但坚决反对，更进而迫使曲艺社关门。他的理由是：既然赌博由镇上四个堂口平均抽利，那么与其把赌场设在曲艺社，不如改到茶馆也就是各堂口的码头，让大家各赚各的，这样不致发生纠纷。

53 就我们所见，当时袍哥并不能完全控制住兴隆场的集市，比如货物就由庙里和尚进行称重，袍哥不得插手。这跟施坚雅（《中国农村的市场和社会结构》，2001，第 44 页）在四十年代末观察到的中国农村市场情形不太一样。

54 [译者注] 指抗战全面爆发后，南京国民政府被迫西迁，移驻重庆，时间当在 1937 年 11 月。

55 柯白《四川军阀与国民政府：1911—1938》（1973，第 56 页）。

56 [译者注] 蓝文彬曾在刘湘的第二十一军担任师长，后降为旅长。关于他在军中的事迹，柯白曾作如下描述：“刘湘有一个旅长蓝文彬，虽然军部只给他三个团的给养，但他却拥有七个团的兵力。蓝在上海出售鸦片并以所获利润购买武器、弹药和其他军备，私下维持了另外的四个团。他还在重庆投资开办戏院和影院，并用自己的队伍来守卫。1931 年，刘湘将蓝逮捕，解散了他的部队，借口是蓝串通刘文辉阴谋消灭刘湘，蓝的事业遂告终止。”（《四川军阀与国民政府：1911—1938》，1985，第 54 页）。

57 1938 年 9 月，璧山县禁烟局根据当时抓获的吸食鸦片人员数量，估计全县有 4706 名烟民。假设鸦片在偏远乡村和在公路沿线市镇一样泛滥，兴隆场就有大约 100 名烟民，占当地 18 岁以上成人人口（共 4205 人）的 2.29%（[译者注] 应为 2.38%），成年男性人口（共 1158 人）的 8.9%（[译者注] 应为 8.6%）。然而我们认为较之繁华市镇，乡村地区的吸毒比例应该偏低，这也跟史景迁（Jonathan Spence）的看法大致吻合。他在《清朝中国人的鸦片消费》（1975，魏斐德、卡罗林 · 格兰特主编《中华帝国晚期的社会问题与管理办法》第 154 页）一文中，推算十九世纪末中国烟民约占总人口的 10%。

58 烟民年龄分布见下表。

表 5.1　璧山县吸毒成瘾人员数量统计 *

按年龄分组		按烟瘾大小分组	
不满 20 岁	62 人	一级	18 人
21—30 岁	816 人	二级	78 人
31—40 岁	1667 人	三级	1010 人
41—50 岁	1380 人	严重	3600 人
51—60 岁	599 人		
60 岁以上	182 人		
总计	**4706 人**	**总计**	**4706 人**

* 成瘾的标准是什么？制作此表的璧山县禁烟局没有给出解释，对烟瘾分级的依据同样未予说明。

下篇

外来人

第六章　战时改革家

1937 年至 1938 年，随着侵华日军长驱直入，国民政府不得不将首都从富庶繁华的江南迁到位于大后方的重庆。在此之前，国民党对偏远华西可谓鞭长莫及，那里主要是军阀混战的战场。自二十年代中期以降，共有七路“诸侯”捉对厮杀，扩张地盘。川省的军阀统治大抵是通过“防区制”来实现的，即占地为王的大军阀把各自防区交给手下军官分而治之。后者虽然拿不到军饷，却能在防区内自由征兵、征税，有着至高无上的权力。这种做法的破坏性很快在农村地区体现出来，先是土匪横行，而军队剿匪时的乱打乱杀又进一步加剧了地方的暴力与不安局势。

过去数十年间，川省饱经战火蹂躏，但当日本人的枪炮声响起，这里的人们还是真切感受到了巨大不同。迁都让四川变成了一次规模空前的移民浪潮的终点站，随同工厂、学校、政府机关到来的，还有成千上万的沦陷区难民。至 1940 年，由于日本飞机频繁轰炸陪都重庆，这些被称为“下江人”的难民纷纷跑到包括兴隆场在内的毗邻乡下躲空袭。[1] 其中不乏文人学士以及社会活动家，像大名鼎鼎的教育家梁漱溟、社会学家晏阳初、蒋旨昂等。战前，晏阳初就曾在河北定县领导平民教育运动；如今则把歇马场（距兴隆场不远）当成了新的实验基地。

与此同时，国民政府试图在四川实施改革：一面努力改造落后乡村；一面发动民众，培养爱国热情。1938 年，国民党中央通过了《抗战建国纲领》，将经济建设与政治改革并重。为消除分裂所造成的内耗，政府决心集全国之力统一行动、团结奋战，对种种离心势力予以无情打击。新政策一经出台，军阀、土匪首当其冲，长期以来乡绅把持地方政府、哥老会触角无处不在、地下鸦片贸易猖獗的局面也受到摇撼。

大约是在1940年前后，两批外来人——投身"建国"大业的政府人员和推动乡村建设实验的林林总总各类民间或宗教团体——开始进入四川农村，着手将各自的改革方案付诸实施。二十年代末至三十年代，乡建运动已在中国大地风行一时。乡建工作者与政府的关系却从一开始就谈不上融洽，一度甚至变得相当对立。自战争全面爆发以来，华北、华中接连失守，政府偏安一隅，现在也只好跟同样撤退到后方的民间组织合作共事了。

本章重点讨论上述两套人马（官方的与非官方的）于四十年代初在兴隆场开展的试点活动，并对其工作方法、可支配资源、预期成果作一详尽比较。政府一方选择从上到下推行一系列相对复杂的政治、经济改革，把加强中央集权列为重中之重，其次考虑改善地方公共教育与医疗卫生（见第七章），再其次才是提高妇女地位的问题（见第八章）。与此相反，由中华全国基督教协进会（代表在华新教教会的宗教组织）[2] 派出的小组则采取从下到上的方式，将提升农民生活水平放在首位，循序渐进，最终实现扩大教会影响力的目标。

以上差异一定程度上掩盖了双方的某些重要共性。事实上，无论政府抑或协进会的人，一旦深入到乡间，很快会在许多方面达成共识并形成配合。比方说，他们都以场镇为中心，在此蹲点，笼络当地精英；同时借助统计调查建立起系统的数据库，为日后进一步工作打下基础。

1940年，当各项改革计划在兴隆场展开时，虽然肩负的使命不同，双方都表现得十分高调，大刀阔斧，全力以赴，目的就是要在当地产生持久效果。政府方面希望通过行政改革做到政令畅通，如臂使指，从而把广大乡村牢牢置于中央的管控之下。协进会乡建工作组的到来更引人注目。他们首先结交地方名流，以期获得乡民信任与支持；然后公开表明，协进会不但要为政府号召的“抗战建国”添砖加瓦，更要切切实实帮助人民摆脱贫困，过上新生活。

行政改革

政府于 1940 年 7 月 1 日正式启动行政改革，宣布将兴隆、大鹏两个相邻的联保合并为大兴乡。[3] 这项举措源自上一年出台的基层政治体制改造大纲。[4] 先总理孙中山声称县为国之“础石”，是理所当然的“自治单位”。国民党据此遗训大做文章，尝试绕过省政府，在中央与国统区各县之间架设一条“快车道”，藉以加强对地方的控制。这便是当时闹出不小动静的“新县制”。[5] 对于璧山境内的行政区划调整，官方给出的解释是：四川有两个乡都叫兴隆，为避免重名，保证现代邮传体系的正常运行，遂把这里的大鹏和兴隆合为一乡，并从其原来名字中各取一字作为新的称谓。更改地名的行为其实另有深意，暗示中央及省政府对地方事务拥有说一不二的绝对权力。从此地图上不见了两个老地名，取而代之的是人们毫不熟悉的大兴。[6]

兴隆场并非唯一的调整对象，当时全县共有十个乡被合并，以致总数从四十个减至三十五个。[7] 四川省政府有令，“场镇不足千户者一律改乡”，所以一个地方裁撤与否，主要看它的人口多少与规模大小。

国民党对外宣称，此次改革的最大好处是精简机构，减少开支。实际上另有意外收获，就是借裁撤合并之机，大大削弱了各乡保长手中的权力。以新成立的大兴乡为例，原先兴隆的九个保减为六个，大鹏的六个保减为两个，这样全乡仅剩八个保。该变动导致兴隆场的三名旧保长丢了差事，其余六人虽保住饭碗，却威风不再。因为辖境重新划分，过去以宗族为基础的社会结构也随之打破。放眼四顾净是些生面孔，又不沾亲带故，再想从中找到死心塌地的追随者谈何容易！

同样遭受打击的还有那些所谓的地方精英。他们曾是特权阶层，可以随心所欲安排自己人当乡长。如今时过境迁，手握人事大权的县长一心要铲除各地的裙带官，故而委派大量外地人主持乡政，以确保上有政策、下有对策、凡事由士绅说了算的情况不再重演。历史上异地为官制度曾广泛运用于省、县两级政府，但在基层乡村也要落实“回避”原则还真是头一遭，阻力之大可想而知。如前所述（见第三、第四章），兴隆场时任乡长是孙氏家族的后起之秀孙宗禄。此人才干出众，恪尽职守，可谓口碑载道，又是当地最有号召力的国民党员。想让一位人地两生的外乡人前来顶替并盖过他，恐非易事。

该地区的党建工作也与行政改革同步展开。国民党的首要目标是增加党员数量，一批新建公立学校的校长自然成为重点发展对象。因为他们在当前“抗战建国”事业中被寄予厚望，肩负加强爱国教育、训练战时人才之重任。孙宗禄曾于1938年创立了兴隆场支部（编号58），但一直处于休眠状态，如何让它恢复活动亦在计划之列。县里还接到命令，为各乡乡长、保长及壮丁队长举办短期自治培训班，俾能更好服务于农村社区。

改革似乎初见成效：党员队伍扩大，农村传统政治势力的权威受到挑战，乡镇建制调整也大大提高了基层政府的办事效率。然而事情不可能如此顺利，很快我们便看到，来自内外两方面的阻力——当地人的反对与国民党的内部矛盾——让改革成果大打折扣。拿兴隆、大鹏的合并来说，就很不得人心。大鹏乡是最大受害者，不但降了一级，在上面的区和县里也没了靠山。兴隆作为新的乡政府所在地，近水楼台，各方面条件改善不少，吸引周边更多百姓前来赶场；但此消彼长，大鹏本地集市的发展却因此蒙上一层厚厚的阴影。

两地间暗藏的紧张关系终于在1941年春节期间浮出水面。按照惯例，各场镇互派舞龙队登门献技，以示祝福。龙灯有草龙和布龙之分，前者能灵活自如地扭摆翻滚，最为乡民珍重。此外，龙灯条数也代表着一个地方的富裕程度。大鹏共有四条龙，而且是山谷中唯一拥有草龙的村子，这让仅有一条龙的兴隆场相形见绌。当舞龙队外出表演，抬哪条龙、用什么套路、何时抵达，这些都大有讲究，里面暗含着对造访村庄的尊敬抑或轻蔑。在兴隆场，有两名袍哥成员最擅长舞龙，而节日期间一应演出事宜也由他俩负责。[8]

1941年的春节，起初看上去一切正常。大鹏的舞龙队第一天就赶来兴隆场，袍哥大爷蔡旅长例行公事设宴款待，但外面迎接客人的鞭炮声却稀稀拉拉甚是冷清。接下来兴隆场迟迟不作回访，直拖到最后一天，而且派出的也全是新手。大鹏虽是兴隆场访问名单上的最后一站，那天下午摆出的接待规格却异常之高。龙头大爷在饭桌上频频劝酒，大献殷勤，结果多数人被灌得酩酊大醉，摇摇晃晃走路都难，更别提舞龙了。至此，主人盛情背后的真实用意才暴露无遗，就是要叫兴隆场出丑。有几个没喝醉的跑两里地赶回家，给赏月会报信。先前被“雪藏”的舞龙高手紧急集合，马不停蹄前去救场，好歹没让对方的诡计得逞。心怀不满的大鹏人一计不成，又生一计，决定拿铁花代替烟花，为舞龙表演“助兴”。铁匠们沿街支好炉子、风箱，烧炼废铁。等队伍过来，往空中抛掷火球，学徒拿棒子用力击打，恰似天女散花。火星四溅，舞龙手个个给烧得衣不蔽体。其中一人手被严重烫伤，回来后不得不去协进会办的诊所接受紧急治疗。[9]

如果说上述插曲表明了当地人对于合并的态度，那么大家普遍抵触“大兴”这个新名称就毫不足为奇了。虽然“大兴”已频繁出现在官方文件中，村民却继续沿用兴隆的旧称，袍哥登记堂口和会员时也仍以兴隆为号。[10]可见地方与官府各行其是，互不买账。

明眼人一望便知，农村政治改革的最大难点在于官吏任命，而外来人主持乡政尤为老百姓所难以接受。国民党却对此准备不足，经常是在推行过程中改变初衷，临时作出人员调整。任命唐恭义为首任大兴乡长便是明显的权宜之计。唐虽然中学毕业，符合学历要求，[11] 但并未参加政府举办的自治培训班；而且严格说来，也算不上真正的“外地人”。他来自附近的梓潼乡，过去几百年间兴隆场的强宗大族向外迁移，每每落脚于此。因而唐不但对兴隆场的各方政治势力了如指掌，还和乡长孙宗禄私交甚笃。接下来就看他能否扮演好既是本地人、又是外来人的双重角色，获得缙绅地主与普通民众两方面的认可。

很快机会来了。有一次，璧山驻军的一伙人马下乡征粮，欲使用镇上孙柄臣的磨房舂米，却遭到断然拒绝。暴怒的士兵于是群起围攻磨坊主，把他打得不省人事。同宗孙宗禄听说此事，立即赶到现场，和带队的排长争吵起来。事情闹到乡公所，怒气未消的排长倒打一耙，诬陷孙柄臣偷军粮。孙氏家族的人则据理力争，威胁要打官司。唐乡长见双方都在气头上并各执一词针锋相对，便要求他们留下书面材料，由自己转呈县府。这之后，排长带着手下人和粮食返回了县城。

第二天一早，县民政科就派人下来。唐乡长先把大致情况述说一遍，随后叫孙家人前来问话。官员听得十分仔细，甚至大表同情，认为乡民不该受到如此粗暴的对待；但转而又问为什么挨打的偏偏是孙柄臣。大家承认孙是个暴脾气的人，但即便有错，当兵的有事说事，无论如何不该动手。官员赞同众人的说法，表示一定要追究那名排长的责任。有了这一表态，在场之人像是吃到定心丸，无不兴高采烈。

恰在这时，有人报告说璧山驻军出动了二十多个武装士兵前来报复。为避免再起冲突，官员连忙去半路上截住他们，跟带队排长（并非昨天那位）详细解释此事的严重性；建议由他们二人出面看望伤者，并送十块钱作医疗费。排长最终被说服，而得到安抚的孙家人也答应不再提起诉讼。

这起事件唐乡长处置得当，始终把乡民利益放在首位。可惜因为和孙宗禄的关系，蔡旅长等人视他为孙氏家族的“看门狗”，所以并不领情。唐乡长上任后的一系列举措也确实授人以柄，比如孙宗禄手下的大部分办事人员都获得留用，其中包括副乡长孙柄林以及诸位保长。孙宗禄在位时曾提出一整套行政区划调整方案，将大鹏的六个保减少为四个，保留兴隆场的九个保，整合后重新划界。唐没有照办，但并不说明凡事他有自己的主张。以后的日子里，蔡旅长不断找茬，借口征军粮办法不公把唐告到县衙。结果唐被突然调回梓潼乡，那里的乡长同样因为征军粮触犯众怒而遭到弹劾。

当地人评价唐乡长的功过是非可谓众说纷纭。他在处理军队打人事件时表现出的机智与圆滑固然令人钦佩，但管理财务似乎不是那么叫人放心——从这一点来看，政府任用外地人的做法并未收到预想效果。唐一共在任七个月，事后人们发现乡公所的账目一塌糊涂，而他本人也拒绝回来多做解释。于是大家的看法逐渐趋向统一，即唐乡长来去匆匆、政绩平平，压根儿不值得替他惋惜，甚至有人认为蔡旅长驱唐有功。但也有个别人对他重掌梓潼乡大权赞不绝口，认为杀回马枪这一招实在高明。

第二任大兴乡长也姓唐，名友谭，来自距兴隆场六十公里的永川市。与前任孙宗禄、唐恭义不同，他既读过新式中学，又受过政府为基层干部举办的为期一个半月的自治培训，资历方面可以说毫无瑕疵。副乡长邵国协是他在培训班里的同学；随同前来的还有永川的四名教员，全部去乡中心学校任教，原先教员仅两位得以留任。

然而，摆在唐友谭面前的路并不平坦。下车伊始，适逢国民政府下令裁减行政人员，无异于给他当头一棒。1941 年，上面颁布了若干旨在精简基层组织的命令，要求干部必须兼职：如壮丁队长兼警卫股干事；国民学校教员授课之余，也要在乡公所的其他三个股[12]担任文书，无偿提供服务。不久又下达新的命令，将乡公所原有四个股合并为两个，由副乡长直接掌管民政警卫股，经济文化股另派他人负责。接踵而至的就是所谓“三合一”制度，规定乡长兼任乡中心学校校长及乡壮丁队队长（三十七至四十二岁的男性均为壮丁，随时应征）；相应的，保长兼任保国民学校校长及保壮丁队队长。之后又是“四合一”，已经身兼三职的乡长再获得一个经济发展督导的头衔。

唐友谭的麻烦还不止这些，当地乡绅也在挑战他的权威。蔡旅长等人就攻击新乡长治匪无方，声称自他到来以后，匪患日趋严重，全然不顾当时正值青黄不接的早春、各地饥民纷纷靠打劫为生的事实。唐友谭虽说冤枉，还是召集各保保长开会，商量强化治安的办法。

更有甚者，在蔡旅长的唆使下，曾有七十三位乡民联名指控唐乡长以权谋私。事情是这样的：有一户人家的儿子被抓了壮丁，父亲先是塞给团丁曹国梁两百块钱央求放人；大概不见效，便状告民团收受贿赂。唐友谭把状纸压下，未作上报，这被看成他也卷入其中的证据。但乡政府很快对事情作出处理，将曹国梁扣押，针对乡长的联名信因此失去了说服力。然而风波并未平息，传说中的两百元“贿金”又成为众人茶余饭后的谈资。当地女教员坚称唐友谭为追求镇上有名的美女蒋云碧，私吞了这笔钱。另有人说，曹国梁拿出一部分钱跟同伙瓜分，其余的全部花在他的相好向幺娘的小女儿身上。直至唐友谭去璧山接受质询，公开澄清所有不实传闻，这出闹剧才算收场。

除了应付上级政府和地方乡绅的刁难，唐友谭还面临第三个“敌人”，即驻军的威胁。1941 年 3 月间的一次激烈冲突就彻底断送了他的仕途。当时一队士兵正押运粮草回县城，带队排长想坐巫云生父子的滑竿。因价钱谈不拢，排长指挥手下要“给他们点颜色瞧瞧”。结果五十岁的巫云生被打断手腕。唐乡长闻讯勃然大怒，派人抓住两名行凶士兵，摘去胸章，关了一宿。担心对方报复，他通知各保，叫手里有枪的人一律站岗放哨。第二天一早，果然满山遍野都是担任警戒的武装村民。但百密一疏，到了中午时分，镇上突然冒出二十几个当兵的，如狼似虎直扑乡公所。团丁们见状纷纷落荒而逃，唐乡长在毫无防备的情况下束手就擒，昨天没收的两枚胸章也被拿走。幸亏蔡旅长及时赶到，好说歹说才让气势汹汹的士兵同意放人。

唐乡长随即带巫云生去璧山，找一位颇有名气的骨科大夫治伤，指望军队会主动承担就医费用。接着，他又写状子正式起诉那个肇事排长。县军事科不敢接手此案，于是转给远在重庆的渝北警备司令部（渝指重庆，北指北碚）。开庭时，排长反咬一口，说自己受到武装暴徒的袭击，背后指使人便是唐乡长。这下可非同小可，唐友谭被径直关进重庆的军事监狱。县政府连忙动员各家商铺，凑足两千元保释金交上去。唐获释后立刻重返兴隆场，目的只有一个：收拾行囊，远走高飞。一同消失的还有乡公所用于发放教员薪水的一千元公款。后来他不知从哪儿寄来一封信，因健康原因提出辞职。

县里起初不允，但大兴不可一日无主，所以很快又任命了新乡长。此人名叫郭安康，二十七岁，太和乡人（太和是新兴场镇，距兴隆场约十五公里），毕业于璧山职业中学。他也曾在永川上过短期自治培训班，结业后担任一个区的区长；同样跟驻军闹得不可开交，正好大兴这边出现空缺，便趁机离开是非之地。郭到任后，家眷亲随全有安置：太太任乡公所秘书，弟弟任经济股股长负责征税，两名随从则进了民团。

与书生唐友谭不同的是，郭安康已非官场新人，所以做事更加谨慎。初来乍到，首先便去码头（即茶馆）拜会袍哥，向蔡旅长转达县长大人的问候。就任刚满一个月，又动用公款请客吃饭。两桌男客包括本地两股主要势力的头面人物（一派以蔡云清、王俊良、冯庆云为代表，另一派以孙氏兄弟为代表），外加两名协进会的工作人员。女客那桌由郭太太做东，在座的有冯庆云的老娘和小妾、镇上一户大地主的老婆，以及协进会的四位女成员。虽然乡公所的预算非常紧张，郭乡长心甘情愿花这笔钱，因为这是疏通关系、为今后工作铺路搭桥所必需的。

然而，郭乡长的日子并不因此就变得好过，最大的麻烦制造者竟是其前任唐友谭。逃亡在外的唐大概觉得风声已过，这时突然改口，说他递交的辞呈既然从未得到批准，那么自己仍是名正言顺的乡长。唐、郭二人为此大打口水战，各自写信向县政府申诉。县里沉默了一个多月，终于发函确认郭为大兴乡长，同时任命唐为城南乡长。城南乡位于璧山城郊，政府或许认为他在那里的活动不会引起军队注意，因而作出这一安排。

郭安康担任乡长的时间比任何一位前任都长，但到头来依旧难有作为。在下面各章里我们会看到，为了保住官位，他不得不向地方势力低头，因而禁烟、禁赌、反腐（征税、征兵最容易滋生腐败）的种种努力无一不以失败告终。

教育改革

国民党中央插手地方事务决不仅仅停留于行政改革。抗战爆发后，西迁重庆的国民政府对于战时教育有着长远打算。具体到相对落后的农村地区，一是要增加公立学校数量，二是要推广成人扫盲教育——希望借此加强民众的国家意识与民族意识，以充分发挥全民动员之效能。[13] 1940 年至 1941 年间在兴隆场等地推行的教育改革有助于梳理当时尚未成形的中央与地方关系，但也愈发暴露出中央权力的局限性。

自从 1927 年国民党开始执政，[14] 便着手进行教育制度改革。[15] 1928 年 5 月，新组建的中华民国大学院召开第一次全国教育会议，明确了三民主义为教育之根本原则，务使国父所倡三民主义深入人心，把广大民众培养成爱国胜于爱家的自觉公民。[16] 1931 年制定的

《中华民国训政时期约法》宣称国民人人皆有受义务教育之权利，随后公布的法令又详细规定了中央及省、县政府各应承担的教育经费比例。[17] 与此同时，教材审查也被提上议事日程。根据一项调查，早在 1914 年国内就出现了统一审定学生用教科图书的呼声，但直至 1927 年以后，审查制度才得以确立。[18] 以上举措说起来容易做起来难，尤其在教育基础薄弱的边远地方，要想一一落实更是难上加难。然而至少统计数字显示，国民党上台后的七年时间里，全国小学生数量翻了一番，小学校总数也比过去增加近一半。[19] 二十世纪初，教会学校垄断中国乡村教育的局面也终于被打破。[20]

1935 年，国民政府要求各省普遍实行义务教育，[21] 四川省于是推出了一年制短期小学的做法。[22] 但直至政府内迁，这项工作似乎进展不大。1939 年，四川省教育厅出台一项长期规划，旨在通过加大投资、增设学监、完善管理，全面提高省内各级教育水平。[23] 1940 年 4 月，中央又下发指令，督促地方政府积极行动起来，在各乡建成一所六年制高小[24]，百户编制的各保也要设立一所四年制初小[25]。同时由地方拨款，加强各地教育基础设施建设（见表 6.1）。

表 6.1　学校经费来源及标准 *

筹资过程	乡中心小学	保国民学校
新建学校	由县政府从公共基金和公产收入中拨款，每班 250 元至 500 元不等。	县库支给每班 200 元至 400 元不等（如有急需，各保就地筹款）。
旧式私塾改造学校	县政府仅提供扩建资金（修缮费用地方自行解决）。	同左。
教师薪水及活动经费	校长最低月薪 30 元； 普通教员最低月薪 20 元； 各班活动费 72 元。	校长最低月薪 20 元； 普通教员最低月薪 18 元； 各班活动费 60 元。

（接下表）

（续表）

筹资过程	乡中心小学	保国民学校
特例	各学校可申请特别经费，县政府酌予批复。	同左。

* 据“乡中心小学暨保国民学校筹款办法”，《中央政府公报》，1940 年 4 月。

政府雄心勃勃的教育计划果然立竿见影。截止 1940 年的十年间，兴隆场不但办起了中心小学，下面九个保的初小也陆续投入使用。这些学校招收的小学生总数达到创纪录的六百八十名，其中六百六十九人年龄在五岁至十四岁之间，另外十一人年龄在十五岁以上。[26] 另有十一名学生在镇里上中学。教师薪水统一由县里发放，乡或保负责提供住处、口粮、炊具及其它生活用品。在兴隆场，文庙成为临时教师宿舍，配有一名做饭厨子和两名打扫卫生的女工。

提高入学率只是第一步，接下来还有一堆工作需要做。乡中心小学所在的文庙环境太差，很不利于教学。平日，文庙既是乡公所的办公地点，又是民团驻地，甚至犯人也关押于此。更要命的是，每逢集日（三天一集），这里又成为当地人买卖粮食的地方。讨价还价，人声鼎沸，吵得教室里根本没法上课。比吵嚷声更难忍受的，是无时无刻不打窗外飘来的难闻气味。因为露天茅厮就建在院子里，去的人一多，遍地狼藉，景象可想而知。另外，作校舍用的房屋年久失修，教学设备严重短缺——这些都是亟待解决的问题。

刚开始，兴隆场并未积极响应上面的号召。因为乡长负责就地筹款，而他本人那时正被指控涉嫌贪污，为此天天弄得焦头烂额，疲于应付。1940 年 6 月，当乡政府那边还毫无动静时，协进会开始召集有声望的乡绅开会，讨论如何改善本地教育现状。一些人非常痛快地表示愿意出钱修缮校舍、购置桌椅板凳和黑板，同时建议拆除那个臭气熏天的茅厮，并把集市从文庙转移到武庙去。

然而，真正搞到钱的还是乡长孙宗禄。当年在县城的求学经历使他有机会接触到外面的新思潮，同时结交了不少璧山的文化名人（包括县教育科官员）。回到乡里后，他一直主张改变过去的私塾教育模式，开设现代课程，向学生灌输西方思想。在中心小学校长孙宗尧的协助下，仅仅经过几星期游说，孙乡长就从一干富人口中得到了捐献八百元钱的承诺。于是订购木料，又跟重庆的一个建筑承包商签订合同。正准备大干一番，不料赶上改制，外地人唐恭义拍马赶到，坐上乡长的宝位。如前所述，唐刚一上任就解雇了中心小学的四名教员，全部换成自己人。[27]出于对新乡长的不信任，先前答应捐款的那些人都攥紧了钱包。承包商拿不到钱，只好停工。结果整个秋季学期，学生们依然坐在设施不全的危房里，眼巴巴瞅着堆在院中的木材遭受风吹雨淋。

四处碰壁的唐恭义只剩下向县财政科伸手要钱一条路可走。当时国民政府指示各县可就地筹款，自行解决教育经费问题。财政科遂特许大兴乡从集市的米、棉交易中收取百分之一的营业税，其中三分之一用于办学。奇怪的是，无论营业税还是富人的捐款最终都没有到位，原因不得而知，估计与文庙和尚的反对有关。一直以来兴隆场的集市都由和尚负责称重货物，而拿回扣（相当于征营业税）也是他们的专利。政府对此屡禁不止，现在乡公所想从中分一杯羹谈何容易。事实上，有当地商人和孙氏家族暗中支持，和尚们从未停止集市上的牟利行为。乡公所弄不来钱，只好再向县里求助，却遭到拒绝。理由是兴隆场乃本县富裕乡，不在救济之列。就这样，又一个学期白白过去，孩子们的处境未发生丝毫改变，而院中那堆派不上用场的木头却快变成朽木了。

唐恭义离开时，前面说过，裹走了给学校教员发薪用的一千元钱。[28] 1941 年 2 月，当唐友谭接替其职务时，未尝不想改革教育、整顿风纪，但前任留下的糊涂账委实占去了他的太多精力。要么就是明目张胆的贪污，要么就是账目混乱、拆东墙补西墙，总之这笔账似乎永远也理不清。无奈之下，唐友谭决定，在收拾完这个烂摊子之前，本乡所有教员一律暂停发薪。教员的日子本来就不好过，现在连工资也拿不到，有的人便去校外另找差事挣钱。到了年底，走投无路的教员们干脆联合起来罢教，导致学校全面停课。

罢教持续一个多星期，并惊动了县里的学监。唐友谭被找去问话，虽然承受着巨大压力，他仍然拒不发薪（或许根本就发不出），却让年长学生给年幼的代课。随着事情越闹越僵，唐乡长召集教员开会，许诺钱很快就发，同时威胁大家必须马上返校教课，否则辞职走人。然而谁也没被他的话吓倒。最终唐无计可施，只得答应先发给每人二十元，剩余部分连同拖欠柴米三天之内一并结清。学校终于重新开学，随后唐便官司缠身，一走了之。1941 年夏，[29] 郭安康走马上任，立即着手改善教员待遇（见表 6.2）。

表 6.2 小学教员工资

教员资历	月薪标准
小学毕业	不低于 20 元
初中毕业	不超过 50 元
教员培训班结业	50 元
高中毕业	50 元以上

郭是政府新教育政策坚定不移的执行者，为此他不但代行校长职权，还亲自主持乡绅会议，商量筹钱办法。蔡旅长代表袍哥主动捐献部分赌场收入，并信誓旦旦地说，先拿出两千四百元定做六十套桌椅，原料就用那堆废弃木头。由于乡公所已经发布了禁赌命令，蔡此番表态的用意大家心知肚明；但考虑到对方的身份、威望，郭乡长实在没有勇气当众拒绝。

正所谓好事多磨，过去曾掀翻过一任乡长的讼师杨焕章这时又把矛头对准了郭安康，说他收受赌场贿赂。好在杨正在打着别的官司，还没来得及把事闹大，本人便被送入大牢。这个拦路虎一除，郭乡长开始大胆筹钱，至11月底，从蔡旅长处拿到了承诺捐款的第一部分合计一千四百元整。于是马上招募木匠，在文庙院子里叮叮当当制作桌椅、黑板。历尽种种波折，千疮百孔的乡中心小学总算盼来翻修的一天。

郭乡长虽然替学校教员部分解决了待遇问题，接下来精简开支的努力却招致许多人的反对。他把所有教员召集到自己家吃饭，只用一名厨子，其余的统统辞退。但没过多久教员们便纷纷抱怨说，“交完伙食费，连请客吃茶都没得钱了。”大伙怀疑郭太太在伙食上动了手脚，要求她每月公开账目。郭太太不依，合伙吃饭从此告吹。教员们雇厨师另起炉灶，到了10月底，却发现手头依然紧张。个别人“重操旧业”，开始去校外找事做。其中一位在重庆谋到一份不错的差事，等不及找人接替便离开了。担心更多人步其后尘，郭乡长灵机一动，打算把两名协进会人员的名字作为正式教员报上去，冒领薪水。待事情办成，他把多领的钱分成三份，第一份留给校长，第二份用于“办公”，最后一份才在教员中分摊。这又引起大家不满，以致越来越多的人跳槽去挣外快。这可苦了没人带的孩子们，每天只能看书自习。不可否认，郭安康的到来大大改变了兴隆场学校的落后面貌，但他却无法保证教员队伍的长期稳定，而这恰恰是教育改革最为关键的一环。

各保小学同样面临着资金短缺的窘境。下面就以一所学校为例，看看校长是如何想法渡过难关的。这位校长月薪仅三十元，甚至付不起平日的茶水钱。恰巧县教育科下达指示，学校原有学生以外，每多招五十人，允许雇一名新教员。校长赶紧炮制名单，并成功申请到额外的教员工资——当然增加出来的学生和教员都不过是子虚乌有。

县里的学监一向尸位素餐，从不迈出办公室一步。这一年终被换掉，来了一个干劲十足的年轻人。校长听说新学监要下乡视察，害怕名单露馅，便先发制人向教育科告状，说是近日学校入学率猛跌，全怪保长征兵征到了学生头上，好多孩子因此不敢上学。又告县卫生科玩忽职守，不派护士下乡给孩子接种疫苗，致使天花爆发。他的说法倒也并非空穴来风，当地确实出现过一例天花病人。

教育科正因为更换学监，欲有所表现，所以很快插手此事，并要求乡公所罢免了涉嫌“非法征兵”的保长。军事、教育与财政科是县政府下设的三个主要部门，其中军事科权力最大。这件事让军事科大为不满，认为教育科分明是在越俎代庖。随后展开的调查证实只有一名学生被征，远不像校长描述的那般严重。保长因此官复原职，但教育科对说谎的校长却网开一面，不予追究。老百姓也大都赞同这样的处置方式，说什么“教育科就不该被军事科牵着鼻子走”，又说“校长够可怜了，每月就那么点儿钱，在乡下办个学校不容易，还要拿人家怎么样？”

平民识字运动

相比学校改造，农村地区普遍存在的文盲现象更是亟待解决的棘手问题。我们发现，兴隆场十五岁以上的居民中，大约百分之七十的男人和百分之九十八的妇女从未进过学堂。即使小时候有机会念书，也不过一两年光景而已，结果还是睁眼瞎。因为要达到完全识字程度没有四年功夫是无论如何办不到的——但这对于艰难度日的普通农民而言无异于天方夜谭。本地所谓读书人大半出自商贾或中小地主家庭（第二三等级），其中只有七十五人（七十一男四女）读到中学：多数只读一年，少数人坚持上完初中，仅一两个人高中毕业（意味着总共上过十二年学）（见表 6.3）。他们当中有几个便进入了乡中心小学当教员（学校共有十名教员，以外地人居多）。

表 6.3　兴隆场居民文化水平 *

上学年数	总人数	比例（%）	男性人数	占男性比例（%）**	女性人数	占女性比例（%）**
0	3052[30]	84	1327	69	2175	98
1—6 年	573	14	528	27	45	2
7 年以上	75	2	71	4	4	0.2
合计	4150	100	1926	100	2224	100

* 年龄均在十五岁以上。
** 百分比经四舍五入取整。

1940 年 10 月，兴隆场第一次接到扫盲指示，反映出上面对晏阳初倡导的“平民千字课”识字运动的认可。该运动首先发起于河北定县，迅即在国内外引起巨大反响，并有力推动了平民教育的普及，而平民教育也成为中央政府乡村建设计划的一部分。[31]1940 年的官方报告声称，过去两年间全国已有四千六百万人学会了识字。[32] 然而 1940 年以前，在兴隆场从事成人扫盲教育的只有一位美国修女，每半年一次带着几个女信徒（均为中国人）从重庆赶来，开办三个星期的主日学校。除了宣扬基督教义，还教学生认字。来上课的都是妇女，年龄有大有小，大约一二十人的样子。

政府的扫盲指示要求，凡不识字者必须参加由当地小学举办的为期三个月的识字班。学校教员首先在全乡排查，了解每位村民受教育程度，然后按年龄（从十六岁至四十岁）分班。计划于 11 月 1 日正式开课，所用教材即晏阳初等人编写的《千字课》。对拒不上课的人员，一律处以一元到五元不等的罚款。

这项活动在兴隆场的开展，起头就不顺利。指示下来时，正值乡公所大张旗鼓开始禁烟，而负责办班的教员恰好是个瘾君子，吓得藏了起来。十天之后，等风声稍稍过去，他才敢重新露面，跟几位同事划分走访范围。第二天便分赴各保，学生也放了假。最终识字班如期开课，但不知何故学期却被缩短为一个月。

识字运动作为平民教育的一项内容，至少从短期来看是失败了。兴隆场的绝大多数文盲并未从中受益。尽管上有政策，官方也支持，单靠乡里几名小学教员来复制晏博士在定县的成功，那几乎是不可能的。教员们既要维持学校正常教学，又得挤时间办识字班，可以说连轴转，而报酬却极低。村民的抵触情绪更大，那些小自耕农或佃农（第三四等级）压根儿就不想前来上课。年轻一点儿的都跑到外面躲兵役，其他人则要种地、打工，设法养活一家老小。所以人们宁可交罚款，也不愿坐进教室去学几个无用的字。

政府当然不会就这样轻易认输。1942 年 1 月，我们离开兴隆场后收到一封当地人来信，说是璧山县正紧锣密鼓准备在各乡成立成人识字夜校，为此抽调一百名左右教员接受专门培训。培训时间为四十天，整个春节假期都不够，学校春季开学后的头一个礼拜也被占用。而且按照计划，将来教员们白天在学校上课，晚上到夜校教人识字。我们没有接到进一步报告，但是看上去，导致第一次实验失败的原因并未消除，那么这新识字运动的前景同样不容乐观。

唤醒国民意识

关于教育改革最后要说的一点是，国民党不但把提高民族素质看成国家现代化的标志，更意识到通过普及教育，能让广大民众自觉投身于当前的抗战洪流，这对加强其统治也是有百利而无一害的。按照他们的说法，中华民国治下的青年首先应该视自己为“公民”，热爱祖国，遵纪守法；而中央政府对人民既有领导之权利，亦有保护之义务，遇外敌入侵当奋力抵抗。国民党实行改革的目的即要打破传统中国四书五经的教育模式，大力宣扬“民族性”与“国家性”，培养民众爱国热情，以增强抗战力量。

在兴隆场的乡中心小学，校长孙宗尧以三民主义为纲领，要求教师在实际教学中结合时事，把宣传民族、民权、民生与激励爱国、宣传抗日融为一体。音乐教员教唱振奋人心的抗战歌曲，如聂耳的《义勇军进行曲》等，学生们就是唱着这首歌为应征新兵送行的。他们还在庙墙上刷写标语。奇怪的是，很多标语都带有“异端”色彩，比如“仁义礼智信”其实是儒家倡导的“五常”，亦为袍哥所推崇；再有“团结紧张严肃活泼”，竟没人认出这是共产党八路军提出的口号。[33] 到了1941年下半年，郭安康就任乡长，继续宣传抗日救亡。活报剧也第一次出现在兴隆场的舞台上，引起当地人的极大兴趣。

尽管遇到重重阻力，1940年至1941年间，政府在兴隆场推行的教育改革还是取得了显著成效。截至1940年，全乡大约三分之一的适龄儿童（年龄在五岁到十四岁之间）都已正式报名上学，而且其中女孩占了五分之一。这当然不是政府单方面的功劳（详见下文）。特别需要指出的是，郭安康作为一乡之长，既要设法解决当前面临的贫困问题，又得应付官场上无处不在的尔虞我诈；但他仍能把主要精力用于改善学校环境、提高教员待遇，为此付出的努力可谓有目共睹。至1941年秋季学期，乡中心小学共有十名教员，分八个班级，开设全部必修课程，学生人数史无前例地达到了四百一十六名（见表6.4、6.5）。1941年底，上级部门又下达指示，一方面重申无条件资助最贫困乡的承诺，一方面允许各乡政府就地筹款发展教育。

虽然远未实现中央政府的规划目标，乡村教育改革毕竟已经步入正轨。兴隆场甚至掀起了一股上学热，原先只供儿子读书的富裕家庭现在把女儿也送入学堂。看着镇上的女学生从无到有、从少到多，大家对此津津乐道。当地另一个变化是，过去乡民习惯到茶馆打听时事，“摆龙门阵”的一般都是有机会去县城或重庆、因而见多识广的乡绅和商人。如今学生放学，顺带也把从老师嘴里听说的战场新闻带回家中。但这顶多是增加了一个消息来源而已，对终日忙于生计的普通农民尤其妇女来说，所谓的国际国内大事纯粹事不关己，离他们的生活远得很。更令人忧虑的是，随着时间推移，改革步伐非但没有加快，反而逐渐放慢。这里面的原因有很多，除了资金匮乏，最关键的一点即学校与地方政府的联系过于紧密，由此导致两个后果：一是每当出现政治风波（如派系倾轧、人事变动），学校必受牵连；二是政府财务一向不透明，官员上下其手、贪污成风，到头来学校亦被其害。乡公所下设的四个股中，唯有文化股相对清廉，是非也少，故能认真做事，成绩斐然。

表 6.4 兴隆乡总入学人数

总人数	学生性别比例（%）	不同性别入学比例（%）
669 （5岁—14岁的学龄儿童共计2011人，入学率为33%）	男生：81	男：45
	女生：19	女：15

表 6.5 乡中心小学各年级入学人数

初小	学生总数：260	高小	学生总数：156
一年级	91	五年级（上学期）	47
二年级	87	五年级（下学期）	41
三年级	37	六年级（上学期）	36
四年级	45	六年级（下学期）	32

协进会“下乡”

把目光瞄准四川农村的并非只有国民政府。抗战爆发后，大批学者和社会活动家纷纷从沦陷区转移到大后方。他们大多抱有经世济民的理想，并时常参与政府实施的乡村改造计划。[34] 连接成都、重庆的走廊地带一时间竟成了各方人士从事乡建运动的大实验场。

1939 年底，中华全国基督教协进会的乡建工作组也进驻兴隆场，带队的是山东齐鲁大学教授孙恩三。1936 年至 1937 年，孙曾短暂就读于美国康奈尔大学；后受协进会派遣，在河北定县长期蹲点，积累了丰富的乡建工作经验，决心要在中国建设一个不带任何共产主义色彩的现代农业社会。这时他再次接受协进会邀请，率工作组下乡，肩负的使命有二：一是帮助乡民消除贫困，二是扩大传教布道的社会基础。

乍看上去，协进会选择兴隆场作为试点似乎有点儿奇怪。自 1891 年重庆开埠通商以来，西方传教士虽在巴渝地区做过不少工作，但他们的传教活动一直都围绕成都展开，而且协进会在那边也设有分会。如果说成熟教区是乡建实验成功的保障，那么成都无疑应该成为协进会的首选地点。就像战时云集四川的传教士所说的那样，成都气候宜人、生活方便；更重要的是，居民生性好客，更容易接纳前来避难的下江人。孙恩三偏偏反其道而行之，相中的是兴隆场靠近重庆的地理位置。因为在他看来，建立合作实验区无论如何离不开国民政府的支持，这当然不是孙一个人做出的决定。事实上，协进会自成立之日起便在教育、医疗领域投入大量人力物力。战争伊始，协进会从上海内迁重庆，意识到减贫乃当前最为迫切的任务，他们也想通过实验证明一个乡村教会能在这方面大有作为。

璧山境内原本有两处地方供协进会挑选。兴隆场之所以被选中，大概跟它有数十年的传教历史有关。[35] 早在 1908 年，已有美以美会中国差会的修女来到兴隆场和福禄场宣讲福音。至 1924 年，差会在兴隆场建成第一所男女同校的新式学校。虽然只存在了短短四年光景，但之后复有重庆的美国修女每半年来开办为期三周的主日学校，教当地女孩识字并传授家政知识（如卫生、理财、保育等），使她们将来能够成为合格的家庭主妇。1928 年，一座教堂终于在兴隆场拔地而起，这为妇女提供了走出家门的机会。尽管有大批男性村民入教，参加教堂祷告活动的还是以女性居多。

协进会的乡建计划

1940 年春节刚过，孙恩三便带领全家来到了兴隆场（孙妻是山东人，受过良好教育，夫妇俩有五个儿子）。工作组的首要任务是加强该地教区建设，用实际行动满足乡民的“迫切需要”，表明主不但拯救灵魂，同样关心老百姓的生活。[36] 所从事的三个实验项目均与此前传教士在医疗、教育及“基督化家庭”领域内的宣传活动有关。[37] 当然这些项目都带有鲜明的时代烙印，跟国民政府为配合抗战而提出的在农村地区推广公共教育、医疗服务，建立经济合作社的口号遥相呼应。孙恩三面临的挑战的确不少，向协进会要人要钱已属不易，把实验项目设计得既符合教会利益又能为抗战出力更是煞费苦心。

工作组的人员构成相当有看头，包括三名中国人和一名加拿大人，她们清一色都是年轻的女大学生。总把群众“迫切需要”挂在嘴边的孙恩三，首先想到的是通过提供医疗、教育服务，跟当地老百姓打成一片。为此，他让来自河南信阳一所教会医院的护士兼助产士朱秀珍在镇上开设一家诊所，又叫刚从南京金陵女子文理学院毕业的李文锦牵头教育工作，并着手创建一个幼稚园。二人薪水以及诊所、幼稚园费用均由美以美会中国差会支付。差会把兴隆场的慈善事业视为传教活动的一部分，因而又专门派人负责监督诊所的运营情况。孙恩三招募到的第三个中国人是俞锡玑。俞曾在北平协和医学院跟随蒲爱德（Ida Pruitt）学习做医疗社会工作，现在她的任务是教书、调研、组织妇女接受刺绣培训，同时在诊所给朱秀珍当助手。[38] 时任协进会总干事陈文渊是俞的姨父[39]，因为有这一层关系，其薪酬便从协进会资金里出。后来孙恩三决定把减贫作为重点项目来抓，为了开展相应的社会调查，遂正式邀请伊莎白[40]加入工作组。伊莎白出生于成都的一个加拿大传教士家庭，当时刚从多伦多大学毕业，并在四川、西康从事人类学研究工作。她可以直接向加拿大卫理公会妇女差会申请资助，从而免了孙恩三的麻烦。[41]

工作组全部由妇女组成，这在一定程度上带有冒险性，因为几名未婚女子无人陪伴走在街上未免过于招摇。她们的言谈举止处处与众不同，那副下江人的派头令当地居民侧目而视。虽然穿着和镇上妇女一样的青布长袍，她们互相以小姐相称（如朱小姐、李小姐、俞小姐），身上体现出知识女性特有的自信，脸上更分明写着“天降大任”几个字样，走到哪儿都显得鹤立鸡群。

当地人对城里女人的出现其实并不陌生。此前两位美国修女——安妮 · 韦尔斯、奥维娅 · 普罗克特——来璧山传教，也总拉上一名中国女子，并叫她出面宣讲福音；说不了中文的安妮和奥维娅只负责制定每日计划。她们的工作除了发展信徒，还走村串户帮助乡民改善生活——这种得天独厚的便利是男性神职人员所没有的。

工作组集结完毕之后，很快发现曾被寄予厚望的教会除了略尽地主之谊，提供最起码的膳宿，几乎什么忙也帮不上。受美以美会派遣的朱、李二人甚至公开质疑，连星期日礼拜仪式都举行不了，这样一座名存实亡的教会凭什么得到上面的重视？跟年迈慈祥的徐牧师共同生活了一段时间之后，大家才体会到他的处境有多么艰难。现在外面的物价一天一个样，而他每月获得的生活补贴却始终不变，不要说养家，孩子上学也成问题。[42] 孙恩三起初写信力主撤掉徐牧师，美以美会未予理会，却派来了重庆教区监牧刘志光。刘的原有工作不变，即监督全区教会正常开展活动；但因为住在兴隆场的缘故，一方面能拉徐牧师一把，一方面还能为工作组提供帮助。[43] 刘本人巴不得将全家从重庆搬来，免得成天挨日本飞机的轰炸。待这一切安排就绪，一直为生计所困的徐牧师终于能把心思稍稍放回到本堂事务上，恢复了每周一次的讲道。然而听讲的人并不多，都是镇上一些妇女。

为了保证乡建工作顺利进行，孙恩三采取的办法是首先让乡民看到协进会资金雄厚，既有能力、也有决心实现所有承诺。因此他初到兴隆场便大搞建设，先是装修教会所属四间沿街房，该工程持续了整整八个月时间；又在教会院子里盖起一座两层小楼，供其家人居住。当地人从未见过带楼梯的洋房，纷纷驻足观赏、啧啧称叹。

豪华别墅无疑抬高了孙的身价，沿街房屋的改建则清楚传递出协进会志在服务社区的信息。其中一间房改为图书馆，配备一张长桌、两条长凳，墙上挂着中国和世界地图，书架上摆满各类好看的图书。另一间改作公共活动室，里面有乒乓球桌；地上还用粉笔画线，让人玩掷环游戏。剩余两间分别成了诊所的候诊室和操作室。

接下来孙恩三的所作所为就变得“油滑”起来。徐牧师曾经指出，兴隆场的任何事情如果没有蔡旅长点头，都是根本不可能办成的。孙于是专程登门拜访，跟郭安康初任乡长时的做法如出一辙。发现袍哥势力不容小觑，他又带领手下人在单刀会期欣然应邀赴宴。如前所述，袍哥每年举行两次祭拜关公的仪式，单刀会便是其中之一。镇上的四个堂口一致决定利用该会期欢迎一干新来的重要人物，包括郭乡长、孙恩三以及中心小学的新任教员。袍哥是“纯爷们”组织，一般说来不许女人进入，但由于协进会工作组和学校教员均以女性为主，这次也只好破了例。

到了 5 月 3 日，孙恩三又在文庙安排一场盛大庆典，庆祝乡建合作实验区正式成立。凡地方名流、官员无一不前去捧场，加起来总有三百来号人。尤令人吃惊的是，孙恩三甚至请动了县长王士悌。王县长及其随员各自在会上致辞，大谈特谈乡建工作的重要意义以及基督教会的杰出贡献，并表示县政府一定全力以赴支持这项事业。莅会的还有刚从上海赶来的协进会总干事陈文渊。

至此，孙的活动能力已经得到充分展示。简言之，他的基本策略就是走上层路线，积极配合政府推行的农村政策，尽量使协进会的乡建实验染上官方色彩。例如，为了解决乡村地区最为紧迫的贫困问题，他曾联系一位在国民政府资源委员会供职的旧同事，获悉对方所在部门正急于为久负盛名的四川挑花青布打开外销渠道。由于附近荣昌县就出产优质夏布，孙抓住这一难得机遇，让俞锡玑筹建挑花合作社。在美国传教士厄恩肖嬷嬷（Miss Earnshaw）的帮助下，1940 年初春，俞招募到二十名当地女孩，大多来自安妮·维尔斯开办的主日学校[44]；又从资源委员会下设的国际贸委会请来两位挑花师傅传授技艺，为期三个月。孙还跟该委员会达成协议，由他们负责收购织好的绣品，然后销往海外。可惜好景不长，几个月后，随着战场形势恶化，转道香港出口的途径被掐断，政府便停止了采购计划。这样一来，合作社办不下去，一度列为工作组重点项目的经济合作遭遇了“开门黑”。但孙恩三并不气馁，他把目光转而投向教育，决心在这个领域（还包括医疗卫生，见第七章）重新与政府联手，做一番成绩出来。

教育实验

孙恩三决定改变实验方向的初衷就是要积极配合政府推行的教育改革。李文锦专管此事，但由于教改方案过于繁杂，其他人经常被迫放下手头任务，赶过来帮忙。在将近两年的时间里，工作组很难集中精力完成自己的实验项目，因为时时得听候乡公所调遣，去充当救火队员。

第一次“救火”即前面提到的教员罢教事件，孙恩三应乡长请求，临时派李文锦和俞锡玑两人到学校全职代课。还有一回，为帮助提高学校的就学率，工作组全体出动，挨家挨户劝说乡民送家中女孩上学。对于李文锦苦口婆心的那副样子，几十年后许多当地妇女记忆犹新。最难的是让那些缠过脚的小姑娘走出家门，进学堂念书。最终全乡三分之一的学龄儿童（五至十四岁）都入了学，而其中女生大概占五分之一的比例。在学校代课时，工作组队员也谨遵乡长指示，注意加强公民意识教育，并在 10 月 10 日的国庆节组织爱国集会。孩子们对此很是欢迎，玩得都挺开心。

相比而言，工作组在推动成人识字方面的努力虽算不得十分成功，也还差强人意。1940 年 10 月，国民政府在四川农村掀起声势浩大的扫盲运动。乡公所把帮助妇女扫盲的任务派给了孙恩三。这次他倒没有不折不扣执行上面的“强制”命令，而是稍作变通，号召妇女自愿参加识字班。

如前所述，当地十五岁以上的成年女性中，约有百分之九十八的人都不认字。既然男女不可同居一室即所谓“授受不亲”，必须成立单独的妇女班。工作组使用晏阳初等人编写的《千字课》课本为她们义务授课。俞锡玑还打算开家政课，伊莎白则负责教女孩子跳舞。

识字班开学那天，仅有二十几人前来上课，其中半数是乡绅人家的千金，其余都是上岁数的已婚妇女——她们之所以报名，不过为了借机聚在一块聊天而已。于是学生们自然而然分成两拨，待课程结束便见分晓。那些认真学习的年轻女孩都已达到读写几百个字的基本目标；而家庭主妇这边（甚至包括几位老眼昏花连课本也看不清的老太太），虽然按时“出勤”，一堂不落，却左耳进右耳出，最后能记住几十个字已经算是天大的奇迹了。

识字班的教学情况也不容乐观。美以美会在川差会的教育督导丹尼尔·李（Daniel Li）有一次来兴隆场视察，顺便给学生讲解当前时事。因为口音太重，令人费解，他索性转身把要说的话一字一句写在黑板上，却忘了下面听众的身份。结果众人大眼瞪小眼，既听不懂，更看不明白。

真正给工作组带来麻烦的是当时从城市蔓延至乡村的反基督教浪潮。孙恩三颇有先见之明地早早就和教会撇清关系，为此不惜放弃部分实验项目。反正在他看来，工作组的首要任务是服务社区，而非管理教堂。他这么做的理由有二：一是如果还跟教会搅在一起，可能会让政府官员误以为工作组此行就是下来传教的；二是当地民众大概也要产生对立情绪，因为他们一直视教堂为不干净的地方——这种看法日后当然证明是毫无根据的。

尽管有预防措施，麻烦该来的时候还是来了。1941 年冬，为纪念反对袁世凯称帝的护国运动胜利二十五周年，兴隆场国民党区党部负责人孙宗禄和孙宗尧建议乡政府和教会在 12 月 25 日、26 日这两天联合举行庆祝活动（12 月 25 日为护国运动纪念日，恰跟圣诞节重叠）。活动的重头戏是由璧山淑德女中学生上演现代话剧。淑德女中是一所教会学校，乡长郭安康虽说不愿和教会有任何瓜葛，但考虑到办成这件事有助于提高自己在兴隆场乃至璧山县的声望，便答应下来。教会一直为信徒太少而发愁（每次仅二十几名妇女听讲福音），所以也想借这次活动扩大影响力。郭乡长预先叫民团团丁打扫文庙，布置会场，用新砍的松枝点缀舞台。按照原计划，淑德女中学生将在 12 月 26 日演一整天戏，中间穿插前曲艺社成员表演的川剧。乡公所则于当晚举办答谢宴会，请八桌客人吃饭。

然而天公不作美，当女学生化好妆即将上台时，一场大雨不期而至。文庙的舞台上搭有顶棚，演员不受影响，却苦了台下的观众。徐牧师见状，连忙招呼大家去教堂避雨。他点亮教堂里的汽灯，正在安排重新演出，不料团丁尾随而至，喝令所有人立刻返回文庙。见无人理睬，他们干脆跳上台子撕扯幕布，有人甚至威胁要开枪。当枪声真地响起时，尖叫声中人们一哄而散，纷纷逃命。

郭乡长大为光火，让他气恼的不光是一出激励民心的爱国戏剧差点儿在教堂上演；更因为下大雨那会儿，观众不来乡公所（乡公所就设在文庙），却舍近求远纷纷往教堂跑。总之，本打算露脸的好事阴差阳错泡了汤。无以泄愤，他便找个理由辞退了在中心小学代课的两位工作组成员。

结语

抗战时期国民党在农村地区采取的一系列强化统治的措施往往被批评为虚应故事，雷声大雨点小。质实言之，战争爆发以后，国民政府依然按部就班实施早就开始的行政改革[45]，并在收回乡长任命权和调整行政区划方面取得初步成效。同时必须看到，即使有的乡镇合并后被冠以新名，相沿已久的旧称呼在老百姓口中仍照用不误，而乡长上任后的处境如何亦非政府所能决定。事实上，他们的工作经常由于心怀不满的乡绅、军队以及地下组织（如袍哥）从中作梗以致半途而废。政府曾经花大力气来普及义务教育、推广识字运动，终因人手不足、经费短缺而难以为继。协进会在兴隆场从事的乡建实验，最值得一提的便是教育项目，尤其是帮助妇女读书认字。之所以在这一领域有所建树，很大程度还得归功于教育对袍哥无关痛痒的事实，因而他们不会做小动作横生阻挠。

回顾协进会的乡建实验过程，不难发现是战争让官方与民间力量走到了一起，而这在以前是不可想象的。因为有了协进会的支持与协助，政府办起事来更加容易；与此同时，协进会也只有在参与政府项目（如教育）时，才会获得成功的机会。医疗卫生服务将是下章讨论的主题，当民间团体（如协进会）与政府合力来做这项事业，双方关系之复杂愈发暴露无遗。

1　抗日战争时期，总计超过六万来自沦陷区的下江人疏散到璧山（《璧山县志》，1996，第 106 页）。
［译者注］原注有误，应为第 111 页。

2　［译者注］该组织于 1922 年成立于上海。

3　政府撤销联保改称乡的原因大概在于，联保容易让人联想到古代的“株连”。

4　［译者注］指 1939 年 9 月国民政府行政院颁布的《县各级组织纲要》，标志着新县制开始实行。《纲要》见本书附录。

5　《中国的新县制》（1942）。
［译者注］1916 年 7 月，孙中山在上海演讲时谈及建国方针，曾说，“地方自治者，国之础石也，础不坚则国不固，……今后当注全力于地方自治。”又说，“今假定民权以县为单位，我国……至少可为三千县，三千县之民权，犹三千块之础石，础坚则五十层之崇楼，不难建立。建屋不能猝就，建国亦然，当以极坚毅之精神，而以极忍耐之力量行之，竭五十年之力，为民国筑此三千之础石，必可有成。”［转引自陈柏心《地方自治与新县制》（1942，第 15 页）。此文以“在沪举办茶话会上的演说”为题收入《孙中山全集》第三卷（1984，第 325 页—第 331 页），文字稍异。］

6　兴隆场作为地名，早已出现在 1872 年由本地士人编纂的璧山县志所附地图上（《璧山县志》，1992），《中国地方志集成》第 45 册）。
［译者注］清代璧山县志的撰修共有两次，一次在乾隆七年（1742），由知县黄在中主修；一次在同治四年（1865），由知县寇用平增修。原注所说 1872 年殆为笔误。

7 与璧山相邻的巴县也有一个兴隆乡，但规模要大得多，也更有影响。由此看来，璧山兴隆场从行政地图上消失似乎只是时间早晚的事，不可避免。自 1940 年至 2000 年，经过一系列变更，四川省内异地同名的现象已彻底杜绝。

8 据伊莎白手记，这两人分别是义和社社长、保长杨荣廷和猪鬃商魏书尧的七弟魏老七。杨三十来岁，在镇上开一家面馆，生意很好。魏老七刚二十出头，无正当职业，成日在赌场里鬼混。

9 大鹏乡虽不情愿，最终还是默认了行政降级的事实。相比而言，兴隆场西南三教乡的态度则要强硬得多，从一开始就坚决反对跟丹凤合并。三教乡 1915 年才开办集市，是这一带最晚的，同时人口也最少（仅八百户左右），却敢于公开叫板，意义更加不同寻常。它先是声称现有户籍册已经过时，于是重新造册，设法让户数达到官方提出的一千户标准。因政府忙于其他几个乡的合并事宜达数月之久，三教乡的问题被暂时搁置下来。1941 年春节过后，政府终于腾出手来应对此事，并以大鹏为例，说明合并不会带来任何危害。见劝说无果，便威胁要关闭三教乡的集市，把人流、货物分散到邻近的梓潼、大兴和丹凤去。这一招果然厉害，比行政区划调整更能触及当地人的痛处。因为三教乡全靠这座集市才凝结为一个整体。一旦集市关张，势必影响到人们的日常生活，地方豪强一直享有的征税、收保护费等种种好处也将荡然无存。权衡利弊得失，三教乡终于答应和丹凤合并，原任乡长则挂冠而去。然而他们并未善罢甘休，待 1943 年全县重划乡镇，又为自己重新争到一个“乙种乡”的地位（《璧山县志》，1996，第 63 页）。

［译者注］据伊莎白手记，乡民过春节，由于战时物资短缺，买不到烟花爆竹，便将高温烧化的铁水洒向天空，其视觉效果不亚于燃放烟花（《兴隆场》，2013，第 141 页）。事实上，该习俗在民间由来已久，俗称“打铁花”。

10 璧山县档案馆档案“璧山县璧汉总社”，编号 13—1。

［译者注］抗战胜利后，璧山各个乡镇的袍哥代表汇聚县城，联合成立总公社（即总公口）。因哥老会亦称汉留或汉流，遂取名“璧汉总社”，推选陈雪樵为总社长（《璧山县志》，1996，第 724 页）。

11 ［译者注］据《县各级组织纲要》，乡长人选的条件之一为“师范学校或初中以上学校毕业”。

12 ［译者注］指民政、经济、文化。

13 ［译者注］1937 年 8 月，国民政府行政院颁布旨在“维护正常教育”的《总动员时督导教育工作办法纲领》，提出“战时须作平时看”的教育方针。可以说整个抗战期间，国民党始终把大后方教育看成全民动员的一项重要工作来抓。

14 [译者注] 指1927年4月南京国民政府成立。

15 郑登云《中国近代教育史》(1994，第342页)。

16 [译者注] 此次会议通过了《三民主义教育宗旨说明书》，以“三民主义教育”替代以前的“党化教育”口号。

17 按照规定，中央政府应将全年预算的15%投入教育事业，而教育支出在省和县级政府财政预算中的比例不得低于30%(郑登云《中国近代教育史》,1994，第356页)。

18 民国甫立，到底该向学生灌输何种知识便成为教育家讨论的重要话题。许多人主张借鉴国外模式，重视德育与国家主义教育。另一股思潮则鼓动引入风靡欧美的现代“公民”概念，将培养健全人格作为未来教学的方向。1919年召开的全国教育会联合会第五次年会通过两项决议案，呼吁摒弃国家至上宣传，允许教材中出现“地方性内容”；同时课程设置应突出“国家公民”主题，科目包括卫生、道德、法律、经济等(高哲一《公民之辩：中国江南的公民教育与学校政治(1912—1940)》，2007，第47页—第53页)。争论并未就此止息。整个二十年代中期，很多教员一直力争在小学课本中加入更多与地方有关的知识。然而“1927年以后，随着国民党执政时期的到来，办学目的、课程设置、课文内容都发生转变，一切以国家主义教育为中心”(毕格《近代中国的民族主义与教育》，1932，第117页)。

[译者注] 民国成立之初，临时政府即颁发《审定教科图书暂行章程》。南京国民政府时期，陆续公布了《组织教科书审查会章程》、《教科图书审查条例》、《教科图书审查规程》、《审查教科图书共同标准》等一系列法规，逐步将教科书编选、审定置于政府严格控制之下。

19 自1929年至1936年，全国小学校总数从212385所增至320008所，学生数量从8882077人增至18364956人(郑登云《中国近代教育史》,1994，第360页)。

20 [译者注] 1923年，余家菊在《中华教育界》杂志发表《教会教育问题》一文，提出“收回教育权”口号，随即引发全国性的收回教育权运动。

21 [译者注] 指教育部制定《实施义务教育暂行办法大纲》及实施细则，计划分三期实现全国普及四年制义务教育的目标。

22《四川省志·教育志》（1996，上册第15页）。

23 同上书第14页。

24 [译者注] 即乡中心小学。

25 [译者注] 即保国民学校。

26 对于这组数据，读者必须谨慎看待。首先，各保普遍存在虚报人数现象，目的是向县教育当局申请更多经费，用以补足教员低得可怜的薪水。例如报表上年仅五岁的学童，无论在下面的初小还是乡里的高小，我们一个也不曾见到。其次，许多家长都把学龄期的孩子留在家里帮忙干活，致使实际入学率偏低。第三，学校情况也不容乐观，教员迫于生计，利用上课时间外出挣钱是常有的事。

27 [译者注] 据前文，对学校教员作出调整的是唐友谭而非唐恭义。

28 [译者注] 这里再次将二唐混为一谈。

29 [译者注] 此处时间前后矛盾。

30 [译者注] 此处显系3502之误。

31 海弗德《到群众中去：晏阳初和乡村中国》（1990）。该书第189页—第195页对晏阳初在四川推广平民教育的活动以及国民政府的教育政策都有详细介绍。另见赛珍珠（Pearl S. Buck）《告语人民》（1945）一书。
[译者注] 所谓“千字课”，就是选出一千个最常用“基础汉字”编成识字课本，让学习者“以最短的时间、最小代价、获取最大限量词汇”（《晏阳初全集》第一卷《平民教育运动（1924年9月）》，1990，第53页）。1922年3月，平民教育实验的序幕在湖南长沙拉开，随后曲阜、烟台、长沙、杭州、嘉兴、南京等地相继成为试点城市。定县乡村平教运动的开展还是1926年以后的事情。

32 欧文·拉铁摩尔（Owen Lattimore）、埃莉诺·拉铁摩尔（Eleanor Lattimore）合著《现代中国之塑造》（1945）第194页。

33 [译者注] 此八字系毛泽东为延安抗大的题词。

34 戴兹创博士（Theodore Dykstra）的调查报告现藏于哈佛大学燕京图书馆。其中记录了当时许多乡村建设专家的名字，如发起并领导平民教育运动的四川人晏阳初，提倡乡村合作运动的教育家梁漱溟，以及社会学家吴文藻（燕京大学教授，也是费孝通的导师）和农学家卜凯（金陵大学教授，以农业调查闻名）。等。还有些人则以传教士身份在大后方开展乡建活动。他们的研究工作均得到了包括戴兹创在内的美国援华农业顾问的技术指导和帮助。

35 据耶鲁大学保存的美以美会中国差会档案，新教传教士最早来兴隆场布道是在清朝末年。1904 年，当地举行了第一次受洗仪式。此后二十年间，仅有十五人（十三男两女）入教。到了 1927 年，正值国民革命风起云涌，全国性“反基督教运动”方兴未艾，这时兴隆场却增添了六位男性教民。喜出望外的差会于是决定投资兴建教堂，花四锭银子（约合五十六元钱）买下沿街两座房屋，福禄场的一个教徒则捐献出房后一块空地用以盖教堂和牧师住宅（此人曾让女儿参加过好几期主日学校）。这两座西式建筑竣工于 1928 年。与别处教堂不同，它们位于不起眼的角落，被其他房子遮挡，因而对古镇的整体风貌不构成任何破坏。1932 年教会迎来大丰收，一下吸收十二人入会。以后逐年有人皈依，截至 1939 年，教会在兴隆场活动的三十五年间，总计七十七人接受洗礼成为基督徒。

36 从三十年代起，协进会要求在华传教士必须重视将传教活动与改善民生相结合。

[译者注] 1922 年—1927 年的反基督教高潮过后，协进会于 1929 年发起“五年奋进布道运动”，次年 1 月正式启动，旨在通过改进传教方式为基督教在华传播开辟一片新的天地。

37 [译者注] 提倡“基督化家庭”乃协进会“五年奋进布道运动”的一项内容。

38 美国修女阿尔玛 · 埃里克森（Alma Ericksen）曾受美以美会中国差会委托，率领一支医疗队奔赴四川乡下。阿尔玛本人是名护士，负责提供药品、器械，保障巡回医疗工作顺利进行。她的强烈责任心与爱开玩笑的天性赢得了所有同事的尊敬与爱戴，所到之处总是欢声笑语不断。

[译者注] 此注略显突兀，与正文内容并无联系，倒更像是埃里克森女士在下章（“西医诊所”一节）正式登场前的一次亮相。

39 [译者注] 应为表姐夫 。

40 ［译者注］时名饶素梅。

41 当时孙恩三让伊莎白向成都的加拿大妇女差会申领薪水。利用家人的关系，她最终说动差会的哈里斯嬷嬷（Miss Harris）应承下这件事。

42 在整个重庆教区，像徐牧师这样的情况相当普遍。1922 年，牧师们甚至联名要求解除教职，以便另谋生路养家糊口（见《美以美会华西会 1922 年年会会议纪要》，现藏于耶鲁大学）。

43 兴隆场固有的场镇生活有许多方面都是工作组人员看不懂的。刘志光的到来大大改善了这种状况。他不但熟谙本地风情，对袍哥在茶馆里的秘密活动也了如指掌。经他一讲解，如坠五里雾中的工作组顿时感觉豁然开朗。

44 安妮·维尔斯于 1908 年受美以美会妇女差会派遣，第一次来到中国，之后长期在四川农村传教。1923 年在重庆举行的美以美会华西会第十四届年会上，她因为“把全部精力投入边远地区工作”——其中就包括在兴隆场多年的传教活动——而受到高度赞扬。

45 ［译者注］指“新县制”。

第七章　公共卫生

有母子二人在镇上开着一家点心铺。儿子十五岁，一直有病，平常在家帮忙烘制糕点，偶尔出去拉煤贴补家用，日子过得甚是拮据（父亲以前当教员，已去世多年）。1941 年 6 月，男孩的病情突然恶化，不时感到阵阵剧烈的头痛（显然患上了结核性脑膜炎）。母亲请不起有名医生，只请来了要钱不多的邓先生。邓的医术有限，而且仅在集日出诊。他的诊断结果是：男孩鼻涕不往下淌，反而倒灌回脑子里去，所以引起头疼。随后煞有介事地开了药方，母亲也赶紧出门按方抓药，回家煎熬。不料服下汤药一小时后，男孩情况变得更糟，胃里火烧火燎；到了晚上已不能说话，疼得满床打滚，到处撕抓，呻唤不止。第二天，母亲再去找邓先生。他却不肯上门，再三坚持之下，才老大不情愿地尾随而来，竟然发现昨天开错了药。邓开的第二副药让男孩疼痛有所减轻，但母亲对他已彻底失去信心，便找来一个远近闻名的观花婆[1]。巫婆看后，直截了当宣布这个孩子活不长。没过多久，她的话果然得到了应验。

从上述例子可以看到战争年代当地百姓对付疾病的通常手段。那位母亲最初肯请郎中已经相当了不起，更多人则是请巫师、巫婆做一通法，管不管事只有老天知道。政府内迁之后，开始把公共卫生当作一项事业来抓。[2] 大大小小的民间团体——甚至包括洛克菲勒基金会名下的若干慈善组织——纷纷赞襄其事，川民自古“信巫不信医”的历史终于走到了尽头。二十世纪上半叶，在成都、重庆等大城市已经建立起不少使用西医疗法的公立或私立医院，政府预计未来几年其数量还会继续攀升。农村地区的情况则另当别论。农业人口大约占川省总人口的百分之九十，然而他们实际享受到的医疗服务却微乎其微。政府改善农村医疗条件的决心不可谓不大，呈交的各式计划书、报告书也极尽繁琐周详之能事，最终却由于配套资金、人员均难以到位，统统成了纸上谈兵。这项艰巨任务于是又落到宗教及民间团体的肩上。

作为协进会乡建工作组的实验项目之一，一间诊所于1940年在兴隆场正式开张。本章首先对政府推行的医疗改革作一粗略检讨，然后聚焦那个小小诊所，看工作人员是如何在短短两年时间里逐渐赢得乡民信任的——而其中体现出来的正是传统中医、巫术与外来西医的一番博弈。全靠一位中国护士[3]的出色工作，开办诊所成为当时在兴隆场展开的一系列乡建实验活动的最大亮点。

四川公共卫生建设

国民政府从南京迁都重庆后，即着手创建四川省卫生实验处[4]。在沿江省份中，四川公共卫生机构的设立已经算是比较晚的了。[5]1939年5月，陈志潜被任命为卫生实验处首任处长，至少表明政府对公共卫生事业的态度是认真的。陈毕业于哈佛大学公共卫生学院，入川前曾在河北定县做过好几年的卫生教育工作。[6]他与洛克菲勒基金会关系密切，而该会是赞助中国医疗事业的主要国际组织。在川成立卫生实验处的初衷本是为抗战服务，以救护在日军空袭中受伤的平民和军人。陈就任处长之后，对外宣称该处职能包括预防传染病、建立县级卫生院、降低产妇死亡率、提高儿童健康水准等等。[7]这就大大超出了政府预先的规划。

上述口号喊起来容易做起来难。中央卫生署的一份报告将此目标形容为“具有重要的理论价值和长远意义”[8]，而陈志潜及其同事们很快便意识到了现状的严峻性。当地公共卫生资源可以说极度稀缺。1939 年的一项调查显示，在拥有四千五百万人口的四川全省，受过正规训练的医生总数不超过二百九十八名，将近四分之一的县（约三十五个）根本没有任何基础医疗设施。[9] 一筹莫展的陈志潜只好把希望寄托在海外援助上。1939 年，国联向卫生署提供了五万八千片抗疟疾的奎宁药。更多资金来自一向对培训医务人员、购置急需器材药品出手大方的洛克菲勒基金会。[10]

未来几年里，政府信誓旦旦要在全省范围内打造一套健全的公共卫生体系，要求每个县必须建立卫生院。璧山县制定的目标则是于 1942 年成立四个区卫生分院和二十六个村卫生所。然而村卫生所似乎并未运行起来，这大概仅是官方公文上的一个名目而已。

中央卫生署官员对民众健康状况缺乏全面了解，使得他们在起草计划时有如盲人摸象。三十年代初，陈志潜曾在四川做过一次流行病学调查，发现梅毒、淋病、肺结核、疟疾和痢疾皆为高发病种。[11] 另一项针对新生儿的调查表明，本省平均每三个死胎就有一个是死于梅毒。又据一份寄生虫感染情况抽样调查，感染率在两处地方分别达到惊人的百分之八十五和百分之九十六。[12] 这些情况在卫生署的报告里均无反映，还有极为常见的由沙眼引发的失明现象以及鼠群传播斑疹伤寒的流行程度，同样只字未提。[13] 至于产妇及婴儿死亡率的确切数据更是无从知晓，但卫生署承认由于接生方法不够卫生，妇女分娩的危险性极大。卫生署报告甚至特别提到璧山县一座镇子上的居民人均寿命，女性为二十六岁，男性为三十岁。屡禁不止的吸毒问题在该报告的最后部分才被提及。抽大烟在苦力尤其脚夫当中司空见惯。这是因为一旦得了痢疾，他们往往使用鸦片止泻，以保证把货物按时运到目的地。

卫生实验处成立的最初两年里，一直以疫病防控为主要职能。为此，专门在成都建起了省立传染病院，又挑选重点县卫生院分担此任。洛克菲勒基金会则捐赠三千美元用于购买医疗器械。[14] 1939 年下半年至 1940 年，四川全省（以成都地区为主）突然爆发大规模霍乱，这更忙坏了卫生处。据统计，1939 年，他们总共为六十四万八千人打了霍乱预防针；1940 年，又有五十四万人接受注射，另有二十二万人接种了天花疫苗。[15] 与预防接种同步进行的是禁毒工作。国民政府规定，务必于 1940 年 3 月底前实现省内全面禁毒。为了打赢这场战役，身为领袖的蒋介石直接命令卫生处尽快研制戒烟药丸并向民众散发。[16]

随后，卫生处又把工作重心转移到保护婴幼儿健康、提高存活率上来。1939 年 11 月，省立妇婴保健院在成都挂牌，至年底便顺利接生了二十三位婴儿。[17]1940 年，洛克菲勒基金会又向该院捐款三万余元。[18] 与此同时，直属卫生署的中央医院、中央护士学校、中央助产学校、中央卫生人员训练所等机构也纷纷落户重庆。[19]

国民政府内迁之前，川省产妇一般都在家分娩，而且接生手段十分落后。以璧山为例，自己接生的占百分之八十八，由旧产婆接生的占百分之十。[20] 鉴于产妇死亡率居高不下，政府于 1941 年颁布规定，要求全省所有接生婆均需参加培训、持证上岗。1942 年，璧山县使用新法接生的人数已达到四百零一位。[21] 新法接生培训的首要任务便是普及卫生知识，这在传统中医里是没有的。接生婆必须一改往日陋习，采取无菌方式进行操作：例如拿消过毒的剪刀剪断脐带，用干净脸盆接产妇流出的血，倒掉原先铺在地上的草灰——凡此种种，皆能有效降低新生儿得破伤风的风险。

璧山县卫生院成立于 1939 年，院址设在旧的江西会馆内。这里足够宽敞，除了诊所、办公室、员工宿舍，还可安置三十张病床。最初仅有两名医师负责防疫和收集数据。[22] 1940 年，该院被定为实验卫生院，医师增为四人，另配备七名护士、三名助产士。[23]所需资金主要由卫生署、县政府以及洛克菲勒基金会提供，其中基金会一次就拿出三十万元。[24]璧山各县实验卫生院的具体工作由陈志潜亲自督导，[25]包括给群众种痘以预防天花等等。1940年当年，兴隆场居民一个不落全种了牛痘，[26]堪称政府在当地开展防疫行动最值得大书特书的一笔。

应该看到的是，并非只有国民政府一家在川推动公共卫生建设。自十九世纪末，便有来华的西方传教士从事这方面工作。新教的差会除了宣讲福音，还把教育和医疗作为延伸服务的重要内容。据一项调查显示，截至1939年，川省的新教机构包括一所教会大学暨附属医学院和二十五家教会医院。[27]当然大部分都设在城市，对广大乡村影响甚微。协进会乡建工作组的到来让兴隆场成为少数几个拥有西医诊所的乡镇。详细介绍该诊所之先，有必要大致了解一下此前乡民治病的惯用方式。

传统中医

人民营养不良、卫生条件恶劣、鼠蚊蝇横行、寄生虫肆虐——这样的糟糕环境把兴隆场变成了一个疾病频发的不祥之地。本地特有的湿热气候更是助纣为虐，极有利于细菌的滋生与蔓延。天花、肺结核、疟疾因而成为这里的流行病，霍乱、伤寒也时有发作。再有就是由沙眼及缺乏维生素A引发的视力下降甚至失明，严重影响到当地居民的劳动能力。极度危险的接生方法将大人孩子俱置于死亡边缘，孕妇每次分娩等于过一道鬼门关，这在全省都是普遍现象。即使侥幸活下来，产后照顾不周又让许多妇女患上了妇科病。

一旦得病，人们能想到的路子不外乎有两条：要么请中医号脉，要么请巫师施法，视花钱多少而定。更有甚者，苦于拿不出钱，干脆在屋里挂块红布、薰些香草，祷求神仙了事。

至于那些既不缺钱、又相对开明的乡绅，自然只信中医。做中医其实相当不易，需要同时掌握多方面知识，诸如内科、外科、妇科、儿科等等。有中医世家代代相传，其他人想要入门的话就得拜师，并做好长期学习的准备。别的不说，光是一本医书，要读懂里面讲的药理药性，仅会识字是不够的，必须肯下功夫钻研。因此兴隆场的中医都被尊称为“先生”，如同学校里的教书先生一般。兴隆场全乡大概有六七位中医，其中四位在镇上开门市和药铺。他们分别是杨华清、邓玉林以及曾培元、曾德元兄弟。

杨华清三十出头，念过书，家里种着五十石稻田，兼做药材生意。虽然年轻，他的名气最大。曾氏兄弟中的老大曾培元也是个中等地主，还担任保长，因患有早期肺结核，便将大部分业务都交给三十八岁的弟弟曾德元打理。跟上述三人不同，邓玉林[28]在镇上的店铺是租来的，所以仅在集日坐堂。另外还有一位姓向的先生在县城行医，发财后回乡下盖了房子。

这些中医的主要经济来源就是开药卖药。以植物和矿石入药在中国有着悠久的历史，事实上这个国家药物学的发展很大程度要归功于古代术士的炼丹活动。此类实验没有生产出能令人长生不老的仙丹，却意外获得了一个又一个的治病良药。古老的中国医学所蕴含的哲理可以用“天人合一”四个字来概括，其具体实践则是通过尝百草、炼丹药，把种种可用药材（有时还加入动物成分）分门别类加以研究，最终达到对症下药的目的。

书本上的知识虽不易获取，有些药方却在民间广泛流传且行之有效，比如就地取材，采集药草和根茎治疗感冒发烧、头疼脑热、小儿麻疹、毒虫咬伤之类。这种“丹方”一般掌握在年长妇女手中。有的人家还藏有所谓的“祖传秘方”，从不示人。

最富有传奇色彩的“秘方”是对付五毒（指蛇、蝎、蜘蛛、蜈蚣、蜥蜴）咬伤的解毒药。[29]江湖郎中往往携带解药走街串巷，卖弄技能。每年五月初五的端午节，正当毒虫滋生、疫病流行，[30]兴隆场都要举办庙会。头天晚上，庙里和尚敲锣打鼓直闹腾到半夜，就像每月初一、十五那样。次日上午，满大街挤满了人，争先恐后观看蛇医的现场表演。只见毒蛇缓缓爬过他的身体，冷不丁咬一口。蛇医连忙服下解药，竟安然无恙，众人叹为观止。

对于中医和上山采药的药农来说，他们的药物知识通常得自家传，又在实践中不断丰富完善。有些德高望重的老中医会开门纳徒，但收费颇高。四十年代初，学徒三年需交纳两到三石大米。开始阶段，徒弟主要从三方面接受训练，即煎药、诊断、熟悉药性，同时学点儿接骨或诊治伤寒的专长。一旦学有所成，他们便在师傅的监督指导下独自行医几年时间。待最后出徒，还要举行隆重的谢师宴，这时师傅会以一部珍藏医书相赠。之后，徒弟正式挂牌营业，牌匾上刻着师徒两人的名字。如果学徒开始得早，徒弟出道时还显得十分青涩，年龄也不大（甚至不足二十岁）；但只要师傅名头响亮，一样受人信赖。[31]也有想走捷径的人，幻想不拜师、单靠自学就能堂而皇之成为一名坐堂医，到头来必定引火烧身、自取其辱。唐天元牧师曾在美以美会的各个差会里负责传道多年。1941 年，当他年届六旬，突然决定辞去神职，回家乡兴隆场行医挣钱。唐自恃略通医书，因而瞧不上那些在他看来“不学无术”的医生;但自己没有经验，便找邓先生来做搭档，而邓恰恰是当地臭名昭著的半吊子郎中。他们共同接诊的第一个病例便是本章开头提到的那位倒霉男孩。后来唐又尝试单独给一名妇女做流产，结果更是弄得一塌糊涂，景象惨不忍睹。

正骨是中医的一个专科，[32]大鹏场的张先生最擅长此道。伤势严重的，兴隆场人就去大鹏场请张先生。1941 年初，织工张少华被土匪砍伤左手时，[33]家里请的郎中就是他。双方当时谈妥价钱，总共五十元整，然后签立字据，由伤者先付二十元，剩下的视治疗效果而定，如能重新上机织布再一并付清。以后的日子里，张先生每天赶过来一趟（从兴隆场到大鹏场，步行大约需要一个小时）。张少华受伤两星期后，我们刚好去他家走访，发现情况良好，伤口一点儿也没有感染，证明张先生确实医术高明、名不虚传。

占卜

大多数兴隆场人其实请不起郎中，他们把看好病的希望全寄托在要钱不多的观花婆身上。乡民普遍相信人之所以得病，多半由于恶鬼作祟的缘故，要不就是自己不小心冒犯神灵，或被四处游荡的孤魂野鬼故意加害，或因前世作孽而受惩罚。

兴隆场有两位观花婆，都是中年妇女。其中一位不愁吃喝，一般只在家中或去别人那里接受问卜。另一位则又穷又瞎，干这个行当已超过二十年，每逢集日都来镇上一个寡妇家摆摊算卦。

虽然占卜不算什么神圣职业，但能够吃这碗饭的人并非“等闲之辈”。比如一名年轻姑娘突然患上疯癫，观花婆会说四娘子大仙相中了她。父母赶紧请道士施法，一面许诺病愈后一定让她学做弟子。再看道士，念咒画符，将附体鬼魂请入一座坛中，拿红纸封口供到桌上。两旁点燃蜡烛，前面再上几炷香，附体鬼魂就受到了供养。待日后病人复元，道士再来教她念咒，或者观花婆收她为徒。期满之后，姑娘照例要办谢师宴，从此便正式以卜卦为业。这并不影响嫁夫生子、干农活、操劳家务、过正常女人的生活。

观花婆给人治病的拿手好戏便是下阴间通灵。说来奇怪，通灵仪式既不神秘，也不庄重。就说那位在镇上摆摊的观花婆，身穿一袭普普通通的青布棉袍，一眼看去跟常人无异。如果赶上一个天气晴好的集日，女房东在临街房前摆一张小桌、两条长凳，观花婆打开随身包袱坐到桌前，面对熙熙攘攘、闹闹哄哄的人流，不动声色就进入了角色。包袱里的行头包括香烛、黄纸之类，纸上预先请道士用朱笔描出各种奇形怪状的符号和表现阴间诸般景象的图画。这些东西的含义外人不懂，观花婆却一目了然。问卜者排队坐在凳子上，多数都是家里有病人的妇女。未轮到自己之前，她们唧唧喳喳相互聊天，全然无视一旁观花婆的手舞足蹈。

轮到谁，谁就挪到凳子尽头，挨观花婆而坐。一上来，观花婆先要盘问一番病人的生辰八字、家庭住址以及患病症状。如果是简单的“看示”，只需烧一枝香指引；若是详细的“看花”，那就得点蜡烛照亮通往阴间的路径。香和烛当然都要花钱买的。

然后观花婆口中开始念念有词，一面不断抛起手里的两片竹制卦板，落在桌上发出阵阵脆响。探访阴间的过程完全通过她的声调变化来体现，一会儿是低低的鼻音，一会儿是急促而略显兴奋的尖声。每有所发现，她便侧身向问卜者略述一二，接着重新陷入喃喃自语、遨游地下的痴醉状态中。最后，当费尽周折终于探明“真相”，她才回归现实世界，把在那边的所见所闻原原本本仔细道来。

所谓“真相”，不外乎患者有意无意冲撞了神灵，从而招致报复。要安抚神灵，必须买香烛纸钱供奉。也有更为严重的情形，则需要在病人床头贴符辟邪。各种用得着的道具都堆在观花婆身旁以便出售。如果统统不管用，说明鬼太厉害，那就只好另请道士或巫师做法驱除。

有一次，一名三十岁左右的妇女抱着儿子前来问卜（这也是我们头回观看此类仪式）。在回答完观花婆的例行提问后，她又主动说出自己前面的两个娃儿都是刚出生便夭折了。观花婆点上香晃了几下，很快抽出一张黄纸给女人看，只见上面绘着一个光屁股男孩坐在莲花上，两旁各立一鬼。观花婆说道："你看你把前头孩子没穿衣服就埋了，他心中怨恨，所以让你现在的娃娃不得安生。"说老实话，这压根算不上什么通灵。因为谁都晓得，穷人家死了孩子，通常都是赤身裸体或卷在旧草席里草草掩埋。观花婆嘱咐女人做一双小鞋烧掉，再从她这儿花三元三角买张驱邪的符回家贴到床头。女人声称没带够钱，付完"看示"的四角钱转身就走。观花婆追在后面叫她记着下个集日来买符，女人一头走一头嘟哝，似乎是说买不买得跟老公商量了再定。

另一名问卜的妇女大约四十五岁，看上去家境不错。她怀里的女婴刚半岁，据说上吐下泻已经两个多月了。观花婆点亮蜡烛，去阴曹走一遭，"回来"说孩子父亲走路时冒冒失失把鬼撞翻，那鬼怀恨在心，寻机报复。女人赶紧请她画符念咒让鬼息怒。

趁观花婆念咒的空儿，女人和旁边人说起当天上午遇上的一桩不平事。原来甲长一大早跑来通知她老公去新建机场服一个月零五天的劳役，不去的话必须雇人代役。因为不该她家出夫，双方大吵起来。正讲到这儿，观花婆突然张开双眼，神秘兮兮地说自己有了意外发现，事关女人丈夫，但需额外付钱方可泄露。收到女人递上的四角钱后，她一本正经道："你老公最近会离家出远门，要不就得破财消灾。"众人听罢，齐声惊呼："太神了，一点不差！"那女人又感叹自己丈夫向来以为算卦的都是胡说八道，简直岂有此理！

这次问卜价格不菲：为父女两个"看花"各要四角、画符八角、香烛纸钱五角——总计超过两元钱，差不多抵上普通人一星期的生活费。过去问卜都是送一碗生大米，如今则折成现钱，按 1941 年 3 月份的物价恰是四角。但观花婆不会满足于此，总要想方设法卖给顾客香烛纸钱符箓等物，多赚一个是一个。

驱鬼

观花婆的那点手段仅够对付小鬼，若遇到强悍厉鬼，她也无能为力，这时便会建议问卜者向神通广大的“大圣”[34]求助。兴隆场活跃着两位“大圣”，然而她们的知名度远不如大鹏场的苏大圣高。苏家算是当地富户，缠一双小脚的苏大圣虽说上了年纪，但浑身上下干干净净，透着一股利索劲儿。有一次我们入户调查时，正碰上她在那里施法。病人是个姓杜的佃农，原本农闲时抬滑竿贴补家用，却在1941年冬一病不起。我们见他肤色干黄，两腿浮肿，估计是得了心脏病或肾炎。杜家最初从药农手中讨来一副丹方，服用后不见效。这才经朋友介绍，几乎倾其所有请来了大名鼎鼎的苏大圣。

杜家住在土房子里，居中堂屋大门敞开，病人坐在门后，额头上粘着一根带血的鸡毛。屋子中央是一张方桌，桌上摆放水、米各一碗，还有两根蜡烛、四柱香和两个鸡蛋；桌下趴着一只缚住的公鸡。大圣时跪时立，兀自低声念咒，同时把四枚又大又光的铜板一遍遍地抛向空中再伸手去捡落地的铜板，动作恰似观花婆摆弄卦板一般。

这其实只是大圣制作“符水”的前奏。接下来她移到桌前，拿起鸡蛋，用红布灵巧裹成猫头的形状，恭恭敬敬捧在胸前，向屋子四角依次鞠躬，口里念出另一段咒语。之后，她用豆秸、柴火点起一小堆火，开始烤鸡蛋。待鸡蛋熟透，将残余物倒入碗中，又加入一些叫不出名堂的东西，黑糊糊浮在水面上。

整个过程，大圣表现得既专注又威严，对周围一切视而不见，颐指气使发出一道道口令。杜家人都站在旁边唯唯诺诺，小心服侍，患者母亲更是毕恭毕敬。听到我们管施法的人叫观花婆，患者母亲勃然变色。我们连忙改称“老太婆”，但她执意一口一个“大圣”，非要别人学她的样子不可。

附近罗盘村也住着一位小有名气的大圣，周家媳妇得失心疯时，就是请她来施法的。周家以租种田地为生。有一段时期，女人不但不随丈夫下地干活，还在家里摔盆砸碗，闹个不休。大家都说她的疯病源于所生十个孩子九个夭折，仅活下来一个女娃。郎中对这种病束手无策；要对付心魔，还得仰仗大圣的法力。然而行完法事，病人丝毫不见好转。大圣分析内中必有蹊跷，需派人到阴曹地府一探究竟。遗憾的是，她本人不会“看花”，尝试让周家人“下去”也不成功，只好麻烦观花婆辛苦一趟。看来的结果是：女人丈夫前世欠下一笔债，所以病根不在她的身上，这也解释了为什么法术不灵。大圣于是拍屁股走人。法事活动整整持续一天，周家人既要伺候饭，又要买香烛等一应用具，算起来着实破费不少。至于那位苦命丈夫，盼望来世能够转运，不久又讨了一房媳妇帮着干农活、料理家务。

相对于女性大圣，男的一般叫放阴师，集通灵、驱鬼于一身，更技高一筹。太和乡就有一位姓张的巫师，曾给兴隆场孙庆五的儿子看过病。孙是个小自耕农，种着六石稻田。儿子今年十六岁，四年前得了一场大病，落下后遗症，至今两腿瘫痪、口齿不清（好在脑子没坏）。每当说不清楚话，孩子便大发雷霆，拿床单出气，含在嘴里狂撕乱咬。冬天天冷时，他的两腿又长满冻疮，一不小心就蹭破流脓。父母看在眼里，疼在心上，最终决定请放阴师降魔驱鬼。

放阴师首先施展通灵手段，查明男孩前世以屠牛为业，共宰杀了三十七头牛。由于杀牛是犯忌之事，牛王拿住男孩予以惩戒，让他做出像牛一样咬床单的举动。随后，放阴师用一天时间设坛念咒，安抚牛王。按 1941 年 4 月份的物价换算，这套仪式共花去孙家四十四元钱不止。光是雇人抬滑竿就要十二元（放阴师从太和乡来兴隆场需要乘轿），其他像请大师做法、购买香烛、准备三餐饭等等，合计约三十二元。

法事既毕，放阴师发话道，病人前生罪业深重，无可赎救。孙氏夫妇自然不甘心，过后又把孩子外婆叫到家里，“挂红”驱邪。尽管巫术难得灵验，在走投无路的老百姓心目中，却是最后的希望所在。据我们观察，观花婆好歹还有些“技巧”可言，大圣或放阴师则纯粹靠装神弄鬼糊弄人。当巫师行起法来，病人家属往往主动参与其中。这一刻，盲信的乐观或许能暂时盖过内心的绝望。

富裕人家的情形略有不同。他们在求医无果后，有时会请道士祷求天神、祈福消灾，名曰“跳端公”，而这是穷人根本负担不起的。饭馆老板盛华清的老婆怀第三胎时病重，他便雇五位道士前来打醮，念十二遍经。道士们先在堂屋正中摆两张桌子，每张桌上点两只蜡烛、几根香。一张桌上放五杯酒，另一桌上则放四杯。五杯酒的桌上有张画，带血鸡毛覆盖其上（杀鸡是跳端公必不可少的一环）。再在靠卧室门一侧倚墙支一张方桌，同样点上香烛，四名道士分坐两旁，吹吹打打。剩下一人步罡踏斗，念诵经文。整整一宿，众道士轮流唱经。

这中间，道士又扎了两个泥面纸人，一男一女，在嘴、眼、耳处戳上窟窿。男的脚上套双草鞋，女的则穿盛太太的鞋子。纸人穿的衣服上都有口袋，仪式进行过程中，人们不断把吃的东西如大米、豆腐丢入袋内。黎明时分，道士扛着纸人来到路边，连同一面幡一起放火烧掉，幡上挂着上奏天神的表章即所谓“青词”。总体而言，这是一次成功的斋醮，因为盛太太平安渡过此劫。美中不足的是，生孩子时她却一命呜呼了。

为举办这场法事，盛华清拼了血本。请道士一共花去二十元（每人四元），设宴又有三次，分别在唱经前、夜半和早上。尤其晚上那顿，应邀赴宴的客人多达四十位，坐满五张桌子。当然都不会空手而来，按惯例要么送一升米，要么奉上两三元钱。如此大讲排场给主人挣足了面子。大家非但不笑话他摆阔，反倒异口同声夸他是个会办事的人。

祷神

一般说来，占卜和驱鬼跟道教信仰有关，而像求神、许愿、还愿则大抵是佛教徒干的事。如果有人生病，家中女眷往往去焚香拜观音，求菩萨保佑。兴隆场全乡分布着大大小小二十一座观音庙。生了重病，则祈祷者来到庙里，默默发愿：若得神明庇佑，让病人康复，将来一定重修庙宇、再塑金身，或者从此不粘荤腥（当然吃斋也分两种，要么是全斋，要么仅限初一、十五两日）。到了还愿之时，需请和尚念经（一日或数日），款待亲朋好友，加上其他杂七杂八的花费，即便对殷实人家来说也是不小的负担。所以，许多人都千方百计往后拖，直至春节——那时反正得准备过节，两桩事凑一起办，能省不少钱。1941 年春节，兴隆场就有好几户人家同时举行还愿仪式。

相比妇女们的满心虔诚，当地许多男人都信不过求神问鬼这一套，甚至公开予以嘲笑。那些念过私塾的旧派乡绅对巫师的胡言乱语嗤之以鼻，却从不干涉别人“信巫不信医”。受新式教育的人虽然反对迷信，对乡间种种奇风异俗也早已见惯不怪。真正站出来大声谴责的是在小学校教书、年轻气盛的几名外乡人。不过也有例外。三十年代中，巫焕云中学毕业、回到兴隆场后，不但极力鼓动扫除封建迷信，更有惊人之举，当街踢死一位不听劝说的观花婆（那还是他担任乡长之前的事，见本书第四章）。普通农民对于巫师行法或许有点儿将信将疑，可一旦病魔缠身或厄运临头，就会立刻变作不折不扣的“信徒”。比如磨坊主王海照，当他家的八头猪接二连三病死时，甭管当初多么强硬，也乖乖向神明低头，积极做起善事来（见第五章）。

妇女崇信鬼神到什么程度，从下面例子可见一斑。家里无论谁得病，求签问卜，施法驱邪，总之必定是一个女人忙前跑后地张罗。有时没钱摆这类排场，她会喊来娘家亲戚帮忙，将一条红布缠在病人身上疼的地方（或头或肚子）；若依然不见好转，那就只好请自己母亲到场，主持“挂红”。我们曾在一户人家看见有位老太太把红布条拴在竹竿上，插到生病外孙所住房间的门口，据说这样就能赶走恶鬼。老太太忙碌时，全家上下人人屏息，毕恭毕敬。显然妇女充当着“家庭卫士”的角色，这让她们获得某种特殊地位，可以暂时从繁重的家务和农活当中解放出来。而这正是协进会的西医诊所得以建立的关键所在。

西医诊所

重庆国民政府的公共卫生计划仅能推行到璧山县城，反倒是协进会再进一步，最早把西医传入兴隆场。在许多传教士看来，中国农民最感头疼之事——或用孙恩三的话说，他们的“迫切需要”，乃是如何看病。[35] 孙恩三之所以执意在镇上创建一个诊所，就是预见到它在未来可能发挥的巨大作用，有助于让被边缘化的教会进入中国百姓的生活之中。[36] 为此他特意去成都向阿尔玛·埃里克森女士取经。阿尔玛是美以美会在川差会公共卫生部的一名护士，监管着龙泉驿、自流井、来凤驿等地的多个乡间诊所。[37] 在征得她的同意、以龙泉驿诊所为样板后，孙马上聘请护士兼助产士朱秀珍来兴隆场开展工作。朱小姐战前一直在河南信阳一所加拿大人开办的教会医院实习，现在她直接从美以美会领取薪水，并接受阿尔玛的专业指导。

阿尔玛经常下乡巡视，因其生性活泼、讲话风趣、又善跳丹麦民间舞，深受同事们的喜爱。她负责的诊所一律不跟政府发生关联；即使朱小姐，尽管毕业于北平协和医学院并持有产科护士证书（算得上最高护士等级），据说也未曾在政府部门注册过。[38]

1940 年初，兴隆场唯一的西医诊所正式开业。每天接诊半日，周一至周六为上午（早九点至中午十二点半），周日则改为下午。最初前来光顾的都是见过世面的乡绅，如蔡、曹、孙几大家族的人，还有就是像成松林、董泰邦这样走南闯北的商人。至于普通百姓，依然把巫术当成治病的法宝，顶多出于好奇，犹犹疑疑地来诊所看上一眼。随着时间推移，先是有人大着胆子迈入候诊室，坐在长凳上跟人聊天。一回生，二回熟，再多来几趟便开始寻医问药了。

为扩大影响，每到一年两次、为期三周的教会主日学校开学时，朱小姐都去讲课，并为那些学习挑花的女学生义务看病。[39] 她还去乡中心小学教卫生课，给孩子做体检，结果发现总共三百二十九名学生中（全部来自富裕家庭），竟有三百一十四人患有沙眼、疥疮、皮癣等病。像这类小毛病其实用西药或偏方很容易治愈，但正是因为不严重，家长多半听之任之，从不放在心上。

一次偶然机会让诊所声名鹊起，彻底改变了乡民对它的看法。那天朱小姐碰巧有事外出，估计不会有重病人，临走便把一些疥藓、腹泻的常用药留给俞锡玑，请她代为值班。不料没过多久，就有一位中年男子被抬进屋。只见他的一条腿肿得老高，脚上又长又深一道口子，上面撒着止血的草灰。据抬担架的人讲，他是在山上砍竹子时受的伤。由于大部分人仍对诊所将信将疑，俞锡玑猜测伤者此前肯定已经尝试了各种方法，最后抱着试一试的态度才来到这里。她马上用硼砂清洗伤口，再用温水浸泡数小时，待脓流出，敷上药膏，小心包扎。处理完这一切，又嘱咐伤者先回家卧床静养，明天过来让朱小姐亲自拆换绷带。这次成功救治一下树立起了诊所的形象。从此镇上人提到诊所，无不交口称赞。

再说朱小姐，凭借两次不寻常的经历，很快成为当地的名人。一次是中医杨华清的小儿子得了痢疾，腹泻不止。一个观花婆看后道："杨太太前世欠下一大笔钱，债主为了讨债，投胎到杨家做儿子。现在两年过去，旧债已偿，到了离开的时候，任谁也拦不住。"杨太太舍不得亲生骨肉，抱到诊所请朱小姐看视，想不到竟给治好了。杨华清大为佩服，以后遇到自己看不了的病，毫不犹豫就推荐病人去找朱小姐。大地主王俊良的老婆患有癫痫，杨先生无计可施，便邀请朱小姐共同会诊。由于正值集日，街上人来人往，大家看到药店里的这一幕，顿时议论纷纷。于是一传十，十传百，朱小姐的“神医”称号不胫而走。

另一次是抢救伤员。1940 年 8 月 13 日，重庆上空爆发一场激烈空战，六十六架日机与三十六架中国战机互相绞杀成一团。[40] 此役中国空军共损失了十三架飞机，大约有六七架就坠毁在兴隆场附近。[41] 朱小姐迅速赶去进行急救，发现坠地的飞行员伤势过重，必须紧急送往县城医院。轿夫不肯白跑，最后还是蔡旅长掏钱，才把伤员送走。事后，一位空军军官派人来向朱小姐致谢，更让大家对她刮目相看。

朱小姐能够取得成功，既由于医术精湛，也跟她从不鄙弃传统中医的态度有关。她最擅长把西药和相对便宜的本地药材搭配使用，经常产生意想不到的效果。比如在治疗疥疮时，因凡士林不易搞到，她就拿猪油调和硫磺粉制成软膏。这类做法有时令孙恩三大为不满。孙作为神学院毕业的学生，一向不信任中医，担心诊所名誉会因此受损。

回顾朱小姐在兴隆场的行医生涯，接生一度是她无法涉足的“禁区”。这是因为老百姓都习惯在家生孩子，除了产婆，一般忌讳找别的女人帮忙。

半年之后，僵局终被打破。有个妇女难产，家里人先是请道士画符驱鬼；但适得其反，夜里“邪祟”闹得更凶，以致房梁上老鼠成群出动，吱吱尖叫着乱窜。家人害了怕，又请一位有名的大圣来家镇邪。大圣姓巫，是个聋子。只见她在产妇床前念咒语、点香烛、烧纸钱，忙得不亦乐乎。然而当晚不但屋内老鼠闹腾，外面的狗也发疯一般狂吠起来。由于产妇长时间遭受折磨，腹痛难忍，家人情急之下，终于想起了朱小姐。来到诊所，却听工作人员说朱小姐不在镇上，明天才能回来。这一夜，那户人家没再鸡飞狗跳，似乎是个好兆头。第二天朱小姐上门，帮产妇顺利诞下一名婴儿，母子俱平安无恙。这件事很快传扬开去，不过人们只在产妇难产时来找她。直到一位年轻产妇难产，家人没请朱小姐帮忙，产妇去了鬼门关，大家议论纷纷。朱小姐立刻走俏，找她接生的人络绎不绝。到了1940年11月中旬，诊所登记簿上几乎每天都有接生记录。

诊所无疑火了，从几个月前接诊第一例病例，到现在朱小姐平均每天接待十位患者，逢集日还要翻倍。仅一年之内，兴隆场人的看病习惯已经发生了天翻地覆的变化，遇到头疼脑热、烧伤烫伤、皮肤感染之类，必往诊所里跑。孙恩三也可以整理出一份令上面满意的统计报表：头十一个月，诊所共计治愈九百八十五位患者，并为二百三十七人接种了天花疫苗。县卫生科科长来兴隆场视察后感叹不已，代表政府对协进会的医疗服务工作表示完全认同；[42] 同时决定今后诊所的经营费用，包括购买药品、纱布、疫苗等，全部由县里承担。

结语

继在城市建立起配套医疗体系后，国民政府又把目光投向偏远落后的乡村，并在传染病预防接种、培训接生员、兴建基础卫生设施等方面取得了显著成绩。然而农村地区幅员辽阔，人口众多（川省百分之九十的人口都集中在乡下），要想实现医疗覆盖谈何容易！相比官气十足的政府部门，反倒是像协进会这样的民间宗教团体率先放下架子，走乡串户，脚踏实地开展工作。兴隆场西医诊所的兴办便是一个例证。

诊所成功的背后有许多因素。西药可以有效对抗细菌感染，这一点非常关键；然而能让兴隆场人短时间内改变旧习惯，接受闻所未闻的西医疗法，靠的还是朱小姐持之以恒的个人努力。中国家庭“男主外，女主内”的分工传统也让同为女性的朱小姐更容易走入千家万户，赢得信任。更难能可贵的是，朱小姐在行医实践中巧妙地把传统中医与西医相结合，两种看似水火不容的治病手段在她手上竟能相辅相成，各显奇效。

---

1 ［译者注］即通灵女巫，详见下文。

2 刘湘把持的军阀政府曾短暂关注过川省的医疗服务，但未见有任何实际行动。［译者注］《史记·扁鹊列传》谓“病有六不治”，其六即“信巫不信医”。钱钟书赞司马迁“以‘巫’与‘医’分背如水火冰炭，断言‘信巫’为‘不治’之由，识卓空前。”钱氏复引《皇朝文鉴》卷一二八龚鼎臣《述医》曰，“巴楚之地，俗信巫鬼。……或致疠疫之苦，率以谓……非医药所能攻，故请祷鬼神无少暇。……如是以死者，未尝不十八九”［《史记会注考证》第四十二则“扁鹊仓公列传”，《管锥编》（1979）第一册第 346 页］。

3 ［译者注］指朱秀珍。

4 ［译者注］后改称四川省卫生处。

5 1928 年，南京国民政府正式组建卫生部（［译者注］后改称卫生署），随后在沿江各省陆续设立公共卫生管理机构，如成立于 1931 年的江西省卫生处［“四川省卫生处（1942）”第 2 页］。

6 早在 1936 年，陈志潜就和晏阳初一道，应四川省政府主席刘湘之邀访问成都，并按照定县模式成立了一个乡建实验县（［译者注］当指新都），所做实验包括创办一座全日制诊所。见《1939 年—1945 年间中国四川公共卫生服务工作回顾》第 1 页。

［译者注］此前，陈志潜曾在晏阳初主持的定县乡建实验区担任卫生教育部主任。

7 《川省卫生实验处首年度工作报告（1941）》第 1 页。

8 《1939 年—1945 年间中国四川公共卫生服务工作回顾》第 8 页。该报告第 14 页又批评政府“官僚作风严重”，“效率极为低下”，大批官员“对现代文明一无所知”。

9 《川省卫生实验处首年度工作报告（1941）》第 2 页。

10 抗战期间，洛克菲勒基金会捐赠给川省卫生实验处下属技术股的款项如下：1941 年，一万美元；1942 年，一万五千美元；1943 年，一万八千美元；1944 年，两万美元（《四川省卫生处初步工作报告》，1942 年）。

［译者注］1942 年的报告上竟会出现以后两年的捐款数额，有点儿令人费解。

11 《1939 年—1945 年间中国四川公共卫生服务工作回顾》第 6 页。从该报告中亦可见到陈志潜出任卫生实验处处长后对川省疫情资料采集不全的关切。

12 南充共计 574 人接受调查，85% 染有寄生虫病；营山 166 人中，96% 亦被感染（《四川省卫生处年度工作报告（1942）》第 5 页）。

13 1940 年夏，俞锡玑即不幸感染伤寒。

14 《川省卫生实验处首年度工作报告（1941）》第 3 页。

15 《1939 年—1945 年间中国四川公共卫生服务工作回顾》第 10 页。

16 《川省卫生实验处首年度工作报告（1941）》第 3 页。

17 陈志潜《成都妇婴保健工作简介》（1944）第 1 页。

18 “鲍尔弗（Marshall C. Balfour）致索耶（Wilbur A. Sawyer）”，1940 年 12 月 24 日。

19 《卫生署年度工作报告（1942）》。

20《璧山县志》(1996)第 709 页。

21 [译者注] 此处原文为“有四百零一名接生婆通过考核并拿到了许可证”，显系作者误读县志。依县志第 709 页径改之。

22《卫生署年度工作报告(1942)》第 35 页。

23《璧山县志》(1996)第 698 页。

24 1940 年 1 月至 7 月，中央卫生署每月拨给医院四千元，以后增至一万九千元。璧山县政府的拨款数则为四万元(《卫生署年度工作报告(1942)》第 35 页)。

25 设立实验卫生院并由陈亲自督导的还有位于成都平原的郫县(《中国四川省卫生实验处年度报告(1941—1942)》第 7 页)。

26 据 2001 年 6 月与俞锡玑的谈话记录。

27 毕范宇(Frank Price)《中国乡村教会调查》(1948)第 232 页。

28 [译者注] 即本章篇首所说邓先生。

29 [译者注] 五毒说法不一，常见的是蛇、蝎、蜈蚣、蟾蜍、壁虎，但鲜有以蜘蛛代其一者。清吕种玉《言鲭·谷雨五毒》云，“古者秦齐风俗，于谷雨日画五毒符，图蝎子、蜈蚣、蛇虺、蜂、蜮之状，各画一针刺，宣布家户贴之，以禳五毒。”(引自乔继堂、朱瑞平主编《中国岁时节令辞典》，1998，第 310 页“五月·五毒符”条)

30 [译者注] 民间俗称五月为“毒月”、“恶月”，多禁忌。

31 据 1997 年 5 月及 2001 年 4 月 3 日与大兴乡中医罗敏臣的两次谈话记录。

32 即骨外科。

33 [译者注] 见第三章。

34 [译者注] 指驱鬼女巫。

35 休·哈伯德（Hugh Hubbard）《访川日记（1947 年 12 月 11 日—23 日）》。

36 孙恩三《教会在中国乡村建设实验中的作用》（1940），《教务杂志》（1940 年 8 月号）第 501 页。

37 美以美会还在成都、重庆、泸州等大城市建有附设医院的医疗中心。

38 据 2001 年 6 月与俞锡玑的谈话记录。

39 ［译者注］参见第六章“协进会的乡建计划”一节。

40 ［译者注］指璧山空战，时间应为 1940 年 9 月 13 日，故又称“九一三”空战。参见第五章“旧军阀蔡云清”一节。

41 ［译者注］据璧山县志，参战中国飞机隶属国民政府空军第三机械七队，从巴县白市驿机场起飞。战斗结束，国机损失二十四架，其中在县境内坠毁十三架。飞行员三人受伤，分别是武振华、王广云、王特谦，均得到救治；十人阵亡，分别是黄栋权、雷廷之、曹飞、张鸿藻、何觉民、司徒坚、杨萝青、余拔峰、康葆忠、刘英役（《璧山县志》，1996，第 546 页—第 547 页）。

42 1940 年我们去乡中心小学做例行体检时发现，一百六十二名学生（年龄从五岁至十八岁不等）患有不同类型的疾病，分布如下：

- 皮肤病：约 20%
- 眼病：超过 60%
- 耳病导致听力受损：超过 20%
- 龋齿：约 15%
- 结核病：超过 50%
- 扁桃体肿大：超过 20%
- 显示继发性贫血症状：不足 10%

第八章　新旧并存的婚俗

向、杨两家相隔不远，分别住在高院四角[1]和杨家湾，双方孩子两三岁大时便结成了娃娃亲。没过两年，杨家突遭变故：妻子去世；丈夫远走他乡（据说去贵州经商），音信全无；沦为孤儿的女孩从此被寄养在叔叔家。不料四年后，叔叔又被抓去当兵。刚刚丧夫的向太太见女孩孤苦伶仃，就张罗着把两个孩子的婚事给办了，那时他们一个八岁，一个九岁。不出半年，向太太亦染病身亡。这对小夫妻又没了依靠，只好投奔亲戚，吃百家饭。向家儿子十五岁那年，亲戚替他们在山上搭盖一座小屋，租下一石地。于是，夫妻二人一步一步艰难过起了自食其力的生活。等伊莎白和俞锡玑认识他们时，男的二十三岁，女的二十二岁，结婚已十四个年头，并有了一个两岁大的女娃。

婚姻背后起决定作用的往往是社会关系、经济状况甚至政治情势。不难看出，上面这桩婚事便是由亲人离世、谋生出走、服兵役等一系列事件共同促成的。尽管最后结局还算不错，但像这种娃娃亲无疑属于应当破除的陋俗之一。1938 年国民党移都重庆，随后发起的“新生活运动”涵盖范围甚广，其中就有改变旧式婚俗一项。虽收效不大，涉及婚姻的法令和行动至少为我们提供了一面借以观察中国社会两性地位变化的镜子。常言道，男大当婚，女大当嫁。结婚在四川农村一直被视为天经地义之事，不娶不嫁则是严重违反人伦常理的乖谬举动。以兴隆场为例，女孩子刚过二十便统统嫁人，只有两个尼姑例外——她们都来自虔诚信佛的殷富之家。与之形成鲜明对比的是，许多老大不小的男人仍打着光棍。这当然并非自愿，而是由于家里太穷，实在拿不出彩礼钱。

1930年南京国民政府颁布的《亲属法》规定婚约应由男女当事人自行订定，提倡一夫一妻制，然而某些条款也明文保护妾之权益。[2]该法又规定：男未满十七岁，女未满十五岁者（均为虚岁），不得订定婚约。相比一纸婚约[3]，这部民法典显然更注重婚姻关系的内容与效力，且无处不在申明法律权威，诸如明确法定婚龄（男满十八岁，女满十六岁）、扩大禁婚范围（女方第一代表兄妹亦在其中）[4]、限定离婚原因等等。尤为重要的是，亲属法赋予妇女主动诉请离婚的权利，而男方则不得以女方不育、妒忌、唠叨、偷窃为由要求终止关系。此外又有单独一款，声明认可"两愿离婚"即协议离婚。[5]

上述法规与当地固守的风俗习惯难免发生冲突，有时甚至闹到不可调和的程度。如城市里风行的婚姻自由，战前在四川农村几乎全无可能。那里的孩子往往十岁以前便由父母做主定了娃娃亲，而且具有约束力。[6]官方与民间仅在男女适婚年龄问题上形成"共识"，即男满十八（弱冠），女满十六（二八）。[7]上世纪三十年代，绝大多数城市女子都在达到法定年龄后申请结婚，十五岁以下嫁人的仅占百分之十（这是中国人惯用的虚岁，其实际年龄尚不足十四岁）。[8]而在农村地区，唯有结了婚才能算作一个人成年的标志。当然，早婚并不能一概而论。如杨懋春发现，山东台头村一带就很少见。[9]但在包括兴隆场在内的四川乡下，这样的例子却比比皆是。

政府内迁后，想尽办法在报纸上、政令里或通过各种社会活动组织进行宣传教育，力图在广大农村普及《亲属法》。例如重庆的《中央日报》就连续刊载文章，呼吁婚姻自主，反对父母包办，提倡移风易俗，举办集体婚礼等。璧山本县报纸也发文大谈提高妇女地位的重要性。涉及重大事项，中央部门亲自下发文件给县政府；而县政府的惯常做法则是，把文件接力传给下面的各乡政府了事。

缠足与早婚

1938 年和 1940 年，国民政府接连两次颁发指示，要求农村各乡务必杜绝缠足陋习，违者重罚。[10] 过去，女子出阁靠的是一双小脚。政府欲改变传统婚俗，先从“脚”做起，理由也冠冕堂皇，就是鼓励广大妇女积极投身到抗战洪流中去。事实上，当时缠足现象已基本绝迹。1940 年，伊莎白和俞锡玑在兴隆场就不曾见过一例（指年轻女孩）。这一点在官方文件上也有反映。大概 1929 年以后本地便废除了缠足，只有偏远山区的无知人家直至三十年代末依然我行我素，不为潮流所动。[11] 显而易见，政府选择一项不再流行的旧习俗开刀，更容易制造“初战告捷”的效果。

相比缠足，早婚才算得上是真正难啃的骨头。1942 年 12 月，四川省政府重申，未满法定婚龄者一律不许结婚，同时命令所属各县对境内早婚情况展开调查。[12] 理由还是跟当前抗战有关：早婚有害国民身体健康，与抗日救亡背道而驰。据调查报告，在有些县如大足，早婚发生率高达百分之五十。许多地方官员认为，单纯依靠行政手段难以制止，因为穷人为了生存，往往不得不尽早定下儿女婚事。有人甚至建议，政府应当雇用贫穷的年轻女孩去纺织厂做工。免得她们早早走上为人妻母的道路。[13]

伊莎白和俞锡玑发现，兴隆场的女孩子一到法定年龄即十六岁（虚岁），都忙不迭嫁人。这是由于在一般人看来，越往后拖，随着姿色魅力逐年递减，女人处境会变得越发不利。也有为数不多的“剩女”，迟迟碰不到门当户对的人上门提亲，年过二十仍待字闺中。而在某些以织布为副业的中等家庭，女儿就是家里的织工。出于经济上的考虑，父母通常不会着急嫁女。

这方面一个比较极端的例子是孙宜嫦，二十三岁还未订婚。她曾是教会主日学校的学生，长得漂亮，人又能干。朋友都说她家太挑，高不成低不就，结果耽误下来。事实上还有一层原因，能织一手好布的宜嫦是家里的摇钱树，父母当然愿意把她留在身边。宜嫦本人倒是满不在乎，似乎觉得待在自己家受宠总比去陌生人家做儿媳妇强。

曹志云的女儿也上过主日学校，经历和孙宜嫦相仿，结局却大不一样。曹家有八石地，开着两台织机，其中一台就由十七岁的女儿操作。曹氏夫妇都是开明人，早先出钱供儿子在璧山读中学。毕业后，儿子先去重庆工作了两年，然后回到兴隆场，在乡公所当办事员。见妹妹还孤身一人，他一本正经教训爹娘道："现在有土、洋两条路，要么让妹子嫁人，要么送她到镇上念书。"父母再三掂量，决定洋一把。由于曹家离兴隆场八里地，他们安排闺女借住在张运恒家，而张家小姐恰巧跟曹女同龄同校。在乡公所上班的哥哥便当起了妹妹的监护人。

大龄女子因为错过了谈婚论嫁的最佳时机，除非读过书或者在家里独当一面，恐怕很难摊上一门好亲事。毕竟"老姑娘"的情形较为少见，反倒比早婚更引人注目。伊莎白和俞锡玑所作家庭调查显示，早婚在兴隆场虽然相当普遍，但并不像大足县或是卜凯书中描写的那般严重[14]。具体数字如下：九至十岁女孩中，结婚比例为1 ∶ 42；十一至十二岁女孩，比例为1 ∶ 18；十三至十四岁女孩，比例为1 ∶ 3。其中，不少女孩已经成家多年。

尽管早婚更适用于女性，也有少数富家子弟不满法定年龄就当上了新郎官。如孙绍良的儿子刚十四岁，娶了比他大两岁的曹国梁的女儿。要论财产，孙家可比曹家富得多。又如大地主王俊良的公子，十六岁时与中兴场张姓人家的千金喜结连理。

《亲属法》明令禁止早婚，但在兴隆场不过是一纸空文。仅就女孩而言，何时结婚无非是其家庭从经济需要出发，代为做出的选择。面对老百姓迫在眉睫的生计问题，法律的任何规定都显得苍白无力。

大操大办

国民党曾在 1934 年倡导“新生活运动”，其中一项内容就是反对铺张浪费，提倡举行俭朴而又不失隆重的集体婚礼。[15] 迁都重庆后，政府再次推广集体婚礼并提供食物、场地，因而吸引来大批没钱办喜宴的城市青年。受此鼓舞，1941 年，政府尝试将这一新的结婚方式普及至县、乡，要求地方官员多做宣传。然而，新风尚无论在璧山还是兴隆场都碰了钉子。因为当地人普遍视结婚为头等大事，必须好好热闹一番。主人大宴亲朋，一方面借机抬高自己的身份，一方面正式公布孩子的婚事——有众多嘉宾到场，其公证效果远非县民政科出具的一纸证书可比。

婚礼的热闹程度还有别的象征含义。来客越多、动静越大，越预示着新人将来和谐美满、多子多福。兴隆场的平日生活单调乏味、恰似一潭死水，一场婚礼尤能激发起乡民的兴趣与热情。每逢大家族办喜事，场面之大不亚于搭台唱戏，接连多日都会成为众人口中津津乐道的话题。

结婚当天，新娘坐着花轿喜气洋洋来到夫家。这时人们关注的焦点往往集中在女方嫁妆上。如果新娘家境殷富，那就很有的一瞧。陪送的妆奁除了成套家具，还有衣服、被褥、箱笼等物，由亲戚、朋友或佃户随轿运来。展示这些东西也是婚礼必不可少的一个环节。一对新人随后依次向祖宗牌位、男方家长（包括祖父母、父母）、女方亲属以及所有来宾叩头。仪式既庄重，又充满欢声笑语。

若赶上两大望族联姻，更要引起轰动。为了捧场，数以百计的客人不请自至，包括街坊邻居、亲朋故旧、袍哥弟兄甚至佃户等等。主人布置宴席，有时故意少安放几张桌子（以防出现空位，被人笑话）。这样一旦需要加桌，厨房里应声送出大块腊肉，愈发衬出高朋满座的景象。

四十五岁的王俊良无疑是镇上的大人物，不但拥有百石良田，还在势力最盛的仁龙社担任管事。在给儿子张罗订婚时，他原准备招待三十桌客人，后来又加了六桌。不承想结婚时来人太多，只好随到随吃，完全吃乱了套。等宴会结束才弄明白，当日王家共接待了一百桌也就是八百位客人。如此铺张，即便像王俊良这样的大户也有些吃不消；但处在他的地位，又非这般行事不可。

对举办婚礼的一家人来说，不光男人出风头，女人同样有表现自己的机会。仍以王俊良家为例，与中兴场张家的那头亲事，当初多亏一个五十来岁巧舌如簧的媒婆极力撮合才得以说成。媒婆跟两边都沾亲，所以容易说合，但张家显然不如王家有钱。成亲那天，新娘的姨妈、弟弟（年仅十岁）和一位男性亲戚共同送来嫁妆。由于时间仓促，来不及购置家具，张家便拿出一笔陪嫁钱做替代。[16] 王俊良首先对钱数表示不满，紧接着男方亲朋开始对上了锁的衣箱指指点点、窃窃私语，暗示箱子又破又小，估计新娘衣物少得可怜。

听到这些话，娘家人并未立马作出回应。那位中年姨妈装作若无其事的样子径直走开，其实是在等待报复的时机。当王家一名佣人递给她热毛巾擦脸，却嫌少拒绝接受五角钱红包时（这是红包的最低数额），姨妈往上多添一角，然后异常冷静地拿眼瞪着佣人，直到他不太情愿地双手接过去为止。表演在饭桌上继续进行。因为姨妈本人信佛，主桌女客都得陪着吃素。姨妈傍新郎祖母而坐，邻桌王家的一个远亲见状，特意送上一管水烟献殷勤。出人意料的是，姨妈掏出一角钱伸到对方鼻子底下，扭过脸紧盯住他不放，嘴边始终泛着一丝轻蔑的微笑。王俊良的姐姐赶紧从旁打圆场，姨妈彬彬有礼地答应着，却一刻也不挪开咄咄逼人的目光。四目相对僵持之下，最终还是那人屈服，不无屈辱地收下了一角钞票。姨妈如此固执与强硬，闹出点儿什么事来他可担待不起。

下面轮到新娘向婚礼现场的每位小孩分发五分钱以示祝福。只见新娘从容不迫地打开衣箱，取出一沓崭新的五分纸币，同时把满箱子的漂亮衣服展现在众人面前。大家顿时看傻了眼，刚才还对嫁妆指手画脚的亲戚们的嘴里转而发出啧啧称羡的声音。再没有人说三道四，一度近乎凝固的席间气氛终于变得轻松欢快起来。回顾整个过程，姨妈作为娘家人代表，在一干男人眼中树立起了威严的形象，从而让外甥女顺利进入这个财大气粗的地主家庭。中老年妇女借精心准备的婚礼巩固了自己在男权家庭的地位。由此可见，无论对男人还是女人，结婚非同儿戏。无论政府怎样宣传集体婚礼的好处，老百姓还是不肯在这种事上有半点马虎。

包办婚姻

国民政府敢向缠足、早婚宣战，又极力鼓动节俭办喜事，然而一旦遇上家长主婚这座堡垒，便畏缩不前了。在四十年代初的兴隆场，儿女婚事仍由父母说了算，像民法所说婚姻须基于自愿的情形是基本看不到的。[17]

这也从一个侧面反映出家族在中国社会扮演着多么重要的角色。相比之下，言之凿凿的法令法规不过是一堆空话。难怪政府对于鼓励青年男女自主订婚一事并不表现得特别积极。事实上，由于大多数年轻人的衣食住行仍得靠父母资助，所谓婚姻自由只是一句口号，缺乏相应的经济与社会基础。就拿兴隆场来说，但凡见过世面的士绅人家都对女子缠足深恶痛绝。可要是让子女自由恋爱、自主婚配，那在他们看来便有伤风化了。

伊莎白和俞锡玑倒的确听说过年轻人自己谈恋爱的故事。中医杨华清的养子长大后去璧山做生意，喜欢上一个摩登俊俏的城里女孩。

两人带着女孩自己找来的媒婆一起来到兴隆场。杨氏夫妇热情接待，饭后跟媒婆一直聊到深夜。第二天一早，女孩和媒婆坐轿子回县城（轿子当然是杨家雇的），此后也不曾举行订婚仪式。大家于是明白了杨家人的态度，而那天晚上的“密谈”其实是在商量该付给女孩多少赔偿金。后来流传开一种说法，说是女孩当时为了抬高身价，曾吹嘘道，“我在二十九军有不少朋友，都是当大官的。”杨氏夫妇听后非常反感，认为女孩的品质有问题。儿子一声不吭，默默顺从。因为胆敢反驳便是忤逆不孝，那么将来能否继承财产就不一定了。

家长在认可一门婚事之前，需要做方方面面的考虑。首要原则是门当户对，其次再看人的好坏。说到优点，比如女孩长相俊秀、知书达理、心灵手巧、会过日子；男孩则更注重其本事大小、文化水平高低、前程是否远大等等。男女双方的身体状况事先也要尽量打听清楚，虽然如果任何一方真有生理或精神缺陷的话，其家人都会严格保密的。

无论谁有意在先，两家都不方便直接接触（其中含有面子的因素），登门提亲的事就得委托给媒人。通常说媒的均为上岁数的妇女，而且跟双方都沾点亲。但也有例外的时候，那就是某权利集团的成员出于经济或政治上的考虑，主动出面撮合两户地主结成姻亲，从而进一步扩大自己的影响力。

提亲成功之后，需要查算男女当事人的生辰八字。这道程序不但必不可少，而且大有玄机。伊莎白和俞锡玑就听人说，老到的八字先生完全可以见风使舵，以八字相合或相克为由，要么把大户之间的联姻说成是天造地设；要么遵从一方意思，婉转劝退求亲的另一方而又不伤其情面。若男女八字匹配，婚事就可以进入到讨论彩礼、嫁妆的实质性阶段（这中间同样少不了媒婆的斡旋）。待一切谈妥，举办一场订婚宴把事情定下来，其法律效力绝不亚于日后的正式婚礼。因此吃过这顿饭后，媒婆再不敢介绍别人；而男女双方均不得反悔，否则就要吃官司、交赔偿金。至于何时成婚，还要看媒婆跟两家商量的结果，然后再请八字先生挑选吉日。接下来新郎去送聘礼，若女方收下，便万事俱备，只等迎娶新娘回家了。

兴隆场以前有订娃娃亲的习俗，但会出现一个弊端：即当初两户人家地位相仿，互不嫌弃；十多年后时过境迁，可能彼此已经贫富悬殊，不宜再做亲家了。大概正是因为这一缘故，到四十年代初，各家普遍都等孩子十几岁时才张罗订婚，没过几年就赶紧结婚，免得夜长梦多、别生枝节。

尽管镇上人依然一丝不苟地按照传统方式谈婚论嫁，男女婚前不得相见的禁忌却已悄然被打破。多数情况下，订了婚的男女允许远远相互望上一眼。更有甚者，双方亲戚会刻意安排一次“偶遇”，先在两个年轻人的心头点燃一把火，让他们对未来婚姻生活充满憧憬与向往。1941 年 1 月的一个早上，王俊良十八岁的女儿王珍碧就跟她的未婚夫“不期而遇”。当时王家一共八位女眷陪珍碧前来参观孙恩三新盖的两层小楼，而且不待主人邀请便径自上楼。暗自吃惊的孙太太跟在后头正不知所措，打门外又进来了第二拨不速之客。其中有大地主曹跃显的老婆和她十六岁的外甥，也就是准新郎兼张家继承人；蔡云清的老婆领着三个女儿尾随其后。上面的人听到动静，转身下楼，于是两路人马恰在楼梯口迎头撞上。曹太太非常自然地把外甥介绍给珍碧认识。珍碧向男孩鞠个躬，随亲戚匆匆离去。曹太太等人又待了一会儿，因为任务完成，也告辞而去。这堪称是一次完美的“排演”，既令男女双方一见倾心；同时也向外展示出一种新的风尚，表明当地一些富裕家庭已能接受外来影响，默许未婚子女跟异性发生类似“偶遇”之类的有限接触了。[18]

然而话说回来，王珍碧的经历仅是一起个案而已，并不意味着从小就被紧紧束缚住手脚的女孩子们从此可以冲出樊笼，去勇敢做一名新女性。事实上，许多强加于她们头上的禁忌仍旧铁板一块，毫无松动迹象。其中一条是已订婚的女子绝不允许出现在大庭广众之下。当曹洪英打算参加奥维娅·普罗克特举办的为期三个星期的主日学校时，便遭遇到了这种尴尬。奥维娅一年两次在四川各地巡回办学。她开设的课程不但教学生识字，还传授现代家政知识，因此对年轻女孩极有吸引力。开学后不久，有人在镇子南门内的影壁上贴出一张匿名告示，说是看见洪英逛街，暗指她跟男朋友幽会。洪英上学时都小心翼翼从后门出入，不敢走镇街，就是怕被人说闲话。现在仍有风言风语传出，让曹家上下颜面尽失。洪英不得不退出主日学校的识字班，在家一直待到出嫁为止。

童养媳

璧山民间的童养媳现象非常普遍，[19] 民法涉及婚姻的条款也未将其指为非法。[20] 穷人因为娶不起儿媳妇，往往领养别家女孩，待长大成人后再行圆房。很多女娃还在襁褓之中便被抱走，由未来婆婆一口口喂养大。一般来说，女孩进门时年龄越大，夫家需要支付的钱就越多。比如女孩两三岁，男方给一小笔钱便罢；而十一二岁的女孩基本已能自立，里里外外帮忙干活，那么其身价就绝不会是小数。尽管有钱财上的往来，却从未有人把该习俗当成是买卖行为。

从经济上讲，童养媳式的婚姻对双方都有好处。本地男孩和女孩的比例大致为 55 ： 45，[21] 通过花不多的钱抱养一个女娃，首先男方家中确保有了儿媳妇；至于抚养费，摊开在每天的柴米油盐花销中倒也觉不出什么;何况日后还有回报，怎么看都划算。对女方父母而言，则没有了养活女儿、置办嫁妆的负担。当然坏处也是显而易见的。不像正常婚姻可以缔结稳定的姻亲，以这种方式联系起来的两户人家各自都过着朝不保夕的日子，不定哪天就会被贫困压垮，所以根本无心相互走动。即使两家都在生活重压之下顽强挺下来，女孩跟亲生父母的感情也不可避免变得淡薄了。

然而 1940 年至 1941 年间的情形似乎有些不同，童养媳不再像过去一样吃香。这倒并非政府干预的结果，而是因为经济形势一天比一天恶化。以米价为例，战前仅为每斗一块四；到了 1941 年 12 月，却飙升至每斗一百二十元。这样一来，许多穷人不愿再让家里添张嘴吃饭。而那些已经有了童养媳的人家也纷纷后悔，如果领来家时间不长，干脆找个借口把她送回父母身边。

作为童养媳，生活尤其艰辛，不但吃不饱饭，还要起早贪黑干活。经常到了二三十岁，公婆甚至丈夫都已离开人世，她们便成为一家之主。

有时候富人也抱养女孩，多半由于家里儿子太多，不可能给他们挨个娶媳妇。伊莎白和俞锡玑设计的调查问卷上没有家庭内部关系一项，因而对兴隆场童养媳的数量缺乏精确统计。尽管如此，历时十四个月的入户调查还是让伊莎白得出如下结论，即镇上大部分人家的儿媳妇其实都是童养媳出身。

常见离婚形式

有件事始终令兴隆场人难以接受，那就是法院可以判决离婚。在北平、上海、重庆等大城市，由法院当庭宣判解除夫妻关系的案例屡屡见诸报端，早已算不得新闻。但在 1940 年以前的璧山县，这种情况还是极少发生。四十年代初，当地曾有一位富家女子罕见地提起离婚诉讼，声称过去五年间的夫妻生活毫无幸福感可言。为能结束这段婚姻，她宁愿放弃一千元财产，而这笔钱足够让其丈夫另外讨个老婆。更有意思的是，她起诉的目的并不在于得到一纸判决，而仅仅是请求法院保存诉状，从而使离婚声明合法化。随后，她又自费在重庆一家报纸上登载启事，宣布离婚。

事实上，这里的人都把离婚看成家务事，很少想到去走法律途径。一个男人即使来到法院，通常也不是为着离婚，而是要找回离家出走的老婆。曾经有个女人因丈夫在外当兵几年，为生活所迫选择另外嫁人，结果被法院判了重婚罪。[22]

总之，经璧山法院审理的婚姻案件本来就屈指可数，其中大部分都跟离婚无关，反倒是一方要求另一方履行婚约（此类纠纷因战争变得更加复杂）。在一桩引起争议的案子里，太和乡四十三岁的陈南轩请求法院出面制止梓潼乡罗新伟的寻衅滋事。事情原委是这样的：战前，陈家买下罗的女儿做童养媳。1938 年 8 月，陈家儿子应征入伍，陈南轩便把姑娘给退了回去。罗新伟因此怀恨在心，不断上门闹事。法院裁定婚约无效，同时勒令梓潼乡政府负责看管好罗新伟，不得再对陈进行骚扰。[23] 又有一个名叫甘向全的道士告状说，他的老婆跟有钱人私奔，留下两个小孩没人抚养。道士力图证明老婆一向对自己不忠，虽然表示非要找到她不可，其真实意图恐怕更在乎获得赔偿，尤其是讨回当初送她的首饰。还有一个军人妻子因为丈夫在前线打仗，便去丹凤场的一家纺织作坊做工挣钱，竟跟那里的一名男工好上并住在了一起。婆家人知道后怒不可遏，告上法院。最后，女人因行为不端被判入狱。[24]

法庭上“主持正义”的几乎清一色都为男性，而夫妻矛盾正是他们最不愿插手的事情。所以这个社会首先不鼓励妇女打官司，即使偶尔有人大胆拿起法律武器，胜诉的希望也极其渺茫。盛青辰夫妇的故事就很具有代表性。当璧山成为日军空袭目标时，住在县城的两口子带着四个小孩逃难来到兴隆场乡下。盛先生租了两间房和一块地，然后把随身携带的细软家私（包括红漆镶金雕花家具、成对瓷瓶以及成束的人造玻璃花和纸花等等）都胡乱塞进屋子里。

盛先生四十二岁，足足年长妻子十岁，却从不知怜香惜玉。动辄打骂不说，还嫌她烧菜难吃，禁止下厨房。于是做饭的担子落到八岁儿子身上，妻子只能成天待在地里干活。有一次，盛太太被揍得太狠，跑去乡公所告状，要以虐待罪名将丈夫起诉到县法院。不料盛先生尾随而至，就在乡公所门外大街上当众对她出口大骂、拳脚相加。旁人劝说之下，盛太太才免遭进一步毒打，但诉状都来不及写，便被丈夫强行拖回家去。整个施暴过程中，乡公所不闻不问，生怕沾惹是非，走投无路的盛太太找他们求助显然走错了地方。

中国人讲嫁鸡随鸡，嫁狗随狗。无论夫妻生活多么不和谐，一般都不会选择离婚，原因就在于认命。同时，受虐待的妻子也有多种解决问题的办法。挨打时最简单的自救方式就是大声尖叫，令左邻右舍不得安宁。被搅扰的邻居要么好言相劝，要么厉声呵斥，都能让丈夫住手。第二种选择是“以暴制暴”，面对丈夫的打骂，妻子通过揪头发、张嘴咬、指甲挠诸般手段还以颜色。听到动静的邻居或许过来劝架，但别指望政府官员介入其中，毕竟“清官难断家务事”。第三种选择是带上孩子回娘家。这可以算作杀手锏，因为夫家里里外外少不了女人打理。然而自古汉子打老婆天经地义，娘家人也说不出什么，顶多留女儿住三五天，等情绪平定再送回去（除非人被打得鼻青脸肿、伤痕累累，那样的话可能要在娘家多待些日子）。

最后也是最极端的选择就是自杀。雇农蔡书亭的女儿嫁给杨忠臣做媳妇。婚后不久，因家境贫寒，丈夫去重庆当学徒。年方二十的妻子跟公婆妯娌相处不好，不堪欺辱竟寻了短见。蔡书亭威胁要告杨家杀人。杨家情知闯下大祸，连忙请道士设坛打醮，发送亡人。这样一来，蔡家人也只好作罢。因为一是葬礼体面隆重，二是死者已入土为安，再闹上法庭他们也无胜算。

以上冲突好歹还算“家丑”。既然不能合法离婚，许多吃不了气或过不惯穷日子的女人干脆离家出走，另觅伴侣。为了不被婆家人追上，这些所谓“逃妻”往往徒步走一两个小时的路程，直到看见一座繁华场镇才停下脚步。或者去镇上干点零活，挣口饭吃；或者在周围转悠，等待被人领走。对她们感兴趣的自然都是些单身汉，也有上岁数的人上前搭讪，目的则是想给自家儿子或亲戚捡个便宜媳妇。如果最终无人“认领”，女人便会继续赶路，再到下一个地方去碰运气。

一旦村头路边出现这样的陌生女子，心怀鬼胎的男人们一面仔细打量，一面暗自嘀咕：莫非她经常跟家里人吵架？动不动就逃跑？身上有没有值钱财物？眼前有时甚至闪过一幅可怕画面：她会不会是犯下什么事逃出来，现在由老公替她顶罪？尽管存在种种疑虑，到头来都敌不过娶她回家的诱惑。因为兵荒马乱，找个女人实在太难了。

1940 年 9 月，兴隆场就突然冒出一位年轻女子，在街上晃了一两天，而且对所有遇到的人都有问有答，毫不掩饰。很快，大家知道她是山上农民吴海陆家的儿媳妇，丈夫去年被抓去当兵，音信全无；公婆又虐待她，所以决心离开吴家。于是，一大群人动了心，其中就有已经二十九岁、娶不起媳妇的彭少辉。彭是家中长子，回去跟寡母说起此事，却立即遭到反对。彭家原本过得不错，大约十年前家道中落。但彭母从未灰心，坚持要给儿子娶房体面媳妇。彭见母亲态度坚决，心里再不情愿也只得打消了这个念头。

该女子后来被巫淳志领回家中。巫家有三个儿子，夫妻俩正四处打听，想给十八岁的老大说亲；赶巧碰上这名长相端正的女子，感觉就像天上掉馅饼一般。女子也不嫌巫家穷，非常爽快地一口答应下来。然而好事多磨，她前脚刚迈进巫家大门，公公吴海陆后脚便追至镇上。据说女子被强行带回山上婆家后，成天大吵大闹。过了一个月，忍无可忍的吴海陆又亲自领她来兴隆场，找巫淳志商量价钱。经过一番讨价还价，双方终于达成协议。吴海陆拿钱走人，女子终于正式成为巫家的儿媳妇。一年之后，镇上几乎无人不夸巫家媳妇既贤惠又能干，从不惹事生非；连彭少辉的母亲也后悔当初一意孤行，白白错过了一段好姻缘。

上述例子其实非常典型。谁家跑了老婆或儿媳，都会竭力去追赶。因为一者意味着自己经济上受损，二者法律也赋予他们这种权利。可现实情况是，他们常常发现与其追回一个变了心的女人，还不如向收养她的人家讨要赔偿划算。对新丈夫而言，也乐意赔钱。因为若是正儿八经娶亲的话，花销可就绝不止是这个数了。

这么看来，只要下一户人家肯替她"赎身"，妇女完全可以藉逃婚方式实现事实离婚。这显然打破了过去只有男人才能休妻的老规矩（《亲属法》也允许妇女诉求离婚，但在民间还是很难行得通的）。这种默认做法既反映出穷人家庭里妇女生活的艰辛——因为她们一无所有，说走就走，不像那些阔太太有太多牵挂；同时也表明无论栖身哪里，日常生活中她们又都扮演着举足轻重的角色；而本地男多女少的现状更是不愁没人要。

有趣的是，一些有钱人在办完长子婚事后，为了省钱，也纷纷效仿穷人，给下面的儿子们娶逃婚妇女为妻。1938 年，兴隆场就发生过这种事。当时有个陌生女子来到镇上，遇见有人问话却守口如瓶，对自己的身世、姓名一概不说。乡公所因此产生怀疑，拿她当逃犯抓起来。接连数日却不见任何人前来追查，只好又将其释放。女人随后去一家便宜酒馆，无缘无故一待好几天。之后便没了踪影，就像来时一样神秘。

没过多久，屠户王长安宣布他的二儿子、二十五岁的王海云已经订婚，很快就要成亲；媒人是嫁到璧山去的海云的亲姐姐。大喜那天，新娘一身红衣，带着嫁妆，坐红轿来到王家。客人们正在看热闹，有人忽然认出新娘不是别人，正是几星期前出现过的那名奇怪女子。王长安玩这种把戏虽然省下不少钱，却让自己财迷的名声传遍全镇。众人疑心是王长安的女儿在县城碰上一个有夫之妇，发现对方打算离开丈夫，便劝她来兴隆场跟王家人照个面，看看彼此有没有意。估计婚约就是在那家小酒馆里秘密签订的。

此后很长时间里，王长安和他的儿媳妇都是镇上人嚼舌头的对象。大家一致认定那个女人绝非善茬，大概属于谁家也待不长的“淘金女”类型。然而两年过去，王海云的婚姻照常维持着。尽管小两口打打闹闹不断，究竟谁是谁非可就没人说得清了。直到有一天，女人前夫寻了两年找上门来，王长安赔给人家一大笔钱，婚事所涉各方算是都接受了现状。

王家大儿子的婚事非常隆重，但王长安对其余三个儿子就没那么大方了。二儿子王海云的情形已如上述；老三当兵，一直未娶；老四则入赘到一户没儿子的农民家里做上门女婿。这虽然说起来丢人，老四却能平白得到一份家产，而王家也省了办婚宴的麻烦。

王家对门住的是四十岁的周东昌。周在一家餐馆打工，干的都是杀猪、挑水一类重活；老板张运恒肯使唤他，还是看在自己媳妇跟他同宗的面子上。1939 年，周从外面捡回一个老婆，大伙都夸他有福气。因为女人不爱说话，一门心思过日子，甚至白天也出去帮人干农活贴补家用。只有一样蹊跷，就是包括周东昌在内，镇上没人知道她从哪儿来。

到了 1940 年 10 月，女人突然失踪，两个月后才回家，声称这段时间自己一直在别人家里帮佣。又过了几星期，周家门口冷不丁冒出三条大汉，把女人扭送到乡公所，说她偷了一个货郎的针线。女人被暂时扣押，等待乡长过问。周东昌目睹了事情的全过程，却听任老婆被人抓走，仿佛事不关己的样子。倒是张运恒媳妇颠颠儿跑去乡公所作保，请求先把人放出来。

第二天，乡长开始审案，整个故事这才浮出水面。原来早在 10 月的一个集日，狮子场的一对夫妇来兴隆场镇上摆摊算命。等一天结束，俩人往回赶时，后面就一路跟着周妻。她在狮子场同这对夫妇合住了一阵子，无事可干，便请他们说媒，打算嫁给隔壁一个姓赖的货郎。此事一说即成。成亲后，女人百依百顺，有时甚至挑着担子陪丈夫出门卖货，把男人高兴得不行。这样过了半个月，女人忽然提出想搬往乡下住，说是怕被狮子场的人认出。货郎满口答应，但搬完家不过一星期，有一天他被妻子借故支走，回来时却发现屋里空空如也，连人带货物都不见了。女人其实没有远去，而是偷跑回狮子场。那对算命夫妇见她偷来的针线挺值钱，竟又把她洗劫一空，然后逃之夭夭。也就是在这时，女人走投无路，才编个理由回到兴隆场。可怜那个货郎一无所有，只能靠卖葫芦瓢维持生计。但他咽不下这口气，一边走街串巷，一边四处打问。功夫不负有心人，大约一个月后他转到兴隆场，竟在街上和前妻不期而遇。女人当然不承认，说他认错了人。货郎没过多纠缠，回去叫上两个年轻力壮的弟兄，又连夜返回，埋伏在一家酒馆里。由于女人每天早出晚归下地干活，直到第三天才把她逮住。

审完案子，乡长判女人犯抢劫罪，货郎被抢的针线值三十元由周东昌赔付。乡长建议周、赖二人赶紧跟那女的做个了断，免得日后她再犯事时受牵累。周二话不说给了货郎三十元钱，两人也当众宣布和女人断绝关系。女人于是离开镇上，下落不明。

令所有人意想不到的是，六星期后，她居然又回来了，而且径直走进周家，动手收拾屋子，一点也不理会门口周东昌的大声呵斥。忙完家务，她又下厨做饭，把菜端上桌，接着拿起锄头去后院侍弄菜地。周故意磨蹭了一会儿，终于禁不住饭菜香味的诱惑，独自坐到桌前大吃起来。到了晚上，女人重新点火烧水，让周烫脚——这般待遇，周已经很长时间享受不到了。第二天一早，镇上人便看见他们两个又像夫妻一样，在菜园里肩并肩默默地锄地。有个邻居发表高见道，“傻瓜才不叫那婆娘回家。又勤快又能干，啥子话不说，这种人天底下打着灯笼也难找！”

自打女人回到身边，周的生活比从前不知好上多少倍，这一点大家都看在眼里。但女人身上的谜团从未被揭开过。为什么她一度逃走？到底想得到什么？平常日子里，不要说跟人拌嘴，就是街坊邻居扎堆聊天她都躲得远远的，所以没人了解她的具体身世和心里的真实想法。每当提起她来，多数人甚至连名字都叫不上（也许压根就没有名字）。像这样沉默寡言、不出风头，恰恰是众人心目中妇女应该具备的品德，即所谓“贤淑”。

经常受丈夫或婆婆虐待恐怕是导致妇女逃跑的主要原因，但并非唯一原因。例如嫁给洗衣婆胡王氏儿子胡云华的张彩枝，婚后丈夫去重庆打工，剩她一人无依无靠，便离开婆婆，去跟一个寡妇同住。茶馆老板兼鸦片贩子冯庆云瞅准机会，开始追求彩枝。没过多久，两人不但好上，而且在冯家公开过起了小日子。除了镇上的房子，冯在乡下还有一套住宅，那里住着他的大老婆和孩子们。胡云华听说丑闻，马上赶回兴隆场，向冯追讨媳妇。其实也不过是装装样子、想借机讹钱而已。因为他在重庆工厂做工期间，又另找了一个女人。冯庆云先是把彩枝秘密转移到璧山，之后又搬去重庆，但两次都被胡云华追踪到。见冯不肯出钱，胡一怒之下告上县法院。和老实巴交的乡下人不一样，镇上的穷汉都有靠山，惯耍青皮手段，敢跟有钱人叫板。在这起案子中，双方可谓打了个平手，对判决结果也都能接受。法官认为胡云华遗弃妻子在先，因此张彩枝有权再嫁；同时，胡亦应获得一定的赔偿，“以作其将来重新成家之资”。于是冯庆云被责令赔八十元钱，这在通货膨胀相对较低的 1937 年可不是个小数目，但由此换回一个合法老婆也算值了。他特意当着众人面把钱如数交清，以免胡云华将来耍赖。胡揣上钱，美滋滋地回重庆去见相好。至于张彩枝，经这么一闹腾，其身份则从情妇升格成了二姨太。[25]

结语

受战争影响，即便像兴隆场这样的偏远地方，婚丧嫁娶等传统习俗也在发生着变化。但必须看到，这些变化既相当有限，又和国民政府掀起的宣传声势没有直接联系。随着大批逃难的下江人涌入川省，新观念、新风尚日渐风行，加之经济形势瞬息万变，曾经与世隔绝的天府之国势必受到外来冲击。然而，千百年来父母包办的婚姻制度依旧岿然不动。政府的预期目标与工作实效相去甚远。出台若干法规并加大宣传力度本是为着效法西方，建立现代家庭，而这项改革也得到了民间人士及宗教团体的支持和响应。但总体而言，政府试图将城市模式照搬到农村的努力是失败了。官方既无力创造一种人人认可的社会氛围，更不可能仅靠推行一部民法典，一夜之间就彻底改变老百姓相沿已久的生活方式。

---

1 [译者注] 依原书书末所附中英词汇对照表，此地名存疑。

2 [译者注] 指《中华民国民法·亲属编》，学界一般视其为中国第一部实际施行、且具有近代意义的婚姻家庭法。该亲属法及判例、解释例均暗含替妾“正名”的意思，认为“妾与家长既以永久共同生活为目的同居一家，依民法第 1123 条第 3 项之规定，应视为家属。”（史尚宽《亲属法论》，2000，第 527 页）又于离婚款中声称妾亦有赡养费请求权，谓“男子与女子有类似夫妻结合关系，双方虽得自由终止，但男子无正当理由而终止或女因可归责于男子之事由而终止者，如女子因此而陷于生活困难，自得请求男子赔偿相当之赡养费。”（同书第 521 页—第 522 页）。

3 [译者注] 婚约指“一男一女约定将来应缔结婚姻之契约”。（史尚宽《亲属法论》，2000，第 111 页）

4 [译者注] 直系血亲自不待言，至于旁系血亲，禁令及于八亲等即五世以内者，“例如胞兄弟姊妹、堂兄弟姊妹、再从兄弟姊妹及族兄弟姊妹间，不得结婚”。（史

尚宽《亲属法论》，2000，第 198 页）

5 白凯（Kathryn Bernhardt）《妇女与法律——民国时期离婚案剖析》（《清朝至民国时期的中国民法》，1994，第 190 页—第 191 页）。

6 ［译者注］1936 年，费孝通赴江苏吴江开弦弓村实地调查时亦发现，“在这个村子里，儿女的婚姻大事完全由父母安排并且服从父母的安排。谈论自己的婚姻，被认为是不适当的和羞耻的。……婚姻大事，在孩子的幼年，经常在 6—7 岁时就已安排了。”（费孝通《江村经济——中国农民的生活》，2002，第 52 页）

7 ［译者注］按中国传统，弱冠实指男子二十成人。

8 臧小伟《家庭、亲族、婚姻与性》（1999）。

9 在台头村，新娘若是太小干不了活的话，不受欢迎，所以一般都不会小于十七岁；而那里的男女平均结婚年龄则为二十岁（杨懋春《一个中国村庄：山东台头》，1945，第 113 页）。

［译者注］杨氏原文如下，“在其他农村地区，据说女孩 15 岁、男孩 17 岁就结婚了，但在台头村平均结婚年龄约 20 岁。新娘一般不会小于 17 岁，新郎不会小于 19 岁，穷人家的儿子结婚更晚。娶媳妇是为了帮助干活，不是要满足男孩的愿望。15 或 17 岁的女孩还太小，用处不大，所以她最好还是在家里呆几年，学习必需的技术。”（杨懋春《一个中国村庄：山东台头》，2001，第 112 页）

10 璧山县档案馆所藏 1940 年 3 月民政厅文件。本章所用档案资料均由重庆市档案馆刘静女士提供，美中不足的是，这批官方文件没有编号。

11 据伊莎白和俞锡玑 1940 年至 1941 年在兴隆场的所见所闻，以及本书作者 2004 年 1 月对当地五十位老人的采访，综合得出以上判断。

12《早婚问题调查报告（1943）》，现存于重庆市档案馆。

13《早婚问题调查报告（1943）》。

14 卜凯《中国土地利用：中国二二省一六八地区一六七八六田场及三八二五六农家之研究（1929—1933）》（1937/1964）。

15 [译者注] 1934 年，国民政府在江西南昌发起“新生活运动”，旨在“重振道德，改变社会风气”，规范国民行为。

16 王俊良要求尽早成婚，只给张家两星期的准备时间，因此新娘父母用钱代替家具的做法完全合乎情理。女方陪送的成套家具一般包括一个油漆衣柜、若干箱笼以及桌椅之类。

17 [译者注] 亲属法声称婚姻应由男女双方自己决定，“旧律定婚，由尊长为之，此不独与尊重个人意思自由之原则不符，而且与婚姻行为不许代理之原则相悖，故民法规定(婚约) 须由男女当事人本人自行订定(民法第 972 条)，父母不得代庖。”(史尚宽《亲属法论》，2000，第 121 页)

18 [译者注] 关于王珍碧的亲事，参见本书第四章“大地主曹跃显”一节。

19 县志仅称童养媳陋俗在璧山境内较为常见，并未提供具体数字 (《璧山县志》，1996，第 74 页)。
[译者注] 此处有误，应在第 735 页。

20 [译者注]《亲属法》对童养媳的阐释如下，“童养媳系以将来与家男匹配为目的，由男女两家主婚人所订之契约，自幼入养于男家之幼女，性质上为同居订婚女。现行法已不认童养媳之制度，此项童养媳契约，自不生订婚之效力，童养媳或家男如愿与第三人结婚，均应听其自由。但如男已满 17 岁，女已满 15 岁，而经男女双方承认，则可认为有婚约之成立。”(史尚宽《亲属法论》，2000，第 530 页)

21 该比例由伊莎白和俞锡玑推算得出，见伊莎白手稿第一章表三。

22 璧山县档案馆所藏 1940 年 3 月民政厅文件。

23 璧山实验地方法院案宗 (无日期)。

24 璧山实验地方法院案宗 (1941 年)。

25 关于民国时期北平下层妇女的逃婚现象，可参看马钊《逃婚妇女、都市犯罪与战时北平的生存策略：1937—1949》(2007) 一文。

第九章 予取予求

1941 年 6 月的一个深夜，民团奉乡长之令到一户富裕农民家中抓壮丁。民团破门而入，户主拼死抵抗，掩护儿子们跳窗逃走。第二天，此人意识到闯了祸，便带上一个儿子去乡公所主动报名参军。果不出所料，几名团丁气汹汹围上来指斥他暴力抗法；而他不慌不忙，说团丁昨夜入室抢劫，抢走好几捆棉纱以及其他财物，要求赔偿并将为首者绳之以法。团丁辩称什么也没拿，并一再强调敲门时已经报明身份。后来乡长出面调解，这个农民又质问道，"土匪就是打着民团旗号半夜上门抢劫的。你们既然有公干，为啥子不在白天来？"团丁冷笑道，"大白天去，只怕你老早就让儿子跑掉了。"农民马上反驳说，"我家娃娃都乐意为国效力，这不已经有一个来自愿当兵了吗？"结果农民不但打赢官司，还按他所报"损失"获得一笔赔偿，代价却是送一名儿子上了前线。

自从中日开战，对兴隆场人来说，征兵就是每时每刻悬在他们头上的一把利剑。现在当兵打仗是为了救亡，跟军阀混战那会儿不可同日而语，但征兵方式之野蛮以及士兵待遇之恶劣仍然令许多家庭对此恐惧和反感。另外苛捐杂税也明显多起来。乡长、保长需要按时上交公粮、输送壮丁，否则便遭重罚。前面各章分别讲述了四川乡村建设实验的各项内容，包括行政改革、移风易俗、普及教育、改善医疗等等。政府所做之事虽然有目共睹，但真正让老百姓刻骨铭心没齿不忘的只有两条：一是家家户户不堪重负，二是年轻男人当兵出夫——而这正是本章所要讨论的话题。

税赋

南京国民政府成立之初，所面临的最棘手问题便是地方军阀拥兵自重，以筹措经费为名向各自辖区内的农民横征暴敛。[1] 1935 年，政府着手改革税赋征收制度，以期缓解农业危机、减轻农民负担。[2] 然而 1937 年抗日战争全面爆发。随着军事上的节节失利，国民政府被迫迁都重庆，财政收入大大减少，只能靠增税来弥补。尽管为适应战时需要，1939 年政府再次对地方税作出调整，[3] 压在农民身上的担子却愈来愈重。

以往征粮都折合成钱，[4] 但战争导致物价上涨、粮食短缺，国民党中央遂下令改收实物。田赋征实政策一经实施，中央既可加强对各省的控制，又能掌握大批储备粮，用于供应军队，或者定期发放给因货币贬值生活陷入困顿的政府官员们。[5]

1940 年，在兴隆场负责收税并管理义仓的是冯庆云，此人劣迹在第十章将有详细介绍。这里先要指出的是，本地土地所有权的认定难度极大；而冯氏核定税额的标准因人而异，使得本已复杂的局面更加混乱不堪。

由县政府印发的地契是征收田赋的唯一凭据，上面不但写着地亩大小、四周边界，还注明了应缴税款，在全部款项付清以前该地契不得转让或更换。田主不拘以何种方式——或继承或购买——获得土地的同时，也就承担起了上缴相应赋税的义务。在现实土地交易过程中，买卖双方有时可以就田赋多少讨价还价。比如有人急需用钱，如果承诺只将少部分田赋转嫁给买家，那么他在出售土地时就有望卖个好价钱。过去两百多年间，土地不断易手，于是有种种怪象产生。同样面积、甚至同样产量的土地，所需缴纳的田赋却有轻有重，但到头来吃亏的总是那些无权无势的小自耕农。

既然土地所有权的确认全靠一纸地契，加之兴隆场地狭人稠，由此引发的纠纷、诉讼层出不穷，按说不会再出现漏报土地的情形。然而官方记录在案的田亩数、税额跟实际土地的大小、产量往往不相吻合。尤其那些神通广大的有钱乡绅，最擅长偷做手脚，从中渔利。田赋征收直接关系到政府的财政收入，中央虽对其中弊端心知肚明，却束手无策，无力从根本上解决问题。

首先丈量田亩就是一大麻烦。巴渝一带多山，地势崎岖不平。直线测量在这里难以操作，便诞生出一套以斗、石为单位，按产量计算面积的办法。十斗为一石，所谓“一石地”即指能打一石带壳稻谷的水田。庄稼收成不会年年保持一个样，但官府根据早先经验写在地契上的产量却固定不变。同一块地，经多少年下来，要么改良，要么减产，都丝毫改变不了官方的统计数字。只有老百姓自己心里清楚，所以他们会说两石“好田”或者一石“坏田”来加以区分。由于水田产量大大高过旱田，同样是“一斗”、“一石”，用于两种不同类型农田时还会有显著差异。为了平均税收，政府曾要求在全省范围内重新进行土地登记。据卜凯说，截至 1941 年，省内四分之三的县已经完成清查工作，纳税田地至少增加了三分之二。[6] 但这种景象在璧山似乎无迹可寻。

从性质上讲，丈量手段的不规范比简简单单逃税更加严重。任何打算买地或租地的外来人，都会因为无法确知田亩面积而陷入极为不利的境地。另外还有一个陷阱，即镶嵌在层层梯田或山田中间的一块块形状不规则的旱田，既可用来划界，又可被田主视为己有，在谈判时充当抬价的筹码。除非买主或承租人能在当地找到一位可靠的中间人，否则上当受骗几乎是免不了的。像这类机关，一方面可以保证大量土地不致流入外人手中，另一方面也助长了一股日益蔓延的地方保护主义情绪。

当地人嘴中五花八门的测量用语更令外人一头雾水，摸不着头脑。尽管国民政府曾尝试引入公制并在全国推广，但当时四川各地并没有一个统一的计量标准。仅在兴隆场，1940 年就流行三种截然不同的单位名称：旧石，新石和市石。本书中提到的“石”皆指新石，因为伊莎白、俞锡玑二人所搜集的原始资料多以此为单位，而且新石与其他省份通用的亩大致相当。官方报告中使用的则是市石。[7]

对于上述以亩产为基准的丈量方式、以及欠完善的土地登记和税收政策，当地百姓早已习惯成自然。即使那些收谷少、缴税重、显然受到不公正待遇的田主，也选择默默承受。总而言之，似乎任何做法，只要针对外来人，都被乡民看成是有利于自己的东西。从这幅乱象丛生的拼图中获益最多的自然是少数几个大地主，但广大穷人反而对之毕恭毕敬。不图别的，只求一旦有事，可以找他们当靠山。

苛重田赋已经把农民压迫得喘不过气来，各式各样的粮税又接踵而至。比如军队不但征军粮，额外又征马粮、马草，美其名曰“军需费”；乡镇政府则征壮丁粮、民团费、义谷（亦称积谷，作备荒之用），有时乡公所办公人员和学校教员的口粮也从百姓身上榨取。以上均为实物征收，此外还有折成钱的。像购置军服、发民工费、逢年过节买礼物慰问军属等等，这些费用都会分摊到各家各户的头上。正所谓苛政猛如虎，重压下的兴隆场人民度日如年、怨声载道。[8]

征军粮无疑是政府强加给农民的最沉重负担。每年至少得有好几次，乡长接到指示，三天之内务必凑齐若干石带壳稻谷运往县城。于是从乡到保，再从保到甲，命令层层下达。官方规定，乡民有地二十市石以上者始为课税对象。但保长如果后台硬，完全可以擅自决定本保谁家纳粮或者纳粮多少。其实老百姓也有空子可钻。比如按照惯例，父母死后，兄弟往往分家分地，各立门户。如今为了逃税（当然也为躲兵役），有些户主便实行假分家。至于如何辨别真伪，全凭保长的眼力。

孙菊昌是个二十来岁的小伙子，父母都健在，但几年前就分了家，带上有精神病的老婆出去单过。他名下有十八市石地，距标准线仅差两石。保长一眼看穿其中名堂，勒令他如数交粮。孙菊昌不服，一直闹到乡长那里。乡长训斥道，“想想前线打仗的战士连命都不要，让你拿点粮食出来算个啥子？再者说了，交军粮是后方人人应尽的光荣义务。”孙丝毫不为所动，声称不公平，与其这样，还不如当兵去。乡长不再废话，直接把他关进拘留所，准备第二天押往设在县城的征兵站。次日一早，孙氏族人纷纷赶来乡公所赔情告饶，求乡长放过这个不懂事的年轻后生。当晚孙菊昌即被释放回家，从此再不敢胡言乱语了。这个例子表明，尽管政府对征税条件有明文限制，一旦付诸实施，决定权多半还是掌握在地方官的手中。

每次征粮时的具体数额同样由地方官说了算。届时县里秘密告知乡长，乡长私自加码，分配至各保；保长再加码，分摊到各户。等粮食收齐，保长、乡长各自把多征部分据为己有。乡民因此遭受层层盘剥，而各级贪官乘机中饱私囊、大捞油水。

征完粮食，军队便负责将其运至璧山。到了指定日子，一队士兵从县城出发，带着扁担、篓筐下乡收粮，这往往是最容易爆发冲突的时候。1940 年 9 月的一天，秋收刚过，五十几个当兵的大摇大摆来兴隆场运粮食。虽然三天前就已下达征粮通知，各保却迟迟交不上来。乡长一面派人去催，一面设法安抚这帮急着天黑前赶回璧山的士兵。他偷偷把乡公所墙上的时钟拨慢了几个小时（除去协进会工作组驻地，这里是全镇唯一有报时工具的地方）。粮食送到后，夜幕降临，但挂钟显示才刚下午三点。士兵们没办法，只好气鼓鼓地留在镇上过夜，而乡民肚子里的火气更大。于是，整个晚上双方剑拔弩张、口角不断。

如果粮食是供应给璧山驻军的，那么运粮士兵就需要把米磨好，再往回运。征用当地磨房有可能导致更为严重的事端发生，甚至会让处置不当的地方官员连带倒霉。本书第六章就讲过一位年轻气盛的乡长因惩戒打人士兵，被投入监狱的故事。[9]

营业税

纳完田赋及附加税，兴隆场人还得应付五花八门的各种营业税。税率由国家统一制定，县政府因为掌握不了辖区内数十个场镇的交易情况，干脆下放征税权，以竞拍方式承包给熟悉行情的当地人去办。这种做法由来已久，可追溯至清朝，国民政府推出的税制改革也奈何它不得。[10]

每年年末，璧山县府都会拍卖各场镇来年诸项营业税的征收权，包括米税（增征百分之一附加税，用于办学），牲畜税（税率百分之三），临街摊位、商铺零售税（按月征收，税率百分之二，最近又增加了百分之零点四的附加税用作乡公所“自治费”），煤炭税（实物征收，每担三斤），食盐税，屠宰税（专指杀猪，市场用猪每头征三元，家庭用猪每头征一元五角；1941 年分别升至五元和三元），以及织布税（税率百分之一）。对于规模较大的酿酒厂、面粉厂，则打破场镇界限，采取分片包税形式，而且是按日征税，税额分别为每日七元和一元四角。

以米税为例，竞拍人必须对本地明年的大米销售额心中有数，在此基础上合理报价，给自己留出足够的赚头。水涨船高，报价最高者方能胜出，这显然是政府愿意看到的场面。然而在兴隆场，老谋深算的竞拍人却会联手压低报价。有时经过私下协商，仅一人出面竞争，自然不战而胜；或者大家口径一致喊同样的价，然后再动用关系，决定由谁中标。上述营业税中，数目最大、也最有油水可捞的是米税、牲畜税和屠宰税三项。

包税人冯庆云的发迹史

在兴隆场叱咤风云的冯庆云可谓集多重身份于一身，既是鸦片贩子，又是茶馆老板，还是袍哥大爷蔡旅长麾下的一员干将。单看他瞒天过海的手段，不难想象当国民党中央试图把权力触角伸向基层农村时，将会遇到多么大的阻力。冯最初是凭借变卖祖传地产得来的钱开始经商的；投靠袍哥后，利用开茶馆（即“码头”）的机会，明目张胆做起毒品生意，于是摇身一变成为镇上的三大鸦片巨头之一。随着财产越聚越多，他的人脉也越来越广，竟至于经过公推，干上了管理本地义仓的差事。据历史记载，设立义仓自隋朝（581—618）始[11]，目的在于储粮备荒。[12]如前所述，义谷由各保保长向有地二十市石以上的田主征集。冯庆云征收、分发义谷时，采取“大斗进，小斗出”的方法。乡民明知上当，但惧其威势，顶多背后发点牢骚，从不敢公开质问。[13]储藏在义仓的粮食过去都由政府人员看管，但军阀混战时期当兵的动辄下乡抢粮，渐渐义仓的管理权就落入投机商人手中。自从冯庆云掌管义仓，趁着天下大乱愈发肆无忌惮疯狂敛财，置公众利益于不顾，把全部义谷投放到市场上去（数量应在一百石左右）。[14]1940年早春，当地大旱，庄稼颗粒无收。尽管许多人吃不上饭，他也拒不收回这批救命粮。

有一种税跟田赋有关，叫印花税。居民出售或抵押土地、房屋时，契约上若不粘贴印花，交易即被视为无效。该税税率为不超过交易额的百分之三，由政府指派专人收取。在兴隆场代收印花税的不是别人，正是冯庆云。

还有米税和牲畜税，按照惯例都由同一个人来征收。在我们到达兴隆场前的1939年，乡长孙宗禄负责此事。孙是开明士绅的代表，很受乡民拥戴。然而他并没有参加当年底的竞拍大会，冯庆云轻而易举拿到了来年的征税权。大家猜测双方肯定有约在先，孙得着某些好处才决定退出的。

到了 1940 年底，风云突变，冯庆云与新任乡长唐恭义为争夺征税权展开了激烈角逐。两人的报价基本相当，会场上不分胜负，各自背后都去找县财政科陈情。冯的理由很简单：他是本地人，已经有了一年的收税经验。唐乡长则大打悲情牌，声称薪俸微薄，入不敷出，若无其他收入，实难养家糊口。唐在兴隆场的短暂政治生涯本书第六章曾有过介绍，当局虽然支持他的请求，但正式任命必须要等所谓的征粮舞弊案查清后才能作出（匿名举报唐乡长贪污的显然都是冯氏一伙的人）。直至过完年，上面的任命也迟迟没能下来，两位竞争对手迫不及待开始自行收税。唐近水楼台先得月，因为米市就设在他办公的文庙院子里。冯虽然不敢擅闯文庙，却总有办法从别处收到不少牲畜税。结果是老百姓遭殃，许多人不得不交两遍税。这让唐乡长忍无可忍，决定动用民团制止冯的"侵权"行为。等到下一个集日，他派人盯梢，准备去抓现行。不料冯事先听到风声，那天压根儿就没出门。

1941 年 1 月末，案子终于有了结论。唐的贪污罪名被洗清，但他本人却被调往梓潼乡任乡长。于是冯名正言顺当上了代理人，一旦得逞，马上提起诉讼，要求唐全额返还此前所收税款。见县里不予理睬，他又纠集一帮打手去梓潼场闹事，堵在乡公所门前大叫大嚷道，"把姓唐的揪出来，揍他！"唐乡长处乱不惊，稳坐钓鱼台；而冯气焰虽凶，还不至于胆大包天到进去抓人。最终他也未能如愿讨回这笔款子。

日后大家偶然得知，冯庆云一路走来顺风顺水，靠的其实是他背后一帮"合伙人"——人数大约在十名左右，多为镇上富商，如杂货铺老板杨鹤龄、布商兼餐馆老板张运恒等。他们凑集资金，从事包税等各种投机生意。这伙人中唯一的例外是杨桂芳，一个长相英俊、脑瓜机灵的年轻裁缝——说他例外，是因为小伙子刚做裁缝不久，手头并无多少积蓄。冯庆云一伙招他"入股"的初衷，是想凡事叫这个生手出面，也好掩人耳目。一直被蒙在鼓里的杨桂芳有一次无意间发现，兼营邮政所的杨鹤龄将所有写给他的信都偷偷转给了冯庆云。杨桂芳勃然大怒，以侵犯隐私为由把杨鹤龄告上法院。正是这场出乎意料的内讧揭开了冯氏集团的冰山一角。随着冲突升级，更多内幕逐渐暴露在众人眼前。

原来他们为了垄断米税和牲畜税的征税权，预先备下七千元活动经费，其中三千零一十元用于竞拍时报价，这是要交给县财政科的。整个 2 月份，也就是冯正式收税的第一个月，平均每个集日能征到一百元。三天一集，一月十集，意味着三个月下来就能赚回本钱。虽然损失掉 1 月的一千元（已经落进唐乡长腰包），剩下八个月的八千元税收便全由冯氏集团内部瓜分了。

由此可见，收入最多的米税、牲畜税两项，政府从代理人那里仅得到实数的四分之一。作为第三大税的屠宰税的征收情况也好不到哪儿去。

屠宰税

1940 年，在兴隆场代收屠宰税的还是冯庆云，但第二年的征税权却被袍哥首领蔡云清和大地主曹跃显抢到手中。出人意料的是，转过年来，冯庆云照收不误，不过打着蔡、曹的名义而已。大家虽不知晓两拨人之间如何割让或者分红，但所有人都清楚，蔡、曹的报价明显偏低。他们声称每个集日顶多宰八头猪，实际数字却是十三头。若按一年一百个集日计算，每头猪征五元税[15]，代理人应该总共收取六千五百元，其中四千元上交国家。换言之，该项税收的至少百分之四十是被代理人私吞了的。

既然压低报价的事实想瞒也瞒不了，蔡、曹二人干脆不再掩饰，转而大谈特谈这么做的目的何在。据称是为多募资金，用于地方建设。然而整整一年过去，也不见场镇面貌有什么显著变化。

上面说的还只是市场用猪。至于家庭用猪，一是数量不好掌握，二是征税难度更大。试想一下，收税人面对分布在二十平方公里范围内的一千多户人家，即使眼线再多、消息再灵通，也不可能确切知道谁家正在偷吃猪肉。因此凡有举报者，都会得到一笔奖赏。

1940 年春的一天，冯庆云的哥哥在路上碰到一个屠户，攀谈中得知巫氏宗族在巫家坝举办清明会，屠户正赶往那里帮忙杀猪。他连忙回家告诉弟弟此事。冯庆云发现巫家并未交税，便委派其兄前去处理，好处是可以把猪没收并据为己有。冯兄带着两名民团团丁来到巫家坝，巫姓人自知理亏，又舍不得猪，只好缴纳八十元罚金。两个团丁各拿十元，剩下六十元都归了冯兄。

通过代理收税、贩卖鸦片以及从事投机生意，冯庆云在袍哥组织中的地位不断得到提升，而他所属的仁龙社同样做着种种地下非法交易。其他袍哥首领如孙宗禄、蔡云清等多少还顾及自身形象，冯做起事来则胆大妄为，从不前怕狼后怕虎。1940、1941 这两年间，他在兴隆场变得越来越引人瞩目。至 1941 年秋，不但负责管理本地义仓、代征田赋实物，还把获利丰厚的米税、牲畜税、屠宰税的征收权一股脑都抓到自己手中。冯唯一不曾做到的，就是去下面保甲进行搜刮。这需要动用他在县里甚至省里结下的关系，当上乡长才行。（我们离开兴隆场没几年，就听说他真地坐上了乡长的交椅。）在中央政府看来，除非像冯这样的地头蛇被彻底铲除，否则税制改革难有成功的希望。

1939 年，国民党中央借推行“新县制”，重新调整地方税；但直到 1941 年底，形势并未发生大的改观。这期间，冯庆云在兴隆场大权独揽，垄断税收。显而易见，正是由于中央无法触动基层农村盘根错节的权力结构，才导致不法之徒有机可乘，国家税收大量流失。

实施税制改革的关键在于县政府。尽管县长本人拥护改革，但他身为外来人，一举一动都离不开本地士绅的支持。不幸的是，县政府倩人捉刀的包税政策恰恰牺牲掉国家和普通百姓的利益，而让那些号称“精英”的士绅中的某些人成为最大受益者。粮税征实之后，中小自耕农的负担空前加重。他们一无实力，二无靠山，只能任人宰割，听凭包税人制定税率，被迫交出比法定数额高得多的粮食。

征兵

如果说横征暴敛只是让农民失去对政府的信任，那么无休止的征兵则在民间激起一股普遍的反抗情绪。单从数字就能看出些许端倪。1940 年夏，兴隆场三分之二的适龄青年都不在家：约有一千一百二十三人通过报名或强征方式在军队服役；[16] 其余的纷纷远走他乡，另谋生路。

根据年龄，兵役分现役和预备役两类，此外还有相当于准兵役的力役。原则上十八至三十六岁的男子均可招募，但政府考虑到百姓实际困难（大部分家庭上有老下有小，一旦丧失劳动力，生活将难以为继），特许下列几类人免服兵役：户主、独生子、公务人员（包括乡、保、甲长和民团团丁）、在校学生以及拥有初中以上学历者。乡公所依各家男丁多寡摊派兵役，比如有五个儿子的人家必须出两个名额；但是到 1940 年就变成了三个，以满足不断扩大的战场需要。三十七至四十二岁的壮年男子一律编入壮丁队；上述获准免役的人员亦在此列，1940 年出台的一项法令就要求乡长必须兼任壮丁队队长。[17] 壮丁没有报酬，平时吃住在家，定期接受军事训练（由地方政府组织），随时响应紧急征召。四十三至四十八岁的男子则要充当民夫，在后方从事机场、道路等战备设施的修建工作。[18]

免役条款对兴隆场人的影响因各家境况而异。绅商家庭的子弟要么正在念书，要么已经中学毕业，自然可以高枕无忧。相当一批小家庭、主干家庭的成员也能享受独生子或户主的豁免权。对穷人而言，参加民团不失为一条出路。1941 年甚至有两个出身中等家庭（第三等级）的男子为了逃兵役，也“毅然”加入这一行列。其中一人名叫张富良。在他看来，当团丁比当兵划算，因为能抽空回到位于兴隆场郊外的家里帮忙干活，同时照顾年幼弟弟和残废的父亲。但这仅算个案，毕竟乡民仍把民团看成是鱼龙混杂、地痞无赖聚集的地方。

单纯分析《兵役法》不难得出如下结论，即应征者主要来自经济上相对富裕的第二、第三等级人家。原因很简单，从家庭结构来看，这些都是成员众多的大家庭，最不受免役条款的保护。以三代同堂的人家为例，只有户主即家长毋需服役，下面的儿子依法均为征召对象。即使中间一代年过四十，当不了兵；孙辈的孩子们也已达到服役年龄，而且都被视为同辈兄弟，不存在“独子”之说。但实际情形远非如此。军队为补充兵源，往往四处“估拉”壮丁，这时反倒是那些最底层（第四等级）的穷困人家成了最大受害者。

从《兵役法》的条文中不难看到性别歧视的影子。所谓“独子”，即专指父系而言，并不适用于母系一方。我们听说，有位妇女嫁给一个丧偶男人为妻，对方有残疾，农活全靠十九岁的继子来干。不久她生下一个男孩。新生命的降临带给他们的不是欢喜，而是绝望。因为一旦成为四口之家，老大便没有理由不被征召了。为了留住家里唯一的劳动力，走投无路的女人竟亲手淹死了刚出生的儿子。另一名妇女的遭遇恰恰相反。她先后嫁给三个男人，所生三个儿子各为“独子”，故而名正言顺逃过了兵役。

按照程序，县里负责征兵的军事科科长先依照人口统计表得出一份全县适龄人员名单；当军队要人时，据此在各乡之间分配名额。乡长领到任务后，传达给各保保长。后者按图索骥，把名单上靠前的本保壮丁送往征兵站。问题在于，虽然征召人数秘而不宣，那份名单却是公开的，所以每每导致各保“高居榜首”的年轻人闻风而逃。1940年，县军事科终于找到了解决办法，即改用抽签方式，抽中谁算谁。一年四次秘密通知各乡，再由乡长拟定各保人选。此法看似保险，却为下面的执行人留下巨大发挥空间。结果是柿子专拣软的捏，每次征兵，无依无靠的穷人最容易榜上有名。[19]

与之形成鲜明对比的是，本应成为征兵大户的有钱有势的大家庭轻而易举就能躲过此劫。比如通过行贿，在户口清查时篡改年龄或干脆瞒报。保长拿人钱财，替人消灾，对亲戚朋友更会网开一面。1941年秋，兴隆场的曹氏族人曾联名举报保长巫德庆把符合年龄的同宗名字从报表上悉数删除。这件事闹得沸沸扬扬，最后巫德庆被调离，保长一职由五十岁的织工曹东阳接任。曹拿到登记簿，一一补上漏报的巫姓人，转手却把曹姓人又删了个精光。在别处，保长办理登记时，有将亲戚年龄从十六岁改成十二岁的，也有从十七岁改成三十四岁的。当然虚报年龄并不总能奏效，有时候上面来人抓壮丁，只要看见年轻体壮的，不问青红皂白统统抓走。

保长除了帮人改岁数，还能允许延期服役——这更是借机敛财的重要手段。由于只有保长一人知晓征兵内情，他可以肆无忌惮敲诈有钱人：谎称其儿子上了名单，逼对方出钱、或者找人替代、或者申请暂缓——而且明码标价，像1940年初，就需花两百元钱才能晚一年服役。然而随着时间推移，不但费用见涨，事情也渐渐变得不大可靠起来。下半年时，征兵数陡增，被反复征召的穷人家庭忍无可忍。这时保长兜里虽然揣着富人的钱，也只好“公事公办”登门要人。但富人终归是富人，有各种法子应对：要么分家，让儿子成为户主；要么送他们出去读书；要么替他们谋取保、甲长的公职。

下面就来看几起这样的事例。巫学善有四个儿子，据他妻子讲，“我们把家里的田分了，每个人都有份。（巫家儿子是否真拿到地契，使得分家名副其实，外人无从知道。）老大分到本乡的二十石地，老三在邻乡梓潼也有一块水田。两人都已成家，自立门户。另外老大还当上了甲长，跟我们一起住的老二多少能沾点光。（事实上，巫家所有稻田仍由父亲和二儿子耕种，所谓分田不过掩人耳目而已。）老四才十四岁，我们让他在学校念书，这样就不用当兵了。”

符合当兵条件的周书明也分了家，带老婆和两个孩子在外面租种二十石田。但周家却因此大受影响。见父亲一人忙不过来，周把年迈的祖母接来同住，指望能减轻一些老家的负担。

第八保的王周林兄弟三人早在十年前就已分家。弟弟在军队服役，后来开了小差。这让王周林感觉自身难保，于是撇下老婆一走了之。王妻为此急得如同热锅上的蚂蚁，因为正值农忙季节，到处找不到人帮忙（各家各户基本都已结成互助对子，打短工的也早早订好了主家）。

改年龄或删名字只能求得一时安全，随着抓壮丁现象日益普遍，兴隆场渐渐陷入人人自危的境地。第九保有户姓孙的，家有七子，仅一人未改年龄。剩下六人，一个从十七岁改为三十四岁，其他的也都改成了三十五至四十六岁不等。尽管机关算尽，老二和老三还是没能逃过双双被抓的命运。第四保的杨柏龄是个佃农，租种三十石田。他买通保长，把两个儿子的年龄（一个三十，一个四十）改为四十三和四十八岁。最终小儿子也被抓去当兵。[20]

面对这种情况，家境殷实的农民纷纷选择将儿子送往璧山或者重庆，到官办工厂或政府机关里做事。孙家有十八石田，孙义昌、孙菊昌兄弟几年前就分家单过。现在感觉风声日紧，哥哥便把自己的田租给佃户，然后托人介绍，设法进入重庆的一家军需库；弟弟同样靠关系成了本乡壮丁队的一员。由于兴隆场的半数男性织工都在被征之列，许多人流窜外乡。反正凭借一技之长，不愁没人收留。可是这样一来，本地相当数量的织机（包括木质织机和现代化机器）都被迫处于闲置状态。

有些狡诈富人为了逃兵役，甚至会不择手段地坑害穷人，使其成为替罪羊。罗、黄两家相邻而居。黄家仅有两斗水田和一石旱田，日子过得十分拮据，而且四个儿子中的两个已被抓了壮丁。租种六十石田的罗家也有四个儿子，却个个安然无恙。1941 年的一天，罗突然提出想雇黄家十六岁的三儿子当帮工。黄求之不得，连忙打发儿子去罗家住。仅过了一个月，民团半夜三更上门抓人。早有防备的罗叫醒自己儿子，让他们从后门逃到山上。结果民团只抓住还在睡梦中的黄家儿子带回去交差。黄母闻讯，一路追至乡公所求情。团丁却说人是从罗家抓的，当然算罗家的人。黄家哑巴吃黄连，有苦说不出，赶紧叫十四岁的幺娃儿去住在璧山的姐姐家避风，免得再有三长两短。

也有些大家庭因为缺壮劳力不愿意分家，就把年轻成员藏在屋里，其他人持枪警戒，以防不测。第一保的胡松龄六十多岁，有三个适龄儿子，其中两个已经成家，第三个不在身边，而且有位近亲担任甲长。但全家上下依然时刻提心吊胆，两个儿子从不敢出远门。人人都知道胡家靠近不得，因为有四条猛犬护院，同时胡的手里还握有一把子弹上膛的钢枪。第五保的石祥林有四个儿子，三个需服兵役。因暴力对抗民团，石先后两次被拘押。但每次时间都不长，一则乡公所无权长期扣人，二则他塞给乡长或民团队长的红包大概也起了作用。

俗话说有钱能使鬼推磨，危急时刻当事人每每通过行贿化险为夷。布商王汉臣三十来岁，有一次赶场时不巧落入下乡捕人的县保安团手中。幸亏保安团里有位姓毛的本地人，收取贿赂后悄悄放走了他。本来事情已经过去，但平日里王结下不少仇人。他们一起闹到县府，要求惩办毛姓团丁，重新捉拿王汉臣。这期间王小心翼翼躲藏起来，当听说毛已落网，才敢重新露面，赶往璧山指控保安团敲诈钱财。按他的说法，既然自己不必服役，那么当初“被讹”的三百元钱就应该退还，毛也必须受到法办。这场风波最终不了了之。

提起第一保的自耕农巫志宣，兴隆场几乎无人不晓。1940 年，他的五个儿子中，四个适龄，仅十五岁的幺娃儿还在读小学，但回回征兵都轮不到他家头上。早就心怀不满的乡民终于爆发，联名控告保长舞弊。保长怕吃官司，便抓走巫家幺娃，送到县征兵站。巫志宣向县府告状，表示抗议。保长接受质询时，诡称登记表有误，他只能根据长相判断年龄，不知道送去的是个小孩；要是军队不愿意收，不妨另找人替换。

然而军队毫无放人的意思。按规定，巫家至少应有两人服役。巫志宣抗议无果，亲自找军方交涉，声称只要放回幺娃儿，自己甘愿送两个大点的儿子参军。于是父亲给儿子作保，保、甲长给父亲作保，巫顺利领走孩子，随后却没了下文。又过一段时间，倒是巫本人主动自首，被关进县监狱。

监狱条件之恶劣人所共知，两年监禁不啻被判了死刑。但守卫跟其他政府人员一样，面临薪水不足的问题，所以往往格外照顾有钱囚犯。巫因此获得比较好的待遇。更匪夷所思的是，守卫虽不能给犯人减刑，却有权释放他们。按照惯例，一名囚犯临死之际，家属可以接他回家，免得死后葬在没有任何标记的乱坟岗子里。就这样，巫仅仅坐了两个月大牢，便以“垂死之人”的身份大摇大摆回到家中。

抓壮丁

一方面，有钱人神通广大，总能变着法儿让自家儿子逃兵役；另一方面，捞着好处的乡、保长还得努力凑够上头下达的征兵人数，最便捷的途径就是去穷人家“估拉”壮丁。民团经常搞突然袭击，不问户主还是独生子统统掳走，剩下一家老弱病残在艰难中度日。一般来说，这里的贫苦农民一旦年过五旬就疾病缠身变成废人，家里非有年轻人帮忙不行。第二保的胡宪才老汉身边仅有一个二十四岁的儿子，庄稼活全靠他来干。1940 年冬，儿子去璧山赶场时被抓走。老两口呼天天不应，叫地地不灵，幸亏还有个出嫁的女儿不时回来照顾他们。

按理说，如果抓错了人，农民有权向乡公所或县政府讨要说法，但大部分穷人都惧怕跟官府打交道。即使壮着胆子真去申诉了，也不会有什么结果。官府总是偏袒下属的，要知道，从殷实人家征兵可是个费劲、甚至危险的事情。有户姓谢的人家，两个儿子都当了兵。十七岁的老三也被招入运输队，却因为长得瘦小，只能拿五块五的工钱，比别人少五毛。他为此总跟人拌嘴，谁也不爱搭理他。有一天走至中途，孩子故意掉队想偷会儿懒，正好撞见抓壮丁的当地民团。他大声呼救，前面一帮车夫不必服役、个个身强体壮，足以吓退民团，但全都装聋作哑、继续赶路。第二天运输队返回时，看到孩子正哭哭啼啼和其他壮丁一起被押往铜梁。车夫们这才懊悔不迭，但已无力回天，所能做的就是给谢父报信，看能不能救他出来。父亲马上赶奔铜梁，却被告知所有新兵已转移至秘密地点。父亲又回家找保、甲长出具证明，加盖公章，送交给乡长。然而乡长并未按其要求把信转交县府，而是放在桌上置之不理，说，“部队番号、去向一概不知，交上去也没啥子用。”孩子的大嫂始终不死心，一度去璧山告状，指控地方官员视百姓如草芥，到头来依然要不回人。民团不敢招惹富户，只是一味欺负穷人，殊不知兔子急了也咬人。穷人虽然不像大户人家那样有枪自卫，但至少有现成的刀棍可以派上用场。11 月中旬的一天，第二保保长来协进会开的诊所包扎伤口。据他讲，头天夜里他带人去抓壮丁，站在一户人家门前大喊：“有人没有？”作为回答，门砰地一声打开，随即飞出一把刀砍伤了他的手。趁团丁夺刀的功夫，屋里人光着身子一溜烟跑得没了踪影。

保长仅负责把本保壮丁如数送到乡里；接下来若有任何差池，乡长别无他法，只有派民团四处乱抓人充数。1941 年 3 月末的一天，正值集日，兴隆场街上突然间乱作一团，原来乡公所刚刚发生了壮丁逃亡事件。有一名壮丁的妻子来给丈夫送衣服，乘团丁不注意，悄悄溜进去找到关人屋子，放走里面的全部五个人。之后，她装作若无其事的样子扬长而去。不一会儿团丁发现情况不妙，想起见过这个女人，立即抓她回来，但没过几天又将其释放。这件事众说纷纭，有的说抓那女的没证据；有的说团丁怕把事弄大，牵连自己；也有人猜测乡公所肯定收了不少贿赂——对此团丁矢口否认。无论真相如何，反正扣押一个没用的女人不但无济于事，还给政府增添麻烦。我们听到的街谈巷议大抵都是“这个婆娘真精明”，或者“乡长这下不好当了”之类，由此不难看出乡民的态度和反应。总而言之，“估拉”壮丁已经严重影响到老百姓的日常生活。尤其穷人，面对随时被抓走的不测之祸，更是觳觫哀啼，求告无门。

不情愿的新兵

1941 年，征兵变得越发困难。于是不光老弱病残，就连流浪汉或走在路上的行人都被不由分说抓去当兵。那些一贫如洗的穷人更被认为是天生做贼的料，最适合上前线当炮灰。军队这时也放宽了要求，即使偶尔将不合格的新兵退回，当地乡、保长也必须马上找人顶替。1941 年 5 月，有三位保长因征兵不力被关进县监狱，当然很快获得释放。其中两个交了钱，第三个坐牢乃是由于只差一人未能达标。所以当团丁从集市上抓住一个闲逛的穷汉，如获至宝匆匆送来交差时，他也就自动洗清了罪名。这样看来，“失之东隅，收之桑榆”这句话可以反过来理解。狡猾的乡、保长如果完不成任务，那么他们先前从乡民身上搜刮的油水还得去县里吐出来。

重庆国民政府意识到农民不愿意服兵役，从1940年就开始强化宣传教育工作。老百姓一直信奉“好男不当兵，好铁不打钉”的说法，明知国家有难，依然把各自小家庭的安危看得更重。为了改变这种局面，同时改善士兵形象，政府要求各乡务必培养本处民众的爱国热情，让当兵光荣的观念深入人心。学校师生承担起了这一使命。每当一批新兵被送往县征兵站报到，兴隆场中心小学的学生就由老师带领，排队唱爱国歌曲为其壮行。1941年3月，文庙外大街上曾经上演这样一幕：八名壮丁——有几个被五花大绑——在荷枪实弹团丁的押送下，准备去璧山报到。有个背上背着娃娃的女人放声大哭，双手扯住队伍里丈夫的胳膊；旁边没人管的年仅四岁的女儿则一脸茫然仰头望着父母，显然不明白发生了什么事。一个老妇人绝望地搂着儿子。一名壮丁默默站着，一副心事重重的样子，脑袋被脖颈上的一颗大瘤子顶得歪向一侧。另一人骂骂咧咧直呼倒霉，因为这次征兵仅三个保有份，结果就摊上了自己。一名团丁回应道：“傻瓜，怪就怪你生错了地方，这年头中国人没有不倒霉的！”这时，路旁学生突然在老师指挥下齐声高唱“起来，不愿做奴隶的人们”。[21] 团丁用力推开还在号哭、抓住丈夫不放的那个婆娘，催促新兵上路。在场的人们是否被学生用稚嫩童音唱出的歌声感动，只有天晓得。

按照政策，军人家属其实还是能享受多方面优待的。例如每家一年可以分到两石四斗带壳稻谷，相当于一个月两斗；而一名男性壮劳力每月的标准口粮也不过一斗半的样子。若再把米卖掉，换成便宜的谷子，就足够养活一个小家庭了。另外农忙季节尤其插秧的时候，军属还能得到同甲其他住户的帮助。

一旦有人被征入伍，保里的乡亲首先要凑份子送礼；如果阵亡，保长会在全保范围内进行募捐，捐款作为抚恤金送入家人手中。逢年过节（如中秋），甲长的职责之一就是逐户慰问军属。当军属家中遭遇不幸时（如被抢或发生火灾），乡政府也有义务提供救济，助其渡过难关。尽管以上种种待遇差强人意，可保、甲长往往故意拖延推诿，所以许诺的好处多半是口惠而实不至。

新兵报到后，可以预领一个月薪水（1938 年为七元，1940 年秋涨至四十元）。及正式服役，军队按月发薪，并提供食物、服装、住处等等。然而薪水、口粮发多发少，完全由长官说了算。事实上，士兵经常饿肚子，因营养不良而生病的现象十分普遍。恶劣的卫生条件更令其处境雪上加霜，人人浑身疥疮，衣服上爬满虱子。再加上医疗设备奇缺，疾病或事故导致的非战斗减员时有发生。要是部队驻扎得远，那些因伤致残的军人根本无望返回家乡，只能就地乞讨。1940 至 1941 年间侥幸拖着残躯回到兴隆场的都是驻在近处的士兵。其中有一个患上了缺维生素引起的眼盲症，虽然跟家人团聚，却无处领取抚恤金（政府对伤残人员无经济补偿）。一家老小陷入困境，生活重担全部压在三十一岁的妻子肩上（夫妻俩有五个孩子，年龄从一岁至九岁不等）。像这样的例子比比皆是，以致引发公众关注。当时璧山就有一些进步教师对政府冷酷无情的做法义愤填膺，发动学生上街替生活无着的伤残军人募捐。

兴隆场本地没有驻军，1940 年 11 月末却有从附近各乡征来的大约五十名新兵在这里集结，接受培训。教官都穿着暖和的蓝色棉制服；而新兵身上仅有单薄的草绿色军装，站在冬日的刺骨寒风里冻得直打哆嗦。一到饭点，他们八人一组蹲在街边，围着一大碗菠菜汤和一大盆米饭狼吞虎咽（米都是最不值钱的），因为教官规定的吃饭时间从不超过几分钟。有个新兵的老婆每天给他送来一碟炒菜，同组的另外七个人也能跟着吃犒劳。教官训练新兵的方式简直称得上是粗暴，连口令都懒得喊，直接上手推搡，一面嘴里骂骂咧咧地示范正确动作。有些农民视当兵为畏途，害怕到不惜自残的地步，像巫荣光等人就剁掉了自己的食指。[22]

但也有人主动卖身，代人服役，那是因为家里穷得揭不开锅，换回粮食好歹能让爹妈或孩子活下去。刘德民是独生子，本来可以免役，也去找保长报名，领回家四石米。但他很快开了小差。保长只管把人送到，不会因此受罚。后来刘又报名参军，这次领到三石米，却没能再次逃脱（至少我们去他家走访时未见其踪影），妻子只好独自挑起赡养老人的担子。

除了像刘德民这样为生计所迫甘愿从军的贫苦农民，偶尔也有刚走出校门的年轻学生怀着一腔爱国热忱，投笔从戎勇赴国难。而在另一些人眼里，军营反倒成了不坏的去处。例如一名混迹江湖多年的袍哥，既知道如何讨上司欢心，又能通过吃喝嫖赌与同袍结下深情厚谊，那么当兵对他来说简直就是一桩乐事。前文提到的彭家大儿子彭少辉的军旅生涯便一帆风顺（彭母给协进会工作组当厨娘），先是被提升为班长，后又当上代理排长。尤其难能可贵的是，跟日本人打了无数次仗，他居然毫发无损。[23]

壮丁队与民夫

按照兵役法的要求，符合年龄的男子首先要去参军，剩下的或者编入壮丁队，或者充当民夫。壮丁队队长由乡长兼任，成员均为三十七至四十二岁的中年人，负责在本保夜间巡逻、保护居住分散的乡民不受土匪侵扰。岁数更大的人（四十三至四十八岁）每年需服一个月零六天的力役。民夫的选派、轮换、报酬诸事项均由各保自行解决。工钱可以商量，大致不低于当时普通民工的薪酬标准。1941 年 1 月，出工费约为每人每月八十元，当年 9 月就涨到了一百五十元。[24]

保甲制度下，基本上十户一甲，十甲一保。各甲每年至少有五人次被征发，意味着整半年时间十户人家都疲于应付没完没了的差役。轮到谁家出夫，或者交多少钱，全是他们自己的事情。如果大伙不齐心，就会麻烦不断。总有人想方设法不去服役，即使逃不掉，也要尽量拖延动身的日子，让别人多干一天是一天。在邻里关系融洽的甲里，就比较容易做出合理安排，分摊的费用也视各家贫富而定。偶尔也有雇人代役的例子。第六保的一个甲曾开过一次非正式甲民会议，六男两女在院子里或坐或立，跟甲长讨论该派谁应差。其中一人忽然提及一个外地来的农民，据说只要六十元就能雇到。闻听这一消息，大伙都兴奋起来，因为当时工钱已涨至一百元。该甲共有十二户人家，接下来他们便商量如何凑齐这笔钱。最后一致同意量力而为，少者三元，多者九元，公推一名会写字的甲民将每家愿出的钱数记在纸上。然而会议并未在轻松气氛中结束，所有人都对政府征发摊派之勤心怀不满。有个妇女就抱怨道，几天前她家刚被勒索去四十五块钱，说是给军队添购新军服用。

虽说出夫不像当兵那样可怕，仍然是人人避之唯恐不及的苦差事。尤其富户宁可多出钱也不肯出人，这就导致经常出现无人可换的局面。工地上不能缺人手，一个人即使服役期满，如果无人接替，也得继续干下去。更糟糕的是，大多数被迫出夫的人本来就或病或弱，根本承受不了每天的高强度劳动。撑到最后，眼看快不行了才会获准回家。无论多么虚弱，他都要独自踏上漫漫归途。

1941 年 3 月的一天黄昏，一个人呻吟着倒在距兴隆场不足一公里远的路边。入夜后，他挣扎着拖着身子来到镇上。餐馆老板张运恒的老婆动了恻隐之心，施舍给他一碗粥喝。当他步履蹒跚挪蹭到饶海云开的烟酒店门口时，饶太太叫正在店里玩耍的邻家男孩赶紧带他去协进会的诊所。不巧诊所护士出诊去了，卖鸦片的张广全见状，自掏腰包安排他去附近的一家酒馆过夜。黎明前，这人死在了酒馆里。天刚亮，民团做的第一件事就是让大家凑钱，草草掩埋死者，防止鬼魂四处游荡，加害于人。

令所有人想不到的是，死者竟是大足县一个号称“善人”的大地主家的佃户。接到消息后，那位善人要求璧山县政府彻查此事。兴隆场恰巧有人跟乡长结仇，正寻机报复。这时便跳出来闹事，愣说外乡人是被乡长毒死的。经过一番调查，毒杀之说自然不攻自破。同时查明死者身体欠佳，长期在外服劳役，保里迟迟不派人替换，工头直到见他干不动活才一脚踢开。这样一来，大足县的善人若再要求惩治元凶，就该拿保长和工头是问了。

改革呼声

对于像兴隆场这样地狭人稠的村镇，政府征兵本来不该造成太大冲击。然而令人胆寒的“估拉”壮丁与层出不穷的逃亡事件还是严重影响到了当地的农业生产。1941 年夏，川省许多地方遭遇旱灾，中央政府不得不宣布暂停征兵三个月，好让在外躲兵役的年轻人回家种田。

现行征兵办法对军队的影响同样是致命的。相当数量的新兵体质不合格，军中因病致死致残以及开小差的现象屡见不鲜，士气低迷。

无论征兵还是拉夫，导致出现一系列问题的关键在于基层官员滥用权力、中饱私囊。冯庆云的发迹史便是一面镜子，照出贪污腐败在乡村社会为害之巨。在冯氏担任乡长的六年时间里，他家田产从最初的二十石猛增至一百石，从而成为本地头号地主之一。如果不是借征兵之机狠敲人竹杠，恐怕很难达到如此成就。[25]

兵役制度的种种弊端甚至引起了乡建专家梁漱溟的注意。1938年，梁来四川后不久，便着手进行这方面的调研工作。他发现，该省征集的大批农民中，有四分之一尚未抵达目的地就贫病交加死在途中。[26]为了防止逃跑，新兵通常都用绳子捆绑押送。梁认为，国家法规与实际征兵之间存在着巨大反差。基层征兵权力往往落在豪强手里，而他们总是拿那些最穷最弱、毫无反抗力的农民开刀。为此，梁起草了一个改革计划，主要强调三点：首先通过教育唤醒民众的抗战热情；其次要使“大众了解法令内容要点，而拥护之，要求之，造成依法办理之空气”；第三要挑选地方上群众信得过的人物参与其事，切实保障军人家属利益。他同时建议必须改善新兵待遇，惩处舞弊官员。1938年10月，他又一手创立了兵役实施协进会，负责具体改革工作。

对问题重重的兴隆场而言，梁的提议更像一个空中楼阁，不但不易落实，而且于事无补。但即使这样的意见也难以获得通过。1939年初，兵役实施协进会就陷入了举步维艰的境地，一年之后干脆被总司令蒋介石下令解散。尽管受到国民党方面的阻挠和反对，整个抗战期间，梁一直为改革兵役制不懈努力着。1944年，政府终于成立兵役部，试图兴利除弊，但收效甚微。如果说敛取苛捐杂税只是政府周期性害民之举的话，那么征兵就是一柄寒光闪闪的悬顶之剑，无时无刻不让人民生活在恐惧之中。[27]

---

1 ［译者注］税捐除了传统田赋，还有名目繁多的附加税，令农民不胜其苦。如四川刘湘防区内，农民“每种一斗田，丰年收谷20余石，每石售洋元6元，共计120元。一斗田征正税6元，军费30元，附加税20元，临时摊派款10元，烟亩捐6.2元，团费6.5元，共78.7元；各区乡镇保甲也乘机盘剥，挨次附加，一斗田总计竟交至90余元，农民一年所余仅为30余元，一年的田赋和附加税竟占土地总收入的75%。如遇歉收之年，土地所入还不能满足政府的赋税需要。”（刘孝诚《中国财政通史·中华民国卷》，2006，第75页）

2 ［译者注］1934 年 5 月 21 日，财政部长孔祥熙在南京主持召开第二次全国财政会议，拟整顿地方财政，减少田赋附加，废除苛捐杂税。1935 年 7 月 24 日，国民政府颁布《财政收支系统法》，对中央、省、县各级政府税收划分以法律形式做出明确规定。但各省军阀搜刮民脂民膏的行径非但不见收敛，反而变本加厉。以他们惯用的敛财手段——预征田赋为例，1935 年当年，驻扎在四川的黔军、新 6 军、23 军、21 军、29 军、28 军之预征年度就分别达到了 1946、1965、1971、1975、1978 和 1991 年。（刘孝诚《中国财政通史 · 中华民国卷》，2006，第 77 页）

3 ［译者注］指 1939 年 9 月公布《县各级组织纲要》，重新厘定县、乡税源。

4 ［译者注］国民政府初期，田赋统一折银元征收。自 1935 年 11 月实行币制改革后，改征法币。

5 当时田赋税率为土地登记产量的百分之五。

6 卜凯《政府与农民》（1942），毕范宇主编《西方人眼中的战时中国》第 155 页。

7 ［译者注］据伊莎白调查手稿，作为重量单位，一旧石等于四百六十七斤，一新石等于四百二十斤，一市石等于一百四十斤。作为面积单位，一石约合一亩。（伊莎白、俞锡玑《兴隆场》，2013，第 148 页）

8 各种粮税均在保甲体系下征收。如军粮和义谷两项，按照规定，征收对象从拥有二十市石地（合 6.44 石）的田主开始，几乎覆盖了全乡百分之七十以上的自耕农，意味着即使经济拮据的小户人家也被一网打尽。（［译者注］此处换算有误，依伊莎白手稿提供的数据，20 市石应合 6.67 石。）其他苛杂像壮丁粮、民夫出工费，则家家户户有份，由保长决定分摊比例。

9 ［译者注］被判坐牢的是唐友谭，事情并非起因于征用磨房；其前任唐恭义倒是在处理磨房事件时表现得相当聪明。

10 ［译者注］包税制度源于宋朝，称“扑买”或“买扑”。承包者往往借妄增课额牟利，南宋民间流传“欲得富，赶著行在卖酒醋”之说。（庄绰《鸡肋编》卷中“建炎后俚语”条）宋时包税仅限于“茶盐榷酤课额少者”（《续资治通鉴长编》卷十七），入元始全面开放。耶律楚材叹曰，“扑买之利既兴，必有蹑迹而篡其后者。民之穷困，将自此始！”（《耶律公神道碑》）

11 ［译者注］原文误将隋朝起讫年代写为 589—618 年，径改之。

12《辞海》“义仓”词条把这项举措的创始人归于一位名叫长孙平的隋朝官员。《隋书》本传谓开皇初，度支尚书长孙平“奏令民间每秋家出粟麦一石已下，贫富差等，储之闾巷，以备凶年，名曰义仓。”此制本意虽好，却往往沦为士绅谋私的工具。据伊莎白调查手稿，当时璧山县共有五十四座义仓，其中一座归县政府所有，其余的都分布在县境内大大小小的乡镇里。

13 乡下人习惯按容量而非重量称量粮食。标准器具为木质的斗，装满、抹平，恰为一斗，因此得名。据说冯庆云管理义仓，手中有一大一小两种斗，专用于作弊。大家对此传说深信不疑。

14 我们无法查到 1940 年璧山县救灾储备粮的官方统计数字，但 1938 年的全县救灾粮为 19880 市石（合 6626.6 石）。由此推算，兴隆场的义仓中至少存有一百石稻谷。

15 ［译者注］此为 1941 年执行的新税率。

16 据官方公布数字推算得出。1940 年夏，璧山总共招兵 48413 人，而当时全县人口为 332847 人。兴隆场共计 7744 人，约占全县人口的百分之二，输送兵员人数当在千人左右。（［译者注］原注误入正文第二段中，现予以纠正。）

17 ［译者注］1939 年颁布的《县各级组织纲要》已写明乡、保长应兼任乡、保壮丁队队长之职。

18 ［译者注］据县志记载，国民政府于 1936 年 3 月 1 日颁布《兵役法》和《兵役法实施暂行条例》，规定兵役分常备兵役和国民兵役两类：其中常备兵役包括现役、正役和续役，20—40 岁男子服役；国民兵役分为甲级和乙级，40—45 岁男子服役（《璧山县志》，1996，第 542 页）。这与本书所述兵役情况稍有不同。

19 ［译者注］这段叙述存在明显漏洞。比较合理的解释是，县里只下达名额指标，名单由乡、保长制定，否则不会出现文中描写的弊端。

20 原书重复引用杨氏兄弟例子，译文予以修订。

21 聂耳作曲的《义勇军进行曲》后来被定为中华人民共和国国歌。1983 年我们访问兴隆场时，从孙宗尧——也就是当时教唱歌曲老师的表哥——口中听到了这则故事。（[译者注] 该插曲在伊莎白调查手稿中亦有记录（《兴隆场》，2013，第 25 页）；又，孙宗尧时为中心小学校长。）

22 许多农民显然保藏着砍下来的手指，“文革”期间（1966—1976）就有人拿出来展示，作为控诉“旧社会苦难”的证据。在那种场合，老兵经常还会脱去衣服，露出身上的鞭打疤痕给大家看。

23 1983 年我们重访兴隆场时，碰巧遇到正在一家面馆里忙碌的彭少辉，他兴致勃勃聊起了当年的从军故事。早在 1938 年彭便应征入伍，但很快开小差逃往重庆并找到一份工作。后来生病回家，又被保长杨德盛抓了壮丁。“二进宫”后，他被编入新成立的第五十一步兵师。该师作为预备队，几乎清一色全由川籍士兵组成，但军官均为外地人。1940 年 5 月该师奉命出川，先后驻扎在宜昌、汉口，1944 年参加了著名的衡阳会战——这显然是彭经历过的最大一场战役。

1945 年日本宣布投降后，彭及其战友原打算退役还乡，忽然听说所在部队要飞往北平驻守（防止中共抢先接收）。他们觉得机会难得，便改变主意，想先尝尝坐飞机的滋味再说。到达北平后，他从平日赌博赢的钱里拿出一大部分送给长官，领到一张“差假证”。有了这张护身符，返乡途中就不会被当成逃兵抓起来了。

回到兴隆场，彭才得知自己的母亲、兄弟几年前都已相继过世。彭是个孝子，当兵时多次给母亲寄钱，但没人告诉他真实情况，寄回的钱也全部落入保长腰包。土改时，彭曾经分到一块田地。到了八十年代，国家实行改革开放，鼓励发展乡镇企业和个体经济，彭于是在镇上开办面馆（也就是我们碰到他的地方），成了一名个体户。

24 在伊莎白看来，军阀混战之际，各派系竞相开高价拉拢争抢民工。到了国民党统治时期，民工待遇反不如前。

25 解放后，冯庆云成为兴隆场人人喊打的过街老鼠。原因之一就是他任乡长六年（1944—1949），以征兵为名肆意敲诈乡民，攫取了巨额财富。冯的更多劣迹在下一章将有详细介绍。

26 [译者注] 梁漱溟为改革兵役制度所作努力，详见艾恺著《最后的儒家——梁漱溟与中国现代化的两难》，1979，第 295 页。（梁本人曾评论道，“在西南大后方说，当然以补充兵员，多多征集，好好训练为第一事。而兵役问题恰办得不好。谈者莫不疾首蹙额。在乡村已痛苦不堪，而国家亦得不到好壮丁。我们从来作乡村工作的人，对此乡村最大痛苦不能坐视，不能躲闪。”（艾恺《最后的儒家——梁漱溟与中国现代化的两难》，1996，第 301 页—第 302 页）

27［译者注］抗战末期，美国将军魏德迈（Albert C. Wedemeyer）曾发表过这样的看法，“对中国人来说，征兵如同饥荒和洪水（不过更规律些而已，每一两年一次），被人民视为一种骗局。饥荒、水旱之灾和征兵的关系就如同水痘和瘟疫的关系一样。”（艾恺《最后的儒家——梁漱溟与中国现代化的两难》，1996，第 301 页）

第十章　交锋

1940年至1941年间，社会各界人士奔赴乡村，积极投身民族救亡、抗战建国事业，但困难重重，其中最难应付的莫过于来自袍哥的阻挠。袍哥既无统一领导，又遍布城乡各处，代表着一个人员构成十分复杂的“江湖社会”。而袍哥内部对改革的态度往往因人因地而异。比如某项计划或措施就可能在同一堂口的两位大爷身上引起截然相反的反应，以致于乡建工作者开展实验时，根本无法预料会遇到怎样的拦路虎。

较之协进会相对温和的工作方式，国民政府采取了更加直接、严厉的手段来打击农村守旧势力。他们意识到，如果不彻底铲除地方上的利益集团并断其财路，实现中央对基层的控制便是一句空话。不同于其他秘密组织，袍哥的势力范围更广，影响也更大，不但坐地生财，还能“盗走”民众原本应向国家表达的忠诚。[1]因而当务之急便是从认识上帮助老百姓走出地方利益高于国家利益的误区。抗战的紧迫性与国内政治斗争的严酷性让国民政府如坐针毡。尽管嘴上不说，在许多国民党人看来，任何地方与中央的对立都是一场不折不扣、你死我活的零和博弈。

禁烟运动

从禁烟令的颁布实施情况最能看出地方、省政府和中央三方之间的利益冲突。

二十世纪初，四川是公认的全国最大鸦片产地。[2]清末有不少官员在此禁烟，但都徒劳无功。辛亥革命后，该省被五位军阀[3]掌控，情形变得更糟。[4]这些军阀全靠贩卖鸦片筹集军饷，倒是国民政府虽鞭长莫及，却念念不忘取缔这里的毒品交易。早在1935年，当“四川王”刘湘请求南京出兵协助剿共时，蒋介石便乘机施压，要他制订详细计划逐步取消罂粟种植、减少烟民数量、直至完全清除这一社会毒瘤。[5]然而鸦片贸易的势头非但未被遏止住，反而在1937年迎来前所未有的高潮。当时省政府在重庆银行家的资助下，联合私营商人成立了一家公司，对全省鸦片买入卖出实行垄断。这样一来，市场上的鸦片价格居高不下，而垄断也让公司创办人和投资者大发横财。[6]1938年以前，兴隆场的三大毒品商——冯庆云、王明轩、张广全——甚至明目张胆出售鸦片。

国民政府内迁重庆后，于1938年初重申禁烟令。这一次省政府积极配合，宣布制售鸦片为非法，并指示境内各县设置专门机构应对毒品问题。[7]至1940年，中央先后下达十数道命令，省政府也组建了两个新部门，一个隶属民政厅，另一个命名为四川省禁烟督理处，共同负责禁烟工作。省政府还下令所有烟民主动登记（四川全省共计约有一百三十万烟民），统一剃光头，检查手指甲，化验排泄物，然后分别遣送至县、乡戒毒所强制戒烟。[8]

然而从1939年至1940年，兴隆场乡政府对于吸毒贩毒仍是听之任之，毫无作为，足见基层禁烟远非高高在上的官老爷们想象得那般容易。相对而言，县里的禁烟热情要高涨得多。璧山县戒毒所成立伊始，便对全县烟民数量和分布作了一次普查。1940年4月，他们曾在禁烟行动中抓住一个走私鸦片的兴隆场乡民，并将其关入县监狱。此人名叫张东臣，三十来岁，是个打短工的。之所以铤而走险，就是想挣点外快贴补家用。现在家里只剩下怀孕的老婆和十二岁的女儿相依为命。不久儿子降生，产妇没人照顾，险些死于毒血症，幸好被协进会诊所的护士抢救过来。这位母亲虽然逐渐康复，却无力养活家人，只好忍痛把婴儿送给别人，自己则去给亲生儿子当奶妈。半年后，张东臣出狱，回到兴隆场，在冯庆云的茶馆里帮忙。人们这才明白，原来他是替冯贩毒，并做了一回替罪羊。冯的身份特殊，头上罩着乡绅、袍哥两顶帽子，所以没人敢动他；若真出事，多半也是拿手下马仔来顶缸。

既然乡政府不热衷禁烟，县里决定亲自动手。1940 年 7 月的一天，县保安团来到兴隆场，对镇上的吸毒窝点展开突袭，首当其冲的便是曹子云开的烟馆。来曹家抽大烟的都是些下等人，听到动静立刻一哄而散，曹也跑得没了踪影。曹太太以为自己不吸烟，不会有事，便待着没动。不料保安团大概不愿意空手而归，竟把她当作“战利品”押走。匆忙中曹太太未及取钱，行不成贿。团丁愈发不满，酷暑当头，一个劲催她快走。曹太太裹着小脚，人又长得胖，再加上天热，走到一半就中暑晕倒。团丁只好弄副担架把她抬到璧山，结果发现人已死亡，于是草草埋到城外的义冢里。

曹家已经出嫁的女儿听说此事，马上赶往县城索要尸体，打算运回家重新安葬。她却被告知埋在义冢的人都无名无姓，不作任何标记，根本无从寻找。这之后，曹家得到乡绅的支持，状告保安团草菅人命。县法院经过审理，认定曹太太死于中暑，而非受到虐待，官司不了了之。遗憾的是，这样一场血的教训并未让兴隆场人对禁烟的态度发生丝毫转变。

县政府的禁烟行动尽管收效甚微，兴隆场的大毒贩们还是从中嗅到了危险的气味。例如冯庆云和张广全就被迫改变经营方式，把运作连同风险转至他处。冯庆云不敢再在他的茶馆里公然兜售鸦片，转而把货物零卖给一些小商人（如寡妇向田氏）。张广全则找到开茶馆的蔡方志，向他租下一间后屋，偷偷在里面熬制鸦片接待客人。蔡是本地民团队长的亲戚，又跟大地主曹跃显私交不错，所以他的茶馆相对比较安全。作为回报，张每天请蔡氏夫妇免费抽几口大烟解馋。相比冯、张二人，王明轩倒显得毫不担心，照常给客人递送大烟。他这样做自有其道理，因为王氏茶馆暗中是仁龙社的码头，只有袍哥大爷之类大人物才出入其中。还有一位人称唐聂氏的婆娘也继续在私底下卖大烟。她之所以有恃无恐，显然也有后台，据说前乡长巫焕云便是其中之一。

总之到了 1940 年，兴隆场的大部分鸦片交易已经转入半地下状态。烟馆多半开在又小又破、阴暗潮湿的沿街房屋里。房主都是穷人，伺候烟客和小商贩。他们把鸦片做成烟丸，供斜躺在床上的瘾君子们吞云吐雾。

冯、王、张等人都是袍哥重要成员，在将风险成功转嫁给那些小老板后，也乐于提供保护，助其躲避搜查，或设法搭救落网者。自禁烟令颁布以来，袍哥便对中央政府的权威形成了极大挑战。总之，1940 年他们在兴隆场及其周边无人敢惹，连土匪也要避让三分。鸦片贸易也持续兴旺，禁而不止。

1940 年的九十两月，县里未对兴隆场的地下烟馆采取新的清查行动，转而将大批烟民强行送往璧山戒毒，其中就包括茶馆老板蔡允庆的老婆。蔡允庆四十岁，他的茶馆一向生意不错，镇上人经常聚在那里通宵达旦赌博。蔡太太在县城待了两个月，毒瘾戒掉后才获准回家。

1940 年 10 月，璧山县派一名官员到兴隆场检查禁烟工作。镇上的大烟鬼们闻风而动，一股脑涌入协进会诊所，要求出具所谓的戒毒证明。蔡旅长代表其母亲也来找我们商量，直言不讳道，“老太太八十多岁，叫她戒烟等于杀了她，无论如何请帮个忙。”好在孙恩三的秘书是名律师，有办法开一份既冠冕堂皇、又模棱两可的文件，让蔡旅长心满意足，同时我们也不必承担任何责任。对于像蔡旅长这样的人而言，抽大烟不过是一项愉悦身心的消遣，而且不构成任何经济负担。所以他们认为，政府大张旗鼓实行禁烟纯属庸人自扰，断不会因此改变自己的生活习惯。

真正叫苦连天的是镇上的穷汉们。当时曾氏宗族有一名成员被抓去戒毒，此人一向居无定所，晚上就睡在烟馆里。几个月前，他盗走祠堂中供奉的祖宗牌位，卖给了同宗但势不两立的另一支曾姓人。这令族人异常愤怒。牌位始终没有归还，而他则把到手的钱全部用来买大烟，很快花了个精光。被关进县城的戒毒所三个月后，他仍一去不返。大家猜测其下场不外乎有两种：要么当兵，要么去做苦力。宣称戒毒成功的人就这两种下场。

县政府仍在不断加大打击吸食、贩卖鸦片的力度。1940 年 11 月，县保安团在梓潼乡逮住一个烟鬼，经审讯得知，他的鸦片都是从兴隆场的唐聂氏手中购买的。保安团很快派出三名团丁去兴隆场抓人。但唐聂氏一小时前就听到风声，跑到乡下躲起来，走之前还不忘托邻居喂家里的猪。团丁扑了个空，心有不甘，便埋伏在旁边一家茶馆里守株待兔。他们动静太大，吓得谁也不敢迈进唐家大门一步。唐聂氏的一个朋友见状，只好塞给团丁三十元钱，才打发走他们。唐聂氏回家后赶紧去找巫焕云，求他出面斡旋。巫是蔡旅长的“军师”，仅花两百元就把这件事摆平。县长本人支持改革，可就在他的眼皮底下，各级官僚贪污腐败、欺上瞒下，致使禁烟工作难见成效。

这个月，县保安团还第二次袭击了兴隆场，行动持续数日之久。刘巫氏开的烟馆也在被搜查之列，但她提前几分钟接到警报，刚好来得及锁上房门逃之夭夭。她同样把喂猪之事交给邻居，然而保安团盯得太紧，猪圈里的猪整整两天吃不到食，饿得嗷嗷直叫。究竟谁在暗中通风报信始终成谜，结果却是明摆着的：落网的只有一班躲在烟馆抽大烟的客人，老板则个个不知去向。

村民罗书林便是一个这样的倒霉蛋。在戒毒所关押一段时间后，他被宣布戒毒成功，之后先是去修机场，接着又当了兵。好在罗家并未因失去一家之主而陷入困境。平日里罗妻在门前摆摊卖糕点，好歹能养活老母亲和两个年幼孩子；另外每逢集日，把房子出租给剃头匠，也能挣一点儿钱糊口。

同时被抓的还有刘丰云一家三口。刘家处境比罗家更糟，想抽大烟也买不起，根本不可能成瘾，保安团带走他们纯粹为了充数。刘氏夫妇四十来岁，都在曾王氏开的酒馆里做事。刘丰云干挑水一类的重活，老婆负责招待客人并偷偷卖淫——她其实是兴隆场唯一登记在册的妓女。十三岁的儿子人称“孩儿”，是镇上有名的小混混，经常干些偷鸡摸狗的勾当，蔡旅长曾狠狠教训过他一次（见本书第五章）。刘家母子在戒毒所待够两个月便被释放，而刘丰云则不幸成了一名劳工，后来传说死在工地上。孩儿兴高采烈，到处传播父亲的死讯，还不忘加上一句解释，“人人都说我有八个爹，为么子我要替这一个伤心？”次年 7 月，母子俩离开兴隆场，我们从此再未听到他们的消息。

张铁匠也是这次行动的牺牲品。他被关在璧山的头一个月，家中全仗年仅十五岁的徒弟帮忙维持。然而徒弟会的活计毕竟有限，很快便告辞回了家。没过多久，张铁匠两岁的小儿子又拉痢疾而死。媳妇带着十岁的女儿搬到乡下亲戚家住，靠做棒香勉强度日。

现在我们可以总结一下从 1940 年秋至初冬兴隆场的禁烟成果：多亏有人报信或事后行贿，镇上的鸦片贩子、烟馆老板无一落网。被抓走的都是穷困潦倒的吸毒者，而且关押期间其家庭得不到任何形式的救助。男性烟民一旦走出戒毒所，下一个去处通常不是工地就是战场，或者兼而有之，能够回家的寥寥无几。

至 1941 年，乡政府终于对禁烟作出响应。这年 1 月，兴隆场民团未经上司同意，擅自行动，引起了极大骚动。事情经过是这样的：当时春节临近，六名团丁正筹划着弄些钱花，碰巧看见曹跃显和王明轩一起进了蔡方志的茶馆。张广全躲在茶馆里私售大烟已是公开的秘密，团丁们于是决定趁队长不在，以搜查为名进去敲诈一把。两名团丁守住后门，另外四人从前门闯入。可惜他们略早一步，鸦片正在锅里煮着，客人还都没有动静。张、曹、王三人见势不妙，带上鸦片爬上房顶夺路而逃。团丁一直追进没膝深的水田里也没能撵上他们。（等到下个集日，兴隆场的大地主跳窗户逃命、蹚水田狂奔的故事迅速在集市上哄传开来。）事发时蔡方志碰巧不在家，他老婆拿出二十元钱给团丁，但还是被关了一宿，直到第二天早上才被妹夫保释出来。蔡家人大为恼火，要求“讲理”。民团队长蔡克明是其亲戚，一再解释自己从未叫手下人上街惹事；同时也向蔡方志说明利害，劝他最好别再追究，否则事情闹到县里会吃不了兜着走。一场风波这才平息下去。

1941 年 7 月，随着拥护改革的年轻乡长郭安康的到任，兴隆场正式吹响了禁烟肃毒的号角。在此前后，国民政府为实现禁烟目的，颁布了更为严厉的法令。其中甚至有些极端措施，诸如射杀毒贩；严惩（有人说枪毙）久治不愈的瘾君子；房东若不举报房客吸大烟（无论知情与否），则一律处以无期徒刑。

7 月 30 日一早，郭乡长派民团在镇上进行突然搜捕，首先去抓油坊主巫万林家的房客。寡妇向田氏租着巫家后屋做鸦片生意，民团不但将她成功抓获，还取走煮鸦片的小锅以及部分烟灰作为证据。

下一个目标是寡妇刘巫氏。她再次得知消息，支使房客从外面把院门锁上，自己一骨碌藏到了床底下。因为是郭乡长的弟弟亲自带队，民团不敢懈怠，砸开锁破门而入。一名团丁奉命进屋搜查，出来后报告说没发现任何人。这显然不可能，邻居们猜测刘巫氏肯定从床下递出不少钱买通团丁，才逃过一劫。

接下来民团又袭击了曹子云家。一年前曹家就曾被县保安团光顾，导致曹太太意外死亡。这一次民团虽未拿到任何证据，还是将曹子云扣押起来。

随后民团直扑鸦片贩子张广全和寡妇巫王氏家，然而两人早有防备，都逃往梓潼场避风去了。巫王氏的二儿子跟张广全很要好，是本地有名的烟鬼、赌徒和二流子。在这次行动中，镇上仅向田氏和曹子云两个人不曾逃脱，而且只有后者被送进了县监狱。就在向田氏被抓的次日，房东巫万林因知情不报也被带到乡公所。事后他怕案子报上县里，便去找冯庆云商量对策。最终冯出面做保，帮助向田氏免了牢狱之灾。

眼见寡妇获释，曹子云气愤不已，质问乡长道，“你们抓向二娘（即向田氏）是有真凭实据的，仅仅因为保人的几句好话就放了她。在我家你们啥子没找到，现在硬要送我去坐大牢，是何道理？”事后，曹写信告郭乡长受贿私放向田氏，但县府未作任何答复。又过了几个月，曹死在狱中。他的儿子在袍哥当中很有人缘，把父亲尸体接回家后，由朋友张罗凑起几百块钱，买来一副好棺木，请道士念一天经，办了一场体面的葬礼。

至于逃跑的张广全是不会就此罢休的。在梓潼场躲了两天，他就大摇大摆回到镇上，还带回一袋价值两百元的大烟，却不小心掉了。当他发现丢了货物，回去寻找时，跟对方发生了激烈的争吵。乡民对此议论纷纷，唯独乡长一无所知。甚至民团的人也不敢借机敲诈他，因为张是赌桌上的常客，到处都有熟人，人缘极好。

经过夏天这次地毯式搜查，直至年末兴隆场民团再未采取类似行动。我们猜想，搜捕成果虽然略显寒伧，但至少向那些不法之徒表明，只要郭乡长愿意，是能够给他们颜色看的。这样一来，蔡旅长之流若要继续从事毒品生意，便会欠下很大的人情。这就可以解释为什么同为外来人，唯有郭待得长久，而两位前任都在上任几个月后便卷铺盖走人了。

兴隆场的鸦片贸易为何屡禁不止，背后许多谜团有待揭开。我们一直弄不清当地毒贩到底从哪儿进货，能获多大利，向谁缴或者缴多少保护费。但搜查行动一次次失败让我们知道，主要毒贩都在县里有保护伞，打点一番即可化险为夷，所以各地禁烟从来都是雷声大雨点小。我们估计兴隆场大概有一百零八位吸毒者，其中被带去戒毒的仅十到十二人，不足百分之十或十二。偶尔落网被绳之以法的毒贩也不过几只小虾而已。

如果说搜捕多少有所斩获的话，那么倒霉的几乎清一色都是镇上处于半失业状态的穷人。他们当中有后台的还可以获得保释，但像曹子云夫妇这样的小人物，既然无人“照顾”，就只能听天由命。对吸毒者的惩戒手段听上去似乎颇为人道，可一旦付诸实施，不光犯人难以忍受，他们的整个家庭因为失去生活来源，往往也要面临灭顶之灾。

换个角度来看，禁烟还是一场名副其实的政治博弈。新任乡长属于改革派，但他很快意识到有县府官员暗中作梗，捉拿毒贩并非易事；所以与其强力推行禁令，不如顺水推舟，与袍哥达成某种利益交换。中央政府可以通过经济手段来加强对地方的控制，但如果更进一步，想要在全省范围内实现禁烟，就必须正本清源，向袍哥宣战，彻底斩断鸦片走私的链条。

禁赌风波

乡长郭安康走马上任后，除了整顿财政，还采取措施遏制当地盛行的赌博之风。他首先拿民团开刀，严禁团丁聚赌，违者处以监禁。民团队长蔡克明读过六年私塾，开过饭馆，更重要的是，他还是袍哥大爷蔡旅长的亲戚。从 1940 年 10 月至 1941 年 5 月，民团在他的领导下始终纪律涣散，如同一盘散沙。然而随着地方行政改革的推进，民团改制也在所难免。1941 年上半年，已有三个乡被部分合并，使得兴隆场的行政面积空前扩大，民团也由最初的九人扩编为二十余人。为此蔡克明去璧山参加了为期六周的训练班，回来后就像换了一个人，兴致勃勃畅谈国内外战争形势。他表示一定将原先声名狼藉的民团重塑成一支训练有素、政治过硬的队伍。

第一步是严格作息时间。按照他的要求，团丁一律清晨出操，早饭后领取任务，晚上汇报，按时就寝，任何人不许耍钱。其实中央政府早就三令五申禁赌，但在兴隆场从未真正得到过落实。现在蔡队长威胁要把涉赌团丁送入大牢，同时给各赌场传话，只要拒绝团丁入内，便可以照常营业，他权当没看见。这之后的一个周末，几名团丁闲得发慌，想出门找点乐子。不巧蔡队长喝了酒，怀疑他们手痒难耐又要赌博，于是下令打手板。这伙人乖乖站成一排，伸出手来挨打。结果到了吃晚饭时，个个手肿得连碗筷也拿不动。

尽管有蔡队长全力配合，郭乡长针对民团的禁赌努力仍然面临重重困难。又过了个把星期，有一名叫孙炳才的团丁偷偷赌钱，被逮个正着。郭乡长毫不留情，立刻派人将他押往县监狱。孙有一位远亲是镇上有头脸的人，恰巧遇到押送队伍，便出面干预，以保人身份指使卫兵把犯人带回兴隆场重新发落。迫于压力，郭作出改判：打十四扁担并关禁闭。行刑时郭见团丁下手太轻，自己正憋着一肚子火没处发，索性夺过扁担亲自动手狠狠抡了几下。但事情并未完结。随后孙从禁闭室逃走，郭命令抓来保人问罪。后者抗议说，犯人已经受到惩罚，自己无需再担任何责任。调查发现当时负责看守的团丁是郭的亲信，保人借此大做文章，告到县里，要求对玩忽职守者严惩不贷。郭吃了个哑巴亏，只好将那名亲信关押起来。也就是在这个当口，一直藏在家里的孙炳才乘机远走高飞，我们再未见到过他。决心禁赌的郭乡长可谓出师不利。

在这起事件当中，制造麻烦的虽然是孙氏族人，其初衷不过为了保护同宗，并不牵扯什么利益。下一次当蔡旅长公然跳到前台时，他所代表的袍哥就和乡公所发生了正面冲突，这可就利益攸关了。

1941 年夏，郭乡长召集本地乡绅开会，督促他们兑现捐钱助学的承诺。会场上，蔡旅长率先发难，主动应承拿出部分赌场收入作为修缮学校的费用。这无异于给郭出了一道难题：如果答应，就是打自己的脸，承认赌博合法；如果拒绝，让镇上的头号人物当众难堪，后果之严重也是他不敢想象的。由于袍哥势力的阻挠与破坏，乡政府发起的禁赌运动也像禁烟一样，热闹一阵之后便偃旗息鼓没了动静。

食盐合作社的兴衰

兴隆场地处亚热带，气候炎热，人们在野外干活极易脱水，这时候盐就成了必不可少的东西。当地人用盐保存食物、腌制鸡蛋、制作泡菜。（在腌好的鸡蛋外面裹一层泥巴、石灰，更易于保藏。泡菜则是最受欢迎的下饭菜，一名家庭妇女泡菜做得好坏，甚至直接影响到她的名声。）另外盐可供制药、冶金、施肥以及饲养牲畜，还是制造肥皂、玻璃、染料、皮革等日用品的重要原料。[9] 所幸四川盛产食盐，而璧山距主要盐产地——如以盐井著称的自流井（今称自贡）和内江——都不算远。上述盐井使用的提炼和加工技术自古就相当有名。

数千年来，中国的食盐生产和销售一直由国家专控。直至民国初期，盐税依然和田赋、鸦片税一道成为川省军阀赖以维持财政平衡的三驾马车。1933 年，由于省政府提高了对贸易税的征收，导致该省包括食盐在内的主要出口货物价格上涨，外销市场随之出现萎缩，整个经济形势又因肆虐全球的大萧条而更趋恶化。结果不但本省财政收入锐减，还有多达一百万制盐、运盐工人被迫失业。[10]“四川王”刘湘不得不向南京政府求救。1935 年 7 月，终于以盐税作担保，得到了一笔巨额黄金贷款。[11]

国民党迁都重庆后，出产海盐的大部分沿海地带都被日军占领，只有四川、云南的井盐和矿盐产区还掌握在政府手中。[12]对国统区而言，一方面是食盐供应大幅减少；另一方面则是随着大批难民内迁，需求量与日俱增。[13]雪上加霜的是，日本飞机还专门针对盐区进行轰炸，破坏生产。[14]

为了应对食盐短缺、遏制逃税现象、恢复财政稳定，国民政府着手改革盐政。战前的盐业生产由中央掌控，私人盐商负责收购、运输和销售。在这种体制下，商人可以从各盐场直接购盐，交完税后，如何发卖完全是他们自己的事情，政府无权干预。[15]1940 年，四川省政府以适应战时需要为名，设立县级盐务管理机构，试图控制盐的产、运、销各个环节。[16]然而一年之后，盐商卷土重来，又对国统区的食盐市场形成垄断。[17]

璧山原本没有单独的盐务机构，1940 年 5 月接到省财政厅下属的川康盐务管理局的指令后，县政府才紧锣密鼓开始了相关部门的筹建工作。8 月，“战时食盐购销总处”宣布成立，由县长亲自领导。[18]至 9 月 1 日，又组建了一个“食盐监销委员会”，刘友富担任主席。[19]

现存于璧山县档案馆的一份长达二十一页的卷宗详细记录了该县 1941 年度购销食盐的账目明细，总计四十一项，包括盐的种类、产地、数量、价格、附加税、运费（含运输途中的所谓“折损”，往往数额巨大）、“总处”办公费、员工薪水、差旅费、住房租金、电费以及分红、利息等等。从以下数字不难想象这项业务的规模：根据报表，璧山当年按每斤一元四角的均价（含税），共买进矿盐 145930 斤，粗盐 258744 斤。[20]

接下来购销总处直接把盐分给代理人或盐商并预定价格：矿盐一斤一元五角，粗盐一斤一元三角三分。文件中还附有一张食盐月度销售量登记表，显示到了第二个月，县政府不得不将矿盐价格下调为每斤一元四角，粗盐一元二角。标注“1941 年 3 月盈亏”的最后一栏则为空白。[21]

乡村集市上的盐价极易被商人操控，从而让老百姓的日常生活陷入困顿。四十年代初，政府曾鼓励各地成立食盐供应合作社，以期盐价大幅回落。最新出台的一项旨在打击不法商人囤积居奇的法令，禁止私人大量购买盐等紧俏商品，但合作社例外。如果乡民能以正常方式组织起合作社，不失为降低盐价的一种有效手段。

然而兴隆场的第一次合作社实验并不顺利。1940 年 11 月下旬，一块写着“兴隆场盐糖合作社”的招牌赫然悬挂在一家商店的门口。这个冒牌合作社是神通广大的冯庆云的杰作，它的出现很快迫使镇上十二家小店铺关门歇业。冯氏私售鸦片、交结袍哥、垄断税收——其斑斑劣迹前面已逐一作过介绍。背后有过去帮他争夺征税权的“合伙人”撑腰，冯拿出七千元钱成立了合作社，然后又通过行贿在县里正式注册（贿赂金额据说为一千元）。他们打着合作社的幌子，不但享受政府提供的各项优惠政策，还操纵集市，把盐价哄抬至一元四角五分一斤。同期盐价在璧山县城是一元零五分；而在重庆仅为七角，不足兴隆场的一半。[22]老百姓买不起本地盐，只好长途跋涉去别处淘换。1941 年 4 月，冯庆云的合作社终于破产并宣布解散，他本人则用低价将囤积的盐全部据为己有。这次失败的尝试固然为我们进入当地食盐市场打开了大门，对冯来说却不过是小试牛刀。因为日后他还会东山再起，继续从事损人利己的不法勾当。

挑花合作社计划流产后（见本书第六章），孙恩三便打算另辟蹊径，以互助方式帮乡民买到廉价盐。国民政府关注的都是征兵、征税之类棘手事，协进会在 1941 年成立的食盐供应合作社则把解决民生问题放到首位。事实上，早在冯庆云的合作社解散之前，孙就有了这一想法。一听说他的方案，歇马场的乡建专家的反应都很积极。受晏阳初[23]之托，蒋旨昂是设在那里的乡建研究院[24]负责人。当蒋、孙二人在重庆晤谈时，对联手协作之事一拍即合。[25]孙在兴隆场建立了相当不错的人际关系，其实验项目也已付诸实施并获得县政府的认可。蒋的研究所里人才济济，全是晏阳初从华北带来的精兵强将，正在寻找合适项目以便开展工作。双方恰好可以取长补短，互通有无。此外还有一个因素影响到孙的决策，那就是晏氏在歇马场和新都县的乡建实验都得到了一位名叫陈开泗的国民党高官的大力支持，此人后来做了民政厅的厅长。[26]1940 年 11 月，孙、蒋同意设立“兴隆场合作实验区”，这也符合教会（包括协进会）长期以来欲在中国农村普及经济合作社制度的构想。

在乡建研究院的指导下，食盐合作社的筹备工作进行得有条不紊。1940 年 12 月，研究院派来了两位顾问：负责组建合作社的杨晨芳和负责办训练班的张富民，外带一名年轻助手。孙恩三则负责撰写有关这次实验的研究报告。与此同时，一个包括协进会乡建工作组成员在内的七人委员会也成立起来，对办社程序进行监督。协进会通过与地方名流、学校教员和“兴隆场社区发展协会”（该协会创办于头年 5 月，暂未开展活动）的工作人员开会，不断向他们宣传合作社的好处。

委员会拟挑选一批思想开明的青年农民接受培训，使其初步掌握合作经营方式和相关财会知识，但不久就打消了这个念头。因为参加训练班与干农活相冲突，给予补偿又超出委员会的能力。再有就是乡民文化水平普遍不高，意味着办班时间将被无限期延长，费用也会相应增加。至于从商人或有文化的富裕农民中招收学员则压根不在考虑范围之内，因为这类人太会算计、唯利是图，身上没有半点儿合作精神。

作为折衷，委员会打算重点培养孙宗禄和孙宗尧这对堂兄弟。两人都属于乡绅阶层，分别担任过乡长和乡中心小学校长，熟谙地方民情。更重要的是，孙氏兄弟均为国民党行政改革的牺牲品，正赋闲在家，所以有的是时间。对于安排孙宗禄负责合作社事务，委员会里至少有一名委员持保留意见，认为凭他的阅历和关系，很难做到不假公济私。其他委员则坚称孙擅长应付复杂局面，而且口碑极佳，在乡长任上也表现得十分清廉。于是基于他俩的资历、领导力以及对协进会乡建实验的一贯支持，提议最终获得了通过。

为期三个月的训练班 1941 年 2 月正式开课，除了孙氏兄弟，还有另外三名学员。其中一名妇女是由乡建研究院指定的，准备将来让她承担某些具体项目。所用教材是研究院提供的简易手册，共十二课。第一个月，学员上、下午全天上课，主要听张先生讲如何记账。从第二个月开始，学习与实践相结合，上午上课，下午两人一组前往学校，向学生介绍合作社的办社宗旨与带给乡民的实惠——此举有点儿醉翁之意不在酒，学校教员作为本地知识阶层的代表，才是他们真正要争取的对象。这些宣传家相信，教员肯定不喜欢被人直接洗脑，不过若是站在旁听者的角度，或许更容易受到感召。第三个月，学员们有了更加具体的任务，即帮助我们（指伊莎白和俞锡玑）完成所有的入户调查工作。当这五个人按期结业时，都已变得训练有素，甚至个个成了会计专家。

5 月底，也就是冯庆云的伪合作社倒闭一个月之后，新合作社开始以每股十元的价格发售股份。起初买主都很谨慎，直到获悉投资风险极小才放下心来，因为肯作担保的并非私人或像乡建工作组这样初来乍到的团体，而是在兴隆场存在了三十五年以上的教会。很快便有三百人报名入社，总共买走了价值一万元的股份。这样一来，不但项目启动资金有了保障，也开了一个先例。据孙恩三讲，此前中国尚无一家不用借款便可开张的合作社。到了 6 月，孙宗禄被任命为主任会计，全面负责营销业务并准备采购第一批食盐。

不料 5 月下旬，孙恩三与歇马场顾问的关系突然恶化，这可以看作是个不祥之兆。当孙偶尔来兴隆场视察时，不知何故对张、杨的态度非常无礼，甚至可以说是粗鲁。这令后者愤愤不平以致打算甩手不干。好在冷静下来之后，两位专家默默咽下了这口气。首先双方有正式约定必须遵守，其次先前付出的心血和未来的希望也让他们不忍半途而废。然而恰在此时，乡建研究院紧急调张、杨及其助手回歇马场，于是筹办食盐供应合作社的担子完全落在了我们的肩上。研究院方面曾经答应让张、杨定期回来进行指导，但由于未谈妥由谁支付差旅费，最后连这一承诺也化作泡影。屋漏偏逢连夜雨，孙宗尧又奉命去歇马场参加培训。尽管得力人手相继离去，孙恩三却天真地以为合作社业已大功告成，对外宣称应广学会之约，也是偿其夙愿，今后他将把翻译圣·奥古斯丁（St. Augustine）的名著《忏悔录》作为自己的主要工作。[27]

现在只剩下孙宗禄和几个帮手还在张罗成立合作社的事情。我们对本地风土人情已经有了比较深入的了解，所以内心充满忧虑。既担心实验失败使入股社员蒙受损失，也害怕教会因此名誉扫地，再次一蹶不振。不出所料，围绕合作社展开的明争暗斗愈演愈烈，而开张之日也似乎变得遥遥无期。直到入夏，孙宗禄才买回食盐，准备存放在沿街的 21 号房里。这所房子属于大地主曹跃显，原先曾是袍哥创办的曲艺社所在地，曲艺社解散后便闲置不用。曹既已入社，很慷慨地让孙宗禄拿它当仓库使。孙于是买石灰粉刷墙壁，又雇木匠赶制柜台。

7 月的一个集日，房子正在装修，曹的老婆突然出现在门口，朝孙宗禄尖声嚷道，“哪个放你进来的？搞啥子名堂？简直没得王法了嘛！”接下来女人扯着嗓子足足骂了半个小时。谁都知道曹跃显平日只顾吃喝玩乐，老婆才是真正的当家人，而她显然认为合作社坏了曹家的生意。经她这么一闹，合作社只好另选社址。此前镇上从未冒出过公开反对的声音，这个插曲却传递了一个明确信息，即某些有钱有势的本地人对我们的合作社实验其实一直是耿耿于怀的。

整个 8 月，合作社即使未胎死腹中，也是处于休眠状态。然而孙恩三始终相信不借一分钱，单靠动员乡民集资入股就办起了合作社，这在四川乃至全国也是绝无仅有，是了不起的成就。至于往后的工作进展，他一是没兴趣，二也没时间继续参与了。

从未停止涌动的暗流终于在 10 月掀起波澜，对合作社形成冲击。一夜之间，大批社员纷纷要求退股退社。这对我们来说当然是严重危机，因为合作社的成员必须达到一定数量才能获得政府承认。后来我们得知一手制造并利用这场危机的不是别人，正是冯庆云。他采取威胁利诱的手段，迫使一部分心怀疑虑的佃户暂时留在社里，同时让手下几个有钱人趁机买走其股份。11 月，兴隆场食盐供应合作社领导人选举正式开始，冯庆云成功当选。一年前此人经营的盐糖合作社曾把本地盐价抬高到创纪录的每斤一元四角五分；再往前数，他以包税人身份代征包括田赋、米税、牲畜税、屠宰税在内的各项赋税，私下里还做着鸦片生意，大发不义之财。

听说这一消息，歇马场的专家们大吃一惊，马上自费赶来，召集社员开会，宣布解散合作社，当场偿还每人名下的股份。

当成群佃户排队领钱时，专家猛然意识到他们所持大宗股份其实早已换了主人，成为冯氏集团的投资。这些地主奸商以两倍于重庆的价格销售食盐，牟取暴利，所以从一开始就反对教会的合作社计划，暗中鼓动社员退社；又在选举时帮助冯庆云击败对手孙宗禄，从而上演了一出偷梁换柱的好戏。

冯庆云之流让佃户用他们的钱买股份，却登记佃户的名字。合作社成立的时候，选了个佃户做头头儿。一个月后却重新选举，冯庆云当选。他进入合作社完全是钻了一个空子，因为办社章程讲得很清楚，任何人都不能被排除在外。然后通过选举，在全体社员的同意之下，他们又解散了合作社，从投资人的角度来说谁也没受损失。如今佃户拿到退回来的钱，转手就要还给冯庆云。

如上所述，合作社的结束方式相当奇特，等于是发起人自己公开承认失败。对这样的结果教会方面毫无思想准备，可谓教训惨痛。实际上，兴隆场两股势力的较量从未停止过，这次由教会支持的合作社实验不过是他们相互争斗的又一个战场。年轻的孙宗禄富有爱国热情，热衷乡村改革，代表着本地中等收入农民的利益，却在冯庆云面前栽了个大跟头。冯作为重要的袍哥成员，其后台老板是蔡云清，那么蔡旅长领导下的仁龙社插手这场纷争也就不言自明了。

合作社的夭折标志着兴隆场实验区已经名存实亡，协进会乡建工作组随之解散；也无任何计划就伊莎白和俞锡玑对全乡农户所作的经济调查形成一份报告。大部分工作组成员心灰意冷，选择默默离开；只有朱小姐还能得到美以美会的资助，将诊所继续维持了一段时间。[28]又过去许多年，我们才知道兴隆场人对工作组当年的辛苦付出一直心存感激、念念不忘。

回过头来看，合作社的例子很能反映国民党统治时期的社会现状。工作组只想着改善农民生活，恰恰忽略了对当地政治情势的研究。由于蔡、冯等人从未公开表示异议，合作社的创办者以为一帆风顺，放松了对袍哥的警惕，等败局已定悔之晚矣。袍哥头目都打着各自的小九九，对于战时外来人在兴隆场推行的各项改革有着不同的关切。蔡的目标就是设法阻止政府权力渗入该地，因而借口为手下弟兄着想，时常向上面任命的乡长公然叫板。冯的做法则圆滑得多，为了达到名利双收的个人目的，对政府指令阳奉阴违，甚至不惜用下三滥方式干预破坏进行中的合作实验。蔡、冯二人为争权夺利不择手段，无论旧派、新派人物均为拉拢对象。所以从政治层面分析，只要其切身利益不受到威胁，遍布乡村的袍哥未必便是地方保守势力的代表。

倒是那些德高望重的乡绅们的行为更易界定，他们强烈反对改革，与其说是捍卫地方利益，不如说是千方百计保住自己赖以存身的旧传统、旧文化。

合作社之所以难逃失败的命运，还与更高层的权力斗争有关。国民政府首先在地方实行行政改革，紧接着便把从事非法活动的秘密团体列为打击目标，大张旗鼓禁烟、禁赌，可惜无一获得成功。后来政府又试图取缔袍哥组织，同样无果而终。究其原因，恐怕就在于乡绅作为地方精英虽然为数不多，却与人多势众的袍哥等秘密团体有着千丝万缕的联系。他们相互勾结，形成一股对抗中央的强大地方分裂势力。

1940 年至 1941 年见证了席卷兴隆场甚至四川全省的现代化改革浪潮盛极而衰的过程。食盐合作社的垮台恰恰暴露出在中国以及世界其他地方进行的乡村发展项目所面临的一个最大问题，即乡建工作者置身异乡，人地两生，往往估不透云谲波诡的当地复杂环境，既认不清对改革充满敌意的权力结构和既得利益集团，也没能发现和培养真正的同盟军来共同应对随时出现的各种挑战。

尾声

我们撤离兴隆场后，有一段时间孙宗禄好像又当了乡长，但很快被冯庆云取代。一旦大权在握，冯愈发肆无忌惮疯狂敛财，激起乡民的极大愤慨。于是孙宗尧、杨焕章、王明轩三人搜集证据，于 1945 年联名把他告上璧山县法院。不料法院不予受理，孙宗尧不服，遂越级告到重庆卫戍区。卫戍总司令王缵绪看完状子，勃然大怒，命令璧山警备司令将冯收押。冯见苗头不对，马上来重庆自首，却仅被关了短短三天。相传他随身带去一千万元钱四处打点，疏通关系，这笔钱在当时足够买下两百石稻田。另有一位来自上海、名叫陶双翔的青帮头目据说也帮了冯不少忙。

躲过一劫的冯庆云继续待在乡长位子上，前后六年时间里，他家的田产从不到二十石猛增至一百石左右。据当地人讲，冯捞钱的主要手段就是向应服兵役者收取高额缓役费，同时“估拉”壮丁充数。1945 年，农本局[29]为落实乡建计划，准备将一批改良玉米种、红薯苗以及纺织用棉线贷给困难农户。冯利用职权，把农本局发放的物资变卖一空。此举令兴隆场人对他的憎恨几乎达到食肉寝皮的程度。

我们听说四十年代末有人曾劝冯、孙二人合作，因为他们一个有钱，一个有学问，但是遭到孙宗禄的断然拒绝。当解放军入川时，刘文辉将军[30]与共产党秘密谈判，酝酿起义。这时冯给孙写信，要求他加入反共阵营。孙再次回绝，却因此不敢待在兴隆场，去了璧山。

同时搬到璧山去的还有蔡云清，却是为着不同的原因。蔡的好友、丁家坳的袍哥首领张明安数十年前曾和共产党军队里著名的“独眼将军”刘伯承结拜为兄弟。故事还得追溯到二十年代末，当时刘发动起义失败，沿江撤退时受伤，失去了一只眼睛。他先是去重庆疗伤，之后来璧山休养，并结交了当地名士张明安。后来又是张的秘书叶诚一帮助刘逃走（叶日后做了张家女婿）。[31]眼看四川解放在即，张劝蔡不要反共，为安全起见，最好去县城藏身。

1949 年 11 月 30 日，即重庆解放的当天，璧山守军放弃抵抗，撤入依凤乡一片松林里待命，史称“黑林起义”。次日，解放军不费一枪一弹进入县城，但这并不意味着和平已经降临。从重庆溃逃的国民党残军钻进深山老林，继续负隅顽抗。其中一部分盘踞于璧山城北的大山中，并在兴隆场、丹凤场、三教场等地建立了“司令部”。头目张绍良纠集各保保长、地主武装及散兵游勇，共同与新政权为敌。[32]乡长冯庆云也投靠了张绍良。这伙人四出骚扰，前后杀害数十位当地群众，其中就有一直与冯作对的兴隆场名流王明轩和杨焕章。叛乱分子很快被镇压下去，包括冯在内的匪首全被处决。随着一声枪响，兴隆场历史上这个最臭名昭著的“不倒翁”的一生终于走到了尽头。

---

1 抗战期间，国民政府对四川各地袍哥等秘密组织的态度前后不同，前期拉拢，后期限制，详见邵雍《民国帮会》（2002）第五章。

2 阿谢德（S. A. M. Adshead）《食盐与文明》（1992，第354页）称四川在1909年是“清帝国最主要的［鸦片］产销基地。”

3 ［译者注］指刘湘、刘文辉、邓锡侯、田颂尧和杨森。

4 粟时勇《民国时期四川省禁烟概述》（1999，《文史杂志》1999年第4期）写道，从1917年至1933年，四川不但以盛产鸦片著称，有着全国最大的市场和数量最多的烟民，而且在滇、贵、陕、甘间扮演着鸦片中转站的重要角色，。

5 “南京十年”期间（1927—1937），国民政府在四川推行的禁烟措施，详见粟时勇《民国时期四川省禁烟概述》（1999）一文。

6 ［译者注］一位外国传教士曾在1935年10月报道说，“鸦片种植、贩卖和吸食的数量，在我旅居的各省中，四川为全国之冠。我可以在成都街上公开而自由地买烟卖烟，就象买卖面包一样。”（柯白《四川军阀与国民政府：1911—1938》，1985，第148页）

7 柯白《四川军阀与国民政府：1911—1938》（1973）第122页。

8 粟时勇《民国时期四川省禁烟概述》（1999）。

9 张立杰《抗战后期国统区的盐政改制》（《抗日战争研究》2004年第3期）。

10 柯白《四川军阀与国民政府：1911—1938》（1973）第94页。

11 同上书第 113 页。

［译者注］贷款金额总计七千万元。其实 1934 年底刘湘初次出川访问南京时，就曾提出借贷七千万元的请求，但未获成功。

12 当时国民政府还控制着东南沿海一小部分海盐产区和交通不便的海盐、西北池盐产区（张立杰《抗战后期国统区的盐政改制》,《抗日战争研究》2004 年第 3 期第 142 页）。

13 从 1937 年到 1938 年，国统区盐产量下降幅度达 47%，此后几年里也持续低迷（张立杰《抗战后期国统区的盐政改制》,《抗日战争研究》2004 年第 3 期第 142 页）。

14 彭红碧《论抗战时期自贡盐业的发展》(《康定民族师范高等专科学校学报》2004 年第 2 期第 16 页)。

15 张立杰《抗战后期国统区的盐政改制》(《抗日战争研究》2004 年第 3 期第 149 页)。

16 ［译者注］此次盐政改制的重点即在“民制、官收、官运”的基础上，实行盐专卖制度。

17 1940 年，璧山县成立“战时食盐购销总处”，实行官收、官运；但 1941 年购销总处即被撤销，政府转而采取招商承包的办法（《璧山县志》，1996，第 245 页。［译者注］应为第 254 页。）。这次改制的初衷是要实现盐专卖，由省政府分发食盐给各地盐商及相关机构，统一制定盐价、税额，地方则需定期呈报本地食盐购销情况。有关战时盐税政策及盐政改制经过，详见董振平《论抗战时期国民政府的盐税政策》(2004)，董振平《1937—1941 年国民政府食盐运输制度述论》(2002)，金普森、董振平《论抗日战争时期国民政府盐专卖制度》(2001)，张立杰《抗战后期国统区的盐政改制》(2004)，彭红碧《论抗战时期自贡盐业的发展》(2004)，刘经华《抗战时期国民政府盐务管理体制的变迁》(2005) 等文。

18《璧山县志》(1996) 第 242 页。

19 璧山县档案馆 1945 年社会科档案，全宗号 1，专号 191，第 161 页。

［译者注］《璧山县志》(1996) 第 242 页称该委员会成立于 1940 年 5 月。

20 璧山县档案馆盐运档案，编号 569，1941 年。

21 [译者注] 据县志，可能此时购销总处已经解散。

22 由于日军步步紧逼，切断了四川与沿海盐区的联系，整个大后方的食盐供应极度紧张。投机商乘机囤积货物，导致盐价不断飙升。

23 河北定县的乡建实验因日军入侵被迫中止后，晏阳初在成都附近的新都设立了乡村建设研究院，同时委派蒋旨昂在歇马场推广定县模式。蒋曾是北平燕京大学的一名社会学教授，并参加了晏阳初在定县主持的平民教育运动。1940 年随晏氏等人南撤入川后，他在歇马场租下两间破旧农舍作为新的实验基地。虽然身边不乏有经验的乡建工作者，却苦于找不到合适项目，当地人士也大多不予合作。
[译者注] 这段叙述与史实多有出入。所谓乡村建设研究院时称“乡村建设育才院”，由教育部长陈立夫命名，1940 年 10 月成立于巴县歇马场，1945 年扩充为乡村建设学院。新都实验与该院之创建并无联系。早在 1936 年，为帮助“建设抗战大后方”，晏阳初拟创办新都实验县，推荐陈开泗出任县长。陈到任后，大刀阔斧实行县政改革。由于受到地方势力的阻挠，1939 年实验县撤销，改革以失败告终，但该县的地方自治计划实开国民党随后推行的“新县制”之先声。抗战爆发前，蒋旨昂为燕京大学社会学系学生，曾在燕大开办的清河实验区开展社会实践，发表名为《卢家村》的调查报告，但并未直接参与晏氏领导的平教运动。1935 年蒋赴美留学，回国后在大后方继续从事农村调查与研究工作，著有《战时的乡村社区政治》（1944）一书。

24 海弗德在其书中称该机构为“中国乡村建设学院”（《到群众中去：晏阳初和乡村中国》，1990，第 193 页），但我们倾向于使用“研究院”的名称。

25 当时，蒋旨昂正对重庆附近的两个相邻乡镇展开社会学调查，并在 1941 年 9 月由乡村建设研究院出版了名为《战时的乡村社区政治》的研究报告。蒋在歇马场工作一段时间后，便去成都的华西协合大学社会学系任教，四十岁时成为该校教务长（[译者注] 时在 1951 年。华西协合大学为四川医学院——后更名为华西医科大学，即今日四川大学华西医学中心——之前身）。他病逝于文革期间或稍后（[译者注] 蒋氏在 1970 年去世，享年五十九岁）。

26 [译者注] 陈开泗毕业于国民党中央政治学校（即国立政治大学前身），曾任新都实验县县长，积极推行县政改革。1946 年任四川省民政厅厅长。

27 [译者注] 广学会最早叫同文书会，系清末光绪年间西方来华传教士在上海创立的教会出版机构。该会名称取“广西国之学于中国”之意，所出报刊、书籍（如风靡一时的《万国公报》)曾深刻影响到康有为等人的维新变法思想。

28 孙恩三后来的事迹我们不得而知。有人跟伊莎白讲，1949 年后他自杀身亡。

29 [译者注]农本局系国民政府实业部于 1936 年 9 月组建的一个全国性农业金融机关。

30 [译者注]刘文辉为刘湘堂叔，时任西康省主席兼国民党第二十四军军长。

31 [译者注]这段叙述与史实不符，译者已作订正，见第五章注 33。

32 [译者注]张绍良原为永川、璧山、铜梁、大足四县联防办事处主任，手下聚集千余土匪，号称“川陕甘游击总司令部第九纵队”，并于 1950 年 2 月 7 日发动武装暴乱。

参考文献

Adshead, S. A. M. *Salt and Civilization*. London: Macmillan, 1992.
阿谢德．食盐与文明．伦敦：麦克米伦出版公司，1992 年．

Adhern, Emily M. "Segmentation in Chinese Lineages: A View through Written Genealogies." *American Ethnologist* 3 (1976): 1—16.
埃米莉·艾亨．透过宗谱看中国社会的宗族．美国民族学家，1976（3）：1—16.

Alitto Guy S. *The Last Confucian: Liang Shu-ming and the Chinese Dilemma of Modernity*. Berkeley: University of California Press, 1979.
艾恺．最后的儒家——梁漱溟与中国现代化的两难．伯克利：加利福尼亚大学出版社，1979.

"Annual Report of the National Institute of Health, 1942." Rockefeller Foundation Archives, box 218, 601. Rockefeller Archive Center, Sleepy Hollow, NY.
卫生署年度工作报告（1942）．洛克菲勒基金会档案，601（218）．纽约睡谷：洛克菲勒档案中心．

"Bai longmenzhen shi shenme yisi?" 摆龙门阵是什么意思？［What Is the Meaning of *bai longmenzhen*?］October,15, 2007. http://tinyurl.com/bch95ov.
摆龙门阵是什么意思．2007．http://tinyurl.com/bch95ov.
［译者注］此链接已失效。

"Bai longmenzhen shi shenme yisi?" 摆龙门阵是什么意思？［What Is the Meaning of *bai longmenzhen*?］August, 22, 2010. http://wenwen.soso.com/z/q2002434361.htm

摆龙门阵是什么意思. 2010. http://wenwen.soso.com/z/q2002434361.htm.

Balfour, Marshall C., to Wilbur A. Sawyer, December 24, 1940. Rockefeller Foundation Archives, RG 1.1, series 601, box 18, folder 161. Rockefeller Archive Center, Sleepy Hollow, NY.
鲍尔弗致索耶（1940 年 12 月 24 日）. 洛克菲勒基金会档案，1.1（601-18-161）. 纽约睡谷：洛克菲勒档案中心.

Barnes, Nicole. "Protecting the National Body: Gender and Public Health in Southwest China during the War with Japan, 1937-1945." Ph. D. diss., University of California, Irvine, 2012.
尼柯尔 · 巴恩斯. 保卫国家：抗日战争时期（1937—1945）西南中国的性别与公共卫生建设. 尔湾：加利福尼亚大学，2012.

Bender, D. R. "A Refinement of the Concept of Household: Families, Co-residence and Domestic Functions in Ondo." *American Anthropologist* 69 (1967): 493-504.
本德. 户概念的修正：尼日利亚翁多的血亲家庭、合住户及家庭功能. 美国人类学家，1967（69）493—504.

Bender, D. R. "De Facto Families and De Jura Households in Ondo." *American Anthropologist* 73 (1971): 223-241.
本德. 尼日利亚翁多的实际家庭与合法住户. 美国人类学家，1971（73）223—241.

Bernhardt, Kathryn. "Women and the Law: Divorce in the Publican Period." In Kathryn Bernhardt and Philip C. C. Huang (eds.), *Civil Law in Qing and Republican China*, 187-214. Stanford, CA: Stanford University Press, 1994.
白凯. 妇女与法律——民国时期离婚案剖析 // 白凯，黄宗智编. 清朝至民国时期的中国民法. 加州斯坦福市：斯坦福大学出版社，1994: 187—214.

Bishan dang'anguan (Bishan County Archives), Minzhengting (Office of

Civil Administration), Document no. 102, March 1940.
璧山县档案馆. 民政厅. 编号 102，1940 年 3 月.

Bishan dang'anguan (Bishan County Archives), Shehui ke (Social Affairs) 1945, chuanzong hao 1, an/zhuan hao 191, p. 161.
璧山县档案馆. 社会科. 卷宗号 1，案卷号 191，第 161 页. 1945 年.

Bishan dang'anguan (Bishan County Archives), document on salt transport, no. 569, 1941.
璧山县档案馆. 盐运档案. 编号 569. 1941 年.

Bishan shiyan difang fayuan (Bishan Experimental Regional Court), Document no. 41-46, n.d.
璧山实验地方法院. 编号 41—46. 无日期.

Bishan shiyan difang fayuan (Bishan Experimental Regional Court), Document no. 3450-447, July 12, 1941.
璧山实验地方法院. 编号 3447—3450. 1941 年 7 月 12 日.

"Bishanxian Bihan zongshe" [The General Headquarters of Bishan County's Han Order]. File 13/1, Bishan County Archives.
璧山县璧汉总社. 卷宗号 13—1. 璧山县档案馆.

Bishan xianzhi, in *Zhongguo difangzhi jicheng*, No. 9, Vol. 45, 1992. Chengdu : Ba Shu shushe.
璧山县志 // 中国地方志集成. 成都 : 巴蜀书社，1992.

Brown, Julia. Unpublished letter, February 2, 1941.
饶美德. 未发表信件. 1941 年 2 月 2 日.

Buck, John Lossing. *Land Utilization in China: A Study of 16,786 Farms in 168 Localities, and 38,256 Farm Families in Twenty-two Provinces in China, 1929-1933*. New York: Paragon Book Reprint Corp., 1964 (1937).
卜凯. 中国土地利用：中国二二省一六八地区一六七八六田场及三八二五六农家之研究（1929—1933）. 纽约：佳作书局再版公司，1964（1937）.

Buck, John Lossing. *An Agricultural Survey of Szechwan Province, China*. Chungking: Farmers Bank of China, 1943.
卜凯．中国四川省农业调查．重庆：中国农民银行，1943.

Buck, John Lossing. “Government and the Farmer.” In Frank Wilson Price (ed.), *Wartime China: As Seen by Westerners*. China Publishing Company, 1942.
卜凯．政府与农民 // 毕范宇编．西方人眼中的战时中国．重庆：中国出版公司，1942.

Buck, Pearl S. *Tell the People: Mass Education in China*. New York: American Council Institute for the Pacific Rim, 1945.
赛珍珠．告语人民：中国的平民教育．纽约：美国亚太研究中心，1945.

Bulmer, R.N.H. “Leadership and Social Structure among the Kayaka People of the Western Highlands District of New Guinea.” Ph.D. diss., Australian National University, Canberra, Australia, 1960.
布尔默．新几内亚岛西部高地区卡亚卡人的组织与社会结构．堪培拉：澳大利亚国立大学，1960.

Cai Shaoqing. “On the Origins of the Gelaohui.” *Modern China*, Vol. 10 No. 4 (Oct., 1984): 481-508.
蔡少卿．关于哥老会的源流问题．近代中国，1984，10（4）481—508.

Cao Hongying. Personal interview. February 2, 2005.
曹洪英．采访记录．2005 年 2 月 2 日.

Chang, Chung-li. *The Chinese Gentry: Studies on Their Role in Nineteenth-century Chinese Society*. Seattle: University of Washington Press, 1967.
张仲礼．中国绅士：关于其在十九世纪中国社会中作用的研究．西雅图：华盛顿大学出版社，1967.

[redacted]A Short Review of Development in Maternity and Child
Chengtu” (June 1944). Rockefeller Foundation Archives,
, Box 18, Folder 162. Rockefeller Archive Center, Sleepy

陈志潜. 成都妇婴保健工作简介（1944年6月）. 洛克菲勒基金会档案. 案卷号1.1，序列号601，箱号18，袋号162. 纽约睡谷：洛克菲勒档案中心.

Chetham, Deirdre. *Before the Deluge: The Vanishing World of the Yangtze's Three Gorges*. New York: Palgrave Macmillan, 2002.
夏滴翠. 大水到来之前：正在消失的长江三峡. 纽约：帕尔格雷夫·麦克米伦出版公司，2002.

Ch'ien, Tuan-sheng. *The Government and Politics of China, 1912-1949*. Stanford, Calif: Stanford University Press, 1970.
钱端升. 中国的政府与政治：1912—1949. 加州斯坦福市：斯坦福大学出版社，1970.

Chin, Rockwood Q.P. "Cotton Mills, Japan's Economic Spearhead in China." *Far Eastern Survey*, vol. VI, no. 23, 1937.
陈国平. 棉纺厂——日本在华的经济桥头堡. 远东观察，1937，6（23）.

China Handbook, 1937-1943: A Comprehensive Survey of Major Developments in China in Six Years of War. New York: Macmillan, 1943.
战时中华志. 纽约：麦克米伦出版公司，1943.

"China-Szechuan Provincial Annual Report Health Administration, 1st Semi-Annual Report, 1941-1942." Folder 2718, Box 218, Rockefeller Foundation Archives, Rockefeller Archive Center, Sleepy Hollow, NY.
中国四川省卫生实验处年度报告（半年期），1941—1942. 洛克菲勒基金会档案. 箱号218，袋号2718. 纽约睡谷：洛克菲勒档案中心.

Cressey, George "Agricultural Regions of China, Part VI." *Economic Geography*, Vol. 10 No. 2 (April, 1934): 109-142.
葛德石. 中国的农业地区，第六部分. 经济地理. 1934，10（2）109—142.

Crook, David and Isabel. *Ten Mile Inn: Mass Movement in a Chinese Village*. New York: Pantheon Books, 1979.
柯鲁克夫妇. 十里店：中国一个村庄的群众运动. 纽约：万神殿图书公司，

1979.

Crook, Isabel, with Yu Xiji. *A Community Called Prosperity*, unpublished manuscript, 1994.
伊莎白，俞锡玑．兴隆场．未版英文手稿，1994.
［译者注］手稿中译本已由中华书局于 2013 年出版。

Culp, Robert. *Articulating Citizenship: Civic Education and Student Politics in Southeast China, 1912-1940*. Cambridge, MA: Harvard University Press, 2007.
高哲一．公民之辩：中国江南的公民教育与学校政治（1912—1940）．马萨诸塞州剑桥市：哈佛大学出版社，2007.

Davin, Delia. "Women in the Countryside in China." In Roxane Witke and Margery Wolf (eds.), *Women in Chinese Society*. Stanford, Calif.: Stanford University Press, 1975, 243-273.
蒂丽亚．中国农村妇女 // 罗克珊·威特克，卢蕙馨编．中国社会中的妇女．加州斯坦福市：斯坦福大学出版社，1975：243—273.

Dennerline, Jerry. "Marriage, Adoption, and Charity in the Development of Lineages in Wu-hsi from Sung to Ch'ing." In Patricia Ebrey and James L. Watson (eds.), *Kinship Organization in Late Imperial China, 1000-1940*. Berkeley: University of California Press, 1986, 186-194.
邓尔麟．自宋至清无锡宗族的婚姻、收养与慈善传统 // 伊佩霞，屈顺天编．中华帝国晚期的亲族组织：1000—1940．伯克利：加利福尼亚大学出版社，1986：186—194.

Dong Zhenping. "1937-1941 nian guomin zhengfu shiyan yunshu zhidu shu lun" [Discussion of the System of Transporting Edible Salt by the Nationalist Government in 1937-1941]. *Yan ye shi yanjiu* [Research in the History of Salt Affairs], No 1, 2002: 18-25.
董振平．1937—1941 年国民政府食盐运输制度述论．盐业史研究．2002（1）：18—25.

Dong Zhenping. "Lun kangzhan shiqi guomin zhengfu de yan shui

zhengce" [On the Nationalist Government's Salt Tax policy during the Resistance War]. *Kangri zhanzheng yanjiu* [Journal of Research into the War of Resistance], 2004, No.3: 121-140.
董振平. 论抗战时期国民政府的盐税政策. 抗日战争研究. 2004（3）: 121—140.

Duara, Prasenjit. *Culture, Power, and the State: Rural North China, 1900-1942.* Stanford, Calif.: Stanford University Press, 1988.
杜赞奇. 文化、权力与国家：1900—1942 年的华北农村. 加州斯坦福市：斯坦福大学出版社，1988.

Dykstra, Theodore. Papers. Yenching Library, Harvard University.
戴兹创. 调查报告. 哈佛大学燕京图书馆.

Ebrey, Patricia and James L. Watson (eds.) *Kinship Organization in Late Imperial China, 1000-1940*. Berkeley: University of California Press, 1986.
伊佩霞，屈顺天编. 中华帝国晚期的亲族组织：1000—1940. 伯克利：加利福尼亚大学出版社，1986.

Entenmann, Robert. *Migration of Settlement in Sichuan, 1644-1796.* Ph.D. diss., Harvard University, 1982.
鄢华阳. 1644—1796 年的四川人口迁移与定居. 哈佛大学，1982.

Esherick, Joseph. "War and Revolution: Chinese Society during the 1940s." *Twentieth Century China* 27:1 (2001), 1-38.
周锡瑞. 战争与革命：四十年代的中国社会. 二十世纪中国. 2001，27（1）: 1—38.

Eyferth, Jacob. "De-Industrialization in the Chinese Countryside: Handicrafts and Development in Jiajiang (Sichuan), 1935-1978." *The China Quarterly*, No. 173 (March 2003).
艾约博. 从四川夹江手工造纸发展看中国农村的去工业化：1935—1978. 中国季刊. 2003（173）.

Fan Shaozeng. "Huiyi wo zai Sichuan Paoge zhong de zuzhi huodong" [A Memoir of My Organizational Activities within the Sichuan Gelaohui].

Wenshi ziliao xuanji, no. 84, 1982.
范绍增．回忆我在四川袍哥中的组织活动．文史资料选辑．1982（84）.

Fei, Xiaotong. *Peasant Life in China: A Field Study of Country Life in the Yangtze Valley*. New York: Oxford University Press, 1946.
费孝通．江村经济．纽约：牛津大学出版社，1946.

Fei, Xiaotong, and Tse-i Chang. *Earthbound China: A Study of Rural Economy in Yunnan*. Chicago: University of Chicago Press, 1945.
费孝通，张之毅．云南三村．芝加哥：芝加哥大学出版社，1945.

Feuchtwang, Stephan. "Curves and the Urbanisation of Meifa Village." In Stephan Feuchtwang (ed.), *Making Place: State Projects, Globalisation and Local Responses in China*. Portland, OR: Cavendish Publishing, 2004.
王斯福．福建美法村的城镇化进程 // 王斯福编．地方建设：中国的政府规划、全球化与民间反应．俄勒冈州波特兰：卡文迪什出版社，2004.

"First Report of the Szechuan Provincial Health Administration" (1941), p. 1. Box 218, File 601. Rockefeller Archives.
川省卫生实验处首年度工作报告（1941）第 1 页．洛克菲勒基金会档案．卷宗号 601，箱号 218．纽约睡谷：洛克菲勒档案中心.

Gamble, Sidney. *Ting Hsien: A North China Rural Community.* Stanford, Calif.: Stanford University Press, 1968 (1954).
甘博．定县：华北农村社会．加州斯坦福市：斯坦福大学出版社，1968（1954）.

Gluckman, Max. "Gossip and Scandal," *Current Anthropology,* Vol.4 No. 3 (June, 1963): 307-316.
马克斯·格卢克曼．流言与丑闻．当代人类学．1963，4（3）：307—316.

Gunde, Richard. "Land Tax and Social Change in Sichuan, 1925-1935." *Modern China* , Vol. 2, no. 1 (Jan. 1976).
理查德·贡德．四川的地租与社会变迁：1925—1935．近代中国．1976，2（1）.

Harris, Lane. "Constructing the State and Unifying the Nation: The *Baojia* in Right-Wing Guomindang Political Philosophy, 1927-1949," n.d. Unpublished paper.
莱恩·哈里斯. 民族统一与国家建设：国民党右派政治哲学中的保甲概念，1927—1949. 未发表论文. 无日期.

Hayford, Charles W. *To the People: James Yen and Village China*. New York: Columbia University Press, 1990.
海弗德. 到群众中去：晏阳初和乡村中国. 纽约：哥伦比亚大学出版社，1990.

Higonnet, Margaret R., Jane Jenson, Sonya Michel, Margaret C. Weitz (eds.). *Behind the Lines: Gender and the Two World Wars*. New Haven, London 1989.
玛格丽特·伊戈内，简·詹森，索妮娅·米歇尔等编. 在后方：性别与两次世界大战. 康涅狄格州纽黑文：耶鲁大学出版社，1989.

Hinton, Carmelita. "In Search of Erlang," *East Asian History*, no. 21, Australian National University (June 2001): 1-32.
卡玛. 二郎神探源. 东亚历史. 2001（21）：1—32.

Ho, Ping-ti. *Studies on the Population of China, 1368-1953*. Cambridge: Harvard University Press, 1959.
何炳棣. 明初以降人口及其相关问题：1368—1953. 马萨诸塞州剑桥市：哈佛大学出版社，1959.

Howard, Joshua H. *Workers at War: Labor in China's Arsenals, 1937-1953* . Stanford, Calif.: Stanford University Press, 2004.
何稼书. 战时工人：中国兵工厂的劳工（1937—1953）. 加州斯坦福市：斯坦福大学出版社，2004.

Huang, Philip C. C. *The Peasant Economy and Social Change in North China*. Stanford, Calif.: Stanford University Press, 1985.
黄宗智. 华北的小农经济与社会变迁. 加州斯坦福市：斯坦福大学出版社，1985.

Huang Shiqian, head of the Bishan County Office. Interview, 1983.
黄世铨（璧山县志办公室主任）. 采访记录. 1983.

Huang Tianhua. "Kangzhan shiqi Chuankang liangsheng de sheqing yu minqing" [Conditions and Sentiments of People in the Two Provinces of Sichuan and Xikang during the War of Resistance]. *Minguo dang'an* No. 1 (2007): 97-103.
黄天华. 抗战时期川康两省的社情与民情. 民国档案. 2007（1）: 97—103.

Hubbard, Hugh. "A Report, Visit to Sichuan, December 11-23, 1947." Excerpts in International Institute of Rural Reconstruction files.
休·哈伯德. 访川日记（1947 年 12 月 11 日—23 日）. 国际乡村建设学院档案.

Hume, Joy. "War Hitting American Tung-Oil Interests." *Far Eastern Survey,* vol. 8, no. 12 (June 7, 1939): 142-144.
乔伊·休姆. 战争对美国桐油业的打击. 远东观察. 1939，8（12）: 142—144.

Jacobson, Carl Whitney. "Brotherhood and Society: The Shaanxi Gelaohui 1867-1912." Ph.D. diss., University of Michigan, 1993.
卡尔·惠特尼·雅各布森. 秘密会社：1867—1912 年间的陕西哥老会. 密歇根大学，1993.

"Jiancha bao zaohun" [An Investigation into the Situation of Early Marriages]. Chongqing dang'anguan (Chongqing Municipal Archives), file 5, document no. 10, 15 August 1943.
重庆档案馆. 早婚问题调查报告. 卷宗号 5，编号 10. 1943 年 8 月 15 日.

Jiang Zhi'ang. *Zhanshi de xiangcun shequ zhengzhi* [Wartime Politics in Rural Communities]. Chengdu: Xiangcun jianshe yanjiu suo [Rural Reconstruction Publishing House], 1941.
蒋旨昂. 战时的乡村社区政治. 成都：乡村建设研究所，1941.

Jin Pushen (Jen Pu-sen) and Dong Zhenping. "Lun kangri zhanzheng shiqi

guomin zhengfu yan zhuanmai zhidu" [On the Salt Sales Monopoly of the Nationalist Government in the Anti-Japanese War Period]. *Zhenjiang daxue xuebao* [Journal of Zhejiang University] (Humanities and Social Sciences), Vol. 31, No. 4, July 2001.
金普森，董振平．论抗日战争时期国民政府盐专卖制度．浙江大学学报（人文社会科学版），2001（4）.

Kapp, Robert A. *Szechwan and the Chinese Republic: Provincial Militarism and Central Power, 1911-1938*. New Haven, Yale University Press, 1973.
柯白．四川军阀与国民政府：1911—1938．康涅狄格州纽黑文：耶鲁大学出版社，1973.

Kirby, William C. "Continuity and Change in Modern China: Economic Planning on the Mainland and on Taiwan, 1943-1958." *The Australian Journal of Chinese Affairs*, 24 (1990), 121-141.
柯伟林．近代中国的延续与变化：大陆与台湾的经济计划，1943—1958．澳大利亚中国问题研究，1990（24）：121—141.

Lapidus, Ira. "Hierarchies and Networks: A Comparison of Chinese and Islamic Societies." In Frederic Wakeman and Carolyn Grant (eds.), *Conflict and Control in late Imperial China*. Berkeley: University of California Press, 1975.
艾拉·拉皮德斯．中国与伊斯兰社会的纵横向比较 // 魏斐德，卡罗琳·格兰特编．中华帝国晚期的社会问题与管理办法．伯克利：加利福尼亚大学出版社，1975.

Lary, Diana. *The Chinese People at War: Human Suffering and Social Transformation, 1937-1945*. New York: Cambridge University Press, 2010.
李友华．战争下的中国人：社会苦难与转型（1937—1945）．纽约：剑桥大学出版社，2010.

Lary, Diana and Stephen MacKinnon (eds.). *The Scars of War: The Impact of Warfare on Modern China*. Vancouver: UBC Press, 2001.
李友华，麦金农编．战争创伤：战争对近代中国的影响．温哥华：不列颠哥伦比亚大学出版社，2001.

Lattimore, Owen and Eleanor. *The Making of Modern China*. Allen and Unwin, 1945.
赖德懋夫妇. 现代中国之塑造. 伦敦：艾伦和昂温出版社，1945.

Lee, James. "Food Supply and Population Growth in Southwest China, 1250-1850." *Journal of Asian* Studies, Vol. 41 No. 4 (Aug. 1982): 711-746.
李中清. 西南中国的粮食供应与人口增长：1250—1850. 亚洲研究学刊，1982，41（4）：711—746.

Lee, James. "The Legacy of Immigration in Southwest China, 1250-1850." *Annales de Demographie Historique* (1982): 279-304.
李中清. 西南中国历次移民的遗产：1250—1850. 历史人口年鉴. 1982：279—304.

Lee, Richard "The Pao-Chia System." *Papers on China* No. 3 (May 1949): 193-224.
理查德·李. 保甲制度. 中国论丛. 1949（3）：193—224.

Li, Danke. *Echoes of Chongqing: Women in Wartime China*. Urbana: University of Illinois Press, 2010.
李丹柯. 重庆回声：战时的中国妇女. 厄巴纳：伊利诺伊大学出版社，2010.

Liu, Cheng-yun. "The Ko-lao Hui in Late Imperial China." Ph.D. diss., University of Pittsburgh, 1983.
刘铮云. 中华帝国晚期的哥老会. 匹兹堡：匹兹堡大学，1983.

Liu Jinghua. "Kangzhan shiqi guomin zhengfu yan wu guanli tizhi de bianqian" [Variance of Salt Administrative System of the Republic of China in the Period of theAnti-Japanese War]. *Yanye shi yanjiu* [Journal of Salt History], no. 3, 2005: 3-17
刘经华. 抗战时期国民政府盐务管理体制的变迁. 盐业史研究. 2005（3）：3—17.

Liu Xianlan. Personal communication, 2006.
刘宪兰. 采访记录. 2006.

Lü Pingdeng. *Sichuan nongcun jingji* [Sichuan's Agrarian Economy]. Shanghai: Commercial Press, 1936.
吕平登. 四川农村经济. 上海：商务印书馆，1936.

Luo Minchen. Practitioner of TCM [*Zhongyi*] in Daxing. Personal interviews. May 1997 and April 3, 2001.
罗敏臣（大兴乡中医）. 采访记录. 1997 年 5 月，2001 年 4 月 3 日.

MacKinnon, Stephen R. *Wuhan, 1938: War, Refugees, and the Making of Modern China.* Berkeley: University of California Press, 2008.
麦金农. 武汉，1938——战争、难民与现代中国的形成. 伯克利：加利福尼亚大学出版社，2008.

Marwick, Arthur, *The Deluge: British Society and the First World War*. London: The Bodley Head, 1965.
阿瑟·马威克. 洪水泛滥：英国社会和第一次世界大战. 伦敦：鲍利海出版公司，1965.

McIsaac, Mary Lee. *The Limits of Wartime Nationalism: Workers in Wartime Chongqing, 1937-1945*. Ph.D. diss., Yale University, 1994.
玛丽·李·麦基萨克. 国民政府的局限性：战时重庆工人状况研究（1937—1945）. 纽黑文：耶鲁大学，1994.

Minguo zhengfu zhuji chu tongji qu [Statistical Abstracts of the Republic of China]. Shanghai, 1936.
民国政府主计处统计局编. 中华民国统计提要. 上海：商务印书馆，1936.

Murray, Laura. "New World Food Crops in China: Farms, Food, and Families in the Wei River Valley, 1650-1910," Ph.D. diss., University of Pennsylvania, 1985.
劳拉·默里. 传入中国的美洲粮食作物：1650—1910 年渭河流域农民生活考察. 费城：宾夕法尼亚大学，1985.

Myers, Ramon H., "Cotton Textile Handicraft and the Development of the Cotton Textile Industry in Modern China." *The Economic History Review*, 18

(1965): 614–632.
马若孟．近代中国的手工纺棉与棉纺织业的发展．经济史评论．1965（18）：614—632.

Nadel-Klein, Jane. "Reweaving the Fringe: Localism, Tradition, and Representation in British Ethnography." *American Ethnologist* Vol. 18 No. 3 (October, 2009): 500-517.
简·纳德尔－克莱因．再造边缘：英国民族学的地方性、传统与表现．美国民族学家．2009，18（3）：500—517.

Nedostup, Rebecca. *Superstitious Regimes: Religion and Politics of Chinese Modernity.* Cambridge, MA: Harvard University Press, 2009.
张倩雯．迷信政体：现代中国的宗教与政治．马萨诸塞州剑桥市：哈佛大学出版社，2009.

Netting, Robert McC. *Smallholders, Householders: Farm Families and the Ecology of Intensive, Sustainable Agriculture*. Stanford, Calif.: Stanford University Press, 1993.
内汀．农村家庭与可持续集约型农业经济．加州斯坦福市：斯坦福大学出版社，1993.

"The New County System in China." *Contemporary China: A Reference Digest,* Vol. 1, No. 20 (February 23, 1942).
中国的新县制．当代中国：文献摘要．1942，1（20）.

Nylan, Michael. "The Legacies of the Chengdu Plain." In Robert W. Bagley (ed.), *Ancient Sichuan: Treasures from a Lost Civilization*. Seattle and Princeton: Seattle Art Museum and Princeton University, 2001.
戴梅可．成都平原的遗产 // 罗伯特·贝格利编．古代四川：失落文明的遗珍．西雅图，普林斯顿：西雅图艺术博物馆与普林斯顿大学出版社，2001.

Peake, Cyrus. *Nationalism and Education in Modern China*. New York: Columbia University Press, 1932.
毕格．近代中国的民族主义与教育．纽约：哥伦比亚大学出版社，1932.

Peng Hongbi. " Lun kangzhan shiqi Zigong yan ye de fazhan" [Development of Zigong (Tsekong) Salt Affairs (yan ye) during the Anti-Japanese War]. *Kangding minzu shifan gaodeng zhuanke xuexiao xuebao* [Journal of Kangding Nationalities University], Vol. 13, No. 2 (June 2004).
彭红碧. 论抗战时期自贡盐业的发展. 康定民族师范高等专科学校学报. 2004（2）.

"Preliminary Report of the Szechuan Provincial Health Administration, Chungking, Szechuan, China," December 25, 1942. Rockefeller Foundation Archives, RG 1.1, Series 601, Box 18, Folder 162. Rockefeller Archive Center.
四川省卫生处初步工作报告，中国四川，重庆（1942 年 12 月 25 日）. 洛克菲勒基金会档案. 案卷名 1.1，序列号 601，箱号 18，袋号 162. 纽约睡谷：洛克菲勒档案中心.

Price, Frank. *The Rural Church in China: A Survey*. New York: Agricultural Missions, 1948.
毕范宇. 中国乡村教会调查. 纽约：农业宣教部，1948.

Qin Baoqi and Meng Chao. "Gelaohui qiyuan kao" [Origins of the Gelaohui]. *Xueshu yuekan* (2000), no. 4.
秦宝琦，孟超. 哥老会起源考. 学术月刊. 2000（4）.

Ran Mianhui. "Minguo shiqi de Sichuan baojiazhidu" [The Baojia System in Sichuan in the Republican Era]. *Wenshi zazhi* [Literature and History Journal], Vol. 5, 1999: 74-76.
冉绵惠. 民国时期的四川保甲制度. 文史杂志. 1999（5）74—76.

Rawski, Evelyn. "The Ma Landlords of Yang-Jia-kou in Late Ch'ing and Republican China." In Patricia Buckley Ebrey and James L. Watson (eds.), *Kinship Organization in Late Imperial China, 1000-1940*. Berkeley, Calif.: University of California Press, 1986, 245-273.
罗友枝. 晚清至民国杨家口的马氏地主 // 伊佩霞，屈顺天编. 中华帝国晚期的亲族组织：1000—1940. 伯克利：加利福尼亚大学出版社，1986：245—273.

"Report for 1922" in Official Minutes, West China [Chongqing] Conference of the Methodist Episcopal Church. Minutes of annual meetings from 1922 to 1939. Yale University Archives.
1922 年报告. 美以美会华西（重庆）会议纪要. 1922—1939 年年会记录. 耶鲁大学档案.

"Report of the Sichuan Provincial Health Administration, 1942." Rockefeller Archives, Box 218, file 601.
四川省卫生处年度工作报告（1942）. 洛克菲勒基金会档案. 卷宗号 601，箱号 218. 纽约睡谷：洛克菲勒档案中心.

"A Review of Government Health Service in Sichuan, China for period 1939-1945." Rockefeller Archives. Rockefeller Archives. Sleepy Hollow, NY.
中国四川公共卫生服务工作回顾（1939—1945）. 洛克菲勒基金会档案. 纽约睡谷：洛克菲勒档案中心.

Rowe, William T. *Crimson Rain: Seven Centuries of Violence in a Chinese County*. Stanford, Calif.: Stanford University Press, 2007.
罗威廉. 红雨：一个中国县域七个世纪的暴力史. 加州斯坦福市：斯坦福大学出版社，2007.

Ruf, Gregory A. *Cadres and Kin: Making a Socialist Village in West China, 1921-1991*. Stanford, Calif.: Stanford University Press, 1998.
鲁夫. 干部与亲族——华西地区一个社会主义村庄的建设之路：1921—1991. 加州斯坦福市：斯坦福大学出版社，1998.

"Semi-Annual 1941 China-Szechuan Provincial Health Administration First Semi-Annual Report." Rockefeller Archives International Health Division, RG 5.3, series 601, Box 218, Folder 2718. Rockefeller Archive Center.
中国四川省卫生处 1941 年上半年工作报告. 洛克菲勒基金会档案，国际卫生类，案卷名 5.3，序列号 601，第 218 箱第 2718 袋. 纽约睡谷：洛克菲勒档案中心.

Shao Qin. "Tempest over Teapots: The Vilification of Teahouse Culture

in Early Republican China." *Journal of Asian Studies*, 57, no. 4 (November 1998).
邵勤. 茶壶上的风浪：民国初期对茶馆文化的非议. 亚洲研究学刊. 1998，57（4）.

Shao Yong. "Minguo banghui" [Gangs of the Republican Period]. In Tan Songling (ed.), *Zhongguo mimi shehui* [China's Secret Societies]. Fuzhou shi: Fujian renmin chuban she, 2002.
邵雍. 民国帮会 // 谭松林编. 中国秘密社会. 福州：福建人民出版社，2002.

Shaw, Earl B. "Swine Industry of China." *Economic Geography*, Vol. 14, No. 4 (Oct., 1938).
厄尔·肖. 中国的养猪业. 经济地理. 1938，14（4）.

Shen Songqiao. "Cong zizhi dao baojia: jindai Henan difang jiceng zhengzhi de bianqian, 1908-1935" [From Self-government to *baojia*: Local Political Change in Henan, 1908-1935]. *Zhongguo yanjiu yuan jindaishi suo jikan*, No. 18 (1989): 189-219.
沈松侨. 从自治到保甲：近代河南地方基层政治的演变，1908—1935. 中央研究院近代史研究所集刊. 1989（18）：189—219.

Shen Zui, "Guanyu Du Yuesheng" [Concerning Du Yuesheng]. In Wu Yu, Liang Licheng, Wang Daozhi, et al., "Jindai Zhongguo banghui neimu" [Behind the Scenes with the Banghui in Modern China]. Vol. I, 1992. Qunzhong chuban she [Masses Publishing House], 340-387.
范绍增口述，沈醉整理. 关于杜月笙 //《河北文史资料》编辑部编. 近代中国帮会内幕（上卷）. 北京：群众出版社，1993：340—387.

Sichuan baike quanshu bian zuan weiyuan hui. *Sichuan baike quanshu* [Encyclopedia of Sichuan]. Chengdu: Sichuan cishu chuban she, 1997.
四川百科全书编纂委员会. 四川百科全书. 成都：四川辞书出版社，1997.

Sichuan sheng Bishan xianzhi bianzuan weiyuan hui. *Bishan xianzhi* [Bishan

Gazetteer]. Chengdu : Sichuan renmin chuban she, 1996.
四川省璧山县志编纂委员会. 璧山县志. 成都：四川人民出版社，1996.

Sichuan sheng difang zhi bianzuan weiyuan hui [Sichuan provincial gazetteer compilation committee]. *Sichuan sheng zhi: jiaoyuzhi* [Annals of Sichuan Province: Agricultural Gazetteer]. 2 vols. Chengdu: Sichuan cishu chuban she, 1996.
四川省地方志编纂委员会. 四川省志·教育志（上下册）. 成都：四川辞书出版社，1996.

Sichuan sheng difang zhi bian cuan weiyuanhui [Sichuan provincial gazetteer compilation committee]. *Sichuan sheng zhi: nongyezhi* [Annals of Sichuan Province: Education Gazetteer] 2 vols. Chengdu: Sichuan ci shu chubanshe, 1996.
四川省地方志编纂委员会. 四川省志·农业志（上下册）. 成都：四川辞书出版社，1996.

Sichuan sheng zhengfu mishuqu [Secretariat, Sichuan Provincial Government]. *Sichuan sheng xingzheng ducha zhuanyuan shizheng yanjiu hui jilu* [Proceedings of the Conference of Sichuan Special Administrative Inspectors on Political Implementation]. Chengdu: 1935.
四川省政府秘书处. 四川省行政督察专员施政研究会记录. 成都，1935.

Skinner, G. William. *Marketing and Social Structure in Rural China*. Ann Arbor, Michigan: Association for Asian Studies, 2001 (reprinted from the *Journal of Asian Studies* 24:1-3 (November, 1964; February and May, 1965).
施坚雅. 中国农村的市场和社会结构. 密歇根州安娜堡：美国亚洲研究协会，2001（重印自《亚洲研究杂志》第 24 卷 1—3 期，1964 年 11 月，1965 年 2 月、5 月）.

Skinner, G. William. *The City in Late Imperial China*. Stanford: Stanford University Press, 1977.
施坚雅. 中华帝国晚期的城市. 加州斯坦福市：斯坦福大学出版社，1977.

Skinner, G. William. "Cities and the Hierarchy of Local Systems." In Arthur P. Wolf (ed.), *Studies in Chinese Society*. Stanford, Calif.: Stanford University Press, 1978.
施坚雅. 城市与地方体系层级 // 武雅士编. 中国社会研究. 加州斯坦福市：斯坦福大学出版社，1978.

Sommer, Matthew Harvey. *Sex, Law, and Society in Late Imperial China*. Stanford, Calif.: Stanford University Press, 2000.
苏成捷. 中华帝国晚期的性、法律和社会. 加州斯坦福市：斯坦福大学出版社，2000.

Spence, Jonathan. "Opium Smoking in Ch'ing China." In Frederic Wakeman, Jr. and Carolyn Grant (eds.), *Conflict and Control in Late Imperial China*. Berkeley: University of California Press, 1975.
史景迁. 清朝中国人的鸦片消费 // 魏斐德，卡罗琳 · 格兰特编. 中华帝国晚期的社会问题与管理办法. 伯克利：加利福尼亚大学出版社，1975.

Spencer, J.E. "The Szechuan Village Fair." *Economic Geography* Vol. 16 (1940): 48-58.
斯潘塞. 四川的乡村集市. 经济地理. 1940（16）：48—58.

Spitzer, Leo. "Persistent Memory: Central European Refugees in an Andean Land." *Poetics Today* 17:4 (Winter 1996), 617-638.
利奥 · 斯皮策. 难忘的记忆：安第斯山地区的中欧难民. 当代诗论. 1996，17（4）：617—638.

Stapleton, Kristin. "Urban Politics in an Age of 'Secret Societies': The Cases of Shanghai and Chengdu." *Twentieth Century China* 22.1 (November 1996).
司昆仑. "黑社会"时期的城市政治：上海、成都地下社会研究. 二十世纪中国. 1996，22（1）.

Stapleton, Kristin. "County Administration in Late-Qing Sichuan: Conflicting Models of Rural Policing." *Late Imperial China*, 18 (1997): 100–132.
司昆仑. 晚清四川县级行政：冲突的农村治安模式. 帝制晚期中国.

1997（18）：100—132.

Strauss, Julia C. *Strong Institutions in Weak Polities: State Building in Republican China, 1927-1940.* New York: Oxford University Press, 1998.
朱莉娅·斯特劳斯．薄弱政体中的强大机构：中华民国的国家建设（1927—1940）．纽约：牛津大学出版社，1998.

Su Shiyong. "Minguo shiqi Sichuan sheng jinyan gaishu" [Overall Situation with Opium in Sichuan during the Republican Period]. *Wenshi zazhi* [Journal of Culture and History] 1999, No.4.
粟时勇．民国时期四川省禁烟概述．文史杂志．1999（4）.

Summerfield, Penny. *Reconstructing Women's Wartime Lives: Discourse and Subjectivity in Oral Histories of the Second World War.* Manchester: 1998.
彭尼·萨默菲尔德．重建妇女战时生活：二战口述历史的话语与主体性分析．曼彻斯特：曼彻斯特大学出版社，1998.

Sun, T. H. "The Church in China's Rural Reconstruction." *The Chinese Recorder* (August 1940).
孙恩三．教会在中国乡村建设实验中的作用．教务杂志．1940（8）.

Sun Zongyao. Personal interview with Isabel Crook, 1983.
孙宗尧．采访记录．1983.

"Szechuan Provincial Health Administration, 1942," p. 2, Box 218, file 601, Rockefeller Archives, Sleepy Hollow, NY.
四川省卫生处（1942）第2页．洛克菲勒基金会档案．卷宗号601，箱号218．纽约睡谷：洛克菲勒档案中心．

Tang Shaowu, Li Zhusan, and Jiang Xiangchen. "Jiefangqian Chongqing de paoge" [Chongqing's Robed Brothers before Liberation]. *Chongqing wenshi ziliao*, No. 31 (1986): 119-198.
唐绍武，李祝三，蒋相臣．解放前重庆的袍哥．重庆文史资料．1986（31）：119—198.

Tawney, R.H. *Land and Labor in China*. Beacon Press, 1966.
理查德•托尼．中国的土地和劳动．波士顿：灯塔出版社，1966.

Thaxton Jr., Ralph A.. *Salt of the Earth*. Berkeley, Calif.: University of California Press, 1996.
拉尔夫·萨克斯顿．大地之盐．伯克利：加利福尼亚大学出版社，1996.

Ts'ai, Caroline Hui-yu. "Baozheng, baojia shuji, jiezhuang yichang – koushu lishi" [Baojia headmen, Baojia secretaries, and township officials – Oral Histories]. *Shilian zazhi (Journal of Historical Association)*, 23 (November 1993): 23-40.
蔡慧玉．保正、保甲书记、街庄役场——口述历史．史联杂志．1993（23）23—40。

Van Slyke, Lyman P. *Yangtze: Nature, History, and the River*. Reading, Mass.: Addison-Wesley, 1988.
范力沛．扬子江——自然，历史与河流．马萨诸塞州里丁镇：艾迪生－维斯理出版公司，1988.

Von Glahn, Richard. *The Country of Streams and Grottoes: Expansion, Settlement, and the Civilizing of the Sichuan Frontier in Song Times*. Cambridge, MA: Harvard University Press, 1987.
万志英．溪洞之国：宋代四川边疆的扩张、开发与文明化．马萨诸塞州剑桥市：哈佛大学出版社，1987.

Wakeman, Frederic, and Carolyn Grant. *Conflict and Control in Late Imperial China*. Berkeley: University of California Press, 1975.
魏斐德，卡罗琳·格兰特．中华帝国晚期的社会问题与管理办法．伯克利：加利福尼亚大学出版社，1975.

Wang Chunwu. *Paoge tanmi* [Exploring the Mysteries of the Paoge]. Ba Shu shushe chuban she [Ba Shu Book Society Publishing House], 1993.
王纯五．袍哥探秘．成都：巴蜀书社，1993.

Watson, James L. "Chinese Kinship Reconsidered: Anthropological Perspectives on Historical Research." *China Quarterly* 92 (Dec. 1982): 589-622.
屈顺天．中国亲族关系再探讨：历史研究中的人类学视角．中国季刊．

1982（92）：589—622.

Watson, James L. "Anthropological Overview: The Development of Chinese Descent Groups." In Patricia Ebrey and James L. Watson (eds.), *Kinship Organizations in Late Imperial China, 1000-1940*. Berkeley, CA: The University of California Press, 1986, 274-292.
屈顺天. 从人类学角度看中国宗祧群体的发展 // 伊佩霞，屈顺天编. 中华帝国晚期的亲族组织：1000—1940. 伯克利：加利福尼亚大学出版社，1986：274—292.

Wei, William. *Counterrevolution in China: The Nationalists in Jiangxi during the Soviet Period*. Ann Arbor: University of Michigan Press, 1985.
林振华. 中国的反革命——江西苏维埃时期的国民党. 安娜堡：密歇根大学出版社，1985.

Wei Zheng. "Zhang Sunping Zhuan." *Suishu,* vol. 46. Beijing: Beijing tushuguan chubanshe, 2006.
魏征. 长孙平传 // 隋书（四十六）. 北京：北京图书馆出版社，2006.

West China Missionary News. Chungking, West China: West China Missions Advisory Board, 1899, 1929, 1937.
华西教会新闻. 重庆：华西差会顾问部，1899，1929，1937.

Wickam, Chris. "Gossip and Resistance among Medieval Peasantry." *Past and Present,* 160 (1) (August 1998): 3-24.
克里斯 · 威克姆. 中世纪农民的窃窃私语与公开反抗. 今古杂志. 1998，160（1）：3—24.

Wigen, Karen. "Culture, Power, and Place: The New Landscapes of East Asian Regionalism." *American Historical Review* (October 1999): 1183-1203.
卡伦· 威根. 文化、权力与地方：东亚地域主义的新特色. 美国历史评论. 1999（10）：1183—1203.

Wolf, Arthur P. (ed.) *Studies in Chinese Society*. Stanford, CA: Stanford University Press, 1978.
武雅士编. 中国社会研究. 加州斯坦福市：斯坦福大学出版社，1978.

Wright, Tim. "Distant Thunder: The Regional Economies of Southwest China and the Impact of the Great Depression." *Modern Asian Studies* Vol. 34, No. 3 (July, 2000): 697-738.
蒂姆·赖特．远方的雷声：大萧条影响下的中国西南地区经济．当代亚洲研究．2000，34（3）：697—738.

Wu Zhimin. Interview. Daxing. June 2007.
巫智敏．采访记录．大兴．2007 年 6 月.

Wyman, Judith. "Social Change, Anti-foreignism and Revolution in China: Chongqing Prefecture, 1870s to 1911." Ph.D. diss., University of Michigan, 1993.
苏粹博．社会变革、排外运动与中国的革命：重庆地区（1870—1911）．安娜堡：密歇根大学，1993.

Wyman, Judith. "The Ambiguities of Chinese Antiforeignism: Chongqing, 1870-1900." *Late Imperial China* 18.2 (1997): 86-122.
苏粹博．重庆所见中国排外运动的多重性（1870—1900）．帝制晚期中国．1997，18（2）：86—122.

Xiao Gongquan. *Rural China; Imperial Control in the Nineteenth Century*. Seattle: University of Washington Press, 1960.
萧公权．中国乡村：论 19 世纪的帝国控制．西雅图：华盛顿大学出版社，1960.

Xiong Zhuoyun. "Yijiu sanliu nian 'Chengdu Daquan Fandian shijian' neimu" [The Inside Story of the l936 "Chengdu Great Sichuan Hotel Incident']. *Chengdu wenshi ziliao xuanji* [Selected Historical Materials on Chengdu], 7 (December 1984): 82-92.
熊倬云口述，邹楚整理．一九三六年"成都大川饭店事件"内幕．成都文史资料选辑．1984（7）82—92.

Xiong Zhuoyun and Wu Shaobo. "Sichuan paoge zuzhi chutan" [Preliminary Research on the Sichuan Paoge Organization]. *Wenshi zazhi* (Journal of Literature and History), No. 1 (1989).

熊倬云，吴绍伯．四川袍哥组织初探．文史杂志．1989（1）.

Yanagisako, Sylvia Junko. "Family and Household: The Analysis of Domestic Groups." *Annual Review of Anthropology*, vol. 8 (October 1979), 164-165.
西尔维亚顺子．家与户：家庭单元分析．人类学年鉴．1979（8）：164—165.

Yang, Ching-kun (C.K.) *A North China Local Market Economy*. New York: Institute of Pacific Relations, 1944.
杨庆堃．华北地方市场经济．纽约：美国太平洋关系学会，1944.

Yang, C.K. *Nanching: A Chinese Village and its Early Change under Communism*. Cambridge: Massachusetts Institute of Technology, 1954.
杨庆堃．共产主义制度下的中国村落及其早期转化．马萨诸塞州剑桥市：麻省理工学院出版社，1954.

Yang, C.K. *Religion in Chinese Society: A Study of the Contemporary Social Functions of Religion and Some of their Historical Factors*. Berkeley: University of California Press, 1961.
杨庆堃．中国社会中的宗教：宗教的现代社会功能与其历史因素之研究．伯克利：加利福尼亚大学出版社，1961.

Yang, Martin. *A Chinese Village: Taitou, Shantung Province*. New York: Columbia University Press, 1945.
杨懋春．一个中国村庄：山东台头．纽约：哥伦比亚大学出版社，1945.

Yen, Chiang-kwoh. "The Tung Region of China." *Economic Geography*, Vol. 19, no. 4 (October 1943): 418-427.
严江国．中国油桐分布区．经济地理．1943，19（4）：418—427.

You Xin. "Disibai liushiqici de chuanzhan" [The 467th Sichuan War]. *Dongfang zazhi* [Eastern Miscellany], 29 (November 1, 1932).
有心．第四百六十七次的川战．东方杂志．1932，29（5）.

Yu Xiji. Personal interview. June 2001.
俞锡玑．采访记录．2001 年 6 月.

Zang Xiaowei, "Family, Kinship, Marriage, and Sexuality." in Robert E. Gamer (ed.), *Understanding Contemporary China*. Boulder, London 1999 (1998), 267-292.
臧小伟. 家庭、亲族、婚姻与性 // 罗伯特 · 凯默编. 当代中国研究. 科罗拉多州博尔德市：林恩 · 林纳出版社，1999：267—292.

Zelin, Madeleine. "The Rights of Tenants in Mid-Qing Sichuan: A Study of Land-Related Lawsuits in the Baxian Archives." *Journal of Asian Studies*, Vol. 45 No. 3 (May, 1986): 499-526.
曾小萍. 从巴县档案中的土地纠纷案例看明中叶四川佃农之权利. 亚洲研究学刊. 1986，45（3）：499—526.

Zhang Lijie. "Kangzhan houqi guotong qu de yanzheng gaizhi" [Reform of the Salt Administration During the Latter Part of the Anti-Japanese War]. *Kangri zhanzheng yanjiu* [Studies in the War of Resistance against Japan], 2004, no. 3:141-162.
张立杰. 抗战后期国统区的盐政改制. 抗日战争研究. 2004（3）：141—162.

Zhang Tongxin. Personal interview. Spring 2005.
张同新. 采访记录. 2005 年春.

Zhang Zehong. "Zhongguo xinan shaoshuminzu de tuzhuyanyang" [The Minorities of Southwest China and Their Belief in Tuzhu]. *Zhongnan minzu daxue xuebao, Renwen shehui kexue ban* [Journal of South-Central University for Nationalities, Humanities and Social Sciences], 26:5 (2006): 60-65.
张泽洪. 中国西南少数民族的土主信仰. 中南民族大学学报（人文社会科学版）. 2006，26（5）60—65.

Zhao, Ma. "On the Run: Women, City, and the Law in Beijing, 1937-1949." Ph.D. diss., Johns Hopkins University, 2007.
马钊. 逃婚妇女、都市犯罪与战时北平的生存策略：1937—1949. 巴尔的摩：约翰 · 霍普金斯大学，2007.

Zhao Qing. *Paoge yu tufei*. [*Brotherhoods and bandits*]. Tianjin: Tianjin

renmin chuban she, 1990.
赵清. 袍哥与土匪. 天津：天津人民出版社，1990.

Zheng Dengyun. *Zhongguo jindai jiaoyu shi* [A History of Modern Chinese Education]. Shanghai: Huadong shifan daxue chubanshe, 1994.
郑登云. 中国近代教育史. 上海：华东师范大学出版社，1994.

附录

县各级组织纲要

中华民国二十八年九月十九日国民政府公布

甲　总则

一、县为地方自治单位，其区域依其现有之区域。县之废置及区域之变更，应经国民政府核准。

二、县按面积、人口、经济、文化、交通等状况，分为三等至六等；由各省政府划分，报内政部核定之。

三、地方自治之实施办法，以命令定之。

四、县以下为乡（镇），乡（镇）内之编制为保甲。县之面积过大，或有特殊情形者，得分区设署。

凡教育、警察、卫生、合作、征收等区域，应与前项区域合一。

五、县为法人，乡（镇）为法人。

六、中华民国人民，无论男女，在县区域内居住六个月以上，或有住所达一年以上，年满二十岁者，为县公民，有依法行使选举、罢免、创制、复决之权。

有下列情形之一者，不得有公民资格：（一）褫夺公权者；（二）亏欠公款者；（三）曾因赃私处罚有案者；（四）禁治产者；（五）吸食鸦片或其代用品者。

乙　县政府

七、县设县政府，置县长一人，其职权如左：

（一）受省政府之监督，办理全县自治事项。

（二）受省政府之指挥，执行中央及省委办事项。

前项执行中央及省委办事项，应于公文纸上注明之。

八、县政府设民政、财政、教育、建设、军事、地政、社会各科。设科之多寡，及其职掌分配，由各省政府依县之等次及实际需要拟订，报内政部备案。

九、县政府置秘书、科长、指导员（督学）、警佐、科员、技士、技佐、事务员、巡官，其名额、官等、俸级及编制，由省政府依县之等次及实际需要拟订，报内政部核定之。

十、县长、县行政人员之考试、甄审、训练、任用、考核、罢免，依法律之规定。

十一、县政府设县政会议，每两星期开会一次，议决左列事项：

（一）提出于县参议会之案件。

（二）其他有关县政之重大事项。

县政会议规则，由内政部定之。

十二、县行政会议，在县参议会未成立前，仍得举行。

十三、县政府组织规程，由各省省政府订定，报内政部，转呈行政院核定。县政府组织规程所无之机关，不得设置。

十四、县政府办事规则，由各省省政府定之，报内政部备案。

丙　县参议会

十五、县设县参议会，由乡（镇）民代表会选举县参议员组织之。每乡（镇）选举一人，并得酌加依法成立之职业团体代表为县参议员，但不得超过总额十分之三。

十六、县参议会暂不选举县长。县参议会之议长，以由县参议会自选为原则。

十七、县参议会之组织、职权及选举方法另定之。

丁　县财政

十八、左列各款为县收入：

（一）土地税之一部（在《土地法》未实施之县，各种属于县有之田赋附加全额）。

（二）土地陈报后，正附溢额田赋之全部。

（三）中央划拨补充县地方之印花税三成。

（四）土地改良物税（在《土地法》未实施之县为房捐）。

（五）营业税之一部（在未依《营业税法》改定税率以前，为屠宰税全额，及其他营业税百分之二十以上）。

（六）县公产收入。

（七）县公营业收入。

（八）其他依法许可之税捐。

十九、所有国家事务，及省事务之经费，应由国库及省库支给，不得责令县政府就地筹款开支。

凡经费足以自给之县，其行政费及事业费，由县库支给。收入不敷之县，由省库酌量补助。人口稀少、土地尚未开辟之县，其所需开发经费，除省库拨付外，不足之数，由国库补助。

二十、县政府应建设上之需要，经县参议会之决议，及省政府之核准，得依法募集县公债。

二十一、县之财政，均由县政府统收统支。

二十二、在县参议会未成立时，县预算及决算，应先经县行政会议审定，再由县长呈送省政府核准。

在参议会成立后，县预算及决算，应先送交县参议会议决，再由县长呈送省政府核定之。但有必要时，得由县长先呈送省政府核准施行，再送县参议会。

二十三、县金库之设置及会计、稽核，依法令之规定办理之。

戊 区

二十四、区之划分，以十五乡（镇）至三十乡（镇）为原则。

二十五、区署为县政府辅助机关，代表县政府督导各乡（镇）办理各项行政及自治事务。在未设区署之区，由县政府派员指导。

二十六、区署设区长一人，指导员二人至五人，分掌民政、财政、建设、教育、军事等事项，均为有给职；非甄选训练合格人员，不得委用。

二十七、区署所在地，得设警察所，受区长之指挥，执行地方警察任务。

二十八、区得设建设委员会，聘请区内声誉素著之人士，担任委员，为区内乡村建设之研究、设计、协助、建议之机关，由区长担任主席。

己 乡镇

二十九、乡（镇）之划分，以十保为原则，不得少于六保，多于十五保。

三十、乡（镇）之划分，保甲之编制，由县政府拟定，呈请省政府核准施行，汇报内政部备案。

三十一、乡（镇）设乡（镇）公所，置乡（镇）长一人，副乡（镇）长一人至二人，由乡（镇）民代表会就公民中具有左列资格之一者选举之：

（一）经自治训练及格者；

（二）普通考试及格者；

（三）曾任委任职以上者；

（四）师范学校或初中以上学校毕业者；

（五）曾办地方公益事务著有成绩者。

乡（镇）长选举实施日期，另以命令定之。

三十二、乡（镇）公所设民政、警卫、经济、文化四股，各股设主任一人，干事若干人，须有一人专办户籍，由副乡（镇）长及乡（镇）中心学校教员分别担任，并应酌设专任之事务员。

经费不充裕地方，各股得酌量合并，或仅设干事。

三十三、乡（镇）长、副乡（镇）长之任期为二年，连选得连任。

三十四、乡（镇）长、乡（镇）中心学校校长、及乡（镇）壮丁队队长，暂以一人兼任之。

在经济、教育发达之区域，乡（镇）中心学校校长，以专任为原则。

三十五、乡（镇）自行举办之事项，应经乡（镇）务会议议决，方得施行。

三十六、乡（镇）务会议，由乡（镇）长主席，各股主任干事均应出席，与所议事项有关之保长得列席。

三十七、乡（镇）长、副乡（镇）长及乡（镇）公所职员之训练办法另定之。

庚 乡镇民代表会

三十八、乡（镇）民代表会之代表，由保民大会选举之，每保代表二人。

三十九、乡（镇）民代表会之主席，如乡（镇）长由乡（镇）民代表会选出者，得由乡（镇）长兼任之。

四十、乡（镇）民代表会之组织、职权及代表之选举方法另定之。

辛 乡镇财政

四十一、乡（镇）财政收入如左：

（一）依法赋与之收入；

（二）乡（镇）公有财产之收入；

（三）乡（镇）公营事业之收入；

（四）补助金；

（五）经乡（镇）民代表会决议征收之临时收入，但须经县政府之核准。

四十二、乡（镇）应兴办造产事业，其办法另定之。

四十三、乡（镇）设乡（镇）财产保管委员会，其章程另定之。

四十四、乡（镇）财政之收支，由乡（镇）公所编制概算，呈由县政府审核，编入县概算。

壬 保甲

四十五、保之编制，以十甲为原则，不得少于六甲，多于十五甲。

四十六、在人口稠密地方，如一村或一街，为自然单位，不可分离时，得就二保或三保联合设立国民学校、合作社及仓储等机关，推举保长一人为首席保长，以总其成；但壮丁队仍须分保编队训练。

四十七、保设保办公处，置保长一人，副保长一人，由保民大会就公民中具有左列资格之一者选举，由乡（镇）公所报告县政府备案：

（一）师范学校或初级中学毕业或有同等之学力者；

（二）曾任公务员或在教育文化机关服务一年以上，著有成绩者；

（三）曾经训练及格者；

（四）曾办地方公益事务者。

在未办理选举以前，保长、副保长由乡（镇）公所推定，呈请县政府委任。

四十八、保长、副保长任期为二年，连选得连任。

四十九、保长、保国民学校校长、保壮丁队长，暂以一人兼任之。

在经济、教育发达之区域，国民学校校长以专任为原则。

乡（镇）中心小学、保国民学校之名称，得沿用现行法令之规定。

五十、保办公处设干事二人至四人，分掌民政、警卫、经济、文化等事务，由副保长及国民学校教员分别担任之。

在经费不充裕区域，得仅设干事一人。

五十一、保长、副保长及保办公处职员之训练办法另定之。

五十二、保民大会，每户出席一人，其组织及职权另定之。

五十三、甲之编制，以十户为原则，不得少于六户，多于十五户。

五十四、甲置甲长一人，由户长会议选举，由保办公处报告乡（镇）公所备案。甲长之训练办法另定之。

五十五、甲设户长会议，必要时并得举行甲居民会议。

五十六、保之编制，原有名称为村街墟场等者，得仍其旧；但应逐渐改称为保，以归划一。

五十七、关于保甲之各种章则另定之。

五十八、保甲户口之编查另定之。

癸　附则

五十九、本纲要自公布之日施行。

六十、本纲要施行后，各项法令与本纲要抵触之部分，暂行停止适用。

（[译者注] 该“纲要”引自《民国史料丛刊》第 24 册（2009）“政治类·法律法规”所收行政院县政计划委员会主编《新县制法规汇编》，第 291 页—第 299 页）

作者、编者简介

伊莎白（Isabel Brown Crook），1915 年出生于四川成都一个加拿大传教士家庭。1938 年从加拿大多伦多大学维多利亚学院毕业，获儿童心理学硕士学位，学习期间辅修人类学。1940 年—1941 年，经晏阳初介绍，参加兴隆场乡村建设实验项目。1942 年，与英国记者大卫 · 柯鲁克（David Crook）在伦敦结婚，并以加拿大女兵身份从事战时工作。二战结束前夕进入伦敦经济学院，攻读人类学博士。后中断学业，开始对华北解放区的土地改革进行调查研究。1948 年，应中共中央外事组邀请，参与创建外事学校（北京外国语大学的前身）。新中国成立后，她和丈夫都留在该校任教，直至 1981 年退休。柯鲁克夫妇一起著有《十里店——中国一个村庄的革命》《十里店——中国一个村庄的群众运动》与《阳邑公社的头几年》。2008 年，伊莎白作为人类学家和社会活动家，因突出贡献获得多伦多大学维多利亚学院颁发的荣誉法学博士学位。

柯临清（Christina Kelley Gilmartin，1946—2012），出生于纽约，在康涅狄格州长大。曾就读于俄亥俄州的西部女子学院，1974 年初次访问中国，1978 年—1983 年以“外国专家”身份受聘在北京的外文出版社工作。1986 年从宾夕法尼亚大学获得博士学位后，赴休斯顿大学任教，1989 年转至东北大学历史系，先后主持妇女研究、亚洲研究等课题并任研究生导师。1995 年出版《造就中国革命：二十世纪二十年代的激进妇女、共产政治与群众运动》一书，探讨了妇女政治问题以及妇女在中国共产党的意识形态和人际关系中所发挥的重要作用。她还是哈佛大学费正清东亚研究中心女性研究项目的策划者，长期担任《二十世纪中国》编委，2000年—2004年任《亚洲研究杂志》副编辑。与他人合作编辑《造就中国：妇女、文化与政治》（1994）及《理论与方法论的女性视角：跨学科解读》（1999）等书。

俞锡玑（1914—2006），浙江德清人，著名儿童教育学家，中国幼儿教育学会创始人之一。1937年从上海沪江大学社会学系毕业后，来到北平协和医学院跟随创办医疗社会服务部的蒲爱德（Ida Pruitt）学习。1938年，被迫逃离日寇占领下的北平，辗转奔赴大西南，以中华全国基督教协进会农村工作部干部身份参加了四川兴隆场的乡村建设实验，并与伊莎白一起进行人类学调查。1941年—1946年，在华西齐鲁联合医院社会服务部和树基儿童学园福幼园工作。1946年—1948年，在多伦多大学儿童研究中心学习学前教育，并获得心理学硕士学位。1948年6月赴美国哥伦比亚大学社会工作学院进修儿童福利课程。1949年回国，先后在华西大学和西南师范大学教育系任教。

贺萧（Gail Hershatter，编者），加利福尼亚大学圣克鲁兹分校历史系特聘教授，著有《天津工人：1900—1949》（1986），《个人的声音：20世纪80年代的中国妇女》（与韩起澜合著，1988），《危险的愉悦：20世纪上海的娼妓问题与现代性》（1997），《中国妇女在漫长的二十世纪》（2007）及《记忆的性别：农村妇女和中国集体化历史》（2011）。2011年—2012年担任美国亚洲研究学会主席。

韩起澜（Emily Honig，编者），加利福尼亚大学圣克鲁兹分校历史系教授，著有《姐妹们与陌生人：上海棉纱厂女工，1919—1949》（1986），《个人的声音：20世纪80年代的中国妇女》（与贺萧合著，1988）及《苏北人在上海，1850—1980》（1992）。